第四届全国馆际互借与文献传递研讨会论文集

刘庆财　主编

國家圖書館出版社

图书在版编目(CIP)数据

第四届全国馆际互借与文献传递研讨会论文集/刘庆财主编. --北京:国家图书馆出版社,2014.8

ISBN 978-7-5013-5449-8

Ⅰ.①第… Ⅱ.①刘… Ⅲ.①馆际互借—中国—学术会议—文集 ②图书馆工作—情报服务—中国—学术会议—文集 Ⅳ.①G259.2-53

中国版本图书馆 CIP 数据核字(2014)第 183652 号

书　　名 第四届全国馆际互借与文献传递研讨会论文集
著　　者 刘庆财　主编
责任编辑 金丽萍　高　爽

出　　版 国家图书馆出版社(100034　北京市西城区文津街 7 号)
(原书目文献出版社　北京图书馆出版社)
发　　行 010-66114536　66126153　66151313　66175620
66121706(传真),66126156(门市部)
E-mail btsfxb@nlc.gov.cn(邮购)
Website www.nlcpress.com ——→投稿中心
经　　销 新华书店
印　　装 北京科信印刷有限公司
版　　次 2014 年 8 月第 1 版　2014 年 8 月第 1 次印刷

开　　本 787×1092(毫米)　1/16
印　　张 21
字　　数 490 千字

书　　号 ISBN 978-7-5013-5449-8
定　　价 100 元

第四届全国馆际互借与文献传递研讨会获奖论文

一等奖

基于信息觅食理论的文献传递用户信息行为及影响因素研究　薛调
BALIS 资源共享一站式服务模式构建研究——基于成本效益最大化视角　吴雪芝
研究所图书馆文献传递中著作权保护问题的调查与对策　龚纪文
文献传递过程中隐性知识转移与共享研究　张娣

二等奖

电子文献传递服务中的版权结算方法研究　江亮
CASHL 华中区域高校文献传递发展对策研究　雷霆　廖莎　涂志文
基于供应链管理的馆际互借与文献传递服务模式探索——以上海大学图书馆为例　盛兴军　李柯　彭飞
古籍特藏文献传递须以数字古籍为基础——以 CALIS 吉林省中心吉林大学图书馆为例　李爱华　蔡宏
国外电子书版权问题及馆际互借的实现方式　马昱
图书馆传统与数字化文献提供比较研究　陈晖
文献提供业务的 SWOT 分析——以国家图书馆文献提供中心业务为例　刘婷婷　戴佩玉
文献提供服务满足率提高策略及服务深化研究　鲁玥
文献信息资源共享模式嬗变及发展方向浅探——以江西省图书馆为例　黄俊　刘艳　黄珣

三等奖

创新驱动,内涵发展——CASHL 未来发展思考　陈永英
基于立法视角的图书馆资源共享服务规范问题研究　宋丽华　张凡　李万社
基于中国科学院文献传递系统(CSDL)的返还型馆际互借服务　杜文利
文献传递伪需求案例分析及改进措施　沈艳红　张娣
公共图书馆馆际互借服务的思考　何寿峰　彭春恒

目　录

文献资源的共建与共享

中外馆际互借与文献传递的实践与比较

新技术环境下的馆际互借与文献传递服务

馆际互借与文献传递服务的版权问题

馆际互借与文献传递服务的其他问题

文献资源的共建与共享

BALIS 资源共享一站式服务模式构建研究[①]

——基于成本效益最大化视角

吴雪芝(首都师范大学图书馆)

北京市教育委员会于 2007 年 11 月 30 日成立了“北京地区高校图书馆文献资源保障体系”(简称 BALIS),分设原文传递、馆际互借、资源协调、培训和联合信息咨询五个中心,其主要目的是实现北京地区高等教育文献信息资源的共建、共知、共享。但同属于 BALIS 的原文传递与馆际互借就像两条不相交的平行线沿着各自的轨迹运行着,分属于两个不同的中心,各自开展业务,不仅读者在寻找、获取文献信息资源时容易混淆,也不便于馆际互借员与原文传递员工作的开展。同时随着用户及申请量的迅速增加,现行的运行模式,在资源、人力和资金投入不断增加的情况下,原文传递与馆际互借中心资金压力倍增,虽然都在积极寻找解决途径,如为控制物流成本,BALIS 馆际互借系统于 2012 年升级,增加图书的自取与续借功能等,但服务的长期开展必须保持一个良性循环,多个系统、多批人马并行开展服务,不利于实现规模成本效益最大化。

1　BALIS 馆际互借与原文传递服务效益现状

效益是指劳动(包括物化劳动与活劳动)占用、劳动消耗与获得的劳动成果之间的比较。劳动成果的价值超过了劳动占用和劳动消耗的代价,其差额为正效益,即产出多于投入;反之,则为负效益。用同样多的劳动占用劳动消耗获得的劳动成果多,效益就高;反之,效益就低。效益的高低,可以反映一个国家、地区、部门或者企业的经济管理水平,效益的最佳状态是实现成本效益最大化。在经济学中谈及成本效益最大化或是利润最大化时,需先了解与之关系密切的边际收益与边际成本。边际收益是指增加一个单位产品的销售所增加的收益,即最后一单位产品的售出所取得的收益,它可以是正值或负值。边际成本是指在一定产量水平下,增加或减少一个单位产量所引起成本总额的变动数。在追求成本效益最大化进程中,边际收益与边际成本是厂商分析中的重要概念。效益(利润)最大化的一个必要条件是边际收益等于边际成本。因为当边际收益 > 边际成本时,有利可图,可以扩大规模与生产量;当边际成本 > 边际收益时,发生亏损,无利可图,缩小规模需要减少生产量。因此,只有当边际收益 = 边际成本时,才能实现成本效益最大化。

BALIS 资源共享是指对成员馆缺藏的文献信息资源,通过馆际互借与原文传递从其他

---

① 本文系首都师范大学校级教改项目“学科文献资源绩效评价体系构建与应用研究——以我校数学学科为例”(项目编号:026135609100/020)研究成果之一。

成员馆获取,实现资源共享。BALIS 馆际互借与原文传递从 2008 年年初开始面向北京地区高校图书馆用户提供服务,由两套不同的机制(包括由不同的中心来负责管理,有不同的规则、措施,以及评比和补贴的方式,用户从不同的端口注册、提交申请等)运行管理。六年来,BALIS 馆际互借与原文传递服务的都取得了迅速的发展,而国家图书馆、上海图书馆作为 BALIS 协作馆的加入,为 BALIS 提供了丰富的馆藏资源,使得 BALIS 馆际互借与原文传递服务业务量年年攀升,注册用户持续倍增。馆际互借服务发送请求数量由 2008 年的 2931 条,到 2012 年的 22606 条,满足条数由 294 条上升至 14809 条(见表 1),原文传递发送请求量从由 2008 年的 628 条,到 2012 年的 27632 条(表 2)。从经济学成本效益最大化的角度看,应处于边际收益大于边际成本的扩张发展阶段。但 BALIS 馆际互借与原文传递一直为用户提供免费服务,边际收益为 0,而由于 CPI 的贡献,请求数量增加使物流费用增多、每年给各成员馆的补贴与奖励款递增以及宣传活动、系统升级维护和人力资源的大力投入等,导致边际成本不断增长,2012 年 BALIS 馆际互借服全年支付物流费 151105 元,各成员馆的补贴 117030 元,单这两项合计已达 268135 元,请求满足条数 14809 册,每册书的借阅成本约为 18 元。如果加上系统开发、升级、维护费用以及馆际互借中心管理投入、各成员馆文献资源投入、工作人员投入等,每本图书的借阅成本远远高于 18 元。全年 77 家成员仅有 14809 条的满足量,平均到各成员馆出借图书少于 200 册/年。而 2009 年 OCLC 系统中馆际互借量达到 1000 万件,以及港书网八所高校 2008—2009 年度借书量已达到 42 万册,已望尘莫及。这说明 BALIS 资源共享程度不高,经济效益没有达到最佳状态。而 BALIS 原文传递也面临着类似的局面。

表 1 2008—2013 年 BALIS 馆际互借服务统计

内容	2008 年	2009 年	2010 年	2011 年	2012 年	2013 年
成员馆个数	41	63	69	73	77	不详
注册人数	839	5121	9048	10980	12108	不详
发送请求数	628	3977	6742	15564	22606	不详
满足请求数	2933	2321	3859	8049	14809	13323
满足率	47. 30%	57. 90%	57. 20%	60. 50%	65. 51%	不详
物流费用(元)	4643	26000	58300	111763	151105	不详
补贴奖励					117030	89416

注:①统计时间:2008 年指:2008 年 4 月 1 日至 2008 年 11 月 30 日,2009—2013 年指:前一年的 12 月 1 日至当年的 11 月 30 日;②2013 年补贴奖励额度已经下调,且因没召开年终总结会,导部部分数据无法获取。

表 2 2008—2012 年 BALIS 原文传递系统请求量和委托请求量

年份	2008	2009	2010	2011	2012
请求量/篇	2931	13092	19907	26576	27632
请求量年增长率/%		346. 70%	52. 10%	33. 50%	3. 97%

注:统计时间为 2008 年 4 月 1 日至 2012 年 11 月 30 日。

2 BALIS 馆际互借与原文传递服务效益不佳的原因

六年来,BALIS 馆际互借与原文传递一直为用户提供免费服务,靠拨款度日,资金压力越来越大。而随着网络与信息技术的发展,北京地区各高校图书馆在文献资配置上发生了极大的变化,一改以往纸本资源与电子资源互不相关联,无法相互揭示的状态,纸本资源与电子资源协调发展,相互揭示,互为补充。因此现阶段对图书馆来说,追求资源成本效益最大化体现在用有限的预算资金购买尽可能多的对用户有利用价值的文献信息资源;对用户来说就是付出最小的努力获取自己所需的文献信息资源;对 BALIS 来说,就是以最少的成本投入整合各成员馆的资源,为用户在共享这些资源时提供快捷、便利的服务,使用户以最少的时间、精力、资金等投入获取自己所需资源,使整个服务过程中保持边际收益大于边际成本的状态,扩展服务规模,借此惠及更多的人。

在为用户寻找所需资源时,根据其阅读习惯,遵照最小努力原则与成本效益最大化原理,对资源的选择一般可以有这样的排序:本馆纸本资源或电子资源—开放获取资源—BALIS 成员馆电子资源(原文传递)—BALIS 成员馆纸本资源(馆际互借)—其他途径获取。但是现在 BALIS 馆际互借与原文传递虽然拥有相同的成员馆、相同的用户、相同的资源等共性,却由两个完全不同的系统来完成,给用户和工作人员带来了极大的不便,出现资源浪费现象,不利于其发展。在开展服务过程中也发现诸多繁琐及不利于扩大边际收益、降低边际成本的问题,具体情况如下。

2.1 BALIS 资源共享相关政策制度,不利于实现规模成本效益最大化

为开展一项服务制定的政策制度,有其相关背景,六年前,BALIS 馆际互借与原文传递在当时条件下思考构建服务体系,指定各自的发展策略,但经过这几年的迅速发展,发展二者现有的政策制度不利于实现 BALIS 资源共享成本效益最大化。

(1)对系统的管理而言:BALIS 将馆际互借与原文传递分属两个不同的中心,两套系统,两班人马开展工作,投入成本较高;在用户心中,BALIS 的馆际互借与原文传递就是同一服务的两个方面,但现在需要多次重复操作同样动作,就像一个商店出售的两种商品,却需要顾客两次注册,分次购买,感觉非常繁琐。填写繁琐注册信息、进入不同操作界面寻找资源,浪费用户的时间,使用户寻找资源似乎不太便利。

(2)对各成员馆来说:因为 BALIS 自身不拥有资源,对各成员馆文献信息资源的开放及服务的开展都没有约束力,松散管理,使得各成员馆可以随意决定资源对 BALIS 用户开放与否,不利于资源共享和服务的持续开展。

(3)对各成员馆的用户而言:首先只对各成员馆在校师生提供服务,用户毕业后就失去使用 BALIS 服务的资格,导致用户流失严重,这与 BALIS 资源共享,服务社会的理念不想符合。其次要求用户遵守各成员馆的相关借阅规则,随着成员馆的不断增加(见表 1),各成员馆借阅规则没有在平台全面展示,给用户造成了一定的困扰。BALIS 自身没形成一套完整、规范、统一、公开、简洁的规章制度,因而虽然 BALIS 每年春季的宣传月活动中会有大量的用户注册,但因为规则的繁琐,很多用户注册后从没有利用过该项服务。以馆际互借 2012 年

宣传月为例,2012 年 3 月 1 日至 2012 年 6 月 30 日宣传活动期间,注册用户为 6567 人,但活动结束后真正使用人数只有 2494 人,仅占注册用户的 37.98%,大量注册用户成为了休眠用户。因此,BALIS 资源共享现有的相关政策制度,不利于实现规模效应最大化。

2.2 系统平台的缺陷与不完善,不利于实现规模成本效益最大化

我们常说"巧妇难为无米之炊",对于 BALIS 资源共享来说,系统平台恰是用户与管理人员手中的大米,因系统平台的缺陷与不完善,对服务产生影响。

(1)就用户检索、提交申请的平台而言:首先,检索不够准确。BALIS 建立的联合检索系统,包括中文电子化资源联合目录、英文电子化联合目录、OPAC 联合目录、CCC 西文期刊联合目次库等,最初希望是将北京各高校图书馆的文献资源信息都整合到该体系中,使用户登录系统后可以足不出户检索到并获取自己需要的文献资源,但由于系统整合速度缓慢、滞后,未能及时将全部成员馆的文献资源整合到系统平台中,造成很多文献资源检索不准确等;其次,需多次选择成员馆进行检索,因为系统每次只能检索 10 个图书馆的资源,找不到所需资源必须重新选择其他学校图书馆查找,使得用户要找到自己所需的文献资源并不是一件容易的事情。甚至要从馆际互借退出,重新登录进入原文传递中查找,反之亦然,为读者获取文献信息资源带来不便。

(2)对各成员馆工作人员的操作平台来说:第一,各工种模块操作程序呆板,不可逆,不便于开展工作。比如下拉式菜单中可供选择的不能满足请求原因,不足以囊括全部的原因,而在实际点击"拒绝"或是"满足"后,不能修改,操作呆板、不可逆;其次,统计功能不强:工作人员手工统计有难度的项目,系统也不提供统计,且提供的"统计分析"中设置了两个功能差不多一样的统计;系统识别信息能力弱,安全性不高,引发资源的浪费。比如系统对于用户的甄别单一,只能识别用户"证件号码",对用户其他信息(联系电话、邮箱等)无法识别,在国内没有建立完善的用户诚信体制下,有用户在知道他人的学号或工号后以他人的名义注册,办理文献借阅,给文献的安全带来隐患,也无法保护无端被他人盗用信息的读者利益,也给馆际互借员核查、监督、管理的困难。系统对同一用户重复请求无法识别,引发资源的浪费,同时系统对用户提交的请求无法预先在用户所在馆的检索系统中进行检索,查看本馆是否拥有用户提交的文献资源,且系统平台亦无法根据用户所在地理位置实现按照距离远近顺序进行检索,以便就近获取资源,减少运输成本和缩短获取资源的等待时间,实现规模及经济成本效益最大化。

3 BALIS 服务用户的资源共享服务模式研究

搭建平台整合、获取、利用资源是当今的潮流。BALIS 发展至今已经逐步完成原始积累,用户与请求量逐年递增,但与德国 SUBITO 文献服务体系、美国 OCLC 联机目录、英国大英图书馆的文献供应中心(BLDSC)等,以及国内自己的联合目录提供馆际互借服务的大型文献提供中心,如中国高等教育文献保障系统(CALIS)、中国人文社会科学文献中心(CASHL)、国家科技图书文献中心(NSTL)中国科学院文献情报中心和中国国家图书馆等,还是无法相提并论。与之相比,BALIS 任重而道远。但他们为 BALIS 起到了很好的借鉴作

用,因为其共同特点是有一套完善的管理制度和系统平台。的确,平台之所以为商家追捧就是因为在完成平台建设,发展成熟后,接下来的发展,边际成本逐步降低,某些行业边际成本甚至可降至为 0,使规模效益达到最大化。这正是 BALIS 目前需要发展的方向。

3.1 BALIS 服务系统平台的构建

作为 BALIS 服务的重要平台,它功能的好坏强弱直接影响到 BALIS 的服务水平高低。构建 BALIS 服务系统平台,是开展好服务的第一步,也是节约边际成本,是实现成本效益最大化的关键所在。现在 BALIS 馆际互借与原文传递分属两个不同的系统(见图 1),整合后的 BALIS 服务系统平台应该将各成员馆共享的文献信息资源统一在一个平台中(见图 2),而随着 BALIS 与 CALIS 的深度合作,未来的馆际互借与原文传递发展趋势为构建统一的 CALIS 服务系统平台,实现全国馆际互借与原文传递的相互促进与互为补充协调发展的资源共享模式。

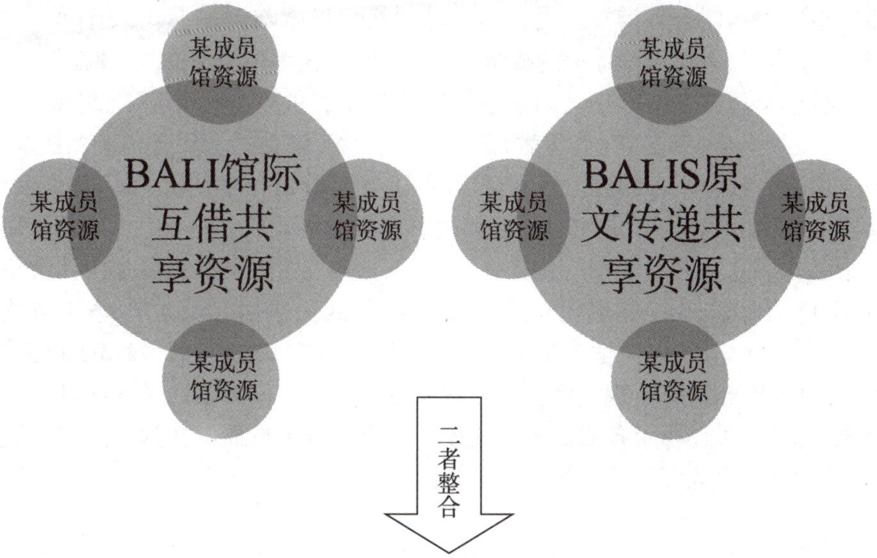

图 1　现有的 BALIS 馆际互借和原文传递服务系统

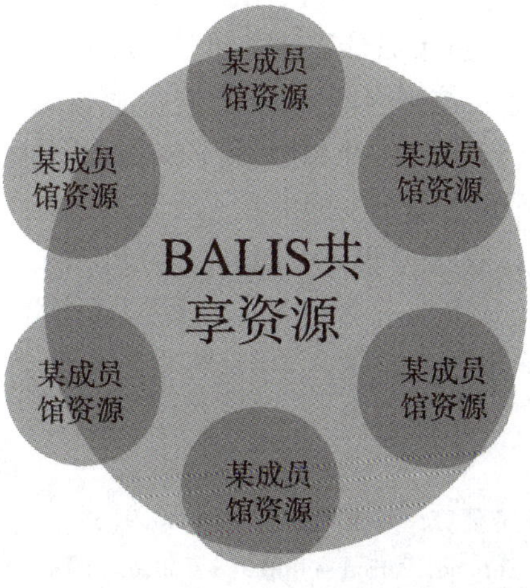

图 2　BALIS 服务系统平台示意图

3.2 BALIS 服务系统平台内容及特点

BALIS 服务系统平台是以各成员馆的资源和用户及为中心的网络技术与服务平台，在成本效益最大化原则下它追求简单、便捷、用户参与、资源共享的理念；应具备如下特点：

(1)简单、便捷：在同一平台中，用户一次性完成馆际互借与原文传递的注册；在用户寻找资源过程中，不同类型的资源在同一界面显示，依用户的偏好选择。(2)文献信息资源聚合与跟踪：平台实时跟踪各成员馆本地书目数据库，自动同步，用户在网上通过统一检索系统检索到所需书目，即可提交跨馆借阅或是原文传递请求。(3)多次细分，以所在院校地理位置多次聚合：以 BALIS 各成员馆所在地理位置线进行聚合，细分为不同区域，再整合在整个系统平台，用户在寻找检索资源时，依距离用户所在学校的远近，由近到远进行检索，不能舍近求远去获取资源。(4)制定需各成员馆遵守的制度：资源共享是大势所趋，BALIS 可以学习香港高校图书馆联合咨询委员会(JULAC)的机构设置与运作模式，确保体系组织目标清晰，机构高度有序，制定可操作性的规章制度。(5)终生用户服务模式：现在图书馆已经进入到了服务社会资源共享的时代，《国家中长期教育改革和发展规划纲要(2010—2020 年)》中第二部分(发展任务)第七章(高等教育)第二十一条(增强社会服务能力)中提到："高校要牢固树立主动为社会服务的意识，全方位开展服务""开展科学普及工作，提高公众科学素质和人文素质"等。2012 年3 月 12 日，首都图书馆联盟正式成立。北京大学图书馆馆长、联盟副主席朱强在成立大会上宣布，北大、清华等34 所高校的图书馆将逐步向社会免费开放。2012 年 4 月 15 日，武汉图书馆联盟在武汉成立，首批成员包括武汉大学、华中科技大学、华中师范大学、湖北大学、江汉大学等 5 所高校和武汉图书馆。他们同时发出倡议共同推动各级各类图书馆向社会开放，实现文献资源共建共享。BALIS 作为国内区域性联盟组织，拥有资源与地缘的优势，可以要求各成员馆为其校友甚至社会用户提供文献信息资源服务，实现文献资源共建共享，争取资源成本效益最大化。

"搭建统一平台"的理念早已被国内企业所接受，今天许多软件开发商、系统集成商在开发应用的过程中都或多或少地朝着这个方向努力，以求得最大的可复用性，提高开发效率、降低成本、提高应用软件的可靠性。大数据活跃于 2012 年，可能最为人所知的是作为推荐引擎背后的智力支持，大数据促进了以计算的思维形式来解决问题，这是一种我们图书馆很少有的研究素质。BALIS 服务系统平台的构建，整合各成员海量的文献资源数据，对这些数据分析研究，将会更好地引导各成员馆开展服务，而未来用户在 BALIS 服务系统平台寻找、获取、利用文献信息资源留下的痕迹产生的非结构化数据，将会是 BALIS 拥有的巨大财富，通过对这些非结构性数据进行收集与研究分析，将会为 BALIS 在文献资源共建、共知、共享方面提供科学的量化指导，届时将真正达到 BALIS 资源成本效益最大化。而随着资源共享的深入发展，BALIS 与 CALIS 资源共享深入整合，将真正实现全国各种文献资源的共享。

参考文献

[1] 王茜. BALIS 馆际互借服务研究. 高校图书馆工作，2009(5)

[2] Carlisle K. Just Passing Through Patron – Initiated Collection Development in Northwest Academic Libraries. Collection Management, 2010(35)

[3] 李开颖,霍建新. 香港地区高校图书馆联盟(JULAC)策略、实践与启示. 图书馆联盟建设与发展, 2012

[4] 黄智武. BALIS 原文传递学科服务馆的职责与发展对策. 中华医学图书情报杂志,2012(7)

[5] 国家中长期教育改革和发展规划纲要(2010—2020 年). [2013 - 04 - 05]. http://www.moe.edu.cn/publicfiles/business/htmlfiles/moe/moe_838/201008/93704.html

[6] 首都图书馆联盟成立　一卡有望浏览百家资源. [2013 - 04 - 05]. http://www.chinanews.com/cul/2012/03-12/3737066.shtml

[7] 武汉图书馆联盟成立　拟向社会开放高校图书馆. [2013 - 04 - 05]. http://news.xinhuanet.com/local/2012-04/16/c_111783947.htm

基于立法视角的图书馆资源共享服务规范问题研究

宋丽华　张　凡　李万社(陕西师范大学图书馆)

1　研究背景

从馆际互借服务产生以来,图书馆人一直坚信,图书馆之间的资源信息共享服务,不仅是解决文献激增与图书馆经费紧缩,用户需求增长与图书馆有限资源之间矛盾的利器,更是实现社会公众追求信息资源共享权益的有效手段。然而,图书馆资源共享服务中的“复制”行为被认为是“违反了某些追求经济活动效率最优化的技术规则”。因此,各国版权法或著作权法,都不约而同地对图书馆复制行为进行了严格的限制,一些出版商联盟的声明更是对图书馆馆际互借与文献传递服务产生重要影响。面对国际上馆际互借秩序的改变,版权法中苛刻规定可能带来的法律风险,中国图书馆界的防御略显被动。表现在两个方面:其一,立法层面上的话语权缺失。首先是图书馆法迟迟未出台;其次便是在《中华人民共和国著作权法》条例制定中,对图书馆界诉求的无视。其二,图书馆自身服务规范欠缺。就目前情况来看,国内图书馆的各项服务规范条例更类似于服务工作实践指南,大多没有涉及法律层面的诠释与指导,这样的状况看似并不影响服务展开,但面对网络技术的迅速发展,图书馆必须走出国门与国际接轨,自然不能故步自封于自身的“陋习”。所以,从立法的角度考虑图书馆资源共享服务规范对工作的长远发展的影响,就是本文立题的初衷。

2　图书馆资源共享服务规范条例存在的问题

图书馆资源共享服务可分为馆际互借与文献提供两个方面。随着服务的进步一展开,在业界已经形成这样的共识,即馆际互借通常专指传统形式上的纸质文献互借或传递,被互借传递的对象以纸质图书为主,传递方式为邮寄和快递,使用有一定期限,即所谓的“返还式”文献提供方式;文献提供主要指网络形式的电子文献互借/提供,被提供对象以图书、期刊文章、学位论文和其他类型的文献资料,传递方式有 E-mail 或者其他基于网络的递送方式,使用期没有限制,即“复制—非返还式”文献提供方式。

2.1　图书馆资源共享服务规范条例问题解析

2.1.1　服务规范制定的管理问题

宏观上,国家图书馆、上海图书馆和 NSTL 全文传递服务系统陆续与 CALIS 合作的举措证明,我国图书馆界试图在文献资源共享服务上打破各自为政的局面,这种大胆的尝试更有利于文献资源共享工作全面地发展。可令人遗憾的是，至今我国还未制定出国家层面的指导性文件，未形成统一的、标准的、完整的资源共享服务的调控机制，并以法律手段对各系统、各地区实现馆际互借、文献信息资源共享发挥导向和制约作用。如果这种令人欣喜的合作格局，没有一个先进的管理体制作为坚强后盾，那么未来的发展之路必定问题多多，步履维艰。而微观上，大部分开展馆际互借与文献传递的图书馆并未定制相关的资源共享服务规范。如果说宏观上的管理缺陷是受图书馆相关法律制定滞后的影响，那么微观上各图书馆服务规范的缺失，是各图书馆对资源共享工作规范制定的重视程度不够和理解上存在误区。

2.1.2　服务规范框架结构问题

网络技术发展，数字形式的文献资源数量激增，“返还式”与“复制—非返还式”的资源共享方式在未来的很长一段时间内会共存发展。但是两者在服务内容、提供方式、著作权等问题上存在差异，这些差异应区别对待并体现在各自的服务规范章程中。目前，国内馆际互借和文献提供的相关规范中“非返还型”与“返还型”两种文献提供方式并未严格区分，这种宏观认识上的偏差体现在现存各种馆际互借与文献传递服务规范中，造成规范条例整体上结构条理性差，内容细则上重点不突出，造成本应在服务中发挥重要指导作用的规范最终流于形式。

2.1.3　服务规范条例具体内容存在的问题

(1)著作权问题无法回避

根据国际著作权合理使用的原则精神，只有在非商业目的和非商业使用条件下，才能少量使用作品，且不能伤害作品的潜在市场。在图书馆的服务实践中，开展文献提供服务当然不能违背这些基本的原则要求。然而，国内图书馆相关馆际互借和文献传递的各种服务规范或条例中，对于可能出现的法律问题不是一笔带过，便是忽略不提。当然，不可否认的是，我国的《中华人民共和国著作权法》(以下简称《著作权法》)和《信息网络传播权保护条例》对于图书馆文献“合理使用”的规定略显单薄且没有做出任何特别的规定，很多实际工作中的问题经常遇见“无法可依”的情况。但是，这并不能成为我们回避著作权人合法权益的借口，在资源共享服务规范条例中，将著作权法作为制定依据是重中之重。

(2)内容细则上没有突出法律思想表述

笔者仔细调查分析目前已有的各种馆际互借与文献传递规范条例细则发现，大量的篇幅用以描述费用结算、用户操作等服务介绍，却在如何制定规范地、合理地服务条例方面略显欠缺。例如：服务对象分类、用户注册规划、遵守著作权承诺、文献获取的类型或数量、合作双方权利与义务等问题都没有进行必要说明。从而现存的规范本身难以具有法律表述力，自然很难应对外部环境对于图书馆服务展开的种种限制与阻碍。同时，因为我国《著作权法》，给予图书馆“合理使用”的权利却没有相应的补充说明，最大的影响莫过于，图书馆相关法律的制定缺少了图书馆专业信息支撑。

3　法律视阈下图书馆资源共享服务规范制定与策略

为何是在法律视阈下进行资源共享服务规范的制定？原因很简单，图书馆作为知识的传播者，不可避免地要思考因为版权问题而引发的图书馆管理上的问题。在资源共享服务中，这个问题显得尤为突出。因此，图书馆以及其他非营利情报服务机构需要从法律角度，准确地讲是从版权法/著作权法角度去探讨资源共享服务规范问题。

3.1 服务规范内容框架建构

笔者认为图书馆文献资源共享服务规范在设计之初就必须区别对待“返还式”与“复制—非返还式”两种不同文献提供方式，在这两种方式之下再规划服务规范的层次。

第一层：纲领性规范。这个规范类似于美国《合众国馆际互借规范》(International Loan Code for the United States)，在纲领性规范分别就请求馆和提供馆所应承担的义务和权利做出指导性说明。为保障社会公众知识公平获取权益，纲领性的规范应上升于法律层面，且带有官方的“强制性”态度。

第二层：操作性规范。这一层次的规范以第一层规范为基础，针对工作中的具体问题进行详细制定，比如：用户管理规范、工作流程规范、文献提供方式及数量规范等问题。如果第一层纲领性规范是图书馆资源共享服务工作规范的骨架，那么操作性规范即是血肉，这一层的内容是规范条例的核心，需要多方面考察服务工作的现存问题以及国际服务发展水平。

第三层：个别性规范。在这个层次中，具体的图书馆需结合服务内容和自身实际情况，来制定服务规范。例如：高校图书馆对于学位论文的提供各有规定，因为在实际的操作中，很多具体的问题不能被固定为统一的模式。即使这样，我们依然希望在纲领性规范的指引下，个别性规范能最大限度地保证社会公众知识公平获取权益。同时，依据不同图书馆的服务宗旨与原则，工作人员的操作规范亦可以在这一层次体现。

3.2 以三层框架为核心的服务规范内容设计

3.2.1 纲领性规范以建构权利与义务的平衡格局为宗旨

目前，请求方与提供方的权利与义务只出现在馆际互借与文献传递服务的协议书中，且以“甲方”和“乙方”来表达请求方与提供方的角色，我们认为这种命名方式欠妥。因为此命名方式，无法体现出两个机构在资源共享服务中应有的角色定位，自然更无法体现出权利与义务的平衡，在这种命名之下，总有一方是处在“强势”姿态中。例如：国家图书馆的馆际互借协议书中，提及协议的签订必须是双方本着自愿合作、互惠互利的原则进行合作，但在服务规范中却忽略了这样的宗旨，而不自觉地以文献资源的多寡去定义服务规范，无形中剥夺合作馆在协议中的话语权。因此，纲领性规范不能各自为政，应升级为国家层面的法规文件的制定，建构以合作为基础的，保障请求方与提供方的权利与义务的平衡。

3.2.2 操作性规范应以著作权法为主导

国内外的著作权法中，图书馆复制豁免权利范围一直是出版商和著作权权益人关注的焦点，图书馆人倍感资源共享服务向纵深方向展开变得越来越困难。面对矛盾，图书馆学者开始提出图书馆著作权管理的问题。例如：刘细文《文献传递服务的著作权合理使用管理策略与框架研究》中提出：“图书馆著作权管理可以以文献传递的服务章程给予明确。”因此，图书馆资源共享服务规范需以著作权管理为基础，结构上要条理清晰，重点突出；内容上则要重点考虑应对可能出现的法律风险，可将服务规范的框架结构设计成“三个部分五个核心”，如下图1所示。

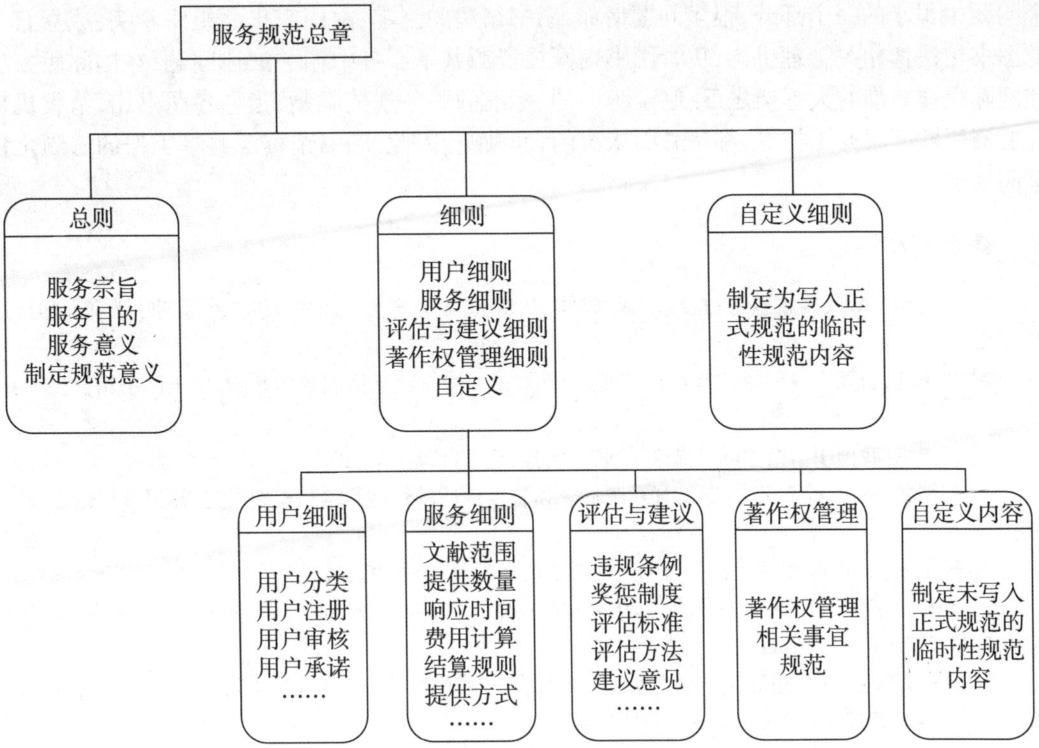

图1 操作性规范结构图

值得一提的是，这个服务规范必须是动态的，不能长时间处于无新内容添加和无内容修订的状态之中。要随时关注国际上关于著作权法修订动向，以及国际性质的资源共享服务新标准的提出，在结合国内实际情况后，对现存的服务规范进行合理修订。

3.2.3 个别性规范以保障知识平等获取权益为核心

个别性规范本质上可以说是操作性规范的延伸，它应既包括具体工作人员的操作规范，亦需制订面向请求方的，具有说明性质的内容。个别性规范一方面需遵循具体图书馆服务宗旨与原则，制定更为具体的操作和工作意识规范，另一方面则要以最大限度保障知识平等获取权益为核心，制定应对特殊事件的服务规范。因此，个别性规范不应带有“强制性”，且原则问题上不能规避法律风险，并尊重每个图书馆或其他情报机构对资源的收藏及公开态度，在体制上体现灵活性，内容上体现公平平衡。这不仅是应对资源共享服务动态发展的策略，也是图书馆资源共享服务朝着层次化、差异化和精细化方向发展的基础。

2013 年 10 月 16 日至 18 日，国际图联第 13 届馆际互借与文献提供(ILDS)会议在北京大学召开。会议“探讨馆际互借与文献传递未来的发展前景”的议题中，Clare Mackeigan 提出资源共享的新标准——ISO 18626，该标准目前虽然还未能付诸实践，但其将带来的影响可以预见：更容易对馆外需求进行规范，未来图书馆之间的信息交换与系统操作将变得更加轻松与方便。由此可见，国际上，图书馆人依然在寻觅馆际互借与文献传递服务的未来发展之路，尽管在法律条文下，图书馆的复制权利因为经济利益与知识保护，而备受考验与质疑，但图书馆人并不会也不应该放弃对资源共享的追求。本文探讨的资源共享服务规范只是这个问题中很小的一个部分,很多问题诸如:图书馆法的制定;由国家出面组织牵头,成立官方的图书馆法律相关管理机构,负责图书馆开展资源共享服务中相关法律问题;在国际版权法和国际操作标准的大框架之下,制定统一的、标准的服务规范纲领,指导各图书馆,情报机构开展资源共享服务工作等,都是悬而未决的大问题。因此,图书馆资源共享工作的法制化任重而道远。

参考文献

[1] 迈克尔. A. 艾因霍恩著;赵启彬译. 媒体、技术和版权:经济与法律的融合. 北京:北京大学出版社,2012

[2] 孙维莲,曾丽军.《STM 文献传递声明》及其对图书馆馆际互借服务的影响. 中国图书馆学报,2014(1)

[3] 郝淑东. 我国图书馆馆际互借规则研究. 大连:辽宁师范大学,2010

[4] 刘细文,贾苹,徐慧芳. 文献传递服务的著作权合理使用管理策略与框架研究. 知识管理论坛,2013(1)

[5] 薛宏珍,朱晓琴. 解读著作权条例下的图书馆复制权. 图书馆,2013(3)

[6] 国家图书馆馆际互借协议书. [2014 - 05 - 15]. http://www.nlc.gov.cn/newkyck/kyfw/201104/W020120327634595755772.pdf

[7] 国际图联第 13 届馆际互借与文献提供会议在北大成功召开. [2014 - 05 - 15]. http://pkunews.pku.edu.cn/xxfz/2013 - 10/23/content_279172.htm

文献信息资源共享模式嬗变及发展方向浅探

——以江西省图书馆为例

黄　俊　刘　艳　黄　珣(江西省图书馆)

1　江西省图书馆开展文献信息资源共享服务的基本概况

资源共享(resource sharing)是图书馆人追求的目标,国际图联(IFLA)推崇的原则是自由获取信息、分享观点和共享各种智慧成果。中国图书馆事业发展的历史长河中,图书馆人致力于资源共享道路的探索,从馆际互借到文献传递,从本区域范围内流通网点建设到跨地域的全国性、跨省图书联盟建设,体现了图书馆人在文献信息资源服务上的努力与智慧。

在中国图书馆发展史中,最早开始资源共享建设可见于1924年6月的"上海图书馆章程"中关于"馆际互借"的规定,而最早开展馆际互借服务项目的则始于1927年北平图书馆(现国家图书馆)。新中国成立初期,中国图书馆馆际互借业务正式开展,因为历史原因,中国图书馆事业遭到严重的摧残与破坏,馆际互借业务,实现资源共享也因此终止。1980年5月,中央书记处讨论并通过《图书馆工作汇报提纲》后,全国图书馆事业迎来广阔的发展天地,馆际互借资源共享服务逐渐开展起来。90年代,计算机技术应用到图书馆领域,图书馆开始建立数据库,硬件条件较好的图书馆已经具备实现资源共享的技术条件。当前,数字化技术迅猛发展,物联网、语义网、云计算、数据挖掘、知识组织等新兴技术不断涌现,使传统图书馆的资源结构和信息组织发生巨大变化。馆际互借实现资源共享已从传统纸本化服务模式向现代数字化服务模式转变,资源共享的范畴、模式发生巨大的改变。

江西省图书馆于1941年开始实行资源共享服务项目,以馆际互借方式实现。1941年5月1日与国立中正大学(现南昌大学)开展互借图书业务。1944年与江西省立农业专科学校(现江西农大)互借图书。20世纪80年代,面对良好的事业发展环境,江西省馆十分重视全省资源共享服务。馆际互借业务在江西省馆也得到了开展。据统计,1981年江西省馆向北京图书馆共发出借书单76次,借到46册,占60.53%。1983年,江西省馆积极与赣州市、兴国县、安远县、南城县、永修县、修水县等13个市、县图书馆建立互借关系,通过馆际互借、邮寄借书、赠送图书,帮助这些图书馆解决读者的文献需求,达到资源共享的目的。90年代初期,江西省馆开始图书流通站建设。在1990—2010年期间,江西省馆采用合办分馆、馆所合一、省县乡(镇)联动和馆外流通站等四种模式,共创建分馆44个,以赠书的方式向这些读者解决读书需求,这既体现文献信息资源的共享,又体现文献资源的公平利用。2001年,本着资源共享、优势互补、互惠互利、共同发展的原则,与江西蓝天职业技术学院达成友好合作协议，建立江西蓝天职业技术学院分馆，该校师生凭借“一卡通”借书证可在该校分馆与江西省馆借阅读书。随后，江西民办高校分别与江西省馆建立合作关系，江西省馆也迈出了文献信息资源共享的新步伐。随着科学技术与图书馆融合的程度进一步加深，江西省馆信息资源共享建设也出现许多新的服务项目。比如全国图书馆联合参考咨询联盟、全国文化信息资源共享工程、湘赣鄂皖四省公共图书馆联盟、江西数字资源共建共享联盟、江西省公共图书馆讲座与展览联盟以及南昌城区公共图书馆联盟等，为文献信息资源共建共享创造便利条件和发展平台。

2 江西省图书馆文献信息资源共享服务模式嬗变与分析

1996 年江西省图书馆自动化建设正式起步。为此，以 90 年代中期为分水岭将江西省图书馆文献信息资源共享建设分为两个时期。江西省馆在不同时期分别采用了不同的文献信息资源共享服务模式，如表 1 所示。

表 1 江西省图书馆建馆 94 年来资源共享服务模式发展变化

建设类型	传统图书馆建设时期（1920—1998 年）			图书馆自动化及数字化建设时期（1999 至今）	
时间分期	新中国成立前（1920—1949）	新中国成立后			
		1980—1989 年	1990—2000 年	2000—2010 年	2010—2014 年
文献信息资源共享服务模式	馆际互借	馆际互借；赠书	流动图书馆	分馆；流动图书馆；全国图书馆联合参考咨询联盟；江西文化信息资源共享工程	湘赣鄂皖四省公共图书馆联盟；江西数字资源共建共享联盟；江西省公共图书馆讲座与展览联盟；南昌城区公共图书馆联盟
服务对象类型	国立中正大学、江西省立农业专科学校师生	江西省内读者	江西省内读者	全国读者	全国读者
建设资源共享的地域范围	泰和、南昌市	江西省	南昌市及其周边县、乡（镇）	江西省	江西省内及周边省

续表

建设类型	传统图书馆建设时期 （1920—1998 年）			图书馆自动化及数字化建设时期 （1999 至今）	
时间分期	新中国成立前 （1920—1949）	新中国成立后			
		1980—1989 年	1990—2000 年	2000—2010 年	2010—2014 年
具体方法	1. 借部分书籍给文献请求馆供师生借阅； 2. 持本校借阅证可在泰和省立图书馆①借书	1. 依据读者申请向北京图书馆请求文献帮助； 2. 在江西省境内与 13 个市、县图书馆建立互借关系，通过赠书解决读者阅读需求	建立图书流通站定期赠送、更换图书	1. 建立图书流通站定期赠送、更换图书； 2. 建立分馆，实行“一卡通” 3. 根据读者申请，借助 PC 及互联网实现期刊原文传递； 4. 建设特色数据库	1. 建立数字图书馆依托超星、读秀等电子数据商，通过电子邮件的方式进行图书的部分原文提供； 2. 整合各类文献信息资源通过官方网站供读者浏览； 3. 实现南昌城区 7 家图书馆通借通还
效果	持续 5 年，因战争原因终止	帮助很多读者解决了文献需求问题	持续比较困难，许多流通站名存实亡	可以满足民办高校读者需求；可以为部分高层次读者解决期刊文献的需求问题	能满足部分读者的文献资源请求；城区通借通还使用人群不多

2.1 传统图书馆建设时期的文献信息资源共享服务

2.1.1 馆际互借

馆际互借是文献信息资源共享产生最早、使用最为普遍的一种形式。所谓的馆际互借是指各图书情报机构之间根据事先约定的互借规则，相互利用对方的馆藏资源以满足本馆读者需求的服务模式，它可以弥补一馆馆藏的不足。馆际互借的主体是文献请求馆与文献提供馆。文献请求馆是读者与文献提供馆之间的桥梁与中介。读者与文献提供馆不直接发生关系，通过中介——文献请求馆获得所需要的文献信息资源。读者最初提交申请到最终获得文献，都是文献请求馆发生了纽带与联结作用。馆际互借分为返还式和非返还式两种。在具体实践中，返还式馆际互借的实现方式有：个人一卡通、馆际借阅证、通借通还三种方式。馆际互借的工作流程如图 1 所示。

① 因战争原因，江西省立图书馆迁往江西泰和，称泰和省馆。

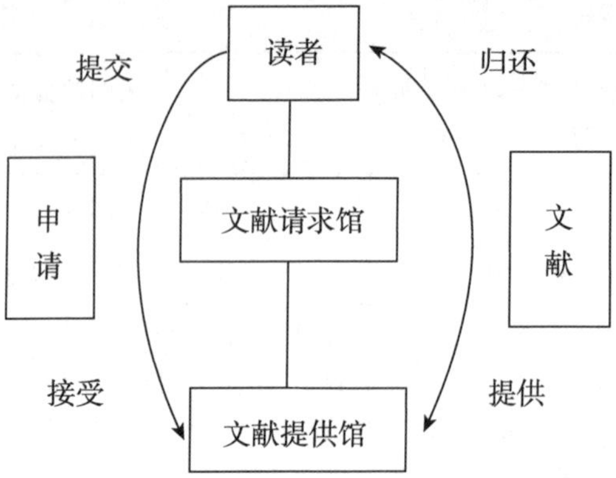

图1　馆际互借的工作流程图

江西省馆最早开展的馆际互借，是由文献请求馆国立中正大学为满足学校师生阅读需要，而向江西省馆提出申请；江西省立农业专科学校是由于学校开办伊始，图书购买感觉不易而向江西省馆提出申请，省馆将图书资料送到这两所学校陈列，供读者借阅。由此可见，江西省馆与高校建立馆际互借关系是被动接受，为此在服务地域覆盖上，也仅限于两所学校的读者，而没有形成省馆与高校图书馆群体的馆际互借网络，此外，提出文献申请的是高校集体行为，而不是单个读者的个体行为。在馆际互借持续的五年中，读者可以持学校的图书证在泰和省馆借阅图书，实现"两证合一"；江西省馆在80年代主动开展馆际互借服务，提出文献申请的有集体行为也有个体行为，1981年，江西农大讲师俞志雄向江西省图书馆提交1951年的《植物分类报》的文献请求，省馆向北京图书馆发出借书信，帮助该读者解决文献需求问题。同时，还在江西省内与13家市、县图书馆建立馆际互借关系，通过邮寄的方式帮助解决市县级馆读者文献请求。至此，江西省馆馆际互借服务相比新中国成立前开始突破地域限制，除与高校馆建立馆际互借关系以外，还向市、县级图书馆延伸，与文献信心资源相对丰富的图书馆、省内市县级图书馆建立纵向馆际互借关系，与高校及其他科研情报所建立横向馆际互借关系。

2.1.2　图书流通站及分馆

图书流通站及分馆建设也是为了让更多的人享受图书馆的文献信息资源，让偏远地区、经济欠发达地区以及文献获取相对困难的人群共享文献资源，是江西省文献信息资源共享服务的有效补充。江西省馆从1990年开始图书流通站建设。首次在江西省第一、第四监狱以及省劳改局第五支队建立图书流通站，分别赠送图书500册。由于改革开放，图书馆事业受经济大潮的冲击，江西省馆事业经费日趋短缺，购书经费也受到严重影响，图书流通站的建设与持续举步维艰。2001年，江西省馆开创了省级公共馆与民办高校合作建设分馆的先河，省馆提供人员培训和技术指导，学生们通过"一卡通"证在分馆与省馆借阅图书，民办高校只需每年向省馆缴纳一定的管理费，这种分馆模式成为江西省馆为教学、科研提供文献信息服务职能的延伸和细化，不仅探索出一种新的服务模式、新的合作方式和新的管理模式，也拓展了江西省馆的服务职能，而且迈出了文献信息资源共享的新步伐。截至2010年，江西省馆分馆已达到44个。从目前情况来看，由于缺乏统一有效的管理、规范有效的体制、经费的有力保障以及相关技术支持与维护，许多图书流通站都已名存实亡。

2.2 现代化及数字化图书馆建设时期的文献信息资源共享服务

2.2.1 全国图书馆联合参考咨询联盟

全国图书馆联合参考咨询联盟的前身是“联合参考咨询网”，是由广东省立中山图书馆以实现文献信息资源的共建共享为目标而创建的，将科技融入业务工作，联合福建、广西、天津、长春、山东等16个省、市的40多个公共馆合作建立，在网上开展参考咨询服务。全国图书馆联合参考咨询联盟主要针对电子文献实现资源的共建共享，打破地域、时间限制，让读者享受各馆电子文献资源，咨询员24小时在线，通过实时传递、邮箱向读者传递电子文献原文。原文传递的工作模式如图2所示。

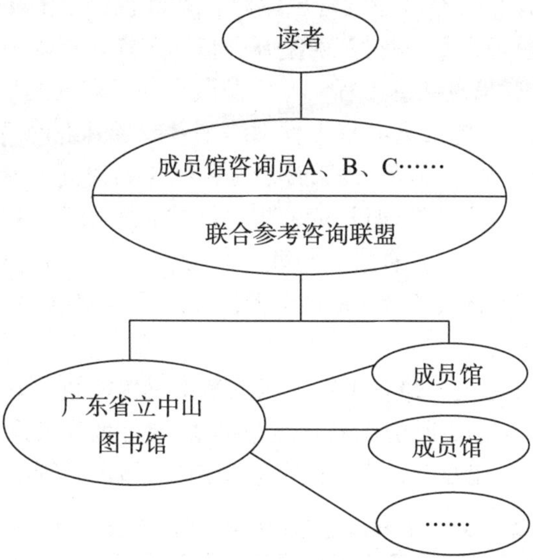

图2 文献传递旧模式

读者借助全国联合参考咨询平台，通过在线实时咨询或者表单咨询提交文献申请，成员馆咨询员借助本馆数据库或者外馆数据库，为读者找到所需文献资料发送至读者电子邮箱。联合参考咨询平台所提供非返还性文献资源，读者与文献提供馆之间通过第三方平台——联合参考咨询联盟形成服务关系。广东省立中山馆与各成员馆之间互通有无、互惠互利，他们之间形成馆际互借关系，相互利用对方的数据库，为来自全国的读者服务。这种原文传递较之以前的馆际互借减少了物流与归还程序，是网络时代馆际互借服务的拓展和延伸。

江西省馆地处中部图书馆事业发展相对落后地区，用于购买电子文献的经费较少，面对网络时代读者对文献的新需求，江西省馆于2004年注册为成员馆，两位咨询馆员由信息咨询部工作人员兼任。该平台不仅可以通过各成员馆的数据库为本馆到馆读者提供原文电子文献，也可以接收全国读者的实时咨询或表单咨询为他们提供原文传递服务。近年来，全国图书馆事业迎来历史上最好发展时期，每年用于购买CNKI、万方等数据库的经费大幅增加，为此江西省馆在电子文献的需求上对外馆依赖程度大大下降，通过全国联合参考咨询联盟的原文传递服务有所减少。随着超星、读秀数据平台的引入，江西省馆原文传递主要依托这两大平台进行，读者在此两大平台，提交文献申请，即可以获得部分原文。

2.2.2　江西文化信息资源共享工程

2003年，全国文化信息资源共享工程（江西分中心）开始筹建，主要从基层网点、特色数据库、与外网合作三个方面入手构建。截至2009年，已搭建起省级分中心、市县区支中心、乡镇级基层服务中心、行政村社区级基层服务点的四级网络；与江西电信信息田网、农村党员干部现代远程教育网及江西省信息中心政务外网合作，提供文化讲座、农村实用技术方面的资源共计300GB，实现信息推送8万多人次，近6万农民通过电话就可获得信息，定期举办农业专家在线咨询活动；向党员电化教育中心提供包括文化讲座、实用技术、经典影片和生活顾问等内容共计350GB。同时，江西省馆加快特色数据库建设，截至2014年，省馆数据库共7个，分别为《江西地方戏剧资源库》《江西非物质文化资源库》《景德镇陶瓷文化资源库》《江西旅游文化资源库》《鄱阳湖生态经济建设资源库》《江西红色印记多媒体资源库》《赣南客家名居专题片》。目前，正在整理开发的有《江西籍开国将军多媒体资源库》《江西历史文化名人多媒体资源库》等。江西文化信息共享工程实现资源共享的目标主要是通过对相关文献信息资源进行整合，并将这些信息资源放入共享工程网络平台或者其他网络平台，为读者提供浏览、下载服务，通过读者自行下载，收藏的方式，读者与网络平台之间直接关系，获取文献资源，文献提供馆负责整合资源与数字资源建设，读者与文献提供馆之间不发生直接联系，而是通过中介——网络平台实现服务关系。这种模式与联合参考咨询原文传递相比，优点是减少了咨询员的工作量，缺点是缺乏针对性，读者获取的资源比较宽泛，需要读者进一步甄别和筛选。

2.2.3　图书馆联盟

图书馆联盟建设旨在通过各级各类图书馆及情报机构之间全方位的合作服务与协同发展，建立区域范围内成员馆的文献资源共建共享体系，更好地为大众提供全方位文献信息服务。从2009年至2014年，江西省馆参与图书联盟建设，如表2所示。

表2　2009—2014年江西省馆参与图书联盟建设情况表

联盟名称	建设时间	参与建设的成员馆类型及地域范围	联盟模式	共建目标
江西数字资源共建共享联盟	2009-12	江西省12家省市公共图书馆、24家高校图书馆及省科技情报研究所、省社会科学院图书馆等单位	省域性图书馆联盟	联盟拟定在馆藏建设、合作采购、联合编目、馆际互借、参考咨询和数字化资源建设等方面加强沟通与协作，实现互助共赢
全国公共图书馆讲座联盟	2010-12	参与由国家图书馆牵头的全国公共图书馆讲座联盟，成为成员馆，是200多成员馆中的一员	全国性图书馆联盟	秉承公开平等、互利互惠的合作原则，共建共享讲座资源
湘鄂赣长江中游城市集群公共图书馆联盟	2012-08	由湖南图书馆、湖北省图书馆、江西省图书馆共同筹建的馆际协作协调机构，包含有335个公共图书馆，辐射人口达1.7亿	省域性图书馆联盟	通过建立湘鄂赣图书馆联盟网站，共享三省数字图书馆资源；建立联合参考咨询服务中心，提供跨系统、跨区域图书馆参考咨询服务；在文献共享、资源整合、学术交流、参考咨询等方面开展跨省域的深度合作

续表

联盟名称	建设时间	参与建设的成员馆类型及地域范围	联盟模式	共建目标
江西省公共图书馆讲座与展览联盟	2013－03	全省公共图书馆	省域性图书馆联盟	依托江西省公共图书馆讲座、展览信息交流网站平台，发布讲座、展览信息资源，共享成员馆讲座、展览成果，互通有无、取长补短，推选优秀资源在江西省范围内巡讲、巡展
“中三角”（湘鄂赣皖）公共图书馆联盟	2013－05	在湘鄂赣长江中游城市集群公共图书馆联盟的基础上，加入安徽省各级公共图书馆，使联盟总服务人群达到2.3亿	省域性图书馆联盟	联盟拟定在数字资源、联合参考咨询、馆际互借、人员交流等多方面进行合作，还重点打造成为四省联盟品牌讲座“长江论坛”
南昌城区公共图书馆联盟	2013－12	南昌城区7家公共图书馆（江西省馆、南昌市馆和东湖区馆、西湖区馆、青山湖区馆、青云谱区馆、湾里区馆）	市域性图书馆联盟	联盟通过ILAS III图书馆集群管理系统，实现南昌地区所有公共图书馆的互通互联、资源共享和一证通行、通借通还

五年间江西省馆参与图书馆联盟建设六项，这些图书馆联盟大多以签署协议的形式构建，由于建立时间不长，许多做法还在探索中，同时也因为没有实体组织的管理机构与制度，缺乏统一的管理标准、服务规范，导致签订的协议形同虚设，协议中的内容没有完全开展，或者只开展一部分而且流于形式，资源共享共建的目标难以达成，为读者提供资源共享的服务也大打折扣。

南昌城区公共图书联盟实施通借通还，与江西省馆以前实行的“两证合一”“一卡通”一脉相承，这是在城区内实行文献信息资源的共享；不同的是，现在的通借通还是凡持有借书证的市民，可以在任意一个图书馆检索、借阅馆藏图书，也可以在任意一个地点进行还书，极大地方便了读者，实现资源共享。一般情况下，在区域范围较小的条件下，纸本图书的馆际互借更好开展，但是此项服务并没有在南昌城区公共图书馆联盟中得到体现。笔者认为由于没有建立联合编目中心，南昌城区七家公共图书馆都没有联合目录，又缺少完整图书物流系统支持，且没有经费保障等诸多原因使得此项服务遇到一些困难与阻力。

从上可以看出，为实现文献信息资源共享江西省图书馆采取各种服务手段，新中国成立前以“两证合一”的方式让文献信息资源相对薄弱的学校图书馆共享江西省馆图书资源；80年代，通过向文献信息资源优于江西省馆的北京图书馆（今“国家图书馆”）提交借书单，也能满足本馆部分读者的需求，在一定程度上也实现了文献信息资源共享的目标。1990年至2010年期间，江西省馆积极开展流通站及分馆建设，资源共享的辐射范围局限于文献资源不足的监狱、农村、社区及民办高校等；2004年开始的联合参考咨询和原文传递依托的是广东省立中山图书馆的电子资源及成员馆电子资源，用他馆文献信息资源为本馆读者服务，江西读者可以共享他馆文献信息资源，大大提高江西省馆在信息服务市场的竞争力。2009—

2014年间，江西省馆突破地域限制，与高校、外省公共图书馆建立联盟关系，在一定程度上弥补馆藏数量不足，馆藏类型不全的局面。

3 江西省图书馆文献信息资源共享发展方向探讨

在90多年的发展历程中，不论资源共享的成效与否，江西省图书馆在资源共享的道路上做了许多有益的尝试。无论是传统图书馆建设时期的，从馆际互借到图书流通站及分馆建设，还是在图书馆现代化和数字化建设时期的，从文献原文传递到依托网络平台的图书馆联盟建设，江西省图书馆为更好地服务读者，追求文献信息资源共享的理想从未改变。

当前，新技术在现代化图书馆中的运用进程加快，新技术为图书馆带来新的变革，各地积极构建各种图书馆联盟以及各种情报文献中心、资源共享平台，实现资源共享的技术条件已经达成，图书馆大联盟时代已经来临。笔者认为，由于江西地处中部省份，经济发展水平相对较低，政府对公共图书馆的投入相对不足，江西省图书馆资源共享道路的方向可从以下几方面努力。

3.1 合理选择资源共享合作单位

无论是返还式馆际互借还是非返还式馆际互借，如果与文献信息资源相对匮乏与落后的图书馆建立资源共享关系，他馆读者受益程度较高，如新中国成立前的国立中正大学、江西省立农业专科学校，新中国成立后的市县级图书馆、流通站及分馆等；与文献信息资源比本馆丰富的图书馆建立资源共享关系，则本馆读者受益程度较高，如80年代向北京图书馆发借书信，2004年依托省立中山图书馆电子数据平台的联合参考咨询等。笔者认为，要让本馆读者在文献信息资源共享上受益，就应该选择文献信息资源丰富的图书馆作为资源共享关系的合作馆，要与情报机构、各种文献中心建立合作关系，特别是要弥补西文电子文献资源的不足，为读者提供更多可以使用的资源。

3.2 广泛合作共建特色数据库

文献信息资源共享强调双方的双赢、互利、互惠，偏颇一方，共享的效果都不理想。为此，要建立本馆特色资源库，如赣版图书资源库、地方红色文献资源库、地方文献资源库等，充分强调与突出人无我有，人有我优的特点，满足他馆读者需求，以特色数据库吸引更多的图书馆、情报机构、文献中心与本馆形成合作关系，强强联合、优势互补才能更快、更好地实现文献资源共享的目标。

3.3 以区域类型设定最佳服务模式

可以在区域较小的范围内实施返还式馆际互借，在较大的区域范围实施非返还式馆际互借，如文献传递。笔者认为，在较小的范围内，比如在南昌城区内，与高校图书馆、社科院、科学院、市（区）图书馆，实行返还式馆际互借还是有操作空间的，图书物流配送不涉及较远区域，可以减少因为馆际互借而产生的物流成本。目前南昌城区七家公共图书馆通借通还已经实现，但是使用人群较少，因为没有形成统一的网络，也没有统一的、标准的联合目录，要真正实现城区各级各类图书馆、文献情报机构的资源共享，就要建立联合编目中心，统一采购、统一编目，联合目录是开展馆际互借的基础，也为在更大范围内，跨省性，全国性馆际互借、资源共享奠定基础；要在近年来建立的图书馆联盟的基础上，通过引进数字参考咨询平台系统，形成区域性联合参考咨询平台，利用本馆数据库特别是特色数据库为读者提供分布式信息服务，达到更大区域内信息资源共享的目标。

参考文献

[1] 范洁. 中美图书馆馆际互借比较研究. 图书馆理论与实践,2002(2)
[2] 吴洋. 网络环境下馆际互借的发展共享与问题. 情报科学,2006(4)
[3] 周建文,程春焱主编. 江西省图书馆馆史. 南昌:江西人民出版社,2010
[4] 张秀兰,宋承谦. 中外图书馆馆际互借规则比较研究. 图书馆学刊,2010(12)
[5] 龚胜泉,肖友国. 图书馆联盟馆际互借模式的选择及趋势探讨. 四川图书馆学报,2011(3)

图书馆协同信息服务

李 丽 郭 森 刘建雯(北方科技信息研究所)

当今世界,高速网络和数字化技术的快速发展改变了图书馆信息服务的格局,图书馆协同信息服务是以更好地满足读者的信息需求为前提,以资源共享为目标,依靠现代通信技术和网络技术,为文献信息的快速、有效的传播,最大限度为读者提供文献信息的服务模式。图书馆协同信息服务还是一种相互影响、相互促进、互利互惠、共同提升的服务模式。

1 协同信息服务的主要内容

"协同"反映事物之间、系统或要素之间的配合性和整体依赖性以及由此引发的合作。图书馆馆际合作、协同服务主要在:

(1)文献资源协同(如数据库资源访问、馆际互借、文献传递等);

(2)书目信息资源协同(如联合馆藏目录查询等);

(3)图书馆业务协同(如联合采购、联合编目、联合参考咨询等);

(4)人力资源协同(如人员教育、培训、图书馆管理等);

(5)设备资源协同(共用网络服务器、共用网络存储设备等)活动中相互协作,提高了满足用户信息需求的能力,降低了各图书馆的运营成本。

2 有限馆藏资源与无限信息需求

满足读者的信息需求是一个图书馆根本价值的体现,也是图书馆建设、发展的指导思想。在这个信息飞速增长的时代,读者对信息的需求越来越强烈,越来越多元也越具个性化。一方面,获得的信息内容要全面、精确;另一方面,获取信息的途径又要方便、快捷。但是,一个图书馆的能力和馆藏资源是有限的,仅仅以一个图书馆的力量,很难满足众多读者无限的需求。从馆藏资源的总量上看,有限的经费始终无法买全无限的资源。同时,从馆藏资源的结构上看,各图书馆的馆藏资源总是要有各自的重点与特色。因此,读者对文献信息无限需求与图书馆有限馆藏之间的矛盾日益严重,解决这一矛盾,图书馆的协同信息服务是满足读者广泛需求的有效途径。

3 国际、国内图书馆之间的协同信息服务

图书馆信息服务真正重要的进步和最有意义的、持久的解决方案就是合作。我国和国际上已经形成了各个层面的信息资源共享协作体系，国际上如环太平洋地区数字图书馆联盟（PRDLA），联机计算机图书馆中心（OCLC）；中国国家图书馆与63个国家的500多家图书馆建立业务联系，是全球最大的中文文献保障基地和国内最大的外文文献查询中心；目前，国内主要还有国家科技图书文献中心（NSTL）；上海市文献资源共建共享协作网（SIRN）；中国高等教育文献保障系统（CALIS）；北京地区高校图书馆文献资源保障体系（BALIS）等，基于信息资源共享的协作体系影响不断扩大，由此展开的协同信息服务业务不断拓展深化。

4 我国国防工业系统协同信息服务

信息需求的多样性和创新的复杂交互性决定了依赖单个信息服务机构无法完成创新信息服务保障的重任，以共享和协作为主要特征的跨系统协同信息服务组织建设中，合作共享是一个具有持久生命力的议题，跨系统协同信息服务也将成为当前及未来关注的焦点。

国防科技工业数字图书馆是"十五"军工技术基础国防科技条件建设的重点项目，由航空、电子、航天、核、船舶、兵器等六个行业七家情报机构共同参与建设，旨在提高国防科技文献资源整体保障能力，快速反应能力与服务水平，其发展目标是成为国防科技文献信息资源保障与服务中心，国防科技知识提供中心，是国防科技信息资源共享平台。

5 图书馆内的协同信息服务

图书馆内部门与部门、馆员与馆员的协同信息服务，是随着信息环境的复杂化，科研人员对专业知识服务要求不断提高，专题信息服务必须依靠集体智慧来提高服务创新能力。图书馆应发挥自身的优势及馆藏优势，创建一支由一定数量人数组成的、业务互补的、富有创新精神的、愿意为共同目标而相互协作的信息服务团队来提供专业的信息服务。由于馆员的服务水平受制于全馆的服务水平，因此要成功实施图书馆专题信息服务，必须建立纵向管理与横向合作密切结合的管理模式，图书馆的服务团队才能无障碍地进行协作，达到整体效益大于部分之和的效果，提升创新服务的能力。

6 与科研人员和科研团队的协同服务

随着科研信息环境的发展，科学研究方式和学术交流模式进一步数字化和网络化，并向多样化和便捷化发展，学术研究呈现出个性化、精细化，便捷性、及时性等特征，科研团队需

要在研究过程中对学科研究的热点和前沿快速响应，与此同时，现代的科学研究面对的不再是简单孤立的对象，是涵盖更大范围和更复杂的系统问题。这就使得图书馆一方面要加强各类信息资源和各图书馆间协同服务能力，实现各类资源的一站式检索及无缝化获取，减少科研人员获取信息的复杂性；另一方面要深入开展与科研团队互动和协同的服务，根据科研团队的需求，与科学研究过程密切融合，保持沟通联络，发挥科研团队参与文献资源建设的热情和积极性，发挥图书馆的特色职能，协助科研过程的顺畅进行，提升科研效率，以科研团队的需求为驱动，对其科研需求做出及时响应，保障科研团队的科学研究顺利推进。

7 兵器专业图书馆馆员在协同信息服务中的工作

兵器科技工业的科研生产单位都是涉密的单位，很多基层单位很难通过公共网检索和获取文献资源。要解决国家投入巨资购置的文献资源不能在国防领域得到有效利用，原文传递服务不能通过公共网络传递的困扰问题，其重任很大程度上落在了国防领域各专业图书馆身上。作为兵器专业图书馆馆员就是在与图书馆（包括公共图书馆、专业图书馆、高校图书馆等）；科研院所（包括科研机构、大专院校、情报所等）；信息中心（包括数字中心、计算中心、网络中心等）；图书馆供应商（包括出版社、数据商、系统商等）；还有政府部门、企业、社会团体等的合作中，有针对性地检索、收集、筛选、整合各类文献信息，如国家科技信息文献系统、国家图书馆系统、中科院文献情报系统、高等院校图书与信息系统、国家专利文献系统、国家标准文献系统、科学技术方法与工艺方法文献系统、国防科技情报系统等系统中的科技信息资源，在图书馆与科研人员、科研单位之间架起一座桥梁，通过统一的安全的内部网络传递平台，为兵器科研人员和科研单位主动地，有针对性地，一站式地推送文献信息服务。

兵器专业图书馆馆员要建立并密切与本行业重点工程、重大项目管理办公室或领导小组的联系，加强与各承研、承建单位的沟通，有针对性地提供科技文献保障和服务。随时与对方的情报室乃至科研部门交流信息，了解他们科研生产中的文献和信息需求，每年定期或不定期组织行业各单位开展"科技文献与保障服务座谈会（或研讨会）"，针对兵器行业各单位在文献服务与保障方面的需求，研究探索相应的解决方案。

图书馆协同信息服务是图书馆之间，或者图书馆与其他机构之间自发组建而成的，为获取自身稀缺的资源，实现单个图书馆文献信息拥有量的最大化，充分利用外部资源来扩充其实力，进行信息转移以及信息应用，在信任和互惠的基础上，两个或者多个信息服务机构形成的一个优势互补、关系稳定的合作组织。为科研提供更广泛的信息内容和一站式的协同信息服务。

参考文献

[1] 陈婧，刘冰．竞争情报组织协同行为研究．图书情报工作，2009，53(10)

[2] 李光．新疆高校图书馆合作模式分析研究．农业图书情报学刊，2013，(9)

[3] 叶秀明．资源共享环境中高校图书馆的建设与协调发展问题研究．新世纪图书馆，2013(8)

[4] 陈旭华．大学城图书馆联盟协同服务模式的构建研究．情报探索，2013(6)

[5] 胡昌平.跨系统协同信息服务及其发展.图书馆论坛,2010(6)
[6] 刘利群.构建面向国防科研一线的国防科技工业数字图书馆服务体系//国防科技工业数字图书馆第三届创新发展研讨会论文集,2012
[7] 陈旭华.大学城图书馆联盟协同服务模式的构建研究.情报探索,2013(6)
[8] 胡昌平.跨系统协同信息服务及其发展.图书馆论坛,2010(12)
[9] 江涛.基于知识联盟的图书馆知识协同服务系统模式探究. 情报理论与实践,2012(12)
[10] 胡媛.面向用户的跨系统协同信息服务平台构建与定制服务推进.信息资源管理学报,2013(2)
[11] 王莺."云"时代社科院图书馆协同模式构想.河北科技图苑,2013(4)
[12] 段巧云.现代图书馆的协同服务.图书馆论坛,2006(4)
[13] 宋海艳.与科研团队协同的学科服务组织与管理研究.图书馆杂志,2012(12)

关于数字环境下文献资源共建共享的几点思考

蔡曙光(中国社会科学院研究生院)

任何类型的图书馆无论其规模多大、历史有多么悠久、财力有多么雄厚都很难做到靠自身力量满足读者的全部文献需求。文献资源的共建共享就是在这样一种情况下提出,并逐步在不同地区、不同类型和不同系统的图书馆范围付诸实践。

在我国,起始于20世纪50年代的馆际之间传统的文献传递对于提高文献资源利用率、缓解图书经费不足的困难、减轻馆藏空间压力等方面都起到了积极的作用。

20世纪90年代开始,随着互联网技术的发展,数字文献信息的大量涌现,引起了人们对数字信息资源前所未有的需求。数字信息以其生成、复制、传递、更新、检索和利用等方面的便捷优势广受人们的青睐,更重要的是数字信息不受时间、地域的限制,可以由无数使用者随时随地同时调取、共享,确实给人们的科研、生产、教学和生活带来很大方便。

图书馆之间传统的资源共享机制受到文献复本数量、传递文献的距离、费用和邮路状况等因素的制约,已经无法满足人们希望高效、快捷获取文献的需求。

为了顺应社会发展的需要,国际社会开始声势浩大的数字图书馆建设热潮,数字信息资源逐渐成为图书馆资源建设的主要内容。经过十几年的发展,图书馆在向数字化迈进的过程中,馆藏信息资源结构正在或者有的已经发生巨大变化,文献信息资源建设的重点已经发生了转移,从以往主要以纸质文献为主逐渐转向纸质资源与数字资源同步建设的发展轨道。资源共建共享的内容和方式随之发生变化,数字环境下的馆际互借、原文传递、资源协调等业务将资源共建共享理念和实践提升到一个新的水平。

然而,在数字信息资源建设的进程中,遇到的问题却是与我们原先的美好愿望有着很大差距。理想中的数字信息资源的一些特点和优势没能得到充分展现和利用,原先对于数字化环境下的信息资源共享理念,避免资源重复建设、节省经费开支,资源的长期保存都遇到了前所未有的挑战。有的大型数据资源的供应商接连不断的大幅度涨价和在订购使用数字产品中强加给图书馆的种种不合理条件,加剧了图书馆经费短缺的状况,影响了服务水平的提高,也使图书馆固有的功能发挥受到很大限制。

为了克服数字信息资源建设中数据商们造成的种种不利影响,国内外图书馆界曾进行过多方面的努力,其中包括建立数字资源采购联盟,采用集团采购方式,实现馆际间的资源共建共享,提高与数据商谈判的实力,联合起来抵制数据商们不合理的霸道行为,虽然有的有所成效,但总体来讲始终没能遏制住有的数据商不断涨价等方面不公平的强势行为。

数字资源建设中遇到的这一系列问题,不得不引起我们图书馆人的深思,资源建设关乎图书馆事业的存在和发展。商业性的数据库资源已经成为数字图书馆资源建设不可或缺的重要组成部分,图书馆对这部分资源的依赖已经很难摆脱,因此,与数据商围绕价格和使用权益之间的博弈将是长期的,这就需要图书馆界寻求更大范围的国际间多方面的合作去积极地应对。

不过,值得在此提出的是,数字资源建设不仅限于数据库,还包括其他一些途径,网上信息的采集和馆藏纸质资源的数字化转换。鉴于数据库资源建设受制于数字供应商的被动局面,那么,在数字资源建设中对于图书馆自身拥有的馆藏纸质资源进行数字化转换工作时,图书馆界应当要有长远的战略眼光,牢牢把控好馆藏纸质文献的数字化资源,这是图书馆界开展服务工作、实现资源共享长治久安的重要保证。

1 馆藏文献的数字化转换:理想与现实

传统图书馆最大优势就在于其长期积累而形成的特有的系统化文献资源,其重要作用是任何其他资源都无法取代的。这也正是像谷歌以及许多数据商梦寐以求的宝贵资源。

从理论上讲,将这些静止的文献资源数字化以后,资源内容在更大范围内得到了揭示,突破了馆舍局限,将其融入新的网络环境中,使得馆际之间的文献共享在鼠标的点击中完成,极大地提高了各馆馆藏文献之间的交流和使用效率,更使得用户真切地感受到图书馆无处不在、方便快捷,这同样也是图书馆界梦寐以求的实现资源共建共享的理想境界。

但是,实际上,馆藏纸质文献数字化转换费用之高,工作量之大,仅靠图书馆现有的自身力量是难以承受的。一方面,馆藏中有相当大的文献仍处于版权保护期状态,版权问题就成为束缚学术图书馆数字资源共建共享理念与行动的障碍。另一方面,原有馆藏中大量的纸质文献实际利用价值差别很大,有的弥足珍贵,而有的则利用率很低,要将长年积累下来的浩如烟海的纸质文献资源不加区别地进行全面数字化的做法是不切实际的。现行的体制决定了无论在资金上还是人力资源方面完全靠国家定额拨款、指标控制的图书馆难以承担如此重负。

2 当前资源数字化转换工作的重点

因此,从近10年的发展情况来看,绝大部分图书馆纸质文献数字化转换工作主要集中在对全部馆藏图书目录数据的数字化,以便于用户快速查找馆藏图书文献,也为书目信息的资源共享和开展馆际互借服务提供了方便。另一部分的馆藏数字化则是遵循“特色馆藏资源数字化”的基本原则,有重点、有选择地进行馆藏特色资源的数字化转换。

现实情况表明,对于一些濒临毁灭包括珍贵古籍的善本、孤本图书进行数字化转换却很有必要,古籍是不可再生的宝贵资源,随着时间的推移变得愈加珍贵。由于这部分资源不涉及版权问题,所以,国家图书馆、中科院图书馆以及北大、清华为代表的许多大型图书馆都在推进这方面的工作。2012年,中国社科院图书馆系统全面启动的古籍普查、整理、保护及数字化工程就是一项有选择、有重点地对珍贵而又濒危的馆藏文献进行数字化转换的工作。通过对本系统中的总馆和各个分馆进行全面的古籍普查,摸清家底,保证数据收集、书目数据著录的完整性,然后再根据制定的标准进行数字化转换,保证所转换文献的唯一性,避免出现相同馆藏重复转换的浪费现象。珍藏古籍的数字化将能有效解决馆藏珍贵文献保存与利用的矛盾。

其实，珍藏古籍的数字化工作应当在更大的全国范围内进行合作，形成跨地区、跨类型、跨系统的合作机制，并以古籍资源数字化合作为契机，逐步扩展到馆藏其他方面特色资源的共建共享，这不但能大大节省资金投入，扩大共享范围，更能加强整个图书馆行业资源的整体优势，势必大大提升图书馆信息资源共享平台的服务效应，对人们利用图书馆的资源进行科研、学习、生产、生活带来极大便利。

3 馆藏文献的数字化资源对于图书馆事业存在的价值和意义

像谷歌以及我国电子图书领域的四强（方正阿帕比、书生、超星、中文在线），这类网络、数字出版商不但实力雄厚，而且有着自主、灵活的人事管理和资金运作方式，他们都在想方设法与各大图书馆合作，对其馆藏纸质资源进行数字化转换，看中的就是图书馆特有的这一宝贵资源。他们一旦解决了版权方面的障碍，全面掌握了图书馆的这一宝贵资源，作为一种商业化的文献服务平台，将给图书馆的服务带来极大的挑战。图书馆的存在价值和功能发挥都会受到前所未有的不利影响。图书馆是以免费服务为宗旨，就必然受到版权保护等方面的种种限制。2013 年，在新加坡召开的第 79 届国际图联大会上，北京大学图书馆朱强馆长不无担忧地认为，当前国际上关于知识产权立法的修订极大地限制了图书馆读者对信息的自由获取。要想站稳脚跟，图书馆就得有自己的资源特色。这是图书馆安身立命为广大读者用户服务的根本。可以预见，商业公司以合作的名义对各个图书馆分别进行馆藏文献数字化，对个体图书馆而言，节省了资金和人力。但是，从整个图书馆界的整体资源共享角度来讲，到头来，整体的数字资源被商业公司垄断了，每个图书馆要共享其他图书馆的馆藏数字化资源，就得花不菲的经费向商业公司购买。

从整个图书馆事业长远发展战略角度，只有在图书馆行业内部达成共识，形成合作，努力争取获得政府强大经济财力的支持，通过先进的技术，依托国内藏书资源最丰富的国家图书馆、中科院、社科院图书馆，以及以北大、清华为首著名的高校图书馆，开展大规模的强强联合，不断将各地图书馆连接起来，形成全国性的跨系统、跨行业、跨地域的大型联盟，遵循特色馆藏资源数字化的基本原则，有重点、有选择来进行馆藏资源数字化，保证所转换的文献的唯一性，与其他成员馆不重复，同时保证数据收集、书目数据著录的完整性，促使不同图书馆进一步分工和协作。逐步建立包含各种馆藏特色资源的共建共享服务平台，才能为我国图书馆馆藏资源的数字化乃至整个图书馆事业的健康发展奠定坚实的基础。

4 关于馆藏纸质文献的剔旧工作

剔旧工作是传统图书馆资源建设工作的组成部分，尤其对于历史久远的图书馆来讲，剔旧工作不但可以优化馆藏，更重要的是减轻馆藏空间压力。

在未来相当长的一个时期内，除了进行古籍和特色馆藏数字化工作以外，馆藏中仍有相当大部分还未进行数字化转换的文献依然作为馆藏的主体占据着早已“书满为患”拥挤的书库空间。面对馆藏空间压力进一步加剧,是否要对其进行常规的剔旧处理工作以减轻空间压力是很多馆所面临的抉择。有的图书馆在考虑,与其让长年躺在书架上零流通的图书占用空间,还不如干脆剔旧处理掉,从而减轻库藏负担。这种传统图书馆对纸质文献管理方式沿袭下来的惯性思维在当今的数字环境下是需要重新考量的。

对于很多图书馆来讲,系统收藏、长期积累下来的图书,是一个极其宝贵的文献资源。从目前资金、人力和必要性等因素考虑,对这部分馆藏可以暂时不进行数字化转换,但是,应当把它们视为整个图书馆界文献共享资源的一个组成部分来保留则很有必要。

有些书长期无人问津,原因是多方面的,不等于完全没有价值,其中,传统文献分类编目技术编制的卡片目录对文献内容的揭示是有限的,这使得一些图书的潜在价值得不到有效揭示,导致一直处于休眠状态。国际知名的出版社施普林格于 2011 年启动一项追溯至 19 世纪的学术图书文献工程,将很多被深藏在图书馆中无人问津的经典著作,利用科技创新技术,将它们重新回到科研人员的视野中。

还有的图书,对于收藏馆的读者可能没有多少利用价值,但是在网络发达的今天,当每个馆都将本馆的馆藏目录数字化,实现网上馆藏目录数据共享之后,这些被长期休眠的图书就可能被潜在的需求者发现而获得利用。

比如,我们馆有一本由张紫葛、高绍先合著的《〈尚书〉法学内容译注》,1988 年于四川人民出版社出版,在 2012 年之前一直没有被人借阅过。一位在四川高校的教授在本省范围都没有找到,后来从社科院图书馆网站上查阅到我们馆有收藏,终于满足了他的需要。

曾经有这样的说法,七年内没人动的书就没了价值。其实很多书,也许几十年甚至上百年后,才会被学者用到,价值才体现出来,找不到这本书,研究某个问题就会受影响。有些长年都没人借阅过的“睡眠图书”,也有可能等待它的知音发现,如同考古挖掘,一旦文物被发现,其价值才被认识。

例如,有报道称:在中山大学图书馆有本躺了 80 多年无人借阅的《人生地理学》,出版于 1907 年,是日本创价学会创始人牧口常三郎所著的地理学书籍。该书改变了日本传统的地理学教科书的知识传授模式,引导孩子从人在自然中的地位和人生存的角度认知自然。这种观点在现代看来也许并不新鲜,但是,这在 100 多年前有如此理念应当是超前的。更重要的是,近年来发现这本书是日本执政党公明党的精神源头。为了这本书,日本知名学府创价大学寻遍全球的犄角旮旯,全球有三个图书馆记录有这本书,但另外两家有书目却找不到书,最后终于在中山大学图书馆找到了。《广东省单行法令记纂》,这本书于 1921 年由广州光东书局出版,讲述清末民初广州市政建设规章制度的书。该书入藏后的 89 年间从来没人借过,许多书页都是粘连在一起的。2009 年,为写博士论文的广东省副省长许瑞生成为这本书的第一个读者。

著名的东西通常知道的人也多,更容易找到。往往是二三流学者的边边角角的资料,却容易被人们漠视,少有人关注。但一个领域一个难题的推进、突破,很有可能就是基于这些边边角角所谓二三流的文献,从中找到突破口。例如,有专家研究解放后政府的扫盲活动,在中山大学图书馆里找到一批延安时期以及解放后的扫盲教材,教材非常浅显,但如果当年因其浅显就认为没价值而扔掉,后人做相关研究就没有第一手资料了。

这并非就意味着,今天的绝大多数图书馆在采购图书时,依然要购进暂时不用的图书,但是,对于已经馆藏的老旧图书不能因为馆舍空间紧张,或因能查阅数字资源就当着负担轻易剔除,对于年代久远的图书进行剔旧应当十分慎重,特别是那些孤本的图书应当尽可能保留。中外许多知名的大型高校图书馆都为此专门新建储存书库,用来存放那些常年少有使用、利用率低的图书,比如哈佛大学图书馆和北京大学图书馆,都建有储存书库,图书实行密集排架,依然可供读者查询借阅。

总之,信息资源的共建共享一直是图书馆开展服务工作中倡导和追求的最基本、最重要的理念和目标。在数字环境中图书馆数字资源建设已经成为不可逆转的发展趋势情况下,虽然在数据库资源建设方面受到数字供应商等方面因素的限制,图书馆界除了应当采取积极应对措施外,图书馆界应当充分认识到自身所拥有的资源优势,即馆藏纸质文献资源的宝贵价值,对于这部分文献进行数字化转换形成的数字资源不能轻易地让数据商们控制。要把图书馆界所有馆藏纸质资源看作一个整体进行梳理,采取有选择、有步骤、有计划、分阶段地进行数字化转换,通过准确的馆藏揭示,整合成为十分丰富的统一的馆藏资源,并且通过加强合作、建立和培养一支高素质的专业人员队伍,就能真正实现资源的共建共享,提高读者或用户服务的效率和水平。

在数字环境下,传统的返还式馆际互借文献传递方式,依然作为一种资源共享途径需要继续沿用下去,主要是针对那些馆藏中未经数字化转换的纸质文献。因此,对于传统环境下进行的藏书剔旧工作在数字时代操作时要慎之又慎,使得图书馆界能够依靠自身拥有的资源最大限度地提高馆际互借资源共享范围,满足读者的信息资源需求。

参考文献

[1] 陈力. 数字时代的馆际互借与文献传递. 国家图书馆学刊,2008(3)

[2] 蔡曙光. 强化管理是数字图书馆建设的成功之道//赵九燕. 中外法律文献研究. 第二卷. 北京:北京大学出版社,2005

[3] http://librarian. notefirst. com/conferencefund/17410/default. aspx

[4] http://news. sciencenet. cn/htmlnews/2011/12/256593. shtm

[5] 蒋隽. "睡眠图书"一醒惊天下. 信息时报,2013-12-05(A20)

馆际互借与文献传递服务体系的构建

廖远丽(中南财经政法大学)

1 馆际互借与文献传递

1.1 馆际互借与文献传递的概念

馆际互借和文献传递都是一种文献资源共享的服务,通过馆际的合作最大程度满足读者对于文献资源的需求。不同的是:馆际互借是图书馆之间的交涉,是间接向读者提供文献资源。而文献传递则是通过互联网直接或间接将文献资源提供给有需求的读者。

馆际互借适用于返还式文献和复制—非返还式文献,是基于有限的馆舍和经费,当一个图书馆不能满足其读者的文献需求时,通过馆际之间资源共享以最大限度满足最广大读者文献需求的一种服务。简单来说就是当读者对本馆缺少的文献提出需求时,根据馆际互借制度、手续和收费标准,向其他拥有该文献资源的外馆借入;反之,在外馆向本馆提出文献请求时,按照相关制度、手续和收费标准借出本馆的文献资源,满足外馆的文献需求。

文献传递则适用于非返还式的文献,是在传统的馆际互借制度基础上发展起来的,是互联网时代,依托信息技术对馆际互借的一种发展。它是将用户所需的文献复制品以合理的费用,通过电子邮件或者快递等方式直接或间接传递给用户的一种提供服务。

1.2 发展馆际互借与文献传递的意义

第一,扩大馆藏资源,更好满足读者需求

由于经费和馆所空间有限,任何一个图书馆都不可能完全依靠自己的力量汇集足够全面的文献资源来满足所有读者的需求。一味追求图书馆馆藏文献资源的全面不仅成本过高,而且并不具有现实意义,因为一些专业性较强的文献利用率并不高,如果此类文献占用图书馆过多的空间、人力和财力资源,不仅会给读者造成不便也会拖累整个图书馆的文献利用率。另外,一些绝版的珍惜的文献资源是不可复制的,这类资源只能由少数图书馆馆藏,利用率大大降低。馆际互借和文献传递刚好弥补了这一点,所有图书馆均将其他图书馆的馆藏资源作为本馆的虚拟馆藏,这样一来,所有图书馆都能够拥有最全面的文献馆藏储备,一旦一家图书馆文献资源不能满足特定读者需求,它就可以通过馆际互借或文献传递的方式,一方面缓解了图书馆文献资源不足与读者日益增长的文献需求之间的矛盾,一方面最大限度地利用有限文献资源满足更多读者的文献需求,也对教学科研起到了很好的支撑作用。

第二,优化资源配置,提高馆藏资源的利用率

文献资源利用率是衡量一个图书馆运作最直接和最权威的指标,代表着一个图书馆的使用率和社会价值。随着互联网时代的到来,网络信息免费、快速、方便的特点使得越来越

少的人问津图书馆，然而图书馆中许多文献具有不可替代性，提高馆藏资源的利用率是图书馆生存和发展的根本。目前，图书馆文献资源存在馆藏文献资源配置不合理的问题，导致大量文献资源闲置的同时，一些文献资源供不应求。图书馆的馆藏结构是一件很难预料也充满变数的因素，只有发展馆际互借和文献传递，才能将这一问题从根源上解决。将各个图书馆的文献资源整合成一个资源库和共享平台，由读者需求决定文献资源的流向和配置。读者利用联机访问、远程登录等方式根据自己的文献需求，通过网络检索到图书馆提供的馆藏书目信息和链接的各种数据库，如同在自选超市选购商品一般轻松自如，有效提高了各馆藏资源的利用率，缓解了文献资源的供需失衡。

第三，方便读者查阅，强化图书馆信息服务职能

随着网络信息技术的发展，信息服务越来越成为图书馆的一个主要职能。网络信息服务方便、快捷，具有很大的潜力。馆际互借和文献传递服务将图书馆文献资源进行整合，建立了一个数据库作为文献资源共享的平台，改变了传统的信息传播方式，运用互联网等信息技术手段为读者提供最方便快捷的文献服务。读者可以利用现代索引技术在最短的时间内锁定所需文献资料，并通过图书馆的相关信息服务，以最便捷的方式获得所需文献。馆际互借和文献传递引发了一场图书馆界的革命，将图书馆从传统的运行模式带入一个集合了信息服务、文献共享和数字阅读的图书馆新时代。它使得图书馆的服务更加智能、高效、主动，给读者带去了方便与快捷。馆际互借和文献传递强化了图书馆信息服务的职能，凸显了信息技术的巨大优势。文献共享平台和数据库的建立带来了图书馆信息服务质量的飞跃，促进了图书馆服务方式的多元化，给图书馆发展注入了强劲的活力。

1.3 馆际互借与文献传递服务的模式

第一，集中式服务模式

集中式服务模式是指以提供馆际互借和文献传递服务的图书馆为中心，获取服务的用户馆要在服务馆的馆际互借系统中去开户，并在服务馆系统的读者网关上提交文献传递请求。这种服务模式操作简便，便于推广。但是中间环节过于复杂，不够便捷。而且随着读者需求的增加，其维护成本可能过高，系统运行的效率也将不足。根据用户类型的不同，集中式服务模式又可以分为集团用户模式和个人用户模式两种。

集团用户模式是指，由某图书馆以集团用户的身份在提供馆际互借和文献传递服务的图书馆系统中注册，所有该图书馆难以满足的读者文献需求将经过汇总后以一个集团用户的身份提交给提供服务的图书馆，统一处理。

个人用户模式是指，由某个图书馆专门的馆际互借和文献传递服务负责人以个人身份向提供该服务的图书馆注册，并由该负责人在馆际互借和文献传递过程担任用户身份的确认人。此后，该图书馆所有注册用户可直接向提供服务的图书馆提交文献申请，无需通过该图书馆，直接由提供文献的图书馆方处理。缺点是：缺乏组织性和规范性，管理松散，容易造成服务组织散漫发展的现象。

第二，分布式服务模式

不同于集中式服务那种中介式的文献服务，分布式服务模式创造了一个平等开放的文献共享平台。

分布式服务模式是借助 CALIS 系统实现的，各图书馆安装了 CALIS 系统就可以随意向

任何一个同样安装有 CALIS 系统的图书馆提交请求。在这种模式下,所有参与馆际互借和文献传递服务的图书馆同时既是服务者又是被服务者。各个图书馆提交的文献需求将在网络平台上集中,各图书馆也可根据自身的馆藏情况采用各种方式对其他图书馆提供服务。这种模式真正实现了将各图书馆的馆藏资源互联成网,网络内所有图书馆可以随时随地向网络内的其他图书馆发送馆际互借请求,资源共享程度高,且文献传递环节少,服务效率高。但缺点是:由于各图书馆都要安装 CALIS 系统,增加了技术成本和维护成本,并且需要专人负责该系统的运行和监督,增加了人力成本。此外如何协调各个图书馆在文献共享中的利益也是要解决的问题。

2　如何构建馆际互借与文献传递服务体系

第一,制定全国统一的规章法则

国际图联在《国际互借与文献传递:原则与操作指引》中要求各国要制定本国的经权威机构认定的馆际互借规则,用以指导和规范馆际互借活动,我国的馆际互借和文献传递一直以来没有统一的规则的指导,因而馆际互借和文献传递活动还处在分散的无章可循的状态,给图书馆界带来诸多不便,影响了馆际互借和文献传递服务的进一步发展,制约了我国馆际互借文献传递服务水平的提高,因此非常有必要制定全国统一的规章法则,对诸如互借文献的范围、馆际互借中文献请求馆与提供馆的责任与义务、互借中知识产权的保护等做出具体明确的规定。

第二,加大用户宣传,主动推广服务

馆际互借与文献传递服务之所以没有能够迅速普及开来,其中一个重要的原因是用户宣传不到位。很多用户并不了解这样一种服务模式,因而尽管馆际互借和文献传递的硬件软件设备均已到位,仍然显现出低利用率的现象。图书馆应该主动向读者用户推广该服务,加大对目标用户的推广宣传,让这项服务真正为民所用,造福于民。

第三,转变图书馆职能,实现自我管理模式

馆际互借与文献传递服务发展到最完善的状态是能够实现读者用户的自我管理。也就是说图书馆要转变职能,成为馆际互借和文献传递平台系统的提供者和维护者,而不是实际操作者。在知识经济时代,文献资源的需求将以几何级数增长,不可能依靠有限的人力去做媒介实施馆际互借和文献传递职能。最有效率的方式是实现文献资源的自助式服务,即每个读者用户个体都可以直接向文献资源库提出文献需求申请,系统将自动识别用户身份并进行文献需求的受理。然后依据方便就近以及价格竞争的原则由拥有该文献资源的图书馆直接向读者用户提供文献资源。

第四,加强合理应用,避免侵权行为

由于体制的不健全,馆际互借和文献传递过程很容易产生版权的纠纷。图书馆必须本着"合理利用"的原则,图书馆在进行馆际互借和文献传递服务的过程中还承担有保证其所提供文献资源合法性的责任和义务,即所提供文献资源不能侵犯著作人的合法权益。此外在享受资源共享带来的便利的同时,作为读者用户的我们也一定要注意文献资源的利用合理范围,即个人学习、科研,不得用于盈利目的,注意保护著作权和版权所有者的合法权益。

综上,随着科学技术的发展和社会的进步,文献资源将会伴随着人类社会实践和知识的增加而迅速膨胀,传统的图书馆服务已经不能承担提供文献资源的重任,馆际互借和文献传递是图书馆业发展的一个必然的趋势。构建馆际互借和文献传递服务体系是新时期图书馆发展的核心工作。

参考文献

[1] 刘晓云. 试论公共图书馆在文化构建建设中的核心问题. 河南图书馆学刊,2008(2)
[2] 耿丽霞. 文化构建下的图书馆服务——对推动全民阅读的思考. 图书情报通讯,2010(3)
[3] 张静,李叔灿. 基于和谐文化建设的图书馆文化构建探析. 图书馆论坛,2009(4)
[4] 杨玉鳞. 也谈文化构建与公共图书馆的作用. 当代图书馆,2009(12)
[5] 周吉. 定位于弱势群体的公共图书馆延伸服务. 图书馆建设,2008(10)

论图书馆之间的协同服务

石静霞(洛阳市吉利区图书馆)

近年来,国家对于公共文化服务体系的重视和为实现公民文化权利所做出的努力,为图书馆整体协同发展创造了优良的环境;而网络技术的介入和应用为图书馆之间的协作提供了新的推动和支撑力量。在新的环境条件下,推动图书馆整体协同发展,需要实现从单馆到多馆的思维转变,进而形成新的发展战略,从而成功地推进了图书馆事业整体水平的提升,得以更好地服务社会、服务群众。

1　图书馆协同服务的认知和概念

协同服务是最近几年提出的新概念。所谓协同,就是系统中的诸要素或子系统之间的相互合作。协同理论由20世纪70年代德国物理学家哈肯提出,哈肯认为整个世界是一个协同的系统,任何事物的发展都离不开各个要素之间的相互合作。现代协同学认为,协同有助于整个系统的稳定与发展。图书馆工作的焦点是关注各类读者的需要,图书馆的各项工作、措施、活动都应该围绕读者来开展,一切以读者为导向、为中心,并将读者的满意度作为图书馆人所追求的工作目标。如何能更好地做到这个目标,更好地为各类读者提供服务呢?我们必须协同发展,取长补短,使其产生协同效应,起到1+1>2的作用,从而及时寻找图书馆工作新的发展契机和创新机会。

2　馆际间协同服务的必然性和必要性

在全球经济一体化的浪潮下,交流、合作、共享与联合成为我们这个时代发展的主旋律。图书馆对一个地域的文化发展和人才培养起着信息提供和智力支持的重要作用。传统图书馆服务模式在一定程度上限制了图书馆的发展,每一个图书馆的信息资源、技术和能力都是有限的,没有哪一个图书馆能够单纯依靠自己的力量独立满足所有读者的信息需求,图书馆事业的发展必须走协同发展之路。近些年,受国外图书馆协同服务的成功管理模式的影响,我国各地图书馆积极建设和实践图书馆协同服务发展道路,各种协同服务不断以新的形式出现,图书馆之间的协同发展不仅包括人与人之间的协作,也包括不同应用系统之间、不同数据资源之间、不同终端设备之间、不同应用情景之间、人与机器之间、科技与传统之间等全方位的协同。因此,成立本地区图书馆协同服务联盟,成为共建现代文化圈的现实要求,也是我国"十二五"期间构建公共文化服务体系的重要组成部分。

3　图书馆馆际间协同服务的模式构建和分析

在公共服务机构中，协同效应表现为通过对各个服务部门之间的资源进行配置、及时获取所需的信息资源，从战略的高度协调各种资源之间的关系，为服务布局提供依据，提高服务效益。学者张薇薇指出，有效的协同要基于以下条件：

(1)有共同的目标或相互的利益；

(2)要完成复杂的任务；

(3)较高的利益/负荷比；

(4)个体知识或技能的不足。

图书馆协同服务模式要以协同为基本理念，以用户为核心，通过构建协同服务体系，连接图书馆内部各个独立组织，有效整合图书馆现有的空间资源、学习资源、信息资源、设备资源和人力资源等多种资源，积极协调图书馆外部各类系统，需要从资源采购、加工整合、馆藏布局、文献流通、读者服务和全国及地区文献保障体系服务等业务流程入手，以实现整体效益最大化为目标，切实做好协同服务各个环节的工作，进一步推动图书馆协同服务模式的发展。

3.1　图书馆相关组织协调协同服务

图书馆要建立完善合适的组织体制，就是要将本地区图书馆与其他图书馆或者与之有关联机构的优势资源加以利用，或者通过图书馆相关组织对协同服务工作进行指导，让协作服务工作做得更规范，更到位，通过协同组织去寻求多元化的合作途径，给我们新时期的协调协同服务工作带来更多的活力，从而带动整个图书馆事业的发展。

3.2　图书馆馆际间人力资源的协同调配

人与人之间的协同包括单个图书馆内部工作人员的协作调配，还包括和其他图书馆工作人员间的协同服务，随着信息环境的复杂化，读者对专业知识服务要求不断提高，这就需要我们在图书馆圈内组织创建一支由一定数量、专业互补、业务熟练、善于沟通的信息服务团队来解决专业知识的服务。建立这样的组织，对于图书馆馆际间解决不了的专业性问题，可以通过组织内人员的调配来解决。

3.3　信息资源共建共享也是协同服务的重要组成部分

各馆应根据自身的特点、准确定位，集中优势，建设自己的特色资源，形成特色馆藏，馆际间互通有无，资源互补，解决信息资源短缺情况。实行信息资源共建共享的协同服务不仅能解决图书馆重复投资、重复建设等问题，还能解决图书馆内部存在的经费不足问题，如果资源雷同，共享就没有意义了。馆际间信息资源共建共享的协同服务还包括：文献的采集、加工、存储、流通服务和文献的数字化等方面，甚至发展到以后的通借通还。这样不仅可以提高工作效率，有效地节省人力、物力、财力，还能为读者提供更加行之有效的服务。

3.4 项目团队的协同服务

项目团队的协同服务是指在特定的时间段里，以项目联系起来的团队，为了完成共同的合作而开展的协同工作。从利用图书馆的情报资源来看，这个团队的人既有相互的独立性，相互间又有交流和合作，分工明确，相互服务。

4 协同服务存在的问题

(1)各地区的文化发展水平不一，读者文化需求也不一样，部分读者文化程度较低，读书积极性不高，在图书馆藏书规模、藏书质量和管理水平确定的情况下，图书馆的服务水平的高低在很大程度上取决去读者的文化水平。如果读者对图书馆的需求仅在消遣、休闲的基础上，那么对图书馆的发展就起不到一定的刺激作用。

(2)多数市级以下图书馆没有成立一支由参考咨询馆员、权威专家、学科带头人组成的专业化、开放式团队，因此不能有效地利用自身的优势资源、学科知识、计算机操作能力等，来解决读者及用户遇到的各种问题和难题。

(3)宣传力度不够，各馆不能够体会协同服务工作所产生的影响力，因此，应充分发挥新闻媒体和网络的宣传作用、从深度和广度上介绍协同服务是当代图书馆发展的新方向和新动力。

(4)工作人员服务意识不强，对现有的馆藏资源缺乏挖掘力度，个性化服务没有形成。而图书馆开展协同服务工作的主要因素就是人员素质，不仅要求工作人员要熟知本馆内部资源建设情况、馆藏特色，还要了解本地区其他图书馆或有关藏书机构的各种信息，这就必须要强化工作人员的服务意识。

(5)协同服务对象之间存在信任问题，不同机构之间的合作需要有足够的信任，可信任的培养需要一个很长的过程，合作的个体之间如果不能够做到足够的信任，那么它们之间的合作也不会长久。

5 如何使图书馆馆际之间的协同服务做得更好

5.1 需要政府的推动

在现有社会的管理体制下，政府在社会发展过程中处于绝对重要地位，而多数图书馆隶属于各级政府，如果能够得到政府的支持，无疑会为图书馆馆际之间协同服务的发展提供原生力，使其健康、有序、快速地发展。

5.2 提升图书馆的服务价值

传统图书馆服务在一定程度上限制了图书馆服务能力的扩展，只有在充分发扬传统图书馆服务功能的基础上，结合当地人文信息、人员层次、社会需求等形成特色馆藏，同时进步拓展图书馆服务职能、服务空间，提升图书馆服务价值，增强单个图书馆在馆际协同服务中的优势。

5.3 建立协同服务体系

由本地文化行政部门牵头建立本地区的协同服务体系，对协同服务工作进行指导，让协同服务工作做得更规范，更到位，通过协同服务体系去寻求多元化的合作途径，给我们新时期图书馆的协同服务带来更多的活力，从而带动整个图书馆事业的发展。

5.4 建立相关组织，促进协同服务体系的发展

建立相关组织召集馆际间的座谈会、交流会、报告会等，通过这些形式探讨协同服务中存在的突出问题及解决办法。各图书馆要立足实际，抓好落实，解决协同协作中最突出、最迫切的问题。增强协同服务工作的针对性和实效性。

5.5 注重协同服务体系中各有关个体的利益分配问题

为了保证协同服务所产生的利益分配的公平性，需要制订协同服务利益分配方案，对可能出现的问题做有针对性的周密研究，并给予合理解决，从而达到各参与个体所得效益最大化，进而形成良性循环，吸引更多的个体参与到协同服务体系中来。

5.6 要强化技术支持，加强业务辅导

协同服务体系建成以后，为了确保本体系能够正常运行，应寻求政府部门的支持和上级业务部门的指导，强化人员培训，提高图书馆工作人员的业务素质和水平，同时也要借助当今电子技术、信息技术、网络技术的优势，积极参与到馆际协同服务中，推动图书馆馆际协同服务的发展。

随着信息时代的发展，图书馆协同管理服务模式是图书馆发展的必然趋势，任何一个图书馆都应该学会怎么在协同竞争中求得生存和发展，我们必须高度重视，全面认识，图书馆协同发展的重要性，最大限度地取得协同发展的最大效益，从而提高图书馆的竞争力，加速图书馆事业的发展。

参考文献

[1] 喻心麟.强化图书馆协同知识管理的思考.现代情报，2013(4)
[2] 百度文库.图书馆协同科研化信息服务模式研究
[3] 陈旭华，陈秀莹.大学城图书馆联盟协同服务模式的构建研究.情报探索，2013(6)
[4] 段巧云.现代图书馆的协同服务.图书馆论坛，2006(8)
[5] 张薇薇.社群环境下用户协同信息行为研究评述.中国图书馆学报，2010(6)

专题书目与军队院校图书馆资源共建共享

王瑞娟　张明涛　王　豪(防空兵学院图书馆)

近年来,军队院校图书馆在资源共建共享方面已经取得了一定的进展。数字图书馆建设方面,军队院校图书馆统一建设,已建成14个通用资源共享项目、18个军兵种(专业)数字图书馆和190余个重点学科专业网站,构建了军队院校数字图书馆网站。联合订购、引进的中文图书、期刊等通用数字资源和外文资源,为全军院校提供了共享服务。资源共享初见成效,中国军事图书总库,搜集、加工了近6万种中文军事图书,基本涵盖了新中国成立以来所有公开出版的中文军事图书。为充分发挥集体的力量,加快数字资源建设进程,真正实现"全军院校一个馆",军队院校图书馆必须加大共建共享力度,尤其是特色资源数据库的共建共享。

1　专题书目与特色数据库的关系

专题书目是为一定范围的读者全面系统地揭示与报道关于某一特定学科、某一专门研究方面或研究课题的文献而编制的书目。它的收录范围广泛,包括该专题的各类文种、各类载体的书刊资料信息。

计算机技术、网络技术的发展极大地推动了我国数据库建设,中国高校图书馆成立CALIS中心,建立了各具特色的专题数据库,其他各种信息机构在建设综合性数据库的同时也开始加快了各种专题数据库的建设步伐。除了基于对书本资源数字化的专题数据库外,也出现了对网络资源的专题采集,即"基于学科的信息门户"也可称为"网络学科导航库"。

军队院校图书馆因其军事学科资源的特殊性,互联网上资源相对较少,这就决定了其数据库主要是书刊资料的数字化。军队院校由于军兵种及任职教育和学历教育、学科专业等分工不同,最具特色的资源当属各院校原生文献,建设特色数据库主要是原生文献数字化。

究其实质,特色数据库中的书目数据库是专题书目不同载体的表现形式。专题书目的编制相对特色数据库的建设来讲,可操作性更强,它对资金、人力、物力的要求相对较低。专题书目的编制为特色数据库的建设打下了坚实的基础。

2　专题书目的编制与特色资源的建设

2.1　专题书目的收集

专题书目的收集是基础性工作,是后续工作的基石。专题书目的收集,可以学科馆员作为主力,学科馆员既熟悉目录知识,又有相关学科专业背景,与院系联系紧密,具有先天优势。在收集过程中,必须与任课教员加强沟通,在学科专家的指导下开展工作。图书馆员虽然有着扎实的书目知识,但是学科专业知识相对欠缺。有了专家的指导,专题书目在专业的"专"和"深" 上才有保证。而且有了专家的配合,在一些灰色文献,如会议论文等的收集上可以补充专业查检的不足。

专题书目收集应有明确的分工。各院校相近、相同专业之间的分工,院校内部各学科专业之间资源收集的厘定,都是事前必须做好的功课,否则会影响后期工作的顺利开展,造成缺漏、重复等现象。

2.2 专题书目的编制

专题书目的编制,必须以建设特色数据库为目标,为特色数据库建设打下良好的基础。

作为文献信息重要集散地之一的图书馆,特别是院校图书馆,只有走特色数据库建设道路,才具有网络化价值与生存价值。编制专题书目时就应注意为特色专题数据库的建设打下基础,设计尽可能详尽的著录项目,注明馆藏项,以 Excel 表格录入的方式,以每一条书目为行,每一著录项目为列,方便转为数据库数据,避免今后在数据库建设时的重复劳动。

2.3 专题研修室的建设

专题书目的编制,为原生文献的收集提供了蓝图,为原生文献阅览室的建立或书刊资料的补充提供了依据。部分院校已有原生文献阅览室,但资料不够全面,可依此目录进一步补充书刊资料。有条件的图书馆可建立专题研修室,集中各专业的书刊资料、影像制品、二次文献等,设讨论空间,方便用户查阅、研讨。各馆专题研修室书目可集中在军队院校图书情报协作联席会或其他相应网站,方便馆际互借。

2.4 特色资源数据库建设

军队院校图书馆大多建有原生文献数据库,建设规模和后续更新还需加强。笔者认为,可以专题书目为基础,加强补充原生文献数据库,突出针对性、全面性、专业性,使之真正成为教学科研的有力支撑。也可在此基础上建立专题数据库,不仅收纳本院原生文献,也收集本专业其他院校或研究机构、研究人员的成果。

3 军队院校图书馆共建共享实施中存在的困难及建议

由于军事资源的特殊性和保密安全需要,军队院校图书馆之间网络互访受限,军队院校图书馆资源的共建共享困难较多,受限较大。笔者认为,根据文件的密级,可采用不同的方式来达到文献的共享。

3.1 全国公开发行的图书

2007 年投入使用的中国军事图书总库,搜集、加工了近 6 万种中文军事图书,基本涵盖了新中国成立以来所有公开出版的中文军事图书,自投入使用以来,全军阅读、下载达 900

余万次，为院校教学科研提供了有力的支撑。此数据库可持续更新，因军事网联通性欠佳，公开发行的军事图书不涉及涉密问题，建议放在互联网专用网站，可加快更新速度，同时降低了互联成本和维护成本。

3.2 涉密图书

涉密图书，加工后上传至本馆数据库。根据军队保密规定要求，外单位人员如有需要可申请本馆镜像或临时授权，以此确保文件的安全。必须严格审查用户资格，在管理和使用过程中，严格按照保密规定要求，谨防泄密。

4 需注意的问题

4.1 科学分工，避免重复

按学科专业分工，特别注意有交叉的专业或主题的分工，各馆在目录清单完成之后、数字化加工之前应将书目知会相关兄弟院校图书馆。

4.2 注重安全，严格保密

由于军事文献的特殊性，泄密会造成国家安全损失。数字资源可复制性强，易于传播，这个特性是一把双刃剑，在方便查阅的同时，必须严格遵守保密条例，杜绝各种泄密途径，否则便是因小失大，得不偿失。

4.3 加强学习，提高技能

专题书目的编制和特色数据库的建设对馆员提出了更高的要求，要求馆员在目录学、学院相关学科专业和计算机、网络技术方面拥有过硬的知识和技能。新时代的馆员只有掌握多学科知识，具有复合型知识结构，才能满足工作需要，提高服务水平。这就要求馆员具有终身学习意识，也需要领导重视，提供学习培训机会，帮助馆员迅速成长，不断提高。

参考文献

[1] 郑丽航. 专题书目编制略谈——以《妈祖文献书目》为例. 莆田学院学报，2014(6)
[2] 黄艳芬. 广东高校图书馆数字资源建设现状与共建共享研究. 图书馆理论与实践，2008(6)
[3] 邵云华. 专题书目全文数据库建设探讨. 农业网络信息，2006(7)

基层图书馆文献资源的共建与共享

王文英(河南省濮阳市图书馆)

图书馆文献资源的共建共享是图书馆未来的发展方向,也是时代的需要,是社会发展的必然产物,是整个图书馆界共同承担的义务。一个图书馆特别是基层图书馆的财力与人力资源都是有限的,而文献种类的增长是无限的。本文从基层图书馆文献资源共建与共享中存在的问题入手,提出了推动基层图书馆文献资源共建与共享的发展策略。

美国学者贝克与杰克逊在《资源共享的未来》一书的前言中指出:“今天的图书馆都必须视自己为世界图书馆系统中的一部分,必须摆脱自给自足的状态,必须能够找到快速地从世界图书馆系统中获取资料并送到用户手中的方式,必须随时准备将自己图书馆所藏提供给世界其他的图书馆。”我国的基层图书馆也不例外。我国的基层图书馆通常泛指县级及县级以下的图书馆,主要包括县级图书馆、街道图书馆、乡镇图书馆、社区图书馆、流动图书馆、农村图书室、农家书屋等。文献资源共建共享在图书馆界已经不是新话题,是图书馆业内一个永恒的主题,也是我们公共图书馆一直追求的目标。随着国内网络化环境的形成与发展,基层图书馆的文献资源建设面临着前所未有的发展契机,但基层图书馆要实现文献资源共建共享的目标,必须认真研究和解决实现过程中的各种关键问题。本文就基层图书馆文献信息资源共建共享中存在的问题进行探讨,旨在推动同仁进行更深入的研究,以期基层图书馆资源的共建与共享的目标早日实现。

1 基层图书馆文献资源共建与共享中存在的问题

我国的基层图书馆,尤其是中西部地区的基层图书馆,由于地处偏远、经济落后地区,在图书馆信息化建设过程中仍发展缓慢、举步维艰,甚至处于生死存亡的边缘。要实现文献资源共建共享,在管理体制、政策、业务基础等方面存在着一系列的问题。

1.1 管理体制问题

受指导思想和经济方面的制约,我国图书馆处于条块分割的行政管理体制之中,各自为政、重复建设一直是推进基层图书馆资源共建共享的瓶颈。近年来,一些地方也成立了一系列的协调机构,自行制订了一些共建共享方案,大都因体制障碍而难成现实。事实上,要解决文献资源共建共享所涉及的诸多问题,如果没有政府的干预,仅仅靠地区或部门的非权威性的协调机构是改变不了的,因为松散的组织树立不起威信,没有真正的规划或调控机制,文献资源共享没有可靠的组织保障。

1.2 思维观念问题

基层图书馆普遍对文献资源的共建共享的意识淡薄，认识不足。对于共建共享，有的人持观望态度；有的人有畏难情绪，思想上无法排除“肥水不流外人田”的本位主义观念，只希望共享而不愿意共建；主观上希望以网上文献资源共享替代整体文献资源共建，缺乏全局观念。在这种思想影响下，导致基层图书馆产生动力不足，各自为政的封闭观念，馆际之间缺少协作。各图书馆虽然受到经费短缺、书价上涨等多方面困扰，但仍然甘处各自为政的状态，对读者不断增长的文献资源需求缺乏紧迫感。主要原因是各基层图书馆之间缺乏互惠互利、不以馆藏为社会财富的狭隘思想。

1.3 经费问题

由于历史和体制方面的原因，经费不足是大多数基层图书馆所面临的现状。虽然各级政府对公共图书馆的投入逐年提高，但是与我国经济发展速度和快速增长的物质文化生活水平相比，基层图书馆的财政投入明显偏低。一些地区基层图书馆的财政拨款只能勉强维持人员工资支出，甚至有些连人员工资都无法保障，根本不可能投入大量的资金进行图书馆的文献资源建设。经费的不足严重制约了我国基层公共图书馆文献资源共建共享的发展。

1.4 业务基础薄弱问题

基层图书馆业务基础薄弱，缺乏资金投入，资源共建进程缓慢。首先，一些图书馆对先进设施投入较少，有的还处于手工加工阶段，即使采用了自动化设施，但各图书馆采用不同的软件系统，这些系统单独使用或许看不出太大问题，一旦联网，其种种弊端立即显现，给文献资源共享检索带来麻烦。其次，各图书馆的标准多种多样，编制出的联合书目数据缺乏统一规范，各馆之间不能衔接，文献资源的共建根本无从谈起，这必将严重影响文献资源的共享。

2 推动基层图书馆文献资源共建与共享的发展策略

我认为，基层图书馆要改变各自为政、重复购置文献的手段，改革分散发展、小而全的传统图书馆模式，建立文献资源共建共享的新型图书馆模式，应该采取以下措施。

2.1 建设公共图书馆服务体系

公共图书馆服务体系建设的核心内容之一是整合原来分散建设的图书馆文献资源，提高服务体系的整体效能，以建设和强化基层图书馆为导向的公共图书馆服务体系的文献资源的共建共享，要充分调动地方政府或社区居委会等在基层图书馆文献资源共建中的积极性。基层图书馆管理工作者要从根本上改变过去那种“等、靠、要”和无所作为的工作观念，克服“求稳怕乱、封闭保守”的落后思想，改变重藏轻用以及满足于自给自足的工作作风，在思想上彻底扭转“大而全”“小而全”的保守主义和本位主义观念，由小到大，由点及面，由浅入深，逐步探索，建设公共图书馆服务体系，从而实现文献资源共建共享。县级图书馆作为基层图书馆的中坚力量,在我国公共图书馆服务体系中起着承上启下的作用,在县域有着中心图书馆的地位。县级图书馆可以积极融入到市馆、省馆的服务体系构建中,街道、乡镇、社区图书馆,流动图书馆,农村图书室,农家书屋等可以向县级图书馆靠拢。

2.2 制定政策法规,统一规划管理

目前,我国还没有能约束各个图书馆的法规性文件,图书馆文献资源共建共享主要靠各系统和地方政府的一些政策性文件来调节,文献资源共建共享基本处于无章可循、无法可依的状态。基层图书馆资源的共建与共享更需要政策和法律来保障、规范和调节。图书馆法的制定应尽快实行,使文献资源共建共享有法可依,而且还可解决资源共建共享上引起的一些新问题。

2.3 建立和健全组织保障机构,加强领导与协调

文献资源共建共享是一项庞大繁杂、有一定难度的社会系统工程,具有覆盖面大、渗透性强的特点,要做好此项工作,必须打破"条块分割、各自为政"的格局,建立各级权威管理机构或协调工作领导小组,为共建共享扫除体制上的障碍。可喜的是,经国务院批准,2000 年 6 月,成立了国家科技图书文献中心(NSTL),它在组织形式上打破了我国现行的行政管理体系,特别是科技文献信息系统内条块分割的局面,淡化了行政隶属色彩,推进了不同系统、不同部门的文献服务机构的联合,使文献资源发挥了巨大的作用,为基层图书馆文献资源共建共享提供了成功的范例。

2.4 合理配置馆藏文献资源,完善文献资源建设体系

首先,各基层图书馆应开展馆藏文献调查工作,对本馆收藏的文献类型、数量、学科、特色资源等做到心中有数,根据文献利用需求,大力加强文献资源的可持续性建设,以提高文献资源收藏的相对完备程度。其次,各馆之间应加强沟通与协调,统筹规划,通过分工协作,互通有无,减少重复和遗漏收藏,扩大学科覆盖面,坚决走资源共建共享的道路,利用馆际互借、网上信息传递等手段来扩大充实文献资源,完善文献资源建设体系。

2.5 建立文献工作标准化体系

文献资源共享的前提是共建,使各个图书馆馆藏文献数据上网并能够交换,是信息时代文献资源共享的最有效途径。编制并使用兼容统一的软件系统,是解决文献资源共建共享问题的关键。使用统一的图书馆自动化软件和编目规则,有利于数据的交流与传输,因此应加强图书馆业务工作的集中化、标准化、规范化建设,建立健全文献工作标准化体系,为开展集中采购、联机编目、联机检索奠定良好的基础。

2.6 重视基层文化信息资源共建共享工程建设

"全国文化信息资源共享工程"是由国家文化部、财政部共同组织实施的一项农村基层文化建设的标志性工程,各级党委、政府高度重视文化共建共享工程建设,将其列入重要议事日程,加强领导,积极落实各项保障措施,先后投入专项经费,为县级图书馆配置了设备,借助"农家书屋"工程,建立完善了乡镇、社会文化站、基层服务点,保证了共享工程的顺利起

步和推进。

2.7 构建图书馆联盟

单个图书馆文献资源有限,难以满足读者的需求。构建图书馆联盟,实现文献资源联合采购,联合编目,使书目数据实现共享,成为新时期基层图书馆摆脱资金短缺、资源贫乏的困境,实现资源的共建共享的新途径。2014 年,吉林省乾安县图书馆馆长李晓川从“穷馆长”一跃成为“富馆长”,不仅有了很多新书,还添置了电脑,建设了网站。这一切就是得益于吉林省整合公共图书馆、高校图书馆和科研单位图书馆等成立的“图书馆联盟”。建设省文献信息资源合作网为基层馆使用,通过共建共享方式,为基层图书馆解决文献资源匮乏问题。

综上所述,图书馆间的合作交流,共知是前提,共建是保障,共享是目标。共建共享机制是推动基层图书馆文献资源建设的重要基础,是加快基层图书馆事业发展的一项重要举措,完全符合网络环境下文献资源建设的发展潮流,开拓了全新的基层图书馆文献服务模式。当前,各图书馆应当努力解决面临的各种问题,增强“大图书馆”“大服务”的观念,大力倡导资源的共建,在共建资源的基础上致力于共享资源目标的实现。资源共建是通向资源共享的必由之路,通过资源共建,必将促使图书馆整体服务功能的增强,为最终实现真正的、彻底的资源共享打下坚实的基础。

参考文献

[1] 刘意,龚蛟腾.基于文献计量的基层图书馆研究成果分析.图书馆研究,2014(1)
[2] 白爽英.基层图书馆的文献资源共建共享. 消费导刊,2013(2)
[3] 王静.浅谈网络环境视野下基层图书馆文献资源共建与共享.东方企业文化,2012(24)
[4] 王鹏.公共图书馆免费开放经费保障机制研究.图书馆研究,2014(1)
[5] 王晶春,于爽.图书馆文献资源共建共享浅议.长春理工大学学报(社会科学版),2011(5)

浅析县级图书馆地方文献数据库的建设

王杏云(新安县图书馆)

1 地方文献数据库建设的意义

地方文献是人类发展到一定阶段的产物。它反映一个地区文化层次的高低,是一个地区文明程度的象征,也是一个地区经济发展、文化交流、历史变革、地区现状和风俗民情的真实写照。征集、管理和利用好地方文献,对于全面了解本地区经济社会发展,繁荣文化科学事业,推进社会主义精神文明和物质文明,具有深远的历史意义和现实意义。通过网络向全社会展示县级地方文献悠久的历史文化,如:新安县图书馆把千唐志斋作为专题建成了数据库。建设具有本地区特色的文献资料数据库,对改进服务方式,增进服务项目,满足本地区经济社会发展对文献信息的需求,是当地图书馆目前亟待解决的问题。把本地区这些具有浓郁地方特色的文献资源进行征集、整理、保存与开发利用,建成各种专题数据库已势在必行。

2 县级地方文献数据库建设的现状

县级公共图书馆地方文献资源信息无论数量多么丰富、类型多么复杂,所采用的技术多么先进,均没有形成一种完备的组织力量——数据库结构,对外呈现给读者用户的界面始终是网页形式,只是一些地方文献的简单介绍,充其量提供给读者用户一些地方文献信息资源的“导航”功能,不具备相应的查询、检索功能。不是一个完备的数据资源整合体系。其本质的不同在于网页后面所支持的资源、资金和技术,以及由这些资源、资金和技术再加上图书馆专业人员的技术能力,所造成的后果。

2.1 地方文献不足

我馆根据需要建立了千唐志斋、新安名人、新安旅游、新安古籍、新安非遗、新安书法、地情文献等七个子栏目,然而由于图书馆成立较晚,收藏的地方文献数量不多,难以满足建库的需要。

2.2 政府重视程度不够,资金投入不足

资金短缺是制约县级公共图书馆地方文献数据库发展的一个最基本问题,直接体现在图书馆无法投入足够的人力和物力来建立和维护地方文献数据库。所以说,图书馆在建立

地方文献数据库的过程中应转为市场机制,对读者用户进行适当收费,以达到数据库可持续发展的目的。对读者用户的管理方式实现经营化,可以采用会员制管理,读者用户通过付费方式获得相应的权限来使用地方文献数据库内的信息资源,而图书馆在获得读者用户资料时,根据其具体需求情况,采取个别化定制服务,从而满足读者用户深层次的需要,这也是县级公共图书馆面对竞争的必然选择。此外,地方政府及商家也应加大对县级图书馆地方文献数据库资金的支持力度,在各种数据库应运而生的今天,很少有地方政府和商家去考虑建立一个地方文献数据库,一个很重要的原因就是此种数据库利润空间太小。但是如果本地区的地方文献数据库建设得很出色,就可以吸引其他地区的地方政府及商家来此参观、学习、考察、投资,从引进外资和发展旅游的角度来讲是十分有利的。

2.3 技术方面存在问题

随着各类数据库的增多,其相应的系统平台和检索模式也应运而生,图书馆的使用权限也不尽一致,给读者用户带来了诸多不便。此外因待遇等问题,专业的数据库建立者无法进入,聘请技术人员出资太大,县级馆无力承受,再一就是地方文献数据库中用户管理模块功能不强,二次文献的检索可能只能局限在图书馆内部的局域网。再次,图书馆拥有地方文献信息资源的类型也是多种多样,包括:文本信息、音频、视频和各种标准的电子文档,这些数字资源遵循的标准也各不相同。虽然各类数据库公司和各图书馆都出台了各自的解决办法,但就目前来看,还都是网页形式的整合,没有深入到信息资源内容的整合。这就造成了信息资源与读者用户服务之间的矛盾,这个矛盾的根本解决取决于数据库技术的全面成熟,以及各类数字资源相关标准规范的建立和应用,这就要求图书馆要对各种地方文献信息资源加以整合,使网页建设、内容管理、信息发布、用户认证等功能集成在一个数据库平台上,使图书馆地方文献信息资源得到真正的、充分的延伸和拓展。

3 要建立好一个数据库需要做好以下几点

(1)首先是地方文献的收集。地方文献一般是指内容上带有地方性,同时具有重复使用价值和保存的文献。主要包括地方志、调查报告、档案、地图、照片、家谱等,同时光化学、磁记录制品等新的文献载体也可列入地方文献。

收集地方文献资源的内容范围:

①地方志、史志、地名志、年鉴、史料、地图等。

②正式出版和内部发行的图书、报纸、杂志等。

③本地区的家谱,历代著名人物的传记、年谱、照片、手迹、几年研究文字等。

④汇编成册的重要会议文献。

⑤编印成册的科学论文集。

⑥对外交流资料。

⑦本地区人士的各种著作及史料。

⑧其他相关文献资料。

收集地方文献资源的类型:

①非印刷型文件。即没有正式排印发表的手写文献,如手稿、笔记、会议记录等。

②印刷型文件。即以纸张为存储介质,以印刷为记录手段的一种文献载体形式。

③缩微型文献。一种以感光材料为存储介质、以缩微摄影技术为记录手段而制成的一种文献形式。

④声像型文件。以一种磁性材料或感光材料为存储介质、利用现代声像技术和电子技术直接记录声音信息而产生的文献。

⑤计算机可读文献。一种以磁性材料和光盘为存储介质,通过编码和程序设计,由计算机进行自动加工,存储在磁盘或光盘上,检索时再由计算机输出的文献。

地方文献收集的方法:

①购买。包括订购和现场采购两种方式。

②函购。对于已知不公开发行的地方文献,可发函征订。

③访求。派人上门,向有关单位、个人收集地方文献。

④交换。与有关单位建立文献资料交换关系,定期互相交换出版物及资料。

⑤复制。对本馆所需的地方文献可通过抄写、翻摄、复印等方式复制。

⑥受赠。接受各单位和各界人士赠送的地方文献。

⑦网上搜索。在网上收集各种有用信息。

(2)其次是地方文献数据库的选题。从历史的角度,本着继承和发扬本地区文化的原则建库可供选题有:

①地方志数据库。包括本地区历代史志和各类专业志的专题数据库。

②本地人物数据库。包括本地有影响的历代和现代的人物及其研究成果。

③古籍数据库。包括本地区全部古籍地方文献的专题数据库。由于古籍一般年代久远,版本珍贵,不便于实物查阅,应通过光电扫描技术建立全文数据库。

④照片数据库。尤其是老照片,是不可再生的。应根据照片内容建立不同专题的数据库。

⑤家谱数据库。家谱是一个地区古老的文化遗产。是地方文献重要的组成部分。应根据需要建立全文数据库。

⑥民俗风无数据库。在漫漫的历史长河中,各地区的生活习俗各异,形成了自己独具特色的风情文化。这些独有的地域特色,恰恰符合地方文献特色数据库的建库原则。

⑦非物质文化遗产数据库。非物质文化遗产是国家软实力的核心组成部分,传承、弘扬非物质文化遗产是中华民族复兴伟业的必经之路。

(3)从现实的角度,本着为本地区经济建设何社会的发展建库。可供选题有:

①地方法规数据库。该数据库应采取全文形式,附加相关法律服务机构名录。方便读者进行相关咨询。

②名优产品数据库。就是把本地区出产的、具有相当规模和行业优势的工农业产品作为信息资源。加以收集、整理和开发而成的数据库。利用多媒体技术,最大限度的揭示产品信息的内容,包括图和外形,与产品有关的文字描述,产量、价格和库存的动态情况。并且,通过网络与生产者建立联系,及时更新动态信息,便于读者全方位检索,在生产者与用户之间架起一条沟通的桥梁。

③旅游资源数据库。以发展本地旅游经济为目的,宣传本地旅游区,挖掘待开发的旅游

资源。

④企业名录数据库。包括本地注册的各类企业的名称、产品介绍、联系方式等。数据库应是动态的、不断更新和完善的。

⑤行业信息数据库。包括本地区各行各业,特别是支柱性行业的发展动态、趋势、市场、投资等方面的信息。

4 县级图书馆地方文献数据库建设的方法步骤

4.1 规划

规划阶段的主要任务是进行建立数据库的必要性及可行性分析。如系统调查(即对全市、乃至全省各县级公共图书馆做一些调查,画出组织层次图,便于了解组织结构),可行性分析,确定数据库系统建设的总目标和开发计划。

4.2 需求分析

需求分析阶段应该对地方文献数据库系统的整个应用情况做全面的、详细的调查,确定目标,收集支持该系统总的设计目标的基础性数据和对这些数据的要求,确定用户需求,并把这些要求写成数据库创建者能够接受的需求分析报告。

4.3 概念设计

概念设计的目标是反映"河南识为软件科技有限公司研发的 SQL 2005 企业版"企业组织信息需求的数据库概念结构,即设计出独立与计算机硬件和数据库管理系统的概念模式。

5 我县图书馆地方文献数据库目前存在的问题

5.1 收集地方文献难

这是整个数据库建设中最关键的问题如果收集不到足够数量、类型丰富的文献,数据库建设的工作根本无法开展。文献收集难主要体现在以下几个方面:①地方文献的收藏地比较分散除了各个县区的图书馆、档案馆外还有大量的文献分散在各地的个人手中;②有关地方文献存在的信息很难获得,这点特别表现在个人收藏品方面新安县的历史文化资源十分丰富而很多文献保存于私人手中不经过详细地了解、调查,很难知晓文献的状况;③收藏机构和个人的观念比较保守,很多个体收藏者不愿意提供收藏的相关文献供其他单位使用。

5.2 对原始资料的处理问题

收集来的文献资料需要进行进一步的加工处理,如不能保存原件的物品(字画印刻等),需要拍照;纸质资料要转化成全文电子数据。其中全文电子数据的建设难度最大:①没有专门的相关设备;②如果自行扫描转化会浪费大量的时间和人力、物力和财力。

5.3 数据库利用便捷性问题

数据库建立好以后,有时会出现数据内容混杂,数据无法链接等问题。解决这些问题需要:①在建库的时候组织合理的机读目录,整个数据库要有详细的分类索引;②统一数据格式,各个子库中各种类型的文献要有统一的文档格式,如照片用"jpg"文档,电子全文用"pdf" 文档,最好不要各种类型的文档杂糅在一起,增加检索的难度。

5.4 知识产权保护问题

由于地方文献多为非公开出版发型物,对作者的相关权益一定要重视。在收集文献的过程中,对不能提供原件的能否提供复印件,提供的文献能否做成电子资源供公众使用等,都要征求本人的意见。

6 建立地方文献数据库的必要条件和应注意的问题

6.1 馆藏地方文献的收集

馆藏文献是公共图书馆独有的优势资源,它在全馆的文献资源中有特殊地位和特殊价值。县级馆建立地方文献数据库首先要将大量零散的地方文献资源信息收集、整理,如新安县图书馆建馆以来就非常重视地方文献的收集整理工作,目前已收集到新安名人、新安古籍、新安旅游、新安非遗、地情文献等宝贵的文献资源。

6.2 软件系统选择

我馆采用的是"河南识为软件科技有限公司研发的 SQL 2005 企业版"数据库管理系统。它拥有电子书加工与 OCR 识别功能、资源库建设功能、元数据数据编目功能、多媒体数据库支持功能、数据检索功能、资源库发布功能、资源权限与安全控制功能、资源库使用日志查询与分析功能、资源库与数据库内 pdf 文件导入与导出功能,支持数据在线迁移与离线迁移、数据在线提交功能、数据库模版等 12 项功能。

6.3 实用性问题

数据库的建立是为了实现信息资源共享、地方文献数据库中的数据,应有很强的实用性,所以建库时不仅要结合文献的基本信息,还要标识出特点,包含的信息要有一定的深度和精度,根据文献信息的内容和形式选取最能反映其特征,最有可能被用到的检索途径,以保证存储到数据库的信息能被快速准确的检索到。

6.4 人员素质问题与人才的引进

县级图书馆建立地方文献数据库要求工作人员要具备图书馆学的专业知识,地方文献的背景知识,一定的就计算机应用知识,因此在建库准备阶段应大力加强人员各方面的培训,并可通过试建库,不断提高人员水平,待条件成熟时再进行正式建库工作,以免少走弯路。

地方文献数据库的建设需要计算机技术、图书馆学、数据库管理与维护等多方面人才组成的专业团队,他们是具备特定行业背景知识的复合型人才。一方面,图书馆应从内部重视培养这方面人才,另一方面,图书馆可以从高校毕业生中吸收具有信息技术、资源管理等专业背景的人才,作为长期培养对象,二者结合,形成人才储备。并应制定相应的措施,如奖励制度、提供必要培训等,留住人才。注重人才的培养也是县级公共图书馆地方文献数据库建设发展的要求和趋势。虽然县级公共图书馆在建立地方文献数据库的过程中会困难重重,但就建立数据库的重要性来讲,县级公共图书馆应该重视地方文献数据库的建设。

参考文献

[1] 陈学飞,徐庆宁. 探析特色数据库建设之窘与学科馆员培养之需. 图书馆工作与研究,2013(8)

[2] 甘亚非. 高校图书馆建设地方特色文化数据库的必要性. 中国图书馆学报,2004

[3] 张蕊. 图书馆在数据库建设中应注意的几个问题. 现代情报,1996(4)

[4] 孟令军. 县级公共图书馆“地方文献数据库”的构建. 牡丹江师范学院学报(自然科学版),2006(2)

智慧城市下的文献信息共享系统建设探讨

先卫红(浙江旅游职业学院)

随着我国智慧城市的发展以及社会与科技的进步,人们利用互联网、无线互联网、SNS社区交友网、语音网、短信网等技术获取文献信息的现象日趋突出和普及。但是,有些数字图书馆重金购买的数字资源局限在本单位或部门使用,利用率不高,使用的用户少,造成资源浪费;而有些单位却没有足够的经费购买相当的数字资源满足日益增长的用户需求。为了让数字资源发挥最大的经济效益与社会效益,相关图情文教科研部门组成联盟,达成各成员单位合作协议,联合建设文献信息共享系统;或单个图情文教科研部门争取充足经费,购买一定数量的数字资源将其建设成为公众服务的文献信息共享系统,以推动当地文教科研以及经济文化的发展。

我国文献信息共享系统的建设兴起于20世纪90年代末期。在国务院批准和教育部领导下,1999年开始启动建设以中国高等教育数字图书馆为核心的教育文献联合保障体系(CALIS),管理中心设在北京大学,并下设文理、工程、农学、医学四个全国文献信息服务中心;同时,在华东北、华东南、华中、华南、西北、西南、东北设立七个地区文献信息服务中心和一个东北地区国防文献信息服务中心。2000年6月12日,科技部联合财政部、原国家经贸委、农业部、卫生部和中国科学院等部门,整合理、工、农、医等图书文献机构成立了国家科技图书文献中心(NSTL)。2000年,中美两国计算机科学家共同发起了一项国际合作计划,其目标是建设面向教育和科研的百万册图书规模的数字化文献资源,分别由美国卡耐基·梅隆大学(CMU)和中国的浙江大学牵头于2006年8月初步建设通过了大学数字图书馆国际合作计划(CADLE)第一期工程。高校哲学社会科学教学和研究建设的文献保障服务体系中国高校人文社会科学文献体系——开世览文(CASHL)于2004年3月15日启动等。同时,各省各地相继建立区域性文献信息共享体系。以高校系统为例,建立了上海教育网络图书馆、北京高校网络图书馆、河北省高等学校数字图书馆、浙江省高校数字图书馆、江苏省高等学校文献保障系统、天津高等教育文献信息中心、湖南省高校数字化图书馆、湖北省高等学校数字图书馆、海南省教育科研数字图书馆、广西高校网络图书馆等。而各地科技部门也纷纷建立起科技信息类文献共享体系。

近十年来,浙江省相关部门已合作建设了众多文献信息共享系统,但有的门庭若市,有的门可罗雀,绩效参差不齐,如何更好地服务城市生活、经济科技并为智慧城市的建设助一臂之力,值得我们分析、总结和思考。

1 浙江文献信息共享系统建设概况

浙江省文献信息共享系统起步于21世纪初。2001年,由丽水市科学技术局牵头,与省科技信息所、高校等单位合作共建的丽水科技信息网是我省首批文献信息共享系统,该系统面向科技工作者、企业、农民等提供科技文献信息。近期建立的文献信息共享系统有2013年建立的台州科技文献资源共享服务系统和2014年湖州图书馆建立的湖州数字图书馆。据笔者统计,截至2014年1月30日,浙江省已建立相关系统31个。2005年至2009年是浙江文献信息共享系统建设的首个高峰期,五年时间先后建立了17个系统;2010年至今又新建系统11个,仍然保持了继续增长的势头。

浙江文献信息共享系统分两类:联盟类与单体类。两者共同特点是将自身或所有成员馆的某种数字资源向特定的群体免费共享。联盟类系统组合了各成员单位的数字资源,共享辐射面局限在成员单位和注册会员之间;而单体类系统一般向公众免费开放,仅受限于系统设置的IP地址。各系统联盟规模大小不一,市科技局牵头建设的系统大多数没有联盟单位,单独设立;公共图书馆与高校图书馆建设的系统一般下设成员馆。

各市建设的系统数量分布不够均衡。除了省属单位,杭州市、宁波市、温州市和丽水市建设的系统超过了其他市,数量领先;湖州、嘉兴、绍兴、台州、舟山数量较多;金华、衢州、义乌较少。

各系统建设单位级别主要是省市两级,区县单位少。这与省市单位人力、财力与物力雄厚不无关系。牵头建设单位或联盟的性质一般属于文化、教育、科技研究部门,图书馆、教育局、大学高教园、科研所、科技局占绝大多数。

2 浙江文献信息共享系统运作绩效与问题分析

2.1 资源建设与服务绩效分析

从资源建设上观察:多数系统共享的文献信息资源品种多,涉及图书、期刊、会议论文、学位论文、专利、标准、音视频、电子图书、学术报告厅、考试资源等,许多系统自建了地方特色数据库与行业数据库;文献信息资源语种结构合理,大多数系统拥有中英资源。但有近13%的系统资源偏少,比较单一,需要补充与调整。资源的组织与存取方式有待改进。设置了跨库检索的体系只近一半,无跨库检索的体系降低了用户的检索效率。

从服务上观察:各系统服务项目多少不一,基本服务项目“原文传递”在近30%的系统中并没有体现,提供特色数据库服务的系统有22个,占比达到71%,为残疾人提供视障服务的系统只有1个。多数系统服务手段较为落后,新型的信息推送和在线交流服务还没有得到推广。大多仅提供电脑检索查询服务,提供了微博服务的系统有4个,占比很低,微信服务只有3个共享系统采用,采纳手机图书馆服务的系统只有3个,包含微电影服务的系统仅有1个;延伸服务不容乐观,仍有14个系统无相关服务,占比为45%,而采用延伸服务的部门偏重公共图书馆与少数数字图书馆,值得一提的是,有些延伸服务已经或正在逐步形成服务品牌，成为了扩大自身社会影响力的重要服务手段。杭州图书馆的文澜讲座、舟山图书馆的舟山市民大讲堂、宁波大学园区图书馆的明州大讲堂、义乌图书馆的商城大讲堂、台州图书馆的人文台州大讲堂和台州科普大讲堂、温州图书馆的籀园讲坛、金华图书馆的小邹鲁大讲堂、湖州图书馆的韵海讲坛各具自身的服务特色。

2.2　利用率与社会影响力分析

通过电话以及在线网络调查法和网站 IP 访问量与 PV 浏览量的比较法，结合各系统建立的时间对利用绩效做出初步的评估。

杭州科技信息门户的日均 IP 访问量与日均 PV 浏览量都比较高，是目前浙江利用率与社会影响力最好的系统。从地区来看，宁波和杭州的共享系统利用率与社会影响力大于其他地区。宁波地区较为突出，宁波大学园区图书馆、宁波市网络图书馆以及宁波市数字图书馆系统的利用和社会影响力较广。其中，有 12 个系统的利用率较高，社会影响力较大，占比为 43%；有九个系统的利用率还有很大的提升空间，占比为 32%，通过一定的调整，可以扩大社会影响力；台州科技文献资源共享服务系统与温州台湾文献信息中心为去年新建立，宣传力度不够，但有很大的发展潜力。

2.3　存在问题分析

杭州和宁波都是智慧城市建设地，其文献信息共享系统服务能力是建设智慧城市的重要保障。智慧城市是城市在发展过程中，充分利用物联网、互联网、云计算、IT、智能分析等技术手段，对城市居民生活工作、企业经营发展和政府行政管理过程中的相关活动，进行智慧的感知、分析、集成和应对，为市民提供一个更美好的生活与工作环境，为企业创造一个更有利的商业发展环境，为政府构建一个更高效的城市运营管理环境。智慧城市的核心是构建智慧型城市运行生态系统和城市产业生态系统。

调查发现：浙江近一半以上的系统没有达到良好运行效果，存在的问题集中于下。

2.3.1　资源更新慢

尽管杭州科技信息网在浙江的利用率排在前面，但是其学术数字资源更新速度慢，往往比最新数字资源滞后一个季度，有的信息甚至滞后半年。

2.3.2　资源类型老化

大多数系统资源主要由学术类和教育类组成，缺乏行业、产业和企业的报告、统计数据等以及政府政策新闻，音乐、电影等生活类试听资源较少。智慧城市的建设需要城市大产业的支撑，共享系统往往缺乏帮助产业发展的文献信息资料。

2.3.3 社区服务缺失

公共图书馆共享系统与用户的互动较多，除了通过读书活动面对面地与用户交流，也在网上设置社交网络听取用户的意见。但是，多数系统没有设置共享交流空间与社交功能，不能及时捕捉用户系统体验效果和各种需求，不利于调整更新系统功能与资源建设。

2.3.4　检索体验不佳

在 2013 年中国网民搜索行为报告里谈到，98% 的网民喜欢用综合搜索网站搜索，33.9% 的网民使用分类网站。文献信息共享系统不是网民的最优选择，最主要的原因是系统体验效果已经落后网民对综合性搜索引擎的体验效果。

在浙江,有的系统服务器不够稳定,难以进入;有的检索界面进入程序多,需要通过统一身份认证;有的系统没有统一检索口,需要单独进入独立的数据库;有的系统因为 VPN 通道设置问题将用户拒之门外;大多数系统只提供独立主题的文献信息,没有知识关联的分析与统计;有的系统没有移动服务功能,用户只能通过电脑进行检索;有的系统检索繁杂,影响了信息检索的查全率与查准率。

2.3.5 推送技术落后

目前推送技术主要局限在 RSS 推送、信息定制、云传递、E-mail 传递等,但是,任务搜索"Task Engine"技术在共享系统中的使用少,不能根据用户检索偏好推送相关文献信息。

2.3.6 系统兼容不够

大多数系统仅能在电脑上操作,不能通过手机下载和阅读相关信息,也不能通过电视共享其资源。

2.3.7 推广形式单一

视频广告、纸质手册、宣传品是系统常用的推广方式,推广载体一般使用电脑与手册,现代的微电影、微博、微信等推广方式还有待在大多数共享系统中展开。

3 文献信息共享系统发展思考

从浙江文献信息共享系统问题看出,绝大多数系统没有充分追求用户体验,没有充分利用智慧城市发展中先进的信息技术和理念建设系统。系统只有在不断发展中才能适应智慧城市各种用户的需求,进而提高利用率。

3.1 资源的可视化

资源可视化指深度直接地揭示和梳理各种资源的内容与知识关联,并以图表方式生动表现。浙江许多共享系统资源聚合简单化,仅仅通过统一检索方式揭示各种资源的外部特征,包括题名、发表时间、学科分类、发表文献等,缺乏对知识脉络梳理与多维学术分析。知识图谱、关注热点、多主题比较、引文分析、机构学术分析、相关度排序等都是提高城市用户对系统信息资源体验的可行方法。

3.2 界面的多元化

界面多元化包括了检索入口多元化和检索载体界面的多元化。

为城市不同用户群设置不同的检索入口。共享系统中的资源多种多样,不仅有图书、期刊、报纸、博硕士论文、会议论文、电子书等类型,还包括视频、课程、课件、文档、讲座、电影、特色数据资源等。当统一检索后,会出现许多用户不想要的信息。设置教育、科研、企业、产业、行业、生活等不同界面引导不同用户体验系统,可以提高检索效率。

系统检索载体界面的多元化指在电脑、手机与电视不同载体上设置不同界面以实现共享信息资源和下载功能。

3.3 服务的品牌化

各文献信息共享系统对城市用户进行服务时,从方式与内容上应形成自己的特色,并成为城市的品牌。浙江省部分文献共享系统服务缺乏风格,照搬照套他人做法,并未根据服务对象需求和系统特点开展服务,难以深入人心。当日积月累,出现如国家图书馆的文津搜索、杭州图书馆的文澜读书、上海图书馆的上图讲座品牌时,会相应提高文献信息共享系统的知名度。

3.4 沟通的社区化

共享系统不只有展示与揭示文献资源的功能,应该具备用户间、系统与用户间、用户与系统推荐商家间的交流沟通功能。通过在线咨询、社交网络、短信通知、客服电话等多种方式构成立体多维的沟通空间,及时获取用户的需求。

3.5 技术的智能化发展

系统应充分利用智慧城市的智能技术揭示与推送各种信息。智能技术包括了互联网、无线互联网、云计算、智能分析等。与电信和联通合作推出移动服务;设置共享社区功能、用户标签、个人评估、资源评级、RSS 订阅、共享交流等,融入到智慧城市用户环境中。具体表现为:利用云计算进行文献云传递;通过无线互联网随时随地进行资源检索、下载和阅读;运用微博微信推广宣传系统资源;使用智能分析技术统计分析个人和机构用户资源使用偏好,主动推送相关信息,并对系统资源的使用程度进行热点、关注度的趋势分析等。

3.6 知识的再造化发展

文献信息共享系统不仅资源丰富,在系统资源可视化的建设基础上,馆员与用户还能迅速整合多主题多知识点的分析报告,提升出新知识。从另外一个角度说,文献信息共享系统应该建设成知识创新社区。

参考文献

[1] 崔尽. 图书馆信息资源共享系统运行机制研究. 兰州:西北大学,2010

[2] 刘纪刚,徐睿. 区域信息资源共享体系保障机制探讨. 兰台世界,2012(5)

[3] 赵凯微. 我国电子政务信息资源共享建设存在的问题及对策研究. 长春:东北师范大学,2010

[4] 刘晓晓. 区域性数字化教育资源共享体系的构建. 南昌:南昌大学,2010

[5] 查佳凌. 区域性医疗信息资源共享体系. 上海:华东师范大学,2010

[6] 崔华. 我国信息资源共建共享现状及建设概况. 中国成人教育,2010

[7] 滕秋茗. 中非教育交流信息资源的构建与共享——以浙江师范大学图书馆为例. 图书馆杂志,2010(3)

[8] 王志华,贠伍,郑金莹. 基于网络的浙江省高等教育信息资源共建共享战略研究. 现代情报,2008(7)

[9] 施必青,颜务林,王静儿等. 浙江省林业信息资源调研及共享对策. 浙江林学院学报,1999(4)

[10] 赵美娣. 关于建设浙江省高校图书馆信息资源共建共享体系的思考. 中国图书馆学报,2002(4)

[11] 丁梅娟,王衍. 建设浙江区域性科技文献信息资源共建共享体系的思考. //新世纪的图书馆与信

息服务——浙江省图书馆学会第九次学术研讨会论文集,2004

[12] 戴艳清. 浅议信息资源共享系统绩效评估过程管理. 国家图书馆学刊,2012(2)

[13] 肖希明,张新兴. 提高信息资源共享系统绩效的机制创新. 情报科学,2010(11)

[14] 龙丽. 我国信息资源共享系统效率调查与分析——以 CALIS、CASHL、NSTL 三大系统为例. 图书馆论坛,2011(2)

[15] 李卓卓. 国外信息资源共享系统绩效评估研究评析及启示. 图书情报工作,2010(1)

县级公共图书馆文献资源共建共享模式多样性研究

——以高邮市图书馆为例

袁正兰（高邮市图书馆）

1 加强城乡图书馆一体化建设，依托共享工程建立中心型资源共建共享

我国基层公共图书馆，主要是由县级和乡、镇、社区两级公共图书馆组成，他们承担着遍布全国数以万计基层读者的服务工作。长期以来，我国城乡公共图书馆建设与发展的不平衡，造成城市中心区域内广大读者，能够得到县级图书馆的良好服务，读者的需求基本能够满足；而许多乡、镇、社区图书馆由于文献资源短缺，部分农村地区和城区边远地带的广大群众，得不到满足需要的文献服务。文献信息资源服务的不均等，直接影响到城乡群众平等的文化权利。

党和政府非常重视文化普遍均等服务，2002 年国家文化部、财政部共同组织实施了“全国文化信息资源共享工程”（以下简称“共享工程”）；2006 年国家信息产业部组织实施了“综合信息服务工程”。这两项工程的启动为繁荣社会主义文化事业，提高全民族的文化素质，实现优秀文化信息资源在全国范围内的共建共享，推动公共图书馆的高度信息化、网络化、数字化的发展提供了机遇。

高邮市图书馆抓住这一契机，依托共享工程加强了城乡图书馆一体化建设，将图书馆建设成为县级文献信息资源共建共享中心，在发挥传统图书馆文献服务功能的同时，利用现代化手段开展了远程网络文献信息资源共建共享服务，打破了“城乡分割”的现状，改变城乡文化“二元化”格局，维护好群众的基本文化权益。

高邮市现有 1 家县级公共图书馆，21 家乡镇图书馆，106 个村农家书屋，10 个社区分馆和 15 个服务网点。2009 年，建成全国文化信息资源共享工程高邮市支中心；2010 年，完成全国文化信息资源共享工程高邮 21 个乡镇基层服务点的全覆盖；2012 年，建成共享工程社区基层服务点，形成较为完善的图书馆现代服务体系；全市公共图书馆自动化、网络化、数字化水平显著提高。2012 年，先后加入扬州地区、江苏省和全国图书馆“联合参考咨询”“馆际互借”“联合编目”三大业务服务系统。通过几轮基础建设，本馆的数字化水平不断提高，数据库系统更加完善，图书馆的查询变得更加快捷、借阅更加方便、管理更加科学、服务也更加人性化，进一步推动了公共文化服务体系建设。现在 21 个乡镇图书馆基层服务点和 10 个社区分馆基层服务点，都能通过文化信息资源共享工程网络，获取高邮市、扬州地区、江苏省和全国图书馆的各种网上文献信息资源。各个基层服务点的电子阅览室，还可以利用我馆资源导航，方便、快捷地获得数字资源服务，比如本馆的“秦邮文化讲坛”数字化后放在网上，为读者提供图文并茂的特色服务，逐步形成本馆的文化品牌。

不断发挥县级图书馆文献信息资源共建共享中心作用，加强对乡镇、社区图书馆的业务指导工作，仅2009—2013年，高邮馆多次举办基层图书管理员业务培训，共培训业务骨干150多名；5年时间，我馆提供五批8万多册图书送入全市各乡镇、社区图书馆，并对图书实行统一登记、集中分类，做到标准、规范。下一步我们将在全市范围实现通借通还“一卡通”服务，把我馆真正建设成为文献信息资源共建共享中心，使城乡图书馆一体化建设得到快速发展。

2 加强与中小学图书馆联合，建立主导型资源共建共享

我国中小学图书馆和公共图书馆分属两个不同系统，中小学图书馆属于教育系统主管，其馆舍、设备、人员编制和经费的来源渠道与公共图书馆都不同。长期以来两种类型图书馆业务工作上基本上是各自为政，虽然开展过一些合作，但属于松散型的。在我国每一个城市，中小学图书馆仅有教育行政部门主管，长期以来没有一个上级图书馆统筹业务工作，公共图书馆一直都在寻求与中小学图书馆之间文献信息资源共建共享模式，究竟是松散型或是联盟型的，还是主导型的，我们一直都在探索之中。

高邮市，目前共有中小学校图书馆73家，服务于68 449名中小学生。近几年，高邮市图书馆一直在强化青少年读者服务工作，与部分中小学图书馆联合开展了大量阅读指导活动，开展了文献信息资源共建共享活动。在服务过程中，通过公共图书馆基础理论的学习，特别对当代公共图书馆使命学习和理解；再一次清楚地认识到，当代公共图书馆的6条使命中，其中第一条教育使命中提出，要为从事正规教育的所有年龄段学生提供学习支持，帮助他们更好地完成正规教育计划，并要求提供教学参考资料等；其中第二条培养阅读习惯使命中提出，“要培养和加强儿童从小阅读的习惯”。从当代公共图书馆使命中，我们可以看到，为中小学学生服务是我们工作的本职。在一个城市与中小学图书馆开展资源共建共享，县级公共图书馆应发挥主导型作用。所谓主导型，就是公共图书馆在与中小学图书馆开展资源共建共享过程中，要主动自觉地与中小学图书馆开展联合，它是一种主动的姿态，又是公共图书馆的本身职能。我们高邮市图书馆一直把中小学生，作为图书馆服务的主体，在这种角色定位后，与全市中小学图书馆全面开展了资源共建共享工作，并取得了一定成效。

近几年，我们从组织机构、资源保障、工作制度、服务时间、服务方式上都能充分考虑中小学生的需要，在统一规范图书分类编目、部分图书的馆藏分工、馆际之间互借等方面也开展了一些工作，为公共图书馆与中小学图书馆之间资源共建共享打下基础。

从组织机构上，本馆设立少儿室，是中小学生学习、阅读和开展各种活动的专门部门，并统筹资源共建共享工作。在工作制度上，本馆强调必须强化为中小学生学习、阅读服务。在资源保障上，加强了中小学生用书的订购，针对中小学生用书需要，每年开展两次少儿“你选书、我买单”等一系列品牌活动，以满足中小学生阅读的需求。在服务时间上，每年的寒、暑假和双休日是学生的空余时间，是学生的黄金阅读时间，我们能结合中小学生阅读需要，延长开放时间。在服务方式上，每年都开展丰富多彩的活动，比如：红领巾读书活动，组织优秀征文参加红读比赛；中小学生阅读推广讲座，推荐各种优秀图书；中小学生联谊会读者活动，让广大中小学生把图书馆真正变成“第二课堂”。我们还先后举办了“好书伴我成长”“热爱

家乡，走进图书馆”“我与图书馆情缘”等多次中小学生征文竞赛活动，在青少年朋友中掀起了一个个读书热。举办中小学生读者“悦读沙龙”、读者座谈会、优秀读者评选等活动，激发中小学生读书热情。

在资源共建共享上，基本已统一规范了中小学图书馆图书分类编目，为资源共建共享奠定了基础。在部分图书的馆藏分工上，开展了重点收藏的分工，确保这类图书在需要时候得到保障。在馆际互借方面，已经初步实行一证互阅，下一步将开展一证通借通还。最终，建成以公共图书馆为主导的中小学图书馆之间资源共建共享，真正实现文献信息资源互补，把公共图书馆变成中小学生重要的校外教育基地。

3　加强与企业图书馆联合，建立联盟型资源共建共享

在每一个城市都有大量的企业单位，随着各项工作开展的需要，都建立了自己的图书馆和各种技术资料室，也有不少企业单位建立了工会图书馆。这一类图书馆基本上是各自为政，其之间基本是没有什么联系，与公共图书馆之间也缺乏紧密的联系。公共图书馆如何为企业提供信息服务，实现与企业的信息资源共享，是个由来已久的话题。1993 年 5 月 29 日“图书馆与企业”理论研讨会在上海市文艺活动中心举行，以“新形势下图书馆如何更好地为企业界服务、为经济建设服务的路向和方式”为讨论主题。自 2005 年起，以“国家图书馆中国企业最大的信息源”为主体的第一届企业信息服务年会在北京国家图书馆召开，并开始专设企业信息服务中心，组织人员面向社会企业开展媒体监测分析、行业和市场分析、文献提供等信息服务。到 2013 年 3 月，“全国图书馆企业信息服务年会”已成功举办了多届。在服务上国家和省级图书馆取得了一定成效，但是在资源共建共享联合上仍然是初级阶段。而在我国县级公共图书馆与企业图书馆联合开展资源共建共享，更是松散型的。

公共图书馆与企业图书馆开展资源共建共享的模式，我们应借助国外图书馆联盟方式，实现图书馆之间的文献信息资源共建共享，在协作的基础上，实现书目信息共享、合作发展馆藏、开展馆际互借。

高邮市是一个典型的工业与农业经济共同发展的城市。目前建立了以太阳能光伏、绿色照明、超高压电缆和特种电缆、机电制造、品牌服装、新材料新医药为代表的优势特色产业，是中国羽绒服装制造名城、中国路灯制造基地、全国高纯度硅材料生产基地和全球最大的手提电脑软板生产基地。高邮市还是江苏省农副产品生产重要基地。全市现有企业图书馆和资料室几十家个，拥有馆藏图书近 8 万册。高邮市图书馆自 2007 年 10 月新馆建成投入使用以来，充分发挥现代化技术和数字化资源的馆藏作用，与菱塘光电产业园、市城南新区、高邮市开发区等内的部分企业图书馆开展了文献信息资源共建共享，其中电子机械、太阳能光伏、电缆生产、新材料、医药生产技术等重点专业文献由他们订购，而一般的文学艺术类、科普类等休闲方面图书由我们公共图书馆订购。公共图书馆与这些企业图书馆开展联盟型资源共建共享模式，实现资源共建共享、利益互惠，打破图书馆“大而全，小而全”的发展模式，在协作的基础上，实现书目信息共享、合作发展馆藏、开展馆际互借和文献传递、联合咨询服务等功能，从而实现文献信息资源优势互补和资源共建共享。

4 加强与高校图书馆联合,建立互补型资源共享关系

在我国三大体系图书馆中,高校图书馆的藏书量最大、藏书质量高、门类最为齐全、专业性强等优势。近几年,在我国许多省级和大城市公共图书馆,与高校图书馆开展了联盟型资源共建共享,并取得了成效。而在我们县级公共图书馆,如何与高校图书馆联合,建立资源共建共享关系,我们应该有别于省级和大城市公共图书馆。一般县级城市的高校比较少,就是有也只有少量职高类的,但是在县级城市周边的省会和大城市,都有众多的高校图书馆,这些高校图书馆的许多文献是地方各类专业人员需要的。同时许多县级公共图书馆收藏的地方文献、特色文献是高校图书馆所没有的。如何做到高校图书馆和县级公共图书馆文献资源互补,我们觉得开展共建还不太适宜,应该建立互补型资源共享关系。

高邮市图书馆收藏有大量地方文献、地方特色文献,比如秦观、王磐、王念孙、王引之、汪曾祺等高邮籍名家所著藏书,这些文献都是高校专家和学者在学术研究中需要的资料,扬州大学、南京大学及全国各地有关专家和学者在学术研究中都需要,我们先后提供了数十次服务。但是高邮市许多企事业单位专家和学者也需要高校图书馆馆藏文献,比如为读者先后多次到扬州大学、南京大学等高校借阅和查找百余册图书,切实解决了许多学术研究问题。

因此,我们觉得县级公共图书馆与高校图书馆,应建立互补型资源共享关系,实现双方受益。同时也打破高校图书馆原有的封闭体制,解决其资源重叠、利用效率低等问题,有利于其拓展业务范围,扩大服务对象。另一方面,公共图书馆与高校图书馆信息资源共享可以缓解公共图书馆的信息资源不足问题,克服公共图书馆藏书数量不足、藏书博而不专、读者利用图书馆不便等弊端。

参考文献

[1] 王焱."全国文化信息资源共享工程"资源建设与实现公共图书馆信息化服务的探讨. 贵图学刊,2012(2)

[2] 郭星.城乡一体化公共图书馆资源共享模式研究. 公共图书馆,2012(4)

[3] 傅曦.试论公共图书馆与中小学图书馆之合作. 图书馆论坛,2009(1)

[4] 白雪松,乔林红.公共图书馆与企业信息资源共享成功因素探析.农业图书情报学刊,2013(1)

[5] 何嘉凌.公共图书馆与高校图书馆资源共建共享策略研究. 甘肃科技,2013(7)

中外馆际互借与文献传递的实践与比较

创新驱动,内涵发展
——CASHL 未来发展思考

陈永英(复旦大学图书馆)

2013 年 8 月 13 日,中国互联网大会在北京召开,“共建良好生态环境,服务美好网络生活”是本届大会的主题。图书馆作为知识的集聚地,完美地融合服务与网络。互联网的发展,推动着图书馆技术创新、服务创新和理念创新。CASHL 作为中国哲学社会科学繁荣计划的重要组成部分,也作为中国高校图书馆联盟,凝聚了国家领导、教育部领导、图书馆人的智慧和心血。通过 10 年的努力,已经取得了骄人的成绩:成员馆近 700 家、注册用户 7.6 万、服务量突破 80 万。

1 CASHL 发展回顾

2001 年 12 月 11 日,中国入世给国内的出版行业带来重大的影响。高校图书馆面对经费有限、出版物骤增的挑战,小而全闭门建设的模式显然已无法实现。在此背景下,合作共建、资源共享的理念成为共识。2003 年,中国高校人文社会科学文献中心(CASHL)正式挂牌,2004 年 3 月启动服务。

据统计(见下表),2004 年至今,文献传递申请已经超过 80 万,2009 年达到巅峰,超过 15 万。2010—2013 年,申请量略有下降,但降中有升,相对平稳。

2004 年 3 月至 2013 年 11 月统计表

年份	2004 - 03	2005	2006	2007	2008	2009	2010	2011	2012	2013 - 11
申请量	29706	41353	69424	67217	79972	157447	103373	106527	131421	122417

根据 CASHL 十年中不同的工作重心、呈现出不同的特点,结合文献传递服务量,笔者把 CASHL 十年分成三个阶段,即“初创期”“发展期”和“转型期”。

2 初创期

2004—2006 年,是 CASHL 发展的探索阶段。初创期的工作重心主要是培育用户、资源揭示,让用户知道 CASHL、了解 CASHL 并尝试使用 CASHL 服务。所呈现的特点就是“刺激”,CASHL 为了吸引用户了解和使用服务,推出了一系列的免费活动。其中,2004 年 9 月 16 日至 11 月 14 日,免费时间长达两个月。由于当时用户需求由两家全国中心以及七家区域中心来提供，因此经常会令提供馆的工作人员面对脉冲式增长的申请量束手无策。各个中心馆的完成时间参差不齐，满足率为 76%，整体服务能力相对较低。

2.2 发展期

2007—2011 年，伴随着十家学科中心的成立以及 CASHL 大规模的走入活动，宣传推广如火如荼，CASHL 进入了蓬勃发展的热运行期。该阶段的工作重心是发展用户、激活资源，让 CASHL 成为用户喜爱的品牌。所呈现的特点是“热”，短短 5 年时间，CASHL 已经辐射全国 8 个地区 31 个省市自治区，文献服务量在 2009 年达到了顶峰，申请量连续数年维持在 10 万以上，是用户大量使用 CASHL 的阶段。在服务方面，学科中心起到了举足轻重的作用，CASHL35% 的文献由学科中心提供。这个阶段，CASHL 的基础设施、业务规范、服务团队都趋于成熟，平均完成时间不到两天，满足率超过 90%，整体服务能力趋强。

2.3 转型期

2012 年开始，国内文献提供服务的环境发生了一系列的变化：可获取全文的电子数据库不断增加、商业性的文献提供机构日趋成熟和完善、云技术越来越多地被运用。在这种大环境下，“保增长、调结构”可能是转型期的工作重心。让用户离不开 CASHL，是 CASHL 致力的目标。所呈现的特点是“求稳，求发展”。这一阶段，CASHL 将致力于内涵发展，拓展资源，包括文献资源的拓展、前沿领域的研究、打通合作渠道，在坚持 CASHL 文献特色的前提下，建立用户忠诚度，从资源、服务到管理，不断开拓创新。

3 CASHL 发展面临的挑战

3.1 文献提供服务环境发生变化

近几年来，数据库商推出各类全文数据库，回溯数据库也日臻完善，可获取全文的文献越来越多。另外，商业性的文献提供机构也日趋成熟，单篇付费的文献提供模式以其灵活方便越来越被用户接受。与此同时，云技术在信息服务业广泛使用，大量的文献可以通过谷歌、百度等搜索引擎获得全文。国内超星百链云图书馆以其便捷的获取方式、良好的用户体验，每天吸引了超过 100 万的用户在云图书馆查找文献。在这种大环境下，用户需求被多渠道分流。纵观国外著名文献提供机构的情况，如 OCLC、SUBITO 等，最近三年，文献提供量都呈不同程度的下降。

3.2 用户发展趋于平缓

10 年来，CASHL 引入市场营销理念，把资源和服务作为产品进行推广，充分利用区域中心，依托各省图工委，2007—2011 年，开展了大规模面向区域的“走入……”活动，“哪里有用户，哪里就有我们”“Better CASHL，Better Library”响亮的口号，迅速吸引了大批高校和用户。2007—2010 年，共有 904 家图书馆，2310 余人参加了“走入……”活动，CASHL 成了业内资源和服务的知名品牌。随着 CASHL 的全面推广，未来新增用户的发展将趋于平缓。

3.3 文献资源依然有限

尽管 CASHL 目前拥有 2 万多种外文期刊、112 万印本图书、35 万本电子图书、150 个电子数据库等，已经成为国内高校人文社会科学文献信息中心。但是，这些资源相对于全球出版的学术资源来说，依然十分有限，3351 种核心期刊的比例也是微乎其微。因此，资源积累的过程还很漫长，特别是用于研究的一手原始资料、非正式出版物等，还需要投入更多的经费支持。

4 CASHL 未来发展的思考

CASHL 项目是中国繁荣哲学社会科学战略之一，从长远来看，CASHL 目前还处于起步阶段，正在着力实现短期目标，要实现"国家人文社会科学信息资源平台"的中长期建设目标，还要不断探索和大胆尝试。笔者认为，CASHL 发展至今，已经积累了丰富的成功经验，但如果不能因势而为，发展空间将会变得有限，唯有不断创新才是发展的动力。CASHL 只有与时俱进，充分运用先进的理念和技术，不断开拓进取，才能保持 CASHL 的生命力。

4.1 全方位开拓合作源

(1)与网络电商合作，比如亚马逊，通过与电子书商的深度合作，可以通过馆际互借平台直接向书商购书，提供用户多途径获取文献。与第三方支付平台合作，如支付宝、易宝、财付通等，方便用户购买图书和论文。

(2)与网络搜索公司合作，比如谷歌、百度等，把 CASHL 与搜索引擎相互嵌套，方便用户利用搜索引擎查找文献并返链至 CASHL，可直接下载 CASHL 购买了版权的数据库文献，或直接指向收藏馆，供用户提交文献申请，提高用户体验度。

(3)与专业 IT 公司合作，改进系统功能，优化操作界面，方便用户申请和馆员操作，并且，可以让系统设计得更人性化，用户可在系统中留下日志、评价甚至可以是阅读笔记，通过系统更多地收集用户行为数据。此外，深层次挖掘数据，分析累积的用户行为数据，捕捉行业发展趋势，进而对 CASHL 的发展方向做出科学合理的决策。

(4)与手机运营商合作，用户可以使用移动设备(PDA 或智能手机)访问 CASHL 资源，可以是文字的，也可以是语音的，提供用户不同的阅读选择。

(5)与国外文献提供机构广泛建立合作，比如美国 OCLC、英国 BLDSC、加拿大 CISTI、日本 NACSIS、韩国 KERIS 等，尤其要加大与小语种文献提供机构的合作，通过数据共享、技术共享、人员共享等手段，深化合作机制。同时把合作机构的文献目次整合在一起，使国内用户利用外国文献如同使用 CASHL 资源一样，方便快捷。通过合作增加资源保障度。

(6)加强国内图书馆的合纵连横，海纳百川，凡是有资源特色的图书馆都可以成为合作的对象。在扩大资源保障的同时，服务于合作馆，真正发挥国家级项目的战略作用。

4.2 改进评估机制

CASHL 发展至今，仅用简单的量化数据来进行评价已经不合时宜，可以建立多元化的评价体系，对于可量化的资源、服务之外的成果及影响进行评估，比如收录引用情况、学科贡献度、科研成果关联度等。另外还可以建立资源建设动态的评价体系，对于低利用率的文献进行分析。通过使用科学建模的统计评价方式，设立多元的评价指标，达到优化 CASHL 资源、提升服务质量的目的。

4.3 新技术驱动的服务创新

在云技术、物联网迅速发展的背景下，网络服务模式不断创新。随着 CASHL 的不断发展，资源和服务的数据将越来越庞大，CASHL 可以利用云技术，进行数字资源的整合、组织、关联、储存、导航甚至可视化服务。通过网络协议来实现馆际互借、资源共享。并且充分利用云端大数据，进行数据融合、挖掘和利用，分析了解用户借阅需求、阅读习惯，针对用户的个性化需求，定制不同的服务，并对服务模式进行趋势分析和预测，以便找到更好的服务营销模式来应对未知的危机和挑战。

4.4 用户驱动的采购政策

利用 CASHL 十年来积累的"小数据"，统计分析用户需求的文献类型、学科领域，同时，对用户使用效果进行跟踪统计，包括科研成果、引用次数等，以用户为导向，根据用户需求，进行资源配置。此外，还可以深入分析用户文献申请不能被满足的原因，摆脱工作人员凭经验定论，以精确的数据说话，从而制定更为科学的采购政策，提升文献保障体系的内涵建设。

4.5 建立灵活多样的准入机制

CASHL 对于机构用户可采用会员制，按年度缴纳会费。各机构可以根据本机构内用户需求情况，选择相应的会员级别，一定数量之内的文献免费获取。对于个人用户，同样可以享受 CASHL 服务，可采用预缴款扣付或单篇结算的办法；对于合作单位，可以采用传递数量对等相抵的办法。总之，对于不同类型的用户，采用不同的准入机制，灵活、便捷、高兼容度，可以简化 CASHL 结算工作，优化工作流程。

4.6 整合 CASHL、CALIS 统一认证

CASHL 目前使用的是 CALIS 馆际互借系统用，但用户需要另行登录，使用不便。CASHL 可以与 CALIS 统一认证系统整合，实现前台整合，后台独立的管理模式，既能方便读者，一次登录，多渠道服务，也能方便工作人员操作处理，还能确保 CASHL 的特色和独立性。在各类文献提供服务机构不断发展的大环境下，只有强强联合，具备海量文献支撑、方便快捷获取、优质高效服务的特点，才能吸引更多的用户，提高用户忠诚度。

4.7 注重内涵建设，彰显 CASHL 资源特色

在国家教育部经费支持下，紧紧围绕人文社会科学文献建设目标，有序地进行资源积累。在保持资源稳定增长的同时，还需要调整资源配置结构，不仅局限于外文文献，也应包含中文文献，特别是加强地方性的研究文献、古文献、多媒体和小语种文献等的建设，充分挖掘各类资源，通过内涵建设，使数量、质量、规模、结构、效益达到最优化，彰显 CASHL 资源的特色和优势，保持 CASHL 良性运作。

正如教育部社科司何健处长所说,CASHL 虽已走过 10 年,但依然是个新生事物,真正成熟还需要时间。CASHL 要做的事还很多,在信息环境日新月异的大背景下,只有顺应时代发展,充分运用新技术,从资源、服务、数据分析、合作、创新能力等多方努力,创新服务模式,强化 CASHL 内涵发展,提高 CASHL 核心竞争能力,才能使 CASHL 可持续发展。

参考文献

[1] 关志英,章洁. 图书馆共建共享联盟区域宣传推广效果的实证研究——以“CASHL 走入……”活动为案例. 大学图书馆学报,2012(2)

[2] 王天泥. 大数据视角下图书馆的发展对策. 图书馆学刊,2013(3)

[3] 韩翠峰. 大数据时代图书馆的服务创新与发展. 图书馆,2013(1)

[4] 关志英. 2013 年 CASHL 中心馆馆长工作会议纪要. CASHL 通讯,2013(1)

CASHL 华中区域高校文献传递发展对策研究

雷　霆　廖　莎　涂志文(武汉大学图书馆)

CASHL(China Academic Social Sciences and Humanities Library,中国高校人文社会科学文献中心)是在教育部的统一领导下,本着“共建、共知、共享”的原则、“整体建设、分布服务”的方针,为高校哲学社会科学教学和研究建设的文献保障服务体系,是全国性的唯一的人文社会科学文献收藏和服务中心。它由项目管理中心和 2 个全国中心、5 个区域中心及 10 个学科中心组成,其职责为系统收藏资源、有效提供服务。CASHL 华中区域中心作为全国五个区域中心之一,其主要任务是协助全国中心进行资源的整体规划、建设和服务工作及以本区域和本校为重点开展 CASHL 培训、宣传与原文提供等服务,扩大 CASHL 在本区域的影响力和受益范围,提升整个华中区域文献保障服务水平。下面从发展成员馆、注册用户数、发出申请量及成员馆使用排行榜四个方面,探讨 CASHL 华中区域文献传递服务发展态势。

1　CASHL 华中区域文献传递服务发展态势

1.1　发展成员馆

CASHL 华中区域覆盖湖北、湖南、江西、河南四省。自 2004 年 3 月 15 日 CASHL 文献传递服务正式启动以来,CASHL 华中区域从最初 2004 年的 17 家成员馆开始,到 2013 年拥有成员馆 96 家,近十年时间,成员馆数量增长了 464.7% 。随着 CASHL 影响力的不断扩大,增长速度经过起步期、成长期、成熟期,现在已趋于饱和,成员馆增速放缓(见图 1)。

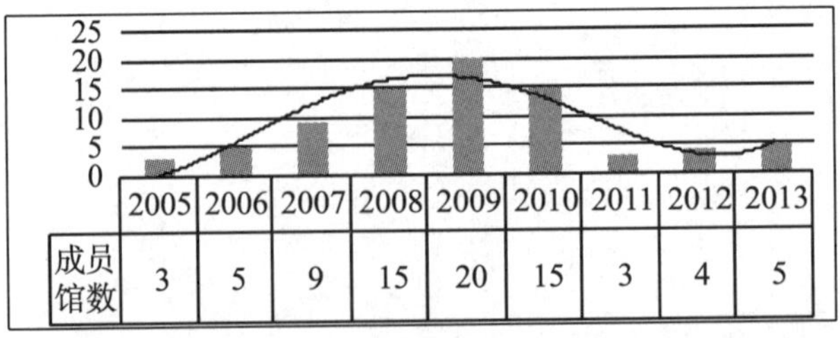

	2005	2006	2007	2008	2009	2010	2011	2012	2013
成员馆数	3	5	9	15	20	15	3	4	5

图 1　CASHL 华中区域新加入成员馆发展态势

注:根据 CASHL 管理中心提供成员馆联系一览表

(2004－03－15—2013－12－31 数据统计)

1.2　注册用户数

根据 CASHL 馆际互借事务信息管理系统统计(截至 2013－12－31),CASHL 华中区域拥有注册用户约 1.2 万个，占全国注册用户总数的 14.9%。近年来，随着成员馆数量不断增长，CASHL 宣传推广力度的加大，新增注册用户的增长速度呈持续增长态势，到 2010 年达到最高峰，之后保持相对稳定增长（见图 2）。

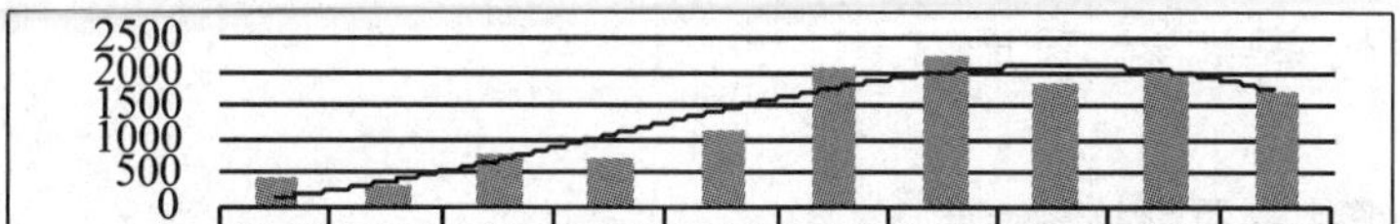

	2004	2005	2006	2007	2008	2009	2010	2011	2012	2013
新注册用户数	433	311	758	720	1114	2051	2233	1824	1985	1705

图 2　CASHL 华中区域新注册用户发展趋势

1.3　发出申请量

根据 CASHL 馆际互借事务信息管理系统统计（载至 2013－12－31），CASHL 华中区域十年来发出申请总数约 12.6 万笔，占全国申请量的 15.7%，文献满足率一直保持在 90% 左右。近年来，随着 CASHL 馆藏资源的不断丰富，本区域发出申请数量的不断增长，在 2009 年到达顶峰后，近年来出现有回落趋势，增长速度趋于稳中有降（见图 3），需要新的增长点刺激发展。

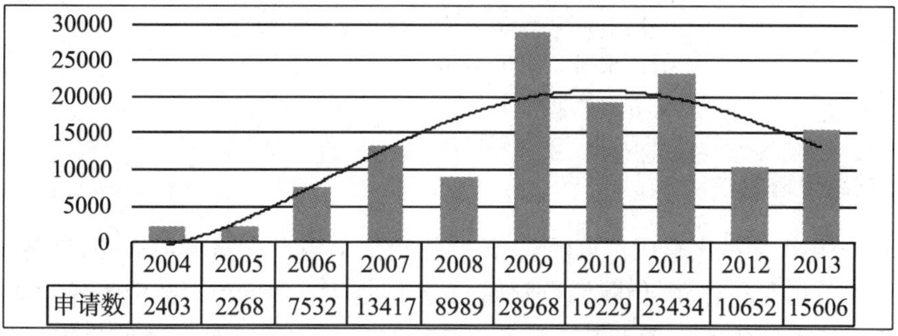

	2004	2005	2006	2007	2008	2009	2010	2011	2012	2013
申请数	2403	2268	7532	13417	8989	28968	19229	23434	10652	15606

图 3　CASHL 华中区域年发出申请量发展趋势

根据 CASHL 馆际互借事务信息管理系统统计（载至 2013－12－31），2004 年至 2013 年华中区域注册用户数位居前十名有：武汉大学图书馆、中南财经政法大学图书馆、郑州大学图书馆、许昌学院图书馆、河南师范大学图书馆、南昌大学图书馆、湘潭大学图书馆、华中师范大学图书馆、河南大学图书馆、湖南理工学院图书馆，占本区域注册用户总数的 55.88%；发出申请量位居前十名有：中南财经政法大学图书馆、河南师范大学图书馆、郑州大学图书馆、武汉大学图书馆、华中科技大学图书馆、许昌学院图书馆、华中农业大学图书馆、华中师范大学图书馆、湘潭大学图书馆、湖南理工学院图书馆，占本区域发出申请总数的 88.69%。

CASHL 华中区域无论是从注册用户数还是从发出申请量看，集中在某几所高校的情况比较突出。

经过近十年的发展，CASHL 华中区域无论是在发展成员馆、培训最终用户，还是在各成员馆发出申请量方面，一直保持着较好的发展势头，发展速度在 2009—2010 年间达到顶峰，从 2010 年后，整个发展出现不同程度下降，特别是成员馆与发出申请量的增长速度在 2010

年后开始放慢,而随着 CASHL 的馆藏资源的不断丰富,服务的不断深化,成员馆和注册用户的不断增长,并未带来资源使用量的同步发展,这说明在发展中还存在一些问题和不足。

2 存在的问题和不足

2.1 睡眠馆比例不断增加

CASHL 成员馆在一个自然年内没有新注册用户也没有发出任何申请的成员馆称为睡眠馆。近年来,随着成员馆数量的不断增加,睡眠馆数量也逐年递增,2011 年开始睡眠馆数量所占比例已超过 50%(见图 4)。

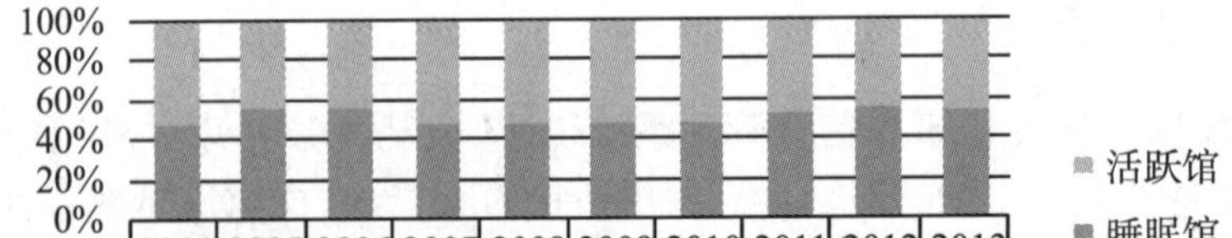

	2004	2005	2006	2007	2008	2009	2010	2011	2012	2013
活跃馆	9	9	11	18	26	36	45	42	40	44
睡眠馆	8	11	14	16	23	33	42	45	51	52

图 4　CASHL 华中区域睡眠馆与活跃馆比例

注:根据 CASHL 馆际互借事务信息管理

系统数据统计(载至 2013 – 12 – 31)。

2.2 发出申请集中

CASHL 每年都会推出全国优惠活动、区域优惠活动以及学科优惠服务,这对 CASHL 的推广起到了很好的促进作用,但我们也发现,本区域每年发出的申请数量 80% 以上都集中在优惠活动期间,88.69% 的申请由本区域十所高校发出。大量文献申请的集中出现,不仅增加了服务馆的工作压力,也在一定程度上影响了 CASHL 服务的满足率和完成时间,进而影响用户的使用体验。同时,一些用户只因“免费”而集中发出申请,并未仔细核查文献资源是否确实需要,在一定程度上造成资源与服务的浪费。

2.3 宣传推广持续性不足

自 2007 年 CASHL 华中区域中心响应 CASHL 管理中心号召,在用户需求调研的基础上,配合本区域优惠活动,依次面向华中四省策划并开展“CASHL 走入……”特色宣传推广活动,取得了良好效果。凡是“CASHL 走入……”活动所到省份,当年的成员馆数、新注册用户数和发出申请数量都有显著增长,但是在活动后的几年里发展势头缓慢,甚至停滞不前。区域宣传推广仍停留在单一次的活动,成员馆没能借势将宣传推广继续下去、深入下去,未在日常工作中形成良好的推广—总结—反馈机制。

3 发展对策

3.1 控制睡眠馆的增加，恢复有潜力睡眠馆的活跃度

通过调研，发现形成睡眠馆的原因主要有以下三点：①成员馆所在高校以本专科教育为主，科研能力和水平不高，也没有较为突出的人文社科类优势学科，对外文文献需求较少；②成员馆经费不足，领导重视程度不够，工作人员不足或流动性较大，宣传推广工作没有落实到位；③用户对 CASHL 资源与服务满意度欠缺，更愿意通过其他渠道获取所需文献，品牌忠诚度不高。因此，在 CASHL 华中区域今后发展中，应更加重视成员馆质量，发掘真正有需求、有潜力的图书馆加入 CASHL，不仅仅关注数量上的扩张。对于经费不足的成员馆或新加入的成员馆给予更多优惠，帮助他们大胆推广，吸引更多用户尝试使用 CASHL 资源与服务，并维护老用户的使用热度，关注重点学科或科研团队，深入服务，增加用户的品牌忠诚度。同时，增加资源数量、提高资源整合与开发、完善资源揭示、加强系统维护与利用、增强服务创新意识，不断提升服务质量和水平。

3.2 加大宣传推广力度和广度，多途径多角度宣传和推广 CASHL 的资源与服务

对 CASHL 的宣传和推广一直以来都是 CASHL 管理中心和区域中心一项重点工作。但目前无论是全国中心还是各成员馆对 CASHL 的宣传和推广手段比较单一，CASHL 华中区域要保持持续的发展势头，就必须不断增大对 CASHL 的宣传和推广的力度和广度。除了以优惠活动形式进行宣传外，还可以考虑采取其他多种形式的宣传推广手段来达到更好的推广效果。①利用新媒体如手机短信、图书馆微博、飞信等，搭建开放、互动的交流平台，配合 CASHL 管理中心优惠活动，与用户开展各种生动有趣的微活动，为 CASHL 用户提供最新、最快的 CASHL 资源与服务动态。②设计多样化的宣传资料，如海报、DM 册；制作推广性纪念品，如书签、笔、台历等，吸引新用户。③利用学生团体在学生网站中展示，不仅提供活动的通知，还可提供基于工作内容的报道、开展小型互动活动，让更多的读者了解文献保障体系，积极参与其中。④建立文献传递的核心读者 QQ 群或微信群，并由专人负责。发布文献传递活动通知、交流文献申请处理过程中的问题、直接发送文献、告知读者取文献等。

3.3 持续、主动关注成员馆运行情况，加强与各成员馆沟通反馈

近年来，CASHL 华中区域进行了各种尝试，组织过面向全省的全面推广，也策划过针对某一个或几个学科的学科化服务推广，还尝试过深入基层，与特定用户群体面对面的深度推广，都取得了良好效果。在单一次的区域宣传推广活动后，CASHL 华中区域应督促本区域成员馆从以下几个方面将宣传推广继续下去、深入下去。①各成员馆借助每年优惠活动的契机，针对本校具体情况，制订本校的持续推广与用户培训计划；②可针对特定群体或学科发展新用户，充分发挥资深用户的影响力，以点带面，持续发展；③关注老用户的文献信息需求，正确引导用户的使用习惯，鼓励按需索取文献，重视用户使用率的维护，尤其关注经常使用文献传递的读者在文献资源建设方面的建议与想法，为 CASHL 资源建设积累第一手资料，使文献传递服务与资源的建设同步发展。

另外,区域中心应充分利用QQ群、微博、微信等现代网络信息工具,建立成员馆之间的交互沟通渠道,加强横向交流;健全成员馆与区域中心之间的沟通与反馈机制,定期或不定期了解本区域成员馆的工作情况,收集实际工作中的意见和建议,进行用户满意度调查等,并及时解决或向CASHL管理中心反映。

4 未来发展

华中区域中心将不断探索新的服务理念与形式,与成员馆的学科服务相结合,贴近读者,发掘不同层次的潜在需求,不断提升用户的服务体验,是今后CASHL华中区域发展方向。

4.1 定制基于学科的馆际互借与文献传递服务,提高现有用户的CASHL使用率

联合文科学科服务团队针对不同层次的学科读者开展不同形式的宣传推广活动,通过一系列的推广活动提升用户对于CASHL资源与服务的使用量,并借此摸索出一套实用、可复制的CASHL学科服务模式,逐步向华中区域其他省份推广,提升整个华中区域文献保障服务水平。

4.2 开展用户类型研究,主动了解用户的需求

用户类型是图书馆了解用户群体需求的重要依据,通过对文献传递不同用户类型数据进行统计不仅可以清晰得出不同类型用户的文献需求特征而且有利于针对不同类型用户的特点开展特色工作。

4.3 拓展合作的渠道,探索更大范围的资源共享

与武汉地区大型机构、湖北省数字图书馆联盟合作,寻求CASHL与本地区、本省联合合作的服务机制,筹备成立武汉地区及湖北省文献共享与文献传递服务联盟,并将其纳入CASHL成员馆中,推广CASHL资源与服务,提升CASHL资源的使用率。

CASHL华中区域经过了第一个高速发展时期,目前已进入转型发展期,而我们关注的重点也由数量的增长到质量的提升,发展的对象由学校到学科,服务的内容由单一到多元,推广的形式由单向宣传到双向互动,培训的对象由面向馆际互借员到直接面向终端用户。如何使CASHL华中区域保持良好的可持续发展态势,有赖于CASHL管理中心的支持,本区域各成员馆的协调配合和区域中心的不断探索和努力。

参考文献

[1] CASHL管理中心. 开世览文快速参考指南:打开世界的窗口,纵览人文社科文献. [2014-03-10]. http://www.cashl.edu.cn/portal/images/tupian/xy/zy/yonghuban1.jpg

[2] CASHL管理中心. 中国高校人文社会科学文献中心介绍. [2014-02-17]. http://www.cashl.edu.cn/portal/portal/media-type/html/group/whutgest/page/gzxjs.psml

[3] 廖莎,雷霆. CASHL华中区域中心宣传推广工作的实践与探讨. 内蒙古科技与经济,2012(20)

基于供应链管理的馆际互借与文献传递服务模式探索

——以上海大学图书馆为例

盛兴军　李　柯　彭　飞(上海大学图书馆)

1　馆际互借与文献传递服务概念的由来与发展

依据《图书馆学与资讯科学大辞典》的界定:文献传递服务是应使用者对特定已确知的出版或未出版文献的需求,由图书馆或商业服务单位等资料供应者将需要的文献或其代用品在适当的时间内,以有效的方式与合理的费用,直接或间接传递给使用者的一种服务。

近年来,这一概念又得以延伸,形成几种有代表性的观点。一种观点认为,文献传递服务是传统馆际互借服务在网络环境下的延伸和拓展。另一种观点认为,文献传递服务,是一种非返还式的馆际互借。还有人侧重从技术角度来看待文献传递,认为它是指各种信息服务机构通过 Internet 或其他渠道向用户提供各种原始文献的传递服务。

早期的文献传递服务源于图书馆馆际合作,最先由英美两国提出。20 世纪 90 年代,随着网络技术、远程通信技术和数据库技术的不断发展,电子出版物、数字图书馆和网络数据库成为文献资源的重要载体,电子文献传递服务也随之进入繁荣的发展时期。因其具有简便、多用户共享等优点,在使文献传递服务在全球得以蓬勃发展。

进入 21 世纪,信息技术的大量介入使文献传递服务进入新的发展阶段,比如我国国内主流的 5 大文献传递系统 CASHL、CALIS、NSTL、LCAS、中国国家图书馆,基本满足国内各高校图书馆、上海图书馆、国家图书馆及中科院系统的资源共享,同时也实现向国外部分机构传递文献的服务。

期间,由于国际出版商的打包销售策略、风起云涌的开放获取运动、落地开花的机构库建设以及步步紧逼的版权限制,使得文献传递服务量锐减,如大英图书馆这样的著名文献提供机构,业务量相比 2000 年也下降了 60%,回落到 1990 年之前的水平。在使文献传递服务面临着巨大的压力和挑战。

但是,国内外高等教育的蓬勃发展,又给文献传递服务带来新的机遇。20 世纪 50 年代,美国依托斯坦福大学成功发展研究园,最终发展成为世界著名的硅谷。此后,大学城建设模式开始在西方高等教育发展中陆续兴起。在英美等发达国家最早建设的大学城,人口一般在 5—10 万,为大学生提供良好的学习环境和便利的食宿交通等条件,大学城为高等教育提供生存发展的适时的充足的物质与精神资源。区别于西方大学城的自然生成,我国大学城主要由政府推动构建。国家科教兴国的基本国策推动了教育事业的快速发展,许多高校开始调整、扩大、改建、新建校园,政府也开始规划建设大学集聚的大学城,由此引发了我国大学城规划与建设的全面发展。据不完全统计,目前我国已建成或在建各类大学城约 50 多座,入住高校近500所。国内50多个城市依据建成或正在规划建设大学城。

在政策允许、地方支持下,具有充足的技术保障和人才支撑,通常地处市郊、交通便利、环境优美的大学城建设模式,迅速地形成规模,使它成为融教学、科研、生产、交易、社会服务为一体的知识创新型新社区。

然而,政府或者学校在规划中对大学城的布局、生态环境、基础实施、人文景观等内容多有考虑,而对资源共享模式管理考虑相对较少;各入住学校也各自为政,极少考虑资源共享问题,造成实验室、图书馆等基础设施布局不尽合理、重复建设,这与原大学城资源共享的发展目标与愿望反差甚大。

追求文献信息资源共享本是建设大学城的初衷,作为一种新型集约化社区,不仅是单纯的形成一定规模的大学城镇,更重要的是需要探讨与城市空间结构之间的互动以及资源的共享、整合、协调发展关系,并在学科设置、教学研究和文献信息资源共享方面充分体现信息时代学术领域多角度、多边缘、资源共享的特征,使大学城这一新生事物健康发展。但因入住大学城高校原本分属不同办学主体,在现行管理体制和对高校办学条件的等级评估中,各高校在大学城建设的实践中不得不片面地采取求全、求大、求新的办校方针,其结果是,一方面导致国内大学城普遍存在着档案和图书馆等基础设施的重复建设,布局不合理现象;另一方面因各高校自身发展需求,在文献信息资源建设方面,又会出现与其他高校采购种类相同、数量相近的文献资源,浪费问题日渐严重。

针对目前高等教育扩张与大学城文献信息资源管理现状,采取何种模式实现文献信息资源共享,一直是研究者探寻的课题。基于此,本文引入"供应链管理"理论,以上海大学图书馆馆际互借与文献传递服务为例,探讨在新的信息环境下如何开展文献传递服务创新。

2 基于"供应链管理"理论的馆际互借与文献传递服务

供应链与供应链管理的概念,首先来自企业管理的研究与实践。自从有了商品交换,供应链就在无形中形成了,各个交换实体联接在一起,形成最原始的供应链。按照APICS(美国生产与库存管理协会)赋予供应链的定义:"供应链是一种全球性的网络,通过精心设计的信息流、物流和资金流,把从原材料开始直到把产品和服务交到客户手中。它包括了所有的合作伙伴,以及通过物流、信息流和资金流的形式,链接合作伙伴的各种方法。这些合作伙伴包括了最终用户、制造商、其他相关的制造商、分销商、零售商、运输公司、软件公司和通信公司。"

这个定义的核心包含了三个方面的内容:第一,强调供应链管理其本质是一个平台,是供应链上各相关企业共同使用的一个IT基础设施。第二,强调供应链管理以渠道商业流程优化为核心内容,进而实现整个供应链的增值。第三,强调供应链管理的直接处理内容是以最终客户需求为核心的供应链上相关企业的信息资源。

供应链管理是经济全球化和互联网时代企业数字化管理的主要哲理。用一句话简单概括,供应链管理就是让客户在正确的时间、正确的地点、以最优的价位获得真正需要的产品。因此,根据供应链的概念,我们可以这样考虑图书馆的供应链的内容:它首先包括读者(最终用户)、图书馆的供应商(印刷型资源供应商、电子型资源供应商、图书馆集成管理系统供应商等)以及图书馆供应商的供应商(电信企业、计算机公司、出版单位等)。

随着图书馆现代信息技术的发展,供应链管理理论在图书馆的应用也越来越精细化,尤其是在馆际互借与文献传递服务方面,二者之间的关系愈加密切。其主要表现在:

一是图书馆基于E环境下的供应链组织与集成模式,使馆际互借与文献传递有了一个更为合适的信息化平台。图书馆利用供应链管理理论构建馆际互借与文献传递服务虚拟平台,根据图书馆所处环境、自身条件和区域的分工协作,实现图书馆馆际互借与文献传递服务的运行机制、运作方式和执行手段的等方面的转变,它将对这项服务产生新的深层次的变革——实现文献传递服务的集成化。

二是图书馆可以利用E环境下的信息技术平台,为馆际互借和文献传递服务构建作为支撑体系的“物流中心”,形成图书馆馆际互借与文献传递服务的虚拟共享域。所谓共享域是指一组图书馆联盟,它可以是按区域、分学科,也可以是因共同目的、兴趣,共同需求组合而成。共享域既可以是云平台、为他馆提供各种云服务的实体共享域,也可以是无需部署云平台、在服务和数据层面实现共享的虚拟共享域。云计算技术的出现,使图书馆搭建“共享域”、突破单馆服务能力和服务范围,打造24小时免费在线等手段成为可能。利用多共享域图书馆的服务能力来实现单馆没有购买的稀缺资源的补缺服务,达到“一对多提交请求、多对一回复”“一次提交数据、多次共享、自动维护”的高效工作模式,真正实现云时代文献传递的“大环境”与“大服务”。

三是利用国内已经成熟的网络平台。比如充分利用国内权威的CALIS三期文献传递服务平台e得、国际馆际互借与文献传递新典范——Rapid ILL以及作为商业信息服务机构代表的超星百链云图书馆等。CALIS三期的“共享版”馆际互借与文献传递系统基于AAS(Software - as - a - service)技术构建而成,该系统极大程度地降低了使用馆的技术门槛,使得国内众多中小型图书馆升格为CALIS的服务馆,大大缓解了大馆的服务压力,并使CALIS能真正提供触手可及的普遍性服务。其门户e得集各类资源查找、原文请求、代查代检、即用即付等多种功能于一身,为用户提供一站式文献提供服务。Rapid ILL是美国科罗拉多州立大学图书馆迎合期刊文献传递需要而设计开发的资源共享系统,其成员主要为美国境内的大学图书馆,另外还包括加拿大等地区的高校。因其低成本、低门槛、流程简化以及奉献高水平服务的会员共识,Rapid ILL在国际业内的口碑不断提升,成员迅速壮大,成为跨区域文献资源共享的典范。百链云图书馆利用元数据搜索技术,百链云图书馆对各类学术数据库资源进行整合,建立索引,提供互联网搜索引擎式的用户体验,多面搜索技术可全景式呈现包括纸质馆藏、电子图书、电子期刊、会议论文、学位论文、报纸、专利、标准、视频、音频、图片、光盘、OA等各类资源,实现与“读秀”的无缝链接。目前国内已有超过800家图书馆加入百链云图书馆,建设全国联合分中心68个,每天超过100万人通过百链云图书馆获取文献资源。

基于上述信息平台,就形成了图书馆馆际互借与文献传递服务的供应链系统模式:首先,图书馆自身以数字信息技术为核心,集互联网、移动平台、电视、手机、手工服务于一体,实现多媒体、互动性、全方位的馆际互借文献传递服务一体化的信息技术组织结构,成为供应链的核心,但这个核心组织的立足点是“读者的需求”。根据读者的需求,图书馆通过24小时网上预约、网上请求、文献的收集查找、物流式配送与传递等一系列环节,各部门之间形成了一个一体化、相互协作的内部组织。其次,读者为供应链的下游。通过网络、电话、到馆预约等手段获得所需文献的相关信息并提交到图书馆系统平台。再次,馆际互借与文献传递服务中心为图书馆供应链的上游。该中心不仅要根据读者的需求及时为其提供所需图书的种类及数量,而且还需要及时将文献派送给相关人员,在最短时间内配送到读者手中。在供应链中,从上游到下游的是图书、文献物资流,是图书馆提供的服务内容,从下游到上游反馈的是读者信息流,是读者的图书需求信息,是图书馆提供服务的基础。这样就形成了一个需求与服务的闭循环。图书馆馆际互借与文献传递服务的供应链系统之间也形成了一个基于现代信息技术的集成网络模型。一方面完成对不同读者、分馆(或分支机构)、合作伙伴(如其他图书馆)之间的信息沟通与控制,实现对用户的及时反馈与信息收集;另一方面也可以在有效完成读者请求任务的同时,对用户实施有效管理。

3 上海大学图书馆馆际互借与文献传递服务的探索

上海大学三个校区共有三个图书馆。由于校区专业分布差异,“一体两翼”的三个馆馆藏各有侧重。“两翼”专业性强,能够较有针对性地服务对应专业的读者进行学科学习和学术研究,但在通识教育、人文素养普及和跨专业需求方面缺陷明显;“一体”馆藏广泛、可满足绝大部分专业读者的普遍需求,但其专业性文献又无法与“两翼”媲美。因此,读者对文献传递服务的需求量与日俱增。

针对上述现实问题,我馆策划了“文献传递服务”创新案例。其预期目的如下:

(1)打破文献资源馆藏区域性障碍,用“一站式”服务满足读者需求。

(2)实现文献资源馆际传递、区域共享、全国联网的“物流式”服务创新。

(3)在文献资源稀缺性和配置不均匀的现实环境下,实现资源的最大化有效利用。

针对我校“一体两翼”格局和馆藏实际问题,我馆在文献传递服务方面实施创新服务,具体做法如下:

(1)在行政上,成立馆际互借与文献传递服务小组,聚合相关人员,形成一个服务团队。该团队在技术上利用云计算、Web2.0、社会网络 SNS/Open Social、知识网络等全新技术为用户提供标准化、低成本、自适应、可扩展的数字图书馆统一预约服务平台,建立我馆馆际互借与文献传递服务中心。

(2)针对“一校多馆,一体两翼”校区模式,打破传统的借阅方法,采取通借、通还、通约的一体化服务。以前因条件所限,馆际互借非常不便。改革后的馆际预约服务,在范围上允许本校所有读者对除其所在校区外的校区馆任何图书资源(不限馆藏状态)进行预约。在传递方式上,利用定时高频的校区班车,由专职馆员在三个校区馆以快递方式定期定时传送。读者只需在网上鼠标轻点,最快几小时便可前往图书馆取书,一旦网上预约申请出现,馆员就会迅速将申请锁定并进行处理。对所有预约,基本做到“有约必应,有取必得”。

(3)针对国际国内间的文献传递模式,在加大馆藏服务的同时,在建和拟建 CALIS、CASHL 和 NSTL 等全国性公益性的文献保障系统,提高文献传递数据储存能力。满足更多用户的多样化信息需求。随着网络信息技术的发展,文献传递服务不仅限于主流的各大文献传递系统,读者需要的资源也不再只是传统的期刊文献、报纸、专利、报告等,文献传递服务中产生的非结构化数据如文字、图片等,传统的数据库无法做到系统的、长时间的保存。

虽然云计算解决了海量数据的存储,但其自身仍存在一定的安全问题。在大数据时代,图书馆员只有掌握了读者用户的信息,包括个人身份、借阅记录等结构化数据,以及大量的存储信息行为、搜索方式等半结构化、非结构化数据,才能通过对海量的多类型数据进行分析而得到更有价值的信息。

(4)充分发挥图书馆的信息聚合功能,发挥馆员的能动性,强化馆员在馆际互借与文献传递服务中的角色。在服务内容上,一是提高馆员对文献传递信息分析处理能力。目前国内对文献传递服务的研究讨论方法,主要是利用简单的 Excel 等工具对大量结构化数据进行浅层次分析。因此,文献传递中用户行为、文献需求等的挖掘分析,对主动掌握用户需求,改善文献传递服务将极具价值。在大数据时代的背景下,挖掘大数据的价值,分析其深层的意义,简单的定性定量分析已经不够,技术工具的作用将得到进一步发挥。聚类分析、数据挖掘、网络分析、可视化分析、数据融合与数据集成等,尤其是聚类分析、可视化分析和数据挖掘技术,对于深层挖掘用户数据、主动掌握读者文献信息需求变化具有重要作用。二是重视馆员在文献传递服务中的资源整合能力。传统的文献传递服务中,图书馆员扮演的仅仅是中介的角色。而实际上,不需中介参与的文献传递系统更受到读者的欢迎。无中介的传递模式下,无需图书馆员代为发出申请,再将收到的文献转发给读者,这样的模式有效提高了文献获取效率,节省了人力物力,降低了资源利用成本。作为国内主要的文献传递系统,CASHL 和 NSTL 是我国人文社科领域和自然科学领域最具代表性的集中式的无中介文献传递服务体系,有效地利用成员单位的原有馆藏和人力基础,节省经费,操作方便,能准确定位资源,受到读者的欢迎。建立有效的资源整合机制,构建知识资源导航体系,提供一站式、智能化的服务是文献传递服务新的发展方向。

(5)在服务形式上,采用物流模式,强化馆员的“快递员”角色。利用校区间班车的高频次,定期、定时、准时、快速等特点,由专职馆员在三个校区之间进行文献配送,将读者预约的文献,类似物流快递的形式在校区间进行传递。使馆际互借与物流快递结合,加快了流通节奏,减少流通环节的时间,使文献周转的周期缩短,文献传递变成了快递与速递。这就大大缩短文献传递申请周期,加速图书馆内书籍上架流程,降低用户获取文献的时间成本。

值得一提的是,我馆充分挖掘馆员的潜力,依靠图书馆馆际互借与文献传递服务组的团队合作与敬业精神,充分借助“外延馆藏”来满足用户特定需求,跨越信息服务“最后一公里”,完成资源与用户的最后链接。

4 效果与启示

变革与创新后的我馆文献传递工作效果显著。读者热情高涨,馆际互借数量激增,高效的“物流”式配送服务,有效解决了读者的奔波之苦,缓解了一校多馆的服务压力,并使我馆文献传递服务成为能真正提供触手可及的普遍性服务。其预约系统集各类资源查找、原文(书)请求、代查代检、即用即付等多种功能于一身,为用户提供一站式文献提供服务。因其低成本、低门槛、流程简化以及奉献高水平服务的优越性,使其服务的口碑不断提升,人数迅速扩大,该中心迅速成为校区间文献资源共享的中转站。

这种创新服务,靠的是馆员的热心周到、不辞辛劳的服务赢得的。对于校区间馆际互借而言，它实现了服务"小范围"，用户"大世界"。小范围，是指服务空间，相对于国际、国内间文献传递服务而言，校内和大学城模式的文献传递服务的范围相对小，但是，因其服务着眼于校内、小范围的多所大学的集中服务，着力解决全校或几所聚集在一起的大学的师生的迫切需求，所以，文献传递服务的学科广，专业多，数量大、任务重。"大世界"是指图书馆在校区之间采取的通借、通还、通约的一体化服务，为我校读者带来了广阔的需求世界！有效弥补了先前工作中的缺失，各个部门和工作人员的通力合作又确保了服务开展的高效有序，因此在出台后立刻成为了图书馆最热门的服务之一，受到众多读者的热捧和好评，堪称图书馆近年来多项改革举措的成功典范。回顾我馆的做法，基于一种创新的尝试，我们在以下方面做了些许探索：

（1）在理论上，借鉴现代物流管理模式，强化"供应链"理论在馆际互借与文献传递服务方面的作用，以此理论为依托，可以探索出馆际互借与文献传递服务的核心要素——大数据时代、云技术环境下该如何去思考我们的服务。因此，本文在这方面的探索，最重要意义就在于，在信息时代、E 环境下，通过服务创新，在带给读者全新的服务体验的同时，提升文献传递服务能级。

（2）注重充分利用现代信息技术，简化馆际互借与文献传递服务预约流程，强化速递与"即时"服务。有效节约时间成本。这充分利用的学校的资源，即依托学校"一体两翼"运行管理模式，以定期、定点、定班的校车作为支撑，搭建校区间馆际互借的"物流"配送工具，为用户提供快递式物流服务。

（3）在馆际互借与文献传递服务方面如何实现用户"一站式"，使我们的服务建立在"物流"的基础上并使每个环节成为"供应链"闭循环模式中不可或缺的一环。

（4）进入 21 世纪，伴随着我国高校改革与发展，我国高等院校基本形成"一校多馆"或"大学城"式的聚居区。与之相适应的是图书馆的馆际互借与文献传递服务，其在中国大学的开展也必然地体现出新的模式和自身的特点：一是与"一校多馆、一体两翼"的高校建校模式相适应的校内"馆际互借"的传递模式；二是与"大学城"建校模式相适应的校际之间的"区域性馆际互借"的传递模式，毫不讳言，馆际互借是大学城内文献资源共享最原始、最直接、最有效的途径；三是国际间和国内大学、公共图书馆之间的文献传递模式。通过探讨上海大学图书馆在这方面的尝试，我们认为本方案可作为"一校多馆""大学城"建校模式的图书馆开展馆际互借与文献传递服务的借鉴标。

参考文献

[1] 陈益君，赵妙佳. 期刊文献传递与知识产权保护问题. 图书情报工作，2001(10)

[2] 陆静，郭依群. 网络环境下期刊的四层服务格局. 图书馆理论与实践，2000(1)

[3] 张文举，巩怀俊. 我国图书馆文献传递服务的产生和发展. 医学信息学杂志，2009(4)

[4] 胡俊荣，郑永进. 国际文献传递服务研究发展态势. 图书馆理论与实践，2007(4)

[5] Kleiner JP，Hamaker CA，张沙丽. 2000 年的图书馆：采用文献传递服务需求评估和网络化资源的转型中的图书馆. 大学图书馆学报，1998(2)

[6] 蔡文彬. 国内五大文献传递中心服务状况的比较研究. 现代情报，2005(12)

[7] 彭伟. 整合资源融合服务——国际图联第 11 届馆际互借与文献传递大会综述. 图书馆杂志，2010(5)

[8] 黄静. 国际馆际互借与文献传递新典范——Rapid ILL 评析. 图书馆学研究，2012(23)

[9] 王文清,陈凌. CALIS 数字图书馆云服务平台模型. 大学图书馆学报,2009(4)

[10] 杨新涯,王文清,张洁等. CALIS 三期共享域与图书馆系统整合的实践研究. 大学图书馆学报,2012(1)

[11] 姚晓霞,赵永超,陈凌等. 基于 SaaS 的 CALIS 共享服务实践. 大学图书馆学报,2012(4)

[12] 马铭锦. 百链学术搜索对高校图书馆文献传递服务的影响及对策分析. 新世纪图书馆,2012(4)

[13] 陈凌. CALIS 期待与出版界携手共赢. 中国图书商报,2011-08-30(L02)

基于中国科学院文献传递系统(CSDL)的返还型馆际互借服务

杜文利(中国科学院文献情报中心)

随着图书馆自动化和网络化的不断发展,使得馆际间的合作比以往任何时候都有了迅猛的增长,事实证明馆际间的合作有利于提高图书馆资源的利用率,对促进资源共享和提高读者服务的质量具有深远影响。馆际互借就是图书馆之间根据协定相互利用对方馆藏以满足本馆读者需要的文献外借方式,馆际互借可将其他图书馆的馆藏作为本馆藏书的延伸,弥补馆藏的不足,实现资源共享。作为中国科学院文献情报中心的文献传递与馆际互借服务,为了进一步拓宽中科院院内科研用户获取文献的途径,弥补总馆馆藏的不足,满足科研人员和学生对不同学科不同类型图书的需求,我们基于 CSDL 系统,与国内多家公共图书馆、高校图书馆、专业图书馆建立了返还型馆际互借关系,开展了为院内用户送书到所的服务,英国图书馆学专家海厄姆说过:“馆际互借是一种能够使图书馆之间互相利用彼此的藏书,并以最迅速、可靠和经济的方式满足读者需要的服务方式。”可见馆际互借服务已经成为各图书馆之间进行资源共享的一个主要途径,也是图书馆服务的重要组成部分。本文主要是探讨基于 CSDL 系统的返还型馆际互借服务。

1 发达国家返还型馆际互借服务特点

由于馆际互借的普及,发达国家的馆际互借服务具备法律环境完善、技术支持先进、组织管理有序服务机制多元化等特征。如无需中介的馆际互借,即读者直接借阅将成为未来发展的趋势。传统的馆际互借服务方式是图书馆之间开展的图书借阅活动,图书馆不接受读者个人通过任何形式直接发送过来的图书借阅请求。传统的馆际互借,读者首先需将请求提交给读者所在的图书馆,然后在由读者所在的图书馆将请求转发给文献提供馆,文献提供馆再将满足的文献传给读者所在的图书馆,最后由读者所在馆借给读者。这样的一个传统流程,中间环节繁琐,响应速度慢,服务的易用性及服务的成本相对较高。1999 年年底,在美国图书馆学会的协调与推动下,美国的几所著名大学开始了对传统馆际互借借阅方式了试验性的改革,即“Borrow Direct”项目,该项目的主要特征是读者不需要经过他所在图书馆,可以直接向图书所在的出借馆发送请求。可以说这是对馆际互借模式的一次新的尝试。2002 年美国 7 所大学采用了 Borrow Direct 开展图书的馆际互借服务。Borrow Direct 项目重视需求与合作。在争取财政支持、履行合作协议、统一技术环境、提供远程借阅方面表现出积极、开放、互利互惠的态度,从而保证了合作的成功。2002 年该项目的服务机构总结了一些跟踪数据,对读者直接借阅进行评价:①响应速度明显提高:以往平均需要 7 个工作日的服务周期降低为现在的4个工作日;②服务满足率提升显著:由之前的平均满足率66.5%提升到现在的84.8%;③服务成本迅速下降:由单次借入图书的平均费用从17美元降低为现在的7美元;④读者满意度较高:读者在10分制的评价体系中给予了7.7分的高满意度评价。以上数据表明,Borrow Direct项目取得了一定的成功,这种无中介的馆际互借模式已经被读者理解和利用,是可行和有效的。由此可见,馆际互借的发展在发达国家已经处于了一个相当完善的阶段。

2 CSDL系统返还型馆际互借服务模式

返还型馆际互借服务最初是在2006年3月首先在CSDL系统中的十余家图书馆进行试运行,当时称之为送书到所服务,并且借书范围也只局限于借国科图总馆的图书,但是这项服务一经开通就受到了研究所和读者的广泛欢迎,并取得了一定的效果。随着我们推介服务的进一步深化,我们发现读者对图书这方面的需求始终未能得到很好的解决。因此,为了更好地贯彻和落实"服务到所,资源到人"这一目标,经过与国家图书馆、上海图书馆、清华大学图书馆、北京大学图书馆、全国地质大学图书馆、北京航空航天大学图书馆、农科院图书馆进行协商,建立了馆际互借的协作关系,于2006年9月,返还型馆际互借服务首先在北京地区的各研究所全面展开。为了进一步满足京外研究所和科研用户对图书文献的需求,我们又于2007年7月正式开通了国家科学图书馆分馆、特色分馆、广东省科技图书馆的异地返还型馆际互借服务。通过国科图与多个图书馆建立馆际互借合作,弥补了馆藏资源的不足,为科研与教学提供优质高效的信息服务。

3 实现馆际互借全流程的服务管理

返还型馆际互借最初的运行是与非返还型共处同一个界面,无论是图书馆员还是读者,操作与使用都非常的不方便,很容易造成混淆,不利于返还型馆际互借的开展与推广,因此,在2009年7月,CSDL进行了系统的改造与升级,改造后的返还型与非返还型分别处在两个不同的界面,更便于读者使用,图书馆员操作起来更得心应手。

(1)读者发送返还型馆际互借申请。中科院院内注册用户可通过文献传递读者系统的图书代借功能将图书代借申请提交到所图书馆;而院内非注册用户要想使用这一服务,可通过电子邮件、当面委托等方式将图书代借申请提交到所图书馆。

(2)馆际互借员接收/转发读者图书代借申请。所馆际互借员应及时接收本所用户申请的"图书代借"申请,在确认读者所借图书本馆无馆藏的情况下,应尽快向图书出借馆或服务代理馆转发读者的申请,如果所馆际互借员不进行转发,那么图书出借馆或服务代理馆是无法看到此申请的,就没有办法进行馆际互借服务。

(3)服务代理馆接收/处理研究所图书代理申请。服务代理馆应及时接收研究所发送的图书代借申请。对于图书代借申请中的不详和有误之处,应进行必要的查询、更正和补充,必要时,与研究所图书馆进行沟通,以保证代借图书的准确性。

(4)及时在系统中做出相应的状态处理。各出借馆在出借图书递出时应在文献传递管理系统进行“递出”操作;馆际互借员在收到外借图书时应进行“收到/借阅”操作;读者还回外借图书时应进行“还回/递回”操作;各图书出借馆在收到还回的图书时,在系统内进行“完成”操作。

(5)改造后的返还型馆际互借系统比较注重院、所与读者的互动性,通过系统可以随时掌握到出借图书在整个借阅过程中所处的一个状态,

(6)异地的返还型馆际互借目前还只局限于总馆与分馆及特色分馆、广东省科技图书馆、国家图书馆、上海图书馆之间进行,有借阅需求的各京外图书馆需与代理馆签订双方协议,明确各自的责任、权利和义务,一旦出现问题应承担相应的责任。

(7)物流方式:在北京地区返还型馆际互借实行“送书到所”,而异地返还型服务我们采取 EMS 的快递方式,对贵重的文献实行保值邮寄,以保证图书文献的绝对安全。

4 规范管理、重视服务

返还型馆际互借系统,读者与所图书馆、所图书馆与各出借馆的关系是密不可分的,读者的图书代借请求首先是要发到所里,如果所图书馆员不进入管理系统进行相应的“转发”操作,出借馆、代理馆是看不到该读者的图书代借申请的,那么就无法进行返还型馆际互借服务,从而延长了读者的借书时间。因此,为了保证返还型馆际互借服务能够长效、良性的发展,我们应重点加强以下环节的工作:

(1)及时接收转发读者的申请单。我们的图书馆员应做到定期、定时地进入管理系统接收读者发送的返还型馆际互借申请,力争做到随时接收,及时转发,确保读者在规定的时间内得到图书。

(2)随时沟通,做好反馈工作。所图书馆员在进行返还型馆际互借过程中,如遇到疑问或解决不了的问题,或读者在使用返还型系统的过程中遇到疑惑时,应及时与我们沟通、协调,保证读者能够顺利地使用我们的返还型馆际互借系统,为读者的科研和学习起到很好的支撑作用。

(3)返还型馆际互借服务统计分析:以下各项统计分析以中国科学院文献情报中心的服务数量进行统计与分析。

1)北京地区借各出借馆图书情况统计(2011—2013)

年份	国图(册)	国科图(册)	清华(册)	北大(册)	地质(册)	北航(册)
2013	949	427	120	220	12	0
2012	1207	421	143	238	19	3
2011	1510	444	274	338	23	10

从 2006 年 9 月馆际互借正式开通至今,国科图总馆通过发放宣传材料、制定优惠政策和举办各种培训等方式扩大宣传,同时不断提升服务质量,满足了读者个性化服务的需求。

2)北京地区研究所馆际互借数量统计(2011—2013)

年份	申请数	满足数	拒绝数	满足率
2013	1728	1698	30	98%
2012	2031	1982	49	98%
2011	2599	2546	53	98%
总数	6358	6226	132	98%

从统计中可以看出,返还型馆际互借的满足率始终保持在一个较高的水平。可见,返还型馆际互借服务已成为弥补馆藏资源不足、提高服务质量不可缺少的手段,同时为科研教学也提供了很好的保障,受到了读者的普遍欢迎。

3)异地返还型馆际互借服务情况。目前京外中科院的研究所返还型馆际互借服务只开通了国家图书馆、上海图书馆和中科院文献情报中心、中科院成都、兰州、武汉文献情报中心及特色分馆等少数图书馆,采用EMS流通方式,异地返还型馆际互借申请往往是读者非常迫切的需求,异地服务对于他们是重要和方便的,因此我们还应不断地摸索经济、快捷、安全的图书递送方式及服务模式,以满足更多读者的需求。

5 返还型馆际互借发展的举措

(1)继续大力宣传返还型馆际互借服务。很多读者对返还型馆际互借服务能够为他们提供怎样的服务还不甚了解。这就需要我们通过各种宣传手段,提高读者利用馆际互借服务的意识,通过印发馆际互借使用手册、制作展板等形式,介绍馆际互借的内容、管理方法以及使读者了解在什么情况下可以使用馆际互借服务,从而来加深读者对馆际互借的理解和利用。

(2)加强人员培训

①针对工作人员的培训。首先应加强馆际互借员的责任心,能够认真履行岗位职责。从事馆际互借服务的工作人员要定时定期上系统查询读者发出的馆际互借服务申请,使读者的申请能够得到及时、有效的处理。因此,要不断强化馆际互借员的服务意识,加强馆际互借员的责任感、事业心是保证返还型馆际互借服务良性循环的有效保证和基础。

②针对读者的培训。应加强对读者宣传、辅导工作。返还型馆际互借服务的第一个环节是由读者向所图书馆发送馆际互借请求申请,所图书馆收到申请后确认无误可向出借馆进行转发,这时读者的返还型申请正式生成。但是在实际的工作中,我发现还有一些读者不清楚或从未使用过返还型馆际互借系统,造成读者无法正确使用返还型系统来为自己服务,这说明一方面读者对馆际互借服务不够了解,另一方面也说明馆际互借服务的宣传、推广工作有待加强。这就需要图书馆应当通过集中培训和个别辅导的方式,采取各种各样、行之有效的方式方法,有针对性地开展培训工作,使读者能够最大限度的共享图书文献资源,实现馆际互借效益的最大化。

(3)继续完善和改进系统功能。在返还型馆际互借系统的使用中,有些功能还需完善与改进,进而增强系统的实用性,既方便于读者使用,也便于馆际互借员操作。最终实现系统的最大化管理。

(4)制定各种更为优惠的服务政策,吸引读者使用馆际互借服务。为了能够更好地为广大科研人员和学生服务,为科研起到很好的支撑作用,我们制定了第三方图书馆收取的借阅费全部由总馆承担,并且异地的馆际互借读者也只承担单程的邮寄费用的服务政策,取得良好的效果。在扩大服务时,可以考虑开展优惠服务活动,在对于学生、偏远和资源匮乏地区的读者可以加强服务的优惠力度。

(5)进一步完善馆际互借服务规范,做好馆际互借服务工作,可以弥补馆藏文献资源的不足,从而更好地满足读者的需求。从图书馆服务的角度,应完善各项服务政策,简化服务流程,严格服务规范,保证服务承诺的兑现,以提高服务响应速度,服务效率及服务的便捷性。

(6)借鉴国外先进经验,努力提高馆际互借服务水平。纵观世界发达国家,基本上都存在地区性和全国性的图书馆合作体系。如美国图书馆馆际互借的组织管理者是美国图书馆协会,它是美国图书馆界的专业组织,在馆际互借图书服务上具有联盟式的服务网络,完善的服务规范,通畅的物流渠道和低成本服务,因此能够提供远程快速服务,实现 72 小时的服务速度,其做法值得借鉴。

在信息技术快速发展的今天,读者对馆际互借服务有着越来越高的期望,对于我们馆际互借员来说,必须要有充分的准备,充分把握馆际互借发展的趋势。技术的进步使读者直接借阅在不久的将来即可变成事实,从而带给读者的是极大的便利和自主性。当读者无需通过馆际互借员便可自主的、方便快捷的、不受时空限制的申请和获取馆际互借服务的同时,馆际互借的效率与服务质量无疑也会大大提高,这将是未来的发展方向。

参考文献

[1] 姚丹丹. 基于图书馆联盟的网上馆际互借图书服务——以美国 Borrowing Direct 与 OhioLink 为例. 图书情报工作,2008(6)

[2] 王茜. 基于系统的 BALIS 返还式馆际互借服务研究. 图书馆学研究,2009(6)

[3] 成晓东. 国外图书馆馆际互借服务及借鉴. 现代情报,2010(1)

[4] 马文筠,张莉. 国家图书馆馆际互借与文献传递系统概述. 公共图书馆,2010(2)

[5] 唐征,卢振波. 馆际互借发展趋势研究. 浙江高校图书情报工作,2007(4)

文献提供服务满足率提高策略及服务深化研究

鲁　玥(国家图书馆)

文献提供,顾名思义,将文献提供给文献需求者。从文献流通方向来说,一方面,将自有的文献提供出去,即"文献借出";另一方面,若自有文献不能完成"借出"时,图书馆将借用有合作关系的其他文献机构资源为用户提供服务,而这借出的前一环节就是我们常说的"文献借进",借进文献之后再以某种适合的方式将文献交付给文献需求者。文献机构总是在文献流通的过程中扮演借进或借出的角色,成功地提供文献,即为称谓的"满足"。然而,在文献提供的过程中,也会由于种种原因造成最终不能为文献需求者提供满意的文献资源,这就是称谓的"未满足"。"满足率"是文献提供业务中一项重要的量化指标,它从一定程度上体现图书馆文献收藏—利用的力度和文献提供服务能力。

早已有学者探讨如何提升文献提供服务的满足率,如多篇文章从资源建设和馆员培养等方面进行探讨;也有文章提出从用户满意度的角度来弥补满足率;仅有少数文章提到过从工作分配和流程制定入手提高满足率。本文将依据国图文献提供业务涉及的系统特点和2010年至今的服务数据,重点分析系统中馆际互借和文献传递业务的满足/拒绝原因,从工作流程设计、系统功能完善、人员优化配置、图书馆各项业务的联合服务等方面提出满足率提高途径,以及进一步深化文献提供服务的策略。

1　国家图书馆文献提供服务满足率的现状

国家图书馆文献提供中心在国内的文献流通量首屈一指。作为国家馆,它又是国内外文献资源的枢纽。国家图书馆从2009年开始启用馆际互借与文献传递系统(以下简称NLC-ILL系统),系统中涉及满足率①的业务有文献传递、馆际互借、国际互借(借进)、国际互借(借出)。2010年与OCLC和BALIS分别开展合作,2013年与CALIS开展合作。5年来年均业务量近5万件,峰值近7万件。由于系统特点和数据统计来源不同,其满足率的体现也有所不同,见图1。

① 为了避免不同时间点统计数据出现变化,在业务连续的情况下系统统计定义如下:某段时间内的满足率=该时间段内完成事务的数量/该时间段内收到的申请数量×100%

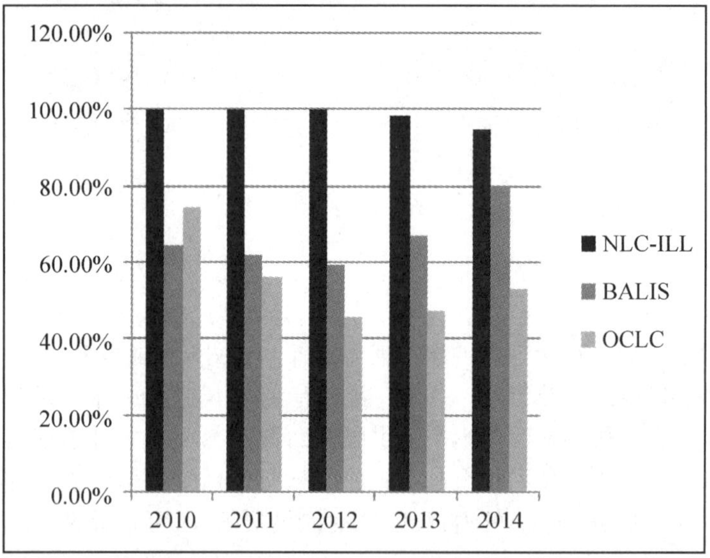

图1　各系统馆际互借业务满足率

2　申请满足/拒绝原因的分析

从满足率计算公式中的各项参数来看:文献提供满足率 = 完成数/申请数 ×100%。满足率只要不达到100%,就一定有上升的空间,找到这个值与100之间的差距,就是提升满足率的关键所在。我们通过各个系统的功能特点和工作流程来看文献提供服务的满足/拒绝情况。见表1。

表1　几个系统的服务比较

	提交规则	升级后的提交规则	借书可否转复制	是否自动受理	可否转发给其他馆
NLC-ILL	可借即可提交,满足后才计入系统	可借即可提交,请求馆操作	否	是	否
BALIS	随意提交	可借即可提交,用户用助	否	是	否
CALIS	——	可借即可提交,请求馆可控	是,有备注,服务馆可操作	是	是,手工
OCLC	随意提交	随意提交,请求馆操作	是,有备注,服务馆可操作	否	是,自动

2.1　馆际互借

- NLC-ILL 系统与 CALIS 系统

两系统由同一家公司开发,数据统计来源一致。在两机构合作之前,NLC-ILL 系统中的馆际互借业务满足率每年都接近 100%,理论值应为 100%。之所以出现如此高的满足率,原因一是在用户提交馆际互借服务申请之前,必须使用预设账户在国图 OPAC 中登录并检索到所需图书,才能提交馆际互借申请,检索不到书目数据的就不能提交申请。这样,不能被满足的读者需求完全被屏蔽。原因二是系统在图书归还借出馆、事务完成后才将该事务写入系统,即写入系统的事务均为满足的事务。CALIS 原本只提供文献传递服务,在机构合作之后,两系统做了功能完善,系统间可以互操作。NLC-ILL 系统中的大部分用户可通过任意系统向国图提交借书申请,双方系统中均可查看并统计业务数据。用户在 CALIS 系统中检索到国图的书目数据,并且通过数据库的预约接口判断该记录所对应的单册图书在架上并在馆际互借范围的,才允许用户提交申请;否则提示用户可以提交文献传递申请。由于用户借书数量限制所造成的无法满足由系统自动完成拒绝操作;对于数据显示可以满足但最终又未能满足的申请,服务馆进行拒绝操作,或转成文献传递服务。系统优化之后,从用户提交借书申请后,系统中就开始显示申请记录,未能满足的申请也会被记入系统中,这样满足率必然会受到影响。

我们可以看到,不同的数据来源和统计方式得出不同的统计结论。系统优化后将有效申请实时写入,那些无法提供的图书记录有据可查,有利于排查图书错架、破损等情况。在作满足率比较时,也应考察全部业务数据。

- BALIS 系统

BALIS 采用 IFrame 框架,基于当前各个图书馆的 WebOPAC 来实现。国图与 BALIS 开展合作之后,BALIS 成员馆的读者可以通过 BALIS 系统向国图提交馆际互借申请。读者能够在 BALIS 系统中检索到国图的馆藏书目数据,提交馆际互借申请。但实际操作中,若读者提交申请中涉及多卷册图书,且没有注明需要哪一册,而全套借出又不符合规矩,只得拒绝。还有一些读者自行录入欲借书目信息,而国图未收藏,或该书不再外借范围内,申请也会被拒绝。2013 年,BALIS 中心对该系统进行了功能优化,同年 9 月以后开启新的申请提交和处理方式,与 CALIS 模式相同。该系统中馆际互借服务满足率显著提升,从原来的 59% 提升至 75%。

通过该系统优化前后的运行模式和服务数据,我们可以看到,通过一定的技术手段,在用户提交申请之前就告知用户某些需求确定无法满足,引导用户申请其他的服务,既提高了满足率,又缩短了给用户的反馈时间。

- OCLC 系统

系统中的服务馆可以提供馆际互借服务,用户馆可以通过检索馆藏数据或者直接填写书目信息向服务馆提交馆际互借(copy 或 loan)申请。用户可以任意选择若干家服务馆提交请求,系统将按顺序将该申请发给服务馆。服务馆要在预设的时限内完成用户请求,否则该申请将跳转至下一家服务馆。请求馆和服务馆可以在系统中添加备注,或以附加条件(condition)的形式与对方沟通,使得申请和服务变得更加灵活,避免了因沟通不畅或提供方式不一致而导致的拒绝。同时,系统要求服务馆对完成申请的时限做设置,4 天或 8 天,避免某一家服务馆因不能及时完成请求而影响整个申请的进度。综合考虑用户对时间的预期和工作人员的服务能力两方面因素:时间过长,可能接收到的申请会减少;时间过短,可能申请会跳转到其他馆,在成本馆的满足率下降。

通过 OCLC 系统的功能和特点,我们发现:申请的自动转发、及时有效的沟通、文献提供形式的变更,以及服务馆的人员配置和服务效率都会对满足率产生影响。

2.2 文献传递

对于文献传递服务,目前各系统接收申请的方式类似,即检索提交和录入提交两种方式。服务馆收到申请后,需要进行人工处理,检索馆藏书库或数据库后将用户所需文章发出,即为满足。若用户提交信息有误,服务馆会与用户联系核实,确实无法提供的则拒绝,即为未满足。一般馆际互借申请可能会转为文献传递服务,国图目前有通过系统转提供方式的情况,但需要在系统外沟通;复制转借书的情况,在国际业务中由于版权问题会遇到,在国内很少见。

除了人员能力、政策因素等导致文献不能提供之外,在目前的文献提供申请中有30%属于无效申请,即用户不了解文献提供属于有偿服务,一旦告知收费就再无音信,或因付费手续繁琐而撤销申请;或新鲜试用,预留无效信息等。殊不知图书馆员每天要花费很大精力来辨别和处理这些信息,无形中延长了向真正文献需求者的反馈时间。另有一些申请本能完成,但最终以终止或拒绝结束事务的主要原因分别为:费用超限、付费不便、响应超时。由于并未向上述申请者提供文献,系统中只能做拒绝或终止操作才能结束事务。若以拒绝操作结束事务,将降低服务的满足率;若以终止事务,统计工作量又会出现偏差。

3 提升文献提供服务满足率的几点建议

我们可以将以下等式带入公式,即可看出应从哪些方面入手来提高满足率。①申请数 = 用户通过系统提交和通过其他渠道转入系统的所有申请;②完成数 = 按用户要求精确完成 + 征求用户意见之后推荐被用户认可的文献;③完成数 = 申请数 - 未完成数 = 申请数 - 无效申请数 - 馆员拒绝数 - 用户取消数 - 申请过期系统终止数 - 用户未能成功获取原文的其他数。我们要找到提高分子数值和降低分母数值的途径,以提高满足率。提高分子数的原因值显而易见;降低分母数值的途径即减少用户的申请数,但这绝不是降低业务量,而是要通过技术和政策手段,保留有效申请,节约申请与服务双方的时间。

我们可以通过工作流程设计、系统功能完善、人员优化配置、图书馆各项业务的联合服务等方式,提高服务的满足率,深化文献提供服务。

3.1 优化服务系统,加强系统自动操作

按照 ITIL 流程管理理念,不断完善用户馆际互借请求的闭环流程,实现服务全流程的管理与监控,使用户能够查询服务中的每个状态,让馆际互借服务在用户面前透明展示。同时也便于发现、有效解决突发问题,确保服务高效运转。

文献请求过程应设计自助请求与人工辅助服务相结合的方式,即用户能够在联合目录中找到相应书目,则直接将请求发至服务馆;否则用户需要手工输入当前掌握的书目信息,提交至请求馆,由请求馆的馆际互借员查实信息后再提交至服务馆,以降低馆际互借服务的拒绝率。目前馆际互借服务实现了自助获取,但文献传递服务仍只能手工处理,在 NLC-ILL

系统二期项目中即将实现基于 primo 的文献自动获取,这样可将大部分人力投入到复杂申请中,提高申请的满足率。

3.2 界面友善、参数合理,服务系统功能完善

建议对于不同的用户群体能够展现不同的界面。例如,用户提交申请的界面应在关键项处给予必要的提示,对于业界同行的工作用语在读者界面,应改为读者普遍能理解的语言或者给出解释(如,馆际互借对应借书,文献传递对应复制,文献来源国际对应向国外机构申请文献,等等),指导用户填写正确、完整的信息,不确定的信息线索,用备注的方式填写,避免误导。

为了增强申请信息的有效性和完整性,建议用户注册并核实信息之后再允许提交申请,避免喜欢随手试用的用户过多产生信息冗余。

在用户提交馆际互借申请时,建议增加字段,允许用户选择是否愿意将原书借还转为文献复制;是否原因将申请转发给其他馆处理,能够接受的时间和价格极限是多少。上述做法可以减少沟通次数,加速工作进程。

3.3 老中青结合,优化人员配置,人尽其才

人员分配,中级馆员指导新馆员做一些可重复但又必要的工作,如特定数据库和指定字段的检索,申请的接收、分发和咨询结果的交付等简单的操作;中级馆员同时处理相对复杂的咨询申请,审核新馆员未查到的记录,解决新馆员遇到的问题;高级馆员负责对欲拒绝申请的终极审核,确保不出现力所能及而未及的情况发生,同时还应为团队开展培训以提高业务技能,分析业务结构,挖掘用户需求,掌握业务变化等。

每项业务类型应有操作流程、必查数据库、必查字段等规则,即便一个新员工也能按照业务规范和指导手册完成简单的咨询。这就要求我们有针对服务的规范、针对业务的实际操作中,要么没有详尽的指导手册,要么馆员没有逐一查全,总之有漏查现象,导致申请被拒绝。每单将要拒绝的申请,必须至少由第二人经手,拒绝用户之前没有审核,可能造成因漏查而拒绝。

3.4 挖掘用户潜在需求,深化文献提供服务

通常意义上讲,文献传递与参考咨询是两种性质截然不同的服务。文献传递可以被简单地理解为按需服务、指定服务,是被动式服务。而参考咨询却是一种主动服务,用户所提出的需求模糊而不确定,图书馆员需利用自身的知识与信息检索手段为其提供解决方案。也就是说资源需求者的需求是否清晰而确定,是图书馆提供不同服务的依据。

在文献提供服务中确实有无法满足读者所需文献的情况,有一些读者偶然发现了一篇参考文献,但引用信息有误,有一些是因为读者自己的需求不明确,实际工作中,我们尝试着为用户推荐研究方向类似的其他相关文献,被大部分用户所接受,变相地满足了用户的需求。这已经类似于实时查询的业务类型。当遇到用户需要某一方向的一系列文献时,还可以向其推荐专题检索等服务,引导用户需求,最大化发挥图书馆员的辅导作用。

参考咨询与文献传递的上下游界限正逐渐模糊,参考咨询所提供的最终解决方案往往是一种特殊的文献形式。文献传递正是资源提供者与资源需求者之间的纽带和桥梁,所以

将参考咨询与文献传递相结合是一种有益的尝试。由于文献传递工作中对于知识的发现、选择与处理的程度不断加深,使得文献传递越来越贴近参考咨询。这可能意味着工作流程的重组,也意味着在不久的未来,文献传递与参考咨询可能会逐步的融合。

满足率所涉及的各项数据来源应有统一的界定,如用户提交申请时是否应该屏蔽无法满足的申请,无效申请是否统计在内,对各种不能完成事务的情况应有统一的操作规范等。这样得出的满足率数据才有比较的意义。同时,采用其他指标共同分析。提高满足率的目的不是单纯看一组数据漂不漂亮,并不是单纯通过满足率就能体现一家图书馆的文献收藏与服务能力。而是通过对满足/拒绝情况的分析,进一步提高服务水平和服务质量。

参考文献:

[1] 范超英,姚丹丹,贾苹等. 文献传递服务满足率之探讨——以中国科学院文献情报中心文献传递服务为例. 图书情报工作,2006(4)

[2] 陈力,韩红. 对提高文献传递满足率的一些思考——以中国科学院国家科学图书馆成都分馆文献传递服务为例. 现代情报,2008(6)

[3] 刘磊,朱锁玲. 网络环境下南京地区三大系统图书馆资源共享需求满足率及满意度研究. 大学图书馆学报,2009(1)

[4] 丁楠. 文献传递中申请未满足的原因分析及对策研究. 图书馆学研究,2011(8)

[5] 赵晓晔,李高虎. 基于虚拟联合目录的 BALIS“馆际互借”新型应用与实践. 现代图书情报技术,2009(Z1)

[6] 鲁玥,刘健. ITIL 在参考咨询工作流程优化中的应用分析. 图书馆杂志,2011(2)

[7] 鲁玥,梁智年. 关于馆际互借服务可持续发展的分析与建议. 图书馆工作与研究,2013(1)

[8] 张晓林. 从文献传递到知识传递:面向未来的模式转变?. 图书馆杂志,2010(2)

文献提供业务的 SWOT 分析
——以国家图书馆文献提供中心业务为例

刘婷婷　戴珮玉(国家图书馆)

1　国家图书馆文献提供中心业务现状

国家图书馆文献提供中心成立于 1997 年,凭借先进的互联网技术及 ALEPH500 等一系列现代化技术设备及文献传递系统,将传统咨询手段与先进的互联网技术有机结合,积极开展各种类型和载体的文献查询、广域检索、文献传递等工作。目前,文献提供中心的服务网络覆盖了国内各个地区,与 500 多家图书馆建立了业务联系,为国家重点教育科研生产单位、广大图书馆界及个人用户提供多层次、全方位的服务。

国家图书馆文献提供中心主要通过四种途径接受用户申请:电话、E-mail、馆际互借与文献传递系统及到馆委托。据统计,近十年的年均申请量约 32 000 件,满足率均在 85% 以上。文献提供中心在延续传统的文献提供业务的基础上,也在进一步寻求新的发展,逐步地实现合作、共享、创新等新思路。

2　基于国家图书馆文献提供中心业务的 SWOT 分析

2.1　SWOT 分析的概念

所谓 SWOT 分析,就是将与研究对象密切相关的各种主要内部优势、劣势和外部的机会和威胁等,通过调查列举出来,并依照矩阵形式排列,然后用系统分析的思想,把各种因素相互匹配起来加以分析,从中得出一系列相应的结论,而结论通常带有一定的决策性。SWOT 四个字母分别代表:优势(strengths)、劣势(weaknesses),机会(opportunities)、威胁(threats)。

通过对国家图书馆的文献传递业务进行 SWOT 分析,分清优势劣势、找准自身定位,从而对于业务的发展做出科学的决策。

2.2　优势

2.2.1　宏富的馆藏资源,是国家图书馆文献提供中心业务开展的保障

国家图书馆馆藏宏富。截至 2012 年年底,馆藏文献已达 3119 万册(件),居世界国家图书馆第五位。中文书刊报已达 1549 万册(件),外文书刊购藏于上世纪 20 年代,目前 123 种文字的外国文献资料约占馆藏的 40%,是国内最大的外文文献收藏馆。一直以来国家图书馆秉承着中文文献求全、外文文献求精的理念,同时重视国内非正式出版物的收藏。随着信

息载体的变化和电子网络服务的兴起，国家图书馆不仅收藏了丰富的缩微制品、音像制品，还拥有了大量数字资源，截至2012年年底，数字资源总量807.3TB，其中自建数字资源总量736.3TB，提供使用的中外文数据库达251个。

作为全球最大的中文文献保障基地及国内最大的外文文献查询中心，国家图书馆文献提供中心依托本馆丰富的馆藏资源，开展文献传递业务，极大程度满足用户申请的需求。如图1所示，近五年的用户申请需求来看，西文文献的申请量较多。外文文献购买难，价位高的特点，让很多图书馆望而却步，一些高校馆及科研馆会选择专业相关度高的外文图书购买。而国家图书馆的外文藏书极大程度满足了各图书馆及用户的需求，通过文献提供服务实现资源的共享。

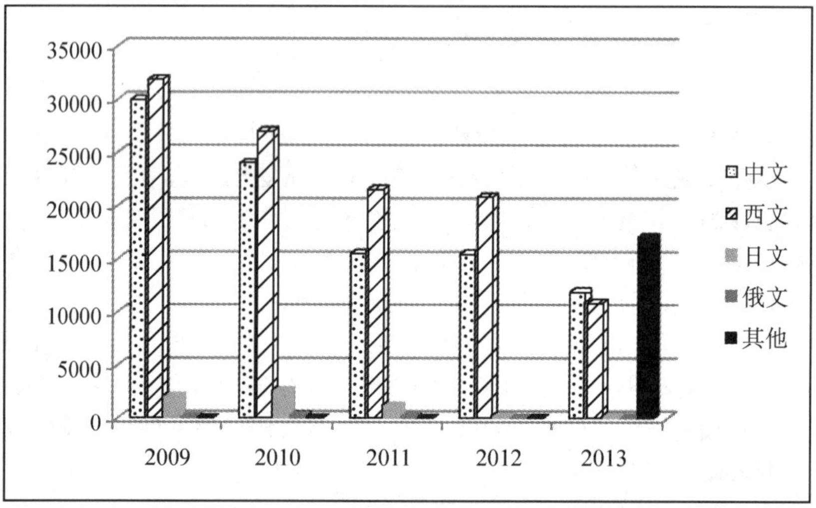

图1　2009—2013年国家图书馆馆际互借与文献传递系统不同文种图书申请量对比

2.2.2　馆际互借与文献提供系统是文献提供业务有力的支撑平台

2009年国家图书馆馆际互借与文献传递系统正式启用。这是从传统的委托形式向新业务形式的转变，逐步实现了更为高效、便捷的委托方式。

馆际互借与文献传递系统有以下特点：

（1）业务处理过程完全依托系统平台

当用户通过馆际互借与文献传递系统提交文献申请信息后，工作人员在后台接受并处理申请，之后将申请文献按用户委托方式寄送给用户，工作人员即可在后台进行费用结算，申请结束。

（2）电子文献的申请业务可直接通过系统平台发送

电子文献可通过系统以附件的形式直接上传到用户预留邮箱，用户登录后即可查收文件，不必另外使用其他方式接受文件，一方面使使用双方发送接收文件更加便利，另一方面可保存用户数据，建立用户数据库，进行用户分析以便提供更准确的服务

（3）付费方式省心省力

对于经常使用文献提供的科研机构、高等院校或个人用户可以将预付款一次性注入账户，申请处理完成后，工作人员直接在预付款中扣除申请费用，免去了用户多次付款的不便。

2012 年 11 月，国家图书馆文津搜索系统的上线，将文献提供业务引向了新的高度，新系统可以帮助读者更加方便、快捷地提交文献申请。用户通过国家图书馆文津搜索系统检索文献时，系统将显示文献所在馆藏信息。如果读者不希望到馆获取文献或者国家图书馆未收藏文献，读者可以选择文献传递服务，即可跳转到国家图书馆馆际互借与文献传递系统的申请界面，提交文献申请。工作人员将在国家图书馆馆际互借与文献传递系统的管理员界面实时收到申请。

2.2.3　按地域分工的工作方式提高了文献提供工作的效率

在集合了日申请量大、各地区申请分布不均衡等因素的基础上，文献提供中心对工作人员工作范畴进行了划分，分为一个中心、四个片区。一个中心是指文献提供中心，所有工作人员按照统一的服务规范、收费标准处理用户申请。四个片区分别为华北片区、华中片区、华东片区和国际互借。根据省级行政区内申请量的情况按省市均衡分配给工作人员，换句话说，每个工作人员负责的省市内的工作不会有交叉。这样的分工可以有效地避免申请的重复处理，对申请的处理过程、追踪反馈更有针对性。这一分工在馆际互借与文献传递系统内也有体现。每个片区的工作人员登录自己的账户只能看到本片区的申请。避免了系统内申请量过多导致的申请遗漏问题，也使得各片区的工作更容易协调和管理。

2.3　劣势

2.3.1　服务特性——过于依赖馆藏文献

依托文献进行服务的特点是一把双刃剑，一方面可以充分利用国图宏富的馆藏资源，另一方面一旦馆藏文献因各类情况无法调拨，文献提供业务将受到部分影响。

自 2011 年开始，国家图书馆南区因设施陈旧、设备老化、功能严重缺陷的原因，南区进行闭馆维修工作，大量的外文文献资源不能提供。表 1 可知，2011 年相较于 2010 年，系统请求件数下滑了 34%。三年维修改造期间，文献提供中心也尝试着探索新的路径。通过合作共享、外出宣传等方式，进一步改变被动局面，2013 年申请量逐渐回升。

表 1　2010—2013 年国家图书馆馆际互借与文献传递系统满足率

时间	系统请求件数	系统满足件数	满足率
2010 年	31408	28977	92%
2011 年	20759	18450	88%
2012 年	18497	15434	84%
2013 年	41496	33706	81.23%

2.3.2　宣传推广力度不够

如果说对于业界的同仁能够理解文献传递的含义，但是对于更多的人还知之甚少。2014 年 4—5 月 BALIS（北京地区高校图书馆文献资源保障体系）举办服务宣传周，我中心应邀与八所高校合办讲座。在与师生的沟通中发现，有很多的学生都不了解文献提供业务，更无从知道文献提供的服务流程。日常业务工作中，我们也发现对于文献提供服务社会的认知度不够，宣传力度不够。

2.4 机会

2.4.1 阅读市场潜力大，用户需求增长

目前，我国形成了以政府机构、各级各类图书馆为主、各种协会和民间组织、出版商、书店和传媒机构为辅的阅读推广格局，来共同完成对社会阅读的倡导功能。社会阅读的发展为构建知识型社会奠定了基础。人们广泛关注阅读、参与阅读，使阅读的形式多样化。过去以阅读效率的高低为标准。而随着网络的普及，生活节奏的加速，根据阅读的广泛性和深入性，又将阅读形式分为了深阅读和浅阅读。国家图书馆文献提供中心面对不同用户的需求，应该发挥自己的优势，深入了解用户的阅读兴趣，挖掘用户的兴趣点，引导用户进入浅阅读，也就是说在处理文献申请时，可以截取文献的片段传递给用户，用户读取部分内容后，了解兴趣所在，考虑是否继续申请原文或相关文献。因此浅阅读是深阅读的前奏，用户进入深阅读，促使读者能够找到更多书籍来阅读。激发用户的浅阅读，也是给文献提供的业务带来更大的发展前景。

2.4.2 当代科研人员对专业文献的需求和渴望

科研工作者在研究课题、研发项目时，需要收集大量的国内外文献信息供参考学习。这部分群体，对于文献的需求量大、专业度高。他们更注重获得文献，而不注重如何获得的过程。所以针对这部分群体，我们可以实现主动推送的理念。根据科研人员提供的关键词搜索文献，将大量的文献信息推送给科研人员。

2.5 威胁

2.5.1 多家文献提供机构并存产生竞争

目前，图书馆文献保障机构蓬勃发展。比较有规模的如：中国高等教育文献保障系统（China Academic Library & Information System，CALIS）、中国高校人文社会科学文献中心（China Academic Humanities and Social Sciences Library，CASHL）、国家科技图书文献中心（National Science and Technology library，NSTL），上海图书馆文献提供等。但是各机构的学科侧重点、服务人群有所不同。在多家文献提供机构并存的今天，已经形成了竞争趋势，如何在竞争中寻求发展，是我中心亟待解决的问题。

2.5.2 数字时代对中心文献提供服务的冲击

在网络环境下，数字化设施的装备情况和数字化、网络化服务水平，已经成为图书馆的核心能力之一，用户关注度高，期望值大。数字资源的开放权限扩大，使文献更易从互联网上直接获取，这无疑给中心的文献提供业务带来一定的压力。

3 基于SWOT分析之上的国家图书馆文献提供中心业务发展策略

3.1 提高工作人员的综合素质

随着数字时代的到来，文献提供业务日趋系统化，提高工作人员的整体素质也是重中之重。除了掌握图书馆专业的理论知识和技术，还应对外语知识、计算机网络知识有一定的技能。这些只是基础，对信息的敏感度、对文献的检索能力都是需要在日常的工作中逐步积

累,收集经验。为了更好地帮助员工强化意识,提高能力,应该阶段性的组织员工进行交流,分享各自在检索文献过程中的经验。定期进行专业培训,提高工作人员的整体的文化素养和专业知识水平。长期建立"师带徒"的制度,文献提供中心的一名老师带领一名或两名年轻人共同学习,提高知识技能。文献提供业务中工作人员是基础,只有提高工作人员的素养,发挥他们的专业技能,才能更好地完成业务。

3.2 建立网络联盟,实现资源共享

文献提供服务的网络联盟作为一种合作组织,是建立在文献提供服务机构之间。网络联盟的建立有助于实现知识共享、降低文献传递的交易成本、有利于资源合理分配。目前国内形成了几家文献传递的网络单位,都各具特色,虽然这些文献提供服务体系在图书馆业界都很成功,但也是局限于某一特定地域或系统之内。到目前为止,国内图书馆界还未建立起一个跨地域、跨系统的全国范围内的文献提供网络联盟。近年来,国家图书馆文献提供中心也在寻求着业界的合作,并先后与BALIS及CALIS合作,目的是通过建立系统的合作,可以更好地实现资源共建共享。

3.3 开展主动推送业务,宣传推广国家图书馆文献提供中心

传统的图书馆服务模式,是以被动地接受为主体。而今,主动推送服务模式也早已成为图书馆创新服务的一种标志。国家图书馆文献提供中心,也在积极主动地开展主动推送服务。让更多需要此项服务的用户群体、集团清晰的了解文献提供业务。2012年,文献提供中心开展走进校园、科研院所的"走出去"活动。针对高校师生、科研人员举办讲座,具体介绍如何使用国家图书馆的文津搜索系统检索文献,文献提供的业务范围,以及如何申请文献等。通过"走出去"的活动,使更多的群体了解业务,这些用户通过向文献提供中心申请国内外的论文、期刊文献以及专著等,从而更好地完成了学业论文、科研项目。

3.4 知识需求的增长带动文献提供业务的繁荣

"十二五"规划中着重强调了文化建设,建设和谐文化,充分发挥文化引导社会、教育人民、推动发展的功能。在社会的大环境下,人民的阅读意识逐渐增强,对知识的需求在增长。这无疑给文献提供业务带来了生机。国图的文献提供服务应抓住机会,努力拓宽业务范围,加大国家图书馆文献提供服务的宣传工作,增加文献提供业务的受众群体。在寻求知识、阅读时,文献提供中心是一个重要的获取信息、知识、文献的途径。尤其在西部地区、边远山区等地文献资源还不够完善的情况下,可以通过书信、电话、E-mAIL、传真等方式向国家图书馆文献提供中心申请文献资源。中心将会通过多途径满足申请,提供文献资源。

3.5 基于数字时代的文献提供创新理念

文献提供服务已不仅仅局限于被动地接受申请。随着数字资源开放口径的扩大,我们也正在开拓一条创新之路。二次文献是将大量分散无序的一次文献进行加工、提炼、组织并按照一定的逻辑顺序或科学体系加以编排起来的相关文献的集合。利用国家图书馆购买的大量中外文数据库,我们可以根据目标用户提出的关键词,在数据库中检索相关度高的文献,通过一些专业软件,进行二次文献的整合,推送给目标用户。这样更大程度地发挥文献

提供的潜能，寻求一条主动创新之路。

依托丰富的馆藏文献资源，利用先进的系统平台，建立专业的人才队伍，与业界图书馆合作实现资源共享，满足用户获取文献的需求，一直都是国家图书馆文献提供服务追求的目标。在已有的文献提供服务的基础上，创新服务理念，变被动接受申请为主动推送服务，是国家图书馆文献提供服务的重点。今后，国家图书馆文献提供中心充分依靠自身优势，牢牢抓住用户需求，将为不同用户群体提供全方位、多层次、多功能、更高质量的文献提供服务。

参考文献

[1] 马文筠.浅谈图书馆的文献提供业务.河南图书馆学刊,2008(4)
[2] 唐晶.合作共享发展.北京:国家图书馆出版社,2009
[3] 黄立东.浅阅读时代图书馆阅读服务工作创新.河北科技图苑,2012(5)
[4] 周和平.中国图书馆事业发展报告.北京:国家图书馆出版社,2012

BALIS 原文传递与百链文献搜索比较研究

伊　雷(北京化工大学图书馆)

原文传递是在网络环境下通过电子邮件为读者进行文献送达的一种服务,“是网络环境下高校图书馆资源共享最有效的方式之一”。目前北京各高校图书馆主要使用 CALIS(中国高等教育文献保障系统)、CASHL(中国高校人文社会科学文献中心)、BALIS(北京地区高校图书馆文献资源保障体系)及百链文献搜索等四大系统进行该项服务。BALIS 原文传递充分利用北京高校丰富馆藏资源和高校间便捷的网络环境,采用集中式门户平台和分布式服务结合的方式,自 2007 年 11 月正式启动以来发展迅速。为了更好地服务读者,BALIS 这两年的主要任务是资源整合,自 2013 年与 CALIS 进行融合之后,2014 年的工作重点则是与 CASHL 融合。统计数据表明,通过与 CALIS 融合,BALIS 的服务能力得到了极大提升,由 2012 年为北京高校读者发送文献 27632 篇上升到了 2013 年的 75061 篇。可以预见,如果 BALIS 能与 CASHL 融合成功,那么它在 2014 年有可能为读者传递论文逾 10 万篇。百链文献搜索(下文简称百链)是超星公司推出的服务平台,其服务特点在于对各类学术数据库资源进行了整合,能够同时搜索到电子图书、电子期刊、会议论文、学位论文等,并可以将搜索到的文献通过 E-mail 进行传递。在经过与 CALIS、CASHL 融合之后,BALIS 很有可能展开与百链的合作。那么 BALIS 与百链各自都有哪些比较优势?它们融合的契合点又在哪里?本文将就此展开讨论,希望为它们的未来合作提供些许建议。

1　BALIS 的核心竞争力

BALIS 的核心竞争力主要体现在四个方面。其一,是它的地缘优势。北京是全中国高校和科研院所最为密集的地区,是中国高等教育和科研发展的高地,集中着大量优质教育、科研资源。BALIS 的地缘优势和资源背景是它的最大优势。其二,是它的管理模式和服务方式。BALIS 原文传递采用集中管理、分散服务的模式。BALIS 原文传递以中国人民大学图书馆为中心馆,主要负责系统维护、费用结算、补贴发放等;各成员馆直接面向读者,负责用户注册、处理申请等。这样的管理和服务模式,既避免了管理上的混乱,又提高了服务的效率,运作起来非常顺畅。其三,是它共享一套原文传递系统。读者可以通过这一系统向任何一家成员馆直接提交文献传递申请单,共享北京 90 家高校图书馆的资源。第四,是它的补贴政策。由于有北京市教委和北京市图工委的大力支持,BALIS 原文传递一直享受着财政补贴。通过政府补贴,BALIS 服务实际上并没有向读者收费,这一政策也成了 BALIS 吸引读者的重要因素。

表 1　BALIS 原文传递 2008—2012 年服务统计

统计项 年度	读者注册（人）	读者使用（人）	系统请求（篇）	满足量（篇）	满足率（%）	完成时间（天）
2008	1880	675	2931	2032	71. 1	2. 81
2009	7871	2771	13092	9554	74. 41	1. 24
2010	7205	2918	19907	15085	76. 6	0. 84
2011	9304	7580	26581	20082	83. 7	1. 01
2012	11191	8463	41076	33845	82. 3	0. 61
总计	39645	22407	103587	80598	77. 8	1. 3

2　BALIS 存在的问题

BALIS 原文传递的主要问题表现为以下四个方面：第一，BALIS 各项服务整合不够。BALIS 原文传递和馆际互借业务相对独立，导致读者在使用过程中需要在不同的系统注册和提交请求。第二，缺少共建数据库。BALIS 缺少共建数据库，其原文传递服务主要依靠成员馆的资源，虽然节约了成本，却也影响了 BALIS 向纵深发展。第三，BALIS 联合目录建设滞后，BALIS 原文传递目前只好依托 CALIS 外文期刊网和中科院的全国期刊联合目录等进行检索。在使用过程中需要读者先在外文期刊网等数据库检索到所需信息，再回到 BALIS 系统填写申请单，整个过程没有实现无缝对接，影响了读者的使用效率。第四，运作成本居高不下。随着业务量的增加，BALIS 原文传递的总成本也是在不断增加中，从 2008 年到 2012 年 BALIS 原文传递一共花销 1621478. 83 元，其中成本补贴费和软件费占 67. 82%。平均算来，BALIS 原文传递每年需要花销 32 万元左右。

表 2　BALIS 原文传递 2008—2012 年各项费用统计

年度 统计项	成本补贴费	年终奖励费	组织活动费	数据费	软件费	合计(元)
2008	60895. 51	23300	37014	0	50000	171209. 51
2009	210563. 25	29200	47563	29538	50000	366865. 25
2010	191987. 27	28700	78731. 8	0	50000	349419. 07
2011	175000	70000	97000	0	50000	392000
2012	211307	70000	10678	0	50000	341985
总计	849753. 03	221200	270986. 8	29538	250000	1621478. 83

2008—2012 年 BALIS 原文传递共发送论文 80598 篇，平均每篇论文的成本为 20. 11 元。这 5 年间共有 22407 名读者使用，平均到每个人的成本是 72. 36 元。从平均成本来看，单篇论文的费用仍然较高。

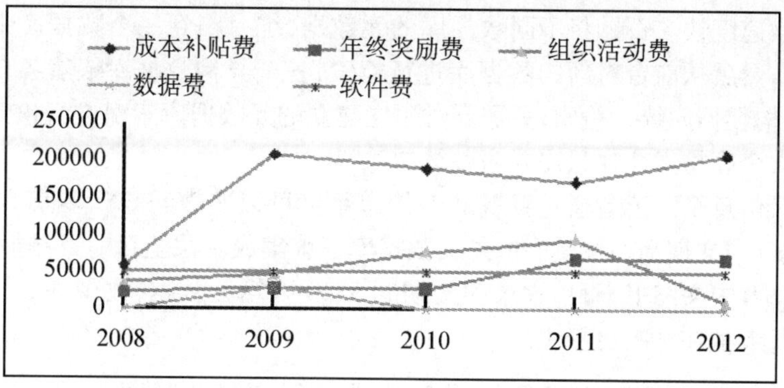

图 1　BALIS 原文传递 2008—2012 年各项费用变化趋势

在这些所有费用中,未来最有可能压缩的是年终奖励费和组织活动费。可是如果真的大幅度压缩这两项费用,势必多少会影响原文传递员的工作积极性。其中组织活动费可以继续压缩,把这部分节省下来的费用用于原文传递员的年终奖励或各成员馆的成本补贴。

3　百链的主要优势

百链的主要优势是文献检索、传递系统的简捷、方便。首先,在系统设计上,BALIS 一开始的设想是向读者收费,为了能够准确计算读者的使用、费用情况,从而增加了很多复杂的步骤。而百链一开始就选择了集团付费的策略(不针对单个读者,而是以整个图书馆为收费对象),从而避免了与每个读者进行费用核算的麻烦,因而在系统设计上可以省去很多环节,进而也能使系统轻装上阵。

其次,百链是基于云服务的无中介传递模式。读者登录一站式检索窗口进行文献检索及传递申请,无需注册和确认身份。读者登录百链一站式检索平台,直接查询、申请文献传递。这种方式极大地提高了服务读者的效率。同时,百链不但能够传递论文,还可以传递电子书(百链已将大量纸质学术书籍数字化),从而将原文传递与馆际互借业务有机地融合在一起。

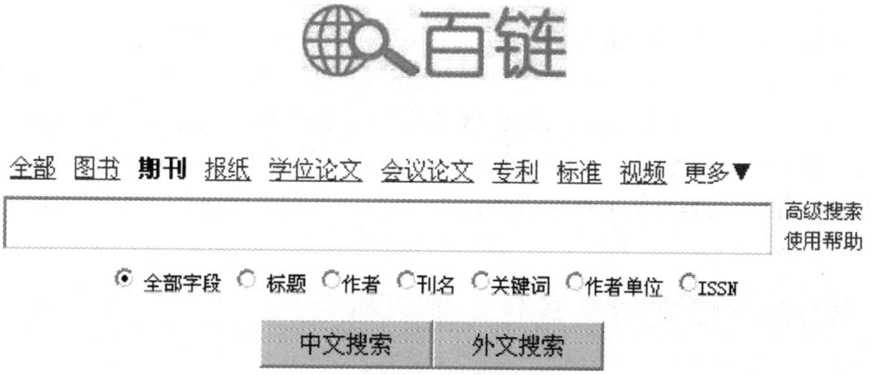

图 2　百链检索页面

再次，检索速度快。百链将不同数据库的元数据，统一归到一个数据库中，重新生成全文索引数据库，然后从前台对新的数据库进行检索，各个异构数据库依然各自保持独立性。这样实现的异构数据库统一检索，只需要对预先建立的元数据库索引进行检索，因此检索速度快，完成一次全库检索往往只需要毫秒级的时间。

最后，目录信息全。读者通过百链文献传递系统可以实现与600多家图书馆OPAC系统、电子书系统、中文期刊、外文期刊、外文数据库系统集成。截至目前百链拥有2.7亿条元数据，拥有310万中文图书书目，收录中文期刊5820万篇元数据，收录外文期刊8972万篇元数据，并且每天都在不断更新中。

表3　2013年北京化工大学通过百链传递文献篇数

1月	2月	3月	4月	5月	6月	7月	8月	9月	10月	11月	12月
402篇	143篇	558篇	564篇	585篇	386篇	477篇	238篇	402篇	350篇	385篇	516篇

此外，高效的文献传递服务也是百链的一个重要的优势所在。百链基本上囊括了数字资源整合的所有类型，充分体现了各种数字资源的强大功能。百链预先对元数据进行查重处理，保证了查询结果几乎没有重复，检索的结果可根据相关度、出版日期、学术价值等多种条件进行综合排序，有效提高用户的利用率。目前百链已整合了264个中外文资源，24小时内通过百链获取中文全文文献的满足率达到96%，外文全文文献的满足率达到81%。百链的文献传递很好地弥补了许多学校图书馆没有足够经费来购买数据库的劣势，从而提高图书馆学术资源的保障率。

4　百链的侵权风险

百链存在的主要问题是缺乏自有资源，有可能存在侵权风险。BALIS原文传递依托的是北京近90所高校图书馆，这些图书馆拥有丰富的自有资源，这是百链所做不到的。同时，百链将各个数据库购买者的数据资源通过超链接技术整合在一个平台中，读者通过关键词检索在该平台中实现跨库检索看到的是整合后的信息，然而信息的源头则是数据库购买者的数据资源。因此，有可能存在着侵犯著作权人的信息网络传播权问题。除此之外，百链的主要问题是为读者传递论文的时间长短不好掌控。尽管，对于一般性的论文，百链一般会在3天之内给予反馈，但也有很多读者在使用百链时反映，一周时间过去了也没有得到论文，这为许多读者所诟病。也就是说，百链的服务质量得不到保障。这可能跟百链缺乏专职文献传递员队伍有关。由此带来的深层问题是，百链缺乏与读者直接沟通机制，读者不知谁在为其服务，也不清楚具体什么时间会得到论文，一旦读者遇到问题时，也没有渠道进行反应。

5　BALIS和百链如何进行优势互补

百链的主要优势在于有一个便捷的传递系统和目录搜索系统，而BALIS原文传递的主要优势是自有文献资源丰富，同时还拥有一批长期专职从事原文传递的工作队伍。二者如果能够深入合作,将百链的传递系统和搜索系统内嵌于 BALIS 原文传递系统之内,首先对于百链来说,可以获取更多合法的文献资源,可以获得与 BALIS 成员馆深入合作的难得机会,可以利用更多专业的原文传递员队伍,更为重要的是可以极大地降低侵权风险;其次,对于 BALIS 来说,可以获得更为方便的目录搜索系统和文献传递系统。同时 BALIS 也可以考虑将自己的一部业务外包给百链。BALIS 平均传送每篇论文的成本为 20.11 元,如果百链能够做到每篇 10 元左右,或者更低,那么 BALIS 将一部分原文传递业务外包给它,势必可以大大地降低传递成本;再次,二者如果合作成功,在百链平台上整合各成员馆的文献,并提供馆际间的文献传递服务,既能克服 BALIS 的目录收录不全、覆盖范围不广、重复率高等问题,从而准确、快速、方便地定位文献馆藏地点,提高文献传递的满足率,又能促进各成员馆文献资源的共知,充分发挥各馆的服务能力,提升 BALIS 的整体服务水平。

BALIS 与百链合作的实质,就是要进行优势互补,从而实现提高原文传递服务效率和降低服务成本的目的。为此,百链可以考虑将自己的一部分业务免费向 BALIS 开放,以换取 BALIS 成员馆的文献资源,同时将 BALIS 的原文传递员纳入自己的服务系统,从而为占领中国的文献资源高地,为更好地服务全国市场奠定雄厚基础。目前,全球优质文献资源基本上被几个大的国外公司所垄断,定价权和话语权都基本上掌控在对方手中。如果中国本土培养不起来好的数据库商,将来我们在文献资源的使用上,就会花更多的成本。随着大数据时代的来临,文献资源的深度挖掘将越来越重要,仅仅依靠几所高校的力量已经远远不能满足市场的需要,未来一些民营的数据商将逐渐成长为文献资源深加工的主体。因此,BALIS 也应该有意识地扶持一些本土文献数据库商,从而为以后保持与他们的密切联系建立良好的基础。总的来说,BALIS 通过与百链等民营数据库商合作,不但可以解决自身问题,同时还为中国文献数据库商的成长提供更多机会。

参考文献

[1] 马铭锦. 百链对高校图书馆文献传递服务的影响及对策分析. 新世纪图书馆,2012(4)
[2] 伊雷. 对我国高校图书馆区域联盟发展的几点思考. 高校图书馆研究,2014(3)
[3] 伊雷,林海棠. BALIS 原文传递存在的主要问题及对策分析. 现代情报,2013(2)
[4] 汪永红,黄志武. BALIS 原文传递服务系统的可持续发展研究. 图书馆学研究,2014(2)
[5] 祁卓麟,李其圣. 百链与高校文献传递服务对比分析. 图书馆论坛,2013(1)
[6] 百链云图书馆简介. http://lib.gaau.edu.cn/sysjk/ShowArticle.asp. Article ID = 255
[7] 胡海东. 基于电子文献传递的知识产权保护探析——以百链为例. 决策与信息,2012(5)

新信息环境下 CASHL 馆际互借发展与对策

王晶晶　李爱华(北京大学图书馆)

数字时代的今天,数字资源逐渐被人们所接受,纸本文献逐渐淡出人们的视野,但馆际互借工作中纸本文献无可替代的作用仍无法撼动。新信息环境下随着高校图书馆文献资源建设的发展和重心的转移,高校师生获取所需的文献资源,特别是外文期刊文献资源越来越依靠 CASHL 便捷的服务。近年来,高校图书馆联盟逐渐发展起来,馆际互借业务也逐年增多,馆际互借进一步弥补了单一图书馆资源建设之不足。目前,高校图书馆联盟和共享组织的服务以期刊文献的共享为主,高校图书馆间馆际互借业务发展相对稳定。本文笔者将从 CASHL 馆际互借的发展现状入手,对 CASHL 馆际互借存在问题进行分析探讨,并对今后图书馆间馆际互借的发展予以展望。

1　CASHL 馆际互借服务概述

CASHL 正式推出馆际互借服务于 2010 年 7 月,CASHL 是国内第一个推出馆际互借服务的文献共享机构,CASHL 在全国高校中创造性地实现了"跨区域、多校际"的外文图书借阅服务,有效地弥补了当时高校图书馆间借书难的问题。馆际互借服务在推出短短的两个月间,就已经吸引了国内 44 家高校图书馆纷纷的加入。截至 2014 年 3 月,共有 92 家图书馆成为 CASHL 馆际互借服务的成员馆。

CASHL 馆际互借服务依托 CASHL 外文图书联合目录开展服务,该联合目录收录了国内 70 所文专院校和上海图书馆共计 140 万种人文社科外文图书,涵盖了人文社科的所有学科领域。但是,受系统和服务能力等多方面的限制,70 家文专院校并不是都可以提供馆际互借服务的。目前,可提供馆际互借服务的图书馆有 31 家(含上海图书馆)。CASHL 馆际互借服务是在 17 家 CASHL 中心馆的基础上,先后吸收了 13 家资源丰富,且具有相应的服务能力的高校图书馆,并与上海图书馆达成协议合作,从而形成 31 家 CASHL 馆际互借馆联合的服务体系。通过访问"开世览文"页面,CASHL 图书联合目录可供免费查询,CASHL 馆际互借成员馆的师生可以在同一时间内享有:5 本/人,40 本/校的 CASHL 图书借阅权限。图书中的部分章节复制则等同于文献传递业务,且不受数量限制。为方便读者利用,本人现把 31 家 CASHL 馆际互借服务馆详列如下,以便于今后需求者利用。

表1　31家 CASHL 馆际互借服务馆表

北京大学图书馆	北京师范大学图书馆	电子科技大学图书馆
东北师范大学图书馆	福州大学图书馆	复旦大学图书馆
广东外语外贸大学图书馆	广西大学图书馆	黑龙江大学图书馆
华东师范大学图书馆	华中科技大学图书馆	华中师范大学图书馆
吉林大学图书馆	暨南大学图书馆	兰州大学图书馆
辽宁大学图书馆	南京大学图书馆	南开大学图书馆
内蒙古大学图书馆	清华大学图书馆	厦门大学图书馆
山东大学图书馆	山西大学图书馆	四川大学图书馆
武汉大学图书馆	西北大学图书馆	西北师范大学图书馆
浙江大学图书馆	中国人民大学图书馆	中山大学图书馆
上海图书馆		

2　CASHL 馆际互借的发展现状

2.1　馆际互借的借阅数量逐年上升

早在2004年,CASHL就开始在17家中心馆之间试运行馆际互借服务,在试运行期间,CASHL平台和服务系统日益成熟起来,并逐渐具备大规模的服务能力。2010年,CASHL面向全国正式推出馆际互借服务业务。纵观四年的发展,馆际互借服务总体呈平稳上升的趋势,服务总量7368本/次。其中,返还式馆际互借申请3821笔,具体数量见下表。

表2　2010—2013年 CASHL 图书服务量一览表

年度	返还式图书服务量(本)	图书服务量(含部分章节传递)(笔)
2010年	237	955
2011年	698	1664
2012年	823	1492
2013年	2063	3277
合计	3821	7368

从图表中我们可以看出CASHL每年的度统计数据,也是CASHL评估年度统计,CASHL业务在逐年增加,服务数量每年都在增长,这说明CASHL馆际互借工作逐渐被人们所接受。

除此之外,借入馆和借出馆相对集中。CASHL馆际互借服务推出四年以来,图书借出馆多集中在北京、上海等地,这同人文社科研究集中在这里是分不开的。北京大学图书馆、复旦大学图书馆、华东师范大学图书馆收藏的资源丰富,专业图书收藏集中在这些大馆中。图书借入馆相对借出馆较为分散,但是也有相对集中和稳定的态势,且均为国内一流高校图书馆。借入馆和借出馆的稳定态势可以折射出高校图书馆的馆藏建设、服务水平及宣传推广等几个方面的能力。为方便同仁参考,以下为图书借入、借出馆情况。

表 3　CASHL 图书借入、借出馆表

年度	借入馆 top5	借出馆 top5
2010 年	厦门大学图书馆，浙江大学图书馆，四川大学图书馆，北京大学图书馆，武汉大学图书馆	北京大学图书馆，华东师范大学图书馆，复旦大学图书馆，武汉大学图书馆，北京师范大学图书馆
2011 年	厦门大学图书馆，四川大学图书馆，东北师范大学图书馆，云南大学图书馆，浙江大学图书馆	北京大学图书馆，复旦大学图书馆，华东师范大学图书馆，北京师范大学图书馆，南开大学图书馆
2012 年	兰州大学图书馆，武汉大学图书馆，云南大学图书馆，厦门大学图书馆，山东大学威海分校图书馆	北京大学图书馆，华东师范大学图书馆，武汉大学图书馆，南开大学图书馆，北京师范大学图书馆
2013 年	武汉大学图书馆，浙江大学图书馆，南开大学图书馆，中国人民大学图书馆，复旦大学图书馆	北京大学图书馆，复旦大学图书馆，武汉大学图书馆，厦门大学图书馆，清华大学图书馆

2.2　CASHL 馆际互借图书满足率分析

相对于 CASHL 文献传递 95% 以上的满足率，CASHL 图书因其服务的相对复杂，满足率相对较低，且呈现服务馆之间不均衡的状态。以北京大学为例，2013 年完成收到图书申请为 939 笔，完成申请为 746 笔，满足率为 82.25%；四川大学图书馆收到申请 47 笔，完成申请 42 笔，满足率为 93.33%。满足率的高低并不绝对反映图书服务能力强弱，但以下数据同样有参考作用。注：满足率计算公式：满足件数 /（请求总件数 - 取消件数）。

表 4　2011—2013 年 CASHL 图书满足率

单位名称	2010 年	2011 年	2012 年	2013 年
北京大学图书馆	88.85%	73.41%	84.47%	82.25%
复旦大学图书馆	86.46%	85.86%	72.22%	93.16%
武汉大学图书馆	67.21%	33.33%	90.66%	84.82%
吉林大学图书馆	62.50%	27.78%	66.67%	41.18%
中山大学图书馆	87.50%	61.90%	97.30%	90.91%
南京大学图书馆	70.97%	63.16%	40.00%	76.71%
四川大学图书馆	80.00%	76.19%	85.71%	93.33%
北京师范大学图书馆	41.38%	47.83%	30.61%	57.14%
东北师范大学图书馆	80.00%	100.00%	66.67%	85.71%
华东师范大学图书馆	69.57%	75.00%	82.86%	71.79%
兰州大学图书馆	100.00%	83.33%	33.33%	89.47%
南开大学图书馆	78.05%	80.00%	81.82%	78.57%

续表

单位名称	2010 年	2011 年	2012 年	2013 年
清华大学图书馆	62.50%	23.53%	64.58%	66.67%
山东大学图书馆	10.00%	28.57%	33.33%	38.46%
厦门大学图书馆	83.33%	65.52%	27.59%	75.27%
浙江大学图书馆	64.00%	85.71%	59.38%	26.83%
中国人民大学图书馆	77.27%	68.42%	81.82%	79.31%

馆际互借图书满足率的高低同服务馆的基础工作以及数据有极大的关系,数据准确,排架精准,相对来说满足率高。

3 CASHL 馆际互借存在的问题

3.1 CASHL 馆际互借成员馆发展比较慢

CASHL 馆际互借服务在带来快捷服务的同时,馆际互借成员馆发展比较慢。截至 2014 年 3 月,CASHL 拥有 768 家成员馆,其中,馆际互借成员馆只有 92 家。原因主要有以下三点:

首先,申请成为 CASHL 馆际互借成员馆有一定门槛,前提是该馆已经签署过 CASHL 文献传递协议,且具有一定使用 CASHL 文献传递服务的基础。对于 CASHL 文献传递使用量偏低甚至为 0 的成员馆,CASHL 管理中心会鼓励其先使用 CASHL 文献传递服务,暂缓为其开通馆际互借服务业务。

其次,CASHL 馆际互借服务需要借入馆和借出馆双方在 CASHL 馆际互借系统中进行操作,系统操作是一个环环相扣,紧密互动的复杂过程。对馆员的专业水平要求较高,很多成员馆没有专职的人员,且换人频繁,操作都成困难,故暂缓开通馆际互借服务业务。

最后,CASHL 图书多为外文原版书,且多为国内唯一收藏,价格昂贵,且丢失后补藏困难。CASHL 图书服务通过用户所在馆为中介,通知用户取书和催还均由用户所在馆工作人员负责,这要求借入馆有专人负责。一旦发生图书破损或丢失的情况下,能及时负担起相应的责任。有些馆没有专人从事此项工作,故暂缓对其开通馆际互借业务。

3.2 图书借阅的开放度不够

根据 CASHL 中心的规定,教师及博硕士研究生才可借阅 CASHL 馆际互借的图书,且单次最多可借阅 5 册图书,单馆同时最多可借阅 40 册图书。相比起上海图书馆对所有 CASHL 用户开放借阅权限,CASHL 是相对封闭的。

3.3 馆际互借图书的费用问题

目前,CASHL 图书服务为 40 元/本(含单程快递费),“畅读”优惠服务活动期间为 25 元/本(含单程快递费)。相对于上海图书馆 15—25 元(含往返运费),价格偏高。究其原因,主要是因为 CASHL 项目,目前只设文献传递服务的补贴,尚未设立图书专项补贴(该补贴的设立与否取决于教育部)。对于 CASHL 图书服务,40 元/本的费用也勉强持平。甚至有服务馆反映“倒贴钱”做 CASHL 馆际互借图书服务,所以图书费用问题是一个难题。

3.4 图书揭示有不到位的地方

对于用户和馆员而言,准确的图书目录和实时的在架状态是获取图书和提升图书满足率的关键。CASHL 图书联合目录的来源是 CALIS 联合目录,CALIS 的目录的准确度与否至关重要。由于 CALIS 联合目录对图书编目要求质量比较高,导致一部分小语种资源因编目不符合要求而不被收录。此外,在 CASHL 图书联合目录更新维护过程中,极少数错误数据也会导致馆藏揭示不准或错误,从而造成用户申请无法被提供服务。CASHL 联合目录不能实时揭示该书的在架状态,部分放置在院系的图书不能被提供等原因,也会导致图书有揭示不到位的地方。

3.5 宣传有不到位的地方

CASHL 图书服务以其专业性和独特性,对于国内人文社科科研人员是颇具吸引力的。但是,在对成员馆的宣传中,往往因其补贴力度不及 CASHL 文献传递力度大,且系统操作相对复杂,即便是已经加入 CASHL 馆际互借的成员馆,也不会被馆员所重视和宣传。所以,CASHL 宣传有不到位的地方。

4 CASHL 馆际互借的发展对策

4.1 提供 CASHL 馆际互借培训服务

借助 CASHL 培训,增强馆际互借成员馆相关工作人员的文献共享意识,提升其系统操作能力,为 CASHL 图书服务推广更多的用户奠定基础。CASHL 管理中心应当长期为高校图书馆员提供 CASHL 系统和相关业务培训,为图书馆培养更多有共享意识,且具有实际操作能力的馆员。

4.2 优化 CASHL 图书借阅服务流程,降低 CASHL 服务对象门槛

目前,CASHL 图书在系统中一个完整的操作流程需要图书馆馆员和用户双方共同完成 8 个操作。其操作流程的不可逆性,一旦一方操作错误,就会造成申请在系统中的滞留,并需要技术人员在后台进行处理。通过优化服务流程,减少系统操作步骤,赋予系统操作员更多修改权限,尽可能减少工作人员的系统工作,降低双方系统出错的机率。

4.3 推出更多针对 CASHL 图书的优惠服务活动

2013 年 4 月,CASHL 推出为期一个月的“畅读”活动。活动期间,面向全国 CASHL 用户提供馆际互借服务。该活动在一个月就收到 775 笔图书申请,接近上一年度全年申请量的一半。由此可见,加大宣传和补贴力度是唤起用户需求,提高申请量的重要手段。

随着 CASHL 馆际互借工作的深入,CASHL 的资源与服务将会日益丰富与完善起来,

CASHL 馆际互借服务工作也将会逐渐走向开放，CASHL 馆际互借工作将会有更美好的发展前景。在新信息环境下 CASHL 馆际互借工作将日臻完善，从而吸引更多、更广泛的人文社科领域的科研工作者和高校师生享受 CASHL 的服务，新信息环境下 CASHL 馆际互借服务工作的未来发展空间将更广阔。

参考文献

[1] 开世览文. [2010－09－30]. http://www. cashl. edu. cn/portal

[2] CASHL 馆际互借系统. [2013－09－30]. http://ill. cashl. edu. cn/main/index. asp

[3] 肖珑，关志英. 为人文社会科学研究提供可持续发展的信息资源共享服务. 图书情报工作，2008(5)

[4] 杨晓秋. 数字图书馆文献传递服务的著作权保护问题调查与分析. 图书馆学研究，2013(4)

[5] 蔡宏，李爱华. 提高 CASHL 文献传递请求量的方法探讨——以 CASHL 东北区域中心为例. 图书馆学研究，2013(18)

对馆际互借服务可持续发展策略的探讨

——以中国社会科学院图书馆为例

白　洁(中国社会科学院图书馆)

馆际互借是中国社会科学院图书馆资源建设的重要补充渠道之一,有效地提高图书馆的文献保障能力,解决读者获取我院图书馆缺藏文献的难题。与此同时,我们也面临着进一步挖掘潜在用户、健全文献保障机制等现实问题。

本文就中国社会科学院图书馆(以下简称社科院图书馆)近三年来馆际互借服务的现状进行综合分析并提出相应的建议,希望能够有效地推动馆际互借服务在我院图书馆的可持续发展,为我院哲学社会科学创新工程以及科研工作提供文献信息资源保障。

1　我院馆际互借服务的现状

我院图书馆于2010年开始馆际互借服务工作。目前,与我院图书馆有合作关系的只有国家图书馆一家。

1.1　与国家图书馆合作情况

社科院图书馆在2010年与国家图书馆签订了馆际互借协议。在协议中,社科院图书馆是用户馆;国家图书馆作为服务馆向社科院图书馆提供返还式的原书借阅服务。

我院(社科院图书馆)读者可以借阅国家图书馆基藏库的中外文图书,而且通过其国际馆际互借平台,可以进行国际馆际借阅。

1.2　馆际互借服务现状

为了让科研人员充分了解馆际互借服务,拓宽资源获取途径,我们作了精心的策划和筹备工作。具体做法是:

(1)印发宣传材料;把相关内容做成PPT;利用图书馆网站、科研楼电子显示屏、各所公告栏、群发电子邮件以及深入研究所进行现场演示培训等方式在院内做了全方位的宣传推广活动。

(2)我馆虽然没有设立馆际互借专职人员,但也安排了固定的人员专门负责这项工作,制定馆际互借规范;设计、优化工作流程;确保服务有条不紊地开展。

(3)为了鼓励读者使用馆际互借服务,从一开始馆里就补贴了借还文献所需的往返快递费,目前,我馆读者只需支付国家图书馆收取的6元馆际互借费。

(4)我馆没有与馆际互借服务配套的自动化系统。为了提高馆际互借效率,节省读者时间,我们尽可能简化整个借阅过程。虽然馆际互借是从外馆借书,但读者实际操作过程只是取书、还书 2 个步骤。与在本馆借书并无两样。

1.3 馆际互借使用情况

2011 年至 2013 年期间，我院读者一共提交了 161 个馆际互借申请，其中 3 个借阅申请本馆有馆藏，则实际馆际互借申请的数量为 158 个。在 158 个申请当中，完成了 131 个，未完成 27 个，满足率为 82.9%（详情见表 1）。

针对未完成的 27 个申请，笔者对其中的原因进行了统计分析，发现只有 1 个申请是国家图书馆馆藏目录中显示有收藏但却没能借到的，也就是说“书在架上却没有能够提供”。

还有一些未完成的申请是因为读者提供的信息有误——国家图书馆无馆藏，这样的申请应视为无效申请。此外，或由于装修不能提供或不在借阅范围内的情况，在系统中都有明确提示，也应视为无效申请（详情见表 2）。

综合上述统计分析，在 158 个申请中，有效申请是 132 个，实际完成了 131 个——实际满足率达到 99%。

统计分析还表明，研究人员的馆际互借请求多集中在对西文书的需求上，占全部请求的 86.1%（详情见表 3）。而对其他语种的需求相对较低，这恰恰与科研人员使用本馆文献资源的情况相反。有调查数据显示，我馆中文图书的利用率远高于外文书。

另外，从使用馆际互借服务的研究人员分布以及申请数量上看，文史哲学部无疑都是最多的。其中，申请数量最多、使用频率最高的是外国文学研究所，3 年间一共提交了 75 个馆际互借申请，占全部请求的 47%。

表 1　2011—2013 年馆际互借请求完成情况

年份	申请（个）	完成（个）	未完成（个）	满足率（%）
2011	52	46	6	88.5
2012	51	47	4	92.2
2013	55	38	17	69.1

表 2　2011—2013 年馆际互借未完成情况分析

原因	册数（共 30 册）
架上没找到	1
不在借阅范围	15
因装修无法提供	9
国图无馆藏	2
本馆有馆藏	3

表 3　2010—2012 年馆际互借请求语种册数比例

总册数	中文	西文	日文
158	18	136	4
百分比（%）	11.4	86.1	2.5

1.4 馆际互借存在的问题

(1)使用馆际互借服务的读者少

据2011年《中国社会科学院年鉴》统计,我院2010年在职专业人员3351人,其中研究人员2305人。从2010年推出馆际互借服务至今的三年时间里,全院共有来自18个单位的33名科研及科研辅助人员使用这项服务,相对我院3351名专业人员来说,只有不到1%的人用过该项服务。

(2)合作馆单一,文献保障率低

通过馆际互借有效申请的统计数据我们看到,从国家图书馆借书的满足率高达99%,但是整体的文献保障率却只有82.9%。这里的文献保障率是指实际完成的申请数量(131个)与馆际互借申请的总量(158个)的比率。

事实上,那些指明馆藏不在国家图书馆的申请,笔者在做统计时并没有把它们计算在内,如果加上这些请求,文献保障率要更低。

这主要是因为我馆的馆际互借合作馆单一,只与国家图书馆建立了馆际互借合作机制,由于我馆没有建立其他合作关系,读者提出的北大等高校图书馆的馆际互借请求因此得不到满足,我馆的文献保障能力受到了制约。

(3)文献信息资源揭示欠完善

直接影响或限制读者使用馆际互借服务的另一个因素是文献信息资源揭示不到位。

我馆与合作馆的馆藏信息不能在同一检索平台得到揭示,读者需要进入不同的系统进行检索,使文献查找过程变得繁琐——读者在我馆系统中检索不到想要的文献,就需要登录国家图书馆的网站进行再次检索。

2 开展馆际互借服务的必要性

2.1 文献信息资源保障体系建设的需要

专业图书馆的馆藏特点是精、专、深。随着学科体系创新、知识创新的不断深入,学科间的交叉与渗透越来越明显,科研人员对文献资源的需求愈加广泛,单纯依靠本馆的文献资源已经很难满足读者跨学科、跨领域的信息需求。通过馆际互借、文献传递、共建共享等方式加强与不同类型、不同区域图书馆之间的合作,则可以构建完善的文献资源保障体系。

2.2 用户需求是馆际互借发展的动力

有关专家通过研究分析“读者认识与使用馆际互借”的规律,认为读者使用馆际互借是一个由了解、认可、使用到再认识、再使用并使之成为必需的过程。

笔者在数据统计分析中也发现,凡是成功利用过馆际互借服务的读者,其反复使用这项服务的比例更高。外国文学研究所的一位读者在3年中申请了50余册文献,就是一个很典型的例证。

读者对文献的不断需求表明,馆际互借已成为其文献来源不可或缺的途径,读者对这项服务的需要与依赖,是馆际互借服务不断发展的动力。

我馆馆际互借发展的另一个动力,就是有待开发的、潜在的读者资源。有数据表明,使用过此项服务的读者还不及我院专业人员的1%,而第一次使用这项服务的读者大多表示以前并不知道有这项服务,由此可见,其余99%的科研人员都是馆际互借服务的潜在用户。我们可以通过宣传推广、策划实施优惠活动等形式挖掘潜在用户并以此提升馆际互借服务的品质。

3 馆际互借可持续发展的几点建议

3.1 持续宣传,有效推广

正如上面所提到的,我院在职专业人员有3351人,但截止到目前为止使用过馆际互借服务的只有33人,不到总人数的1%。

这种状况说明:①读者对馆际互借这项服务还不够了解。②我们宣传的力度和形式有待改进。③潜在读者空间极大,馆际互借服务前景广阔。

针对这种现状,我们一方面要通过宣传的持续性、有效性,强化读者利用馆际互借获取本馆缺藏文献的意识。比如,我们可以把重点宣传和日常宣传相结合,重点宣传或可以主题宣传活动的形式每年进行一次;日常宣传就是对到馆读者进行口头宣传或者是发放宣传材料,以此不断开发潜在用户,提高馆际互借服务利用率。另外,我们可以把使用这项服务多的研究所作为重点服务对象,加大对他们的宣传力度,挖掘更多的潜在用户。与此同时,我们还可以加大补贴力度,在重点宣传推广期间配合免费活动,尽可能吸引读者的注意力,让更多的人了解、使用并依靠这项服务。

3.2 推动馆际互借多元化、全方位发展

目前,我国馆际互借服务有三种合作模式:一是馆与馆合作,二是联盟内合作、三是联盟与馆合作。

我院馆际互借服务采用的是馆与馆的合作模式,而且,合作馆仅有国家图书馆一家。

形成这种现状的原因是多方面的:一是我馆这项服务起步晚,还处于摸索阶段;二是出于我院科研的需要——我馆文献资源不对外借阅;三是可以作为用户馆和国家图书馆签协议。

尽管有大学图书馆、图书馆联盟希望和我馆建立馆际互借合作机制,但考虑到我们的文献不外借,使得这项服务一直没有形成与多馆合作、与图书馆联盟合作的局面。本馆用户的文献满足率也因此受到影响。

同为专业图书馆,中国科学院国家科学图书馆就与北京大学图书馆、上海图书馆、中国地质图书馆等全国14家公共图书馆、大学图书馆、专业图书馆建立了合作机制,可以给北京地区中科院所属研究所用户提供14家图书馆的代借服务,即北京地区中科院系统的用户可以在这14家图书馆之间得到无障碍的借阅服务。

显然,只有加强馆际间的合作,才能有效地提高读者的满足率,提升图书馆的服务质量,并且使馆藏资源得到最大限度的利用。

随着我院创新工程的不断推进,我院领导给图书馆的建设与发展制定了明确的方向:一

方面要压缩纸本和空间,另一方面要建立一流的信息资源。外部资源共享的大环境和内部资源建设的需要为我院馆际互借服务的发展提供了契机。

为此,我们应该积极拓展文献获取的渠道,与不同类型的图书馆建立横向协作关系,推动馆际互借服务向多元化、全方位发展,为我院学科体系创新、知识创新提供强有力的文献信息资源保障。

3.3 建立长效补贴机制

馆际互借服务是提高文献信息资源保障的有效途径,建立馆际互借长效补贴机制有利于推进这项服务的持续发展,可以为读者提供稳定的文献来源,确保科研工作的顺利进行。

事实证明,经费问题是阻碍读者使用图书馆有偿服务的重要因素。所以不同的图书馆、不同的机构有不同的补贴政策。

中国高校人文社会科学文献中心(CASHL)是以常年50%补贴和定期100%补贴的形式提供人文社科类文献的保障。

清华大学采取的是固定补贴政策,针对不同类型的文献固定收费价格,超出固定价格部分由图书馆补贴,总体补贴力度控制在70%左右。

此外,补贴的力度决定馆际互借利用率的高低。我们以CALIS为例,当CALIS与上海图书馆合作之初对其成员馆实行100%的补贴时,当月业务量为1809册;当补贴比例恢复到50%时,业务量为月均262册,月均业务量下滑85%。可见补贴政策对馆际互借业务影响之大。

我院图书馆为了推动馆际互借业务的发展、鼓励研究人员积极使用这项服务,从一开始就给读者提供补贴,补贴力度达到68%。

可见我馆对馆际互借的补贴程度和清华大学的做法不相上下,但是如果用户申请国际馆际互借,比如,从国外借1本书,全部费用要四五百元,图书馆如果只承担快递费用,则补贴程度就显得微乎其微了。

因此,我馆应该根据经费情况适度增加国际借阅的补贴力度,健全文献保障的机制。另外,我馆不妨借鉴清华大学的做法,利用图书馆资源建设经费作为馆际互借补贴的费用来源,建立馆际互借长效补贴机制,以便推动馆际互借服务健康持续的发展。

综上所述,馆际互借虽然是图书馆的传统服务项目,却是现代图书馆建设文献信息资源保障体系中的重要环节,关乎图书馆的文献保障能力和馆员服务能力。当今图书馆的建设与发展既是实力的体现,也是策略的体现——我们不能做到完全拥有资源,但是可以做到充分获取资源,搭建文献信息资源获取的平台,让用户的需求得到满足,推动馆际互借可持续发展,为我院创新工程提供文献信息资源保障。

参考文献

[1] 范洁.中美图书馆馆际互借比较研究.图书馆理论与实践,2002(2)

[2] 孙维莲,罗利玲.我国馆际互借国际业务现状解析及发展模式探讨.图书馆,2012(6)

[3] 杨坚红.CALIS CASHL NSTL 系统文献传递服务比较.情报科学,2009(1)

[4] 范广兵,盛春蕾.研究所图书馆文献信息资源保障体系构建.现代情报,2008(5)

[5] 杨晓秋. 馆际互借与文献传递服务用户认识与实践的发展规律研究. 图书馆学研究,2007(9)
[6] http://www. las. ac. cn/zhinan/fwzd_4. html
[7] 孙维莲,杨毅. 馆际互借补贴研究与实践. 图书情报工作,2012(11)
[8] 鲁玥,梁智年. 关于馆际互借服务可持续发展的分析与建议. 图书馆工作与研究,2013(1)

图书馆传统与数字化文献提供比较研究

陈　晖(浙江图书馆)

图书馆文献提供是基于"知悉、获取信息"、基本人权的公益事业。文献提供服务(DDS),"通常是指图书馆向其最终用户提供文献的一个完整过程,包括明确地表述和发出请求以及对文献的物理和电子通过过程的管理",是图书馆服务中的重要组成部分。本文将文献提供按内容分为两种形式,即传统文献提供,以及数字化文献提供。

1　读者认知比较

1.1　传统图书馆的形象深入人心

调查显示100%的读者认识到图书馆中的纸质书籍借阅,90%的读者认识到图书馆自修服务,86%的读者认识到图书馆数字化文献服务。在调查中发现,67%的读者更加喜欢纸质图书的传统借阅方式。在数字化文献认知方面,网络图书馆的认知率达到89%,使用率为32%。馆际互借的认知率为12%,使用率为0%。

1.2　数字化文献传递服务亟须完善

读者遇见无法借阅的书籍时,有80%的读者更愿意通过数字化文献传递服务来获得图书馆服务。在调查中,数字化文献的满意度较低,为23%。部分读者由于路程问题、时间成本等原因更乐于尝试数字化文献传递服务,这些读者拥有一定的文化素养,一般在25到50岁之间,部分老年读者也逐渐认可数字化文献传递服务的方式。

1.3　图书馆数字化文献传递服务管理不成熟

数字化文献传递服务面临诸多挑战。首先,科技利用率不高。其次,数字化文献传递服务当中的版权问题以及读者责任问题等方面没有严格明确的管理,在读者办理读者证时有涉及版权保护的说明,但在实际借阅中并没有相关的提示。最后,国外较为成熟的管理方式还有颇多值得借鉴的部分。

2　实际效用比较

2.1　传统文献提供实际借阅人数大于数字化文献提供

根据浙江图书馆的相关数据分析,纸质媒介的借书量远大于数字化文献提供。现有的文献外借册次 2012 年为 1319086，外借册次 1306684，文献查阅 61163 人次，74260 册次。APABI 访问人次 50982，借阅册次 223。外购数据库本馆局域网点击量 13118，自建数据库点击量 26461，浙江网络图书馆下载电子图书 607269 册，文献传递 202323 篇。

2.2 数字化文献提供地位需要不断提高

在现有的读者文献服务中，对于传统文献提供更为重视。2011 年从浙江网络图书馆下载的电子图书增长率为 170%，文献传递的增长率为 32.8%，2012 年从浙江网络图书馆下载的电子图书增长率为 179%，文献传递的增长率为 60%，网络部分的文献提供使用程度不断增加，并且这个幅度在不断加大。

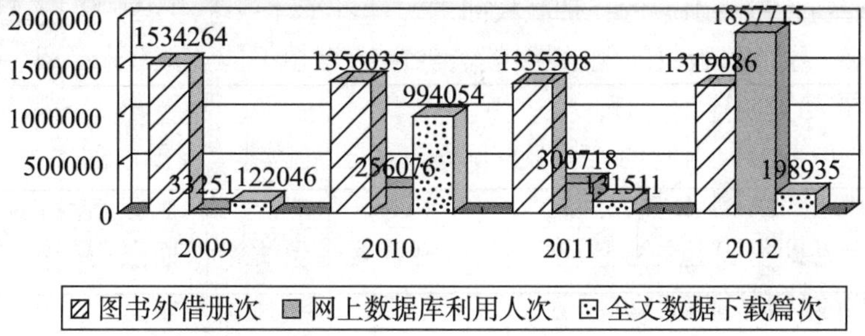

图 1　浙江图书馆传统文献借阅与数字化文献提供对比数据(2009—2012)

2.3 数字化文献提供内容集中

从浙江图书馆的网络数据使用情况中，69% 的读者使用数字化文献中的电子期刊，而具有和传统文献提供较为相似的电子图书下载和文献传递所占比例较小。数字化文献提供当中数据库下载量达到 5558078 篇，利用人次量远超过其他内容。这部分文献的使用人群集中，基本为大学生以及科研人员。传统文献传递当中，I(小说)大类占 33.17%，非专业性书籍所占比例较大。从目的上来看数字化文献提供也较为单一。

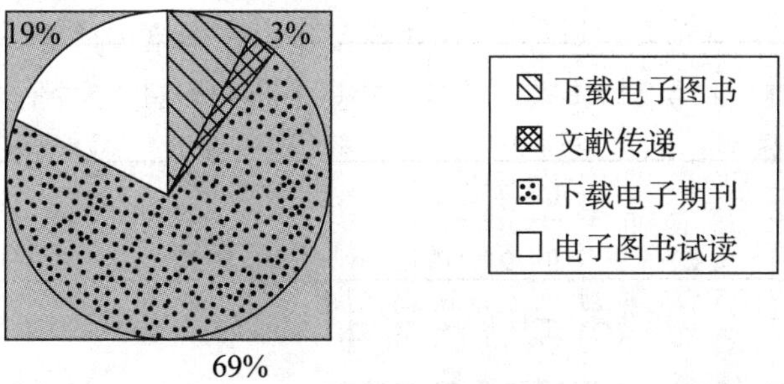

图 2　2012 年浙江图书馆网络图书馆利用情况

3　知识产权管理比较

3.1　传统文献提供中的版权问题

(1)文献采访中获得版权不当文献的问题。在文献收集的过程当中,由于各种原因收录了无版权、版权有瑕疵的文献导致的相关版权问题。

(2)文献编辑中侵犯版权遇到的问题。图书馆在文献汇编、展览的过程中出现的侵犯,汇编图书、海报等出现的侵权问题,以及由于馆藏损坏等原因制作的影印馆藏等都可能涉及版权问题。

(3)文献使用者侵权引起的连带版权问题。读者个体或者组织在使用馆藏文献时不合理地转让或发布,导致的版权问题,以及读者的散播等都可能造成侵权行为,图书馆在这类服务中可能附有相关的连带责任。

(4)文献供应商侵权引起的连带版权问题。由于文献供应商没有切实完善版权问题,而间接导致图书馆的文献涉及侵权问题。

(5)其他利益纠纷引起的版权问题,包括由于署名发生错误而引起的纠纷,擅自篡改或者部分省略等导致的其他版权问题。

3.2　传统文献提供版权问题现有管理策略

(1)各方主体的版权意识不断提升;

(2)图书馆版权相关法律法规较为成熟;

(3)重视图书馆版权维护的告知。

3.3　数字化文献提供中的版权问题

(1)读者过量下载。单位时间内超过阅读速度的大量文献下载所带来的文献传播风险。使用软件工具大批量下载资源。

(2)图书馆超越使用权限提供服务。将合理取得的文献提供给营利性机构牟取利益,私自将大量文献提供给商业机构,非法将文献进行复制以及网络传播等。

(3)图书馆采访阶段侵犯相关版权。在自建数字资源时,图书馆存在收录未经授权作品的问题,未进入共有领域作品可能侵犯网络传播权,在汇编时的可能侵犯汇编权以及版式设计权等。

(4)图书馆数字化文献提供中的复制可能涉及作品复制权。读者在阅读过程中的复制、拍照、格式转化等多种行为可能涉及作品复制权。

3.4　数字化文献提供版权问题现有管理策略

(1)法律不断完善。数字化版权越来越受到重视,相关的法律法规也在日益完善,涉及图书馆数字化文献提供版权问题的相关法律有国务院令(第468号)等。

(2)学者研究不断深入,寻找到多种可行方案。2000年以后,关于数字化文献提供版权问题的研究日益受到关注,相关的研究也不断加深,李烨根据对国际图联和美国图书馆协会相关研究提出实施版权集体管理制度。

(3)相关科技发展,交叉学科为图书馆发展带来生机。不断进步的防火墙等网络防护体系,信息加密技术,安装监控系统等网络技术给予图书馆数字化文献提供版权问题的解决带来技术突破,数字资源本身容易复制、传播的弊端,可以从源头得到克服。

4 结论以及展望

4.1 重视数字化文献提供的实践

从井喷式的数字化文献提供需求来看,数字化文献提供将会成为图书馆重要的一种知识服务方式,从理论研究的角度,更多的学者已经认识到了趋势以及面临的挑战,所收获的理论研究颇有成果,但是在切实实践中,缺少保护和维护版权的有效措施。

4.2 关注数字化文献提供的合作

数字化文献提供拥有更加便捷的合作可能,馆际互借等方式需要加强数字化以及合作化。单一图书馆无法独立完善数字化文献提供,需要在政策的领导,以及各领袖图书馆的组织领导,协同完善数字化文献提供的版权维护以及提供更加优质的文献服务。

4.3 普及数字化文献提供的教育

数字化文献提供的获得难度要高于一般的传统方式,想要读者能够更好的取得数字化文献,还需要读者掌握相关的知识以及能力,除了对读者取得数字化文献的教育以外,还要重视对读者数字化文献提供的版权问题的教育,相关的文件需要在借阅以及下载前签署承诺书。重视对大众关于版权以及数字化的相关宣传。对于图书馆员等工作人员也需要进行相关教育。

4.4 提升数字化文献提供的技术

现代科技在图书馆工作中可以得到充分的利用,不少的文献保护的新技术可以在保护版权的前提下带给读者更多的知识,使得多方利益最大化。技术的获取和自身技术的提升是现代中国图书馆需要改进的地方之一。

4.5 注重数字化文献提供的创新

国外的数字化文献提供的一些案例在实际借鉴中要充分考虑中国的国情以及读者的现实情况,在形式以及方法上可以不断创新取得更加优质的服务效果。在数字化文献提供过程中要重视体验以取得更好的效果。

参考文献

[1] 李烨. 近十五年来国际图联和美国图书馆协会关于数字环境下版权问题声明的研究. 厦门:福建师范大学,2008

[2] 钟永恒,陈传夫. 欧洲数字图书馆的版权解决方案研究. 数字图书馆技术论坛,2007(12)

[3] 秦珂. 试论图书馆藏版权评价的几个问题. 数字图书馆技术论坛,2005(8)
[4] 汪琼,陈伟. 数字图书馆的版权保护新问题 . 图书馆界,2003(5)
[5] 周雪霏. 数字图书馆对传统版权的挑战及应对 . 杭州:浙江大学,2011
[6] 姚荔. 数字图书馆建设中的版权问题初探 . 现代情报,2006(10)
[7] 秦珂. 图书馆版权危机和版权危机管理 . 图书馆学理论研究,2010(1)
[8] 吕淑萍等. 图书馆数字资源版权管理实践与案例. 北京:国家图书馆出版社,2013
[9] 王小会. 数字图书馆与版权保护. 北京:国家图书馆出版社,2008
[10] 浙江图书馆业务统计年报 2009 年、2010 年、2011 年、2012 年

网络环境下图书馆原文传递服务发展分析

赵　越(浙江图书馆)

科技的迅猛发展使信息量剧增,人们对知识的需求也越来越多样化。随着网络技术在图书馆的使用,读者选择图书馆不再只限于借阅自己喜欢的书籍期刊报纸,越来越多的读者通过图书馆的文献传递服务得到自己很难找到或者需要付费才能获取的资料。图书馆的原文传递通常是指读者通过网络图书馆或参考咨询网站免费获得中外文期刊、会议论文、图书章节等文献传递服务。只要是图书馆的持证读者就可以在网络图书馆提交申请,由专门负责文献传递的工作人员通过查找本馆资源和中外文数据库、网络搜索等多种途径,找到读者所需资源并回传到读者提供的邮箱。原文传递弥补了单个图书馆馆藏资源的不足,是网络环境下图书馆满足读者信息需求,提高图书馆服务效率的有效手段。

1　网络环境下原文传递的现状

网络的发展极大地丰富了图书馆的资源,同时网络环境下读者对图书馆文献传递服务的需求也在不断变化。文献传递也从早期的收费、手续繁琐、回复时间长,到现在的免费及时,越来越多的图书馆都开展了原文传递服务,读者能够获得不同地区、不同类型的图书馆相互提供的文献资源。但时代变迁,读者需求的多样化使得原文传递这一没有服务门槛,且方便免费的服务也有自己成长的烦恼。

1.1　各级图书馆读者对原文传递服务的利用不均衡

以浙江网络图书馆为例,全省共有 32 个市县区图书馆的持证读者加入浙江网络图书馆,以下是 2014 年 4 月和 5 月提交原文传递中文期刊申请的前十名。

表 1　浙江网络图书馆 2014 年 4—5 月申请中文期刊

	4 月		5 月	
1	嘉兴市图书馆	3099	嘉兴市图书馆	2453
2	浙江图书馆	1669	浙江图书馆	1621
3	嘉兴张元济图书馆	627	宁波市图书馆	659
4	宁波市图书馆	610	杭州图书馆	510
5	杭州图书馆	571	嘉兴桐乡图书馆	505
6	温州市图书馆	469	嘉兴张元济图书馆	431

续表

	4月		5月	
7	德清县图书馆	276	温州市图书馆	407
8	绍兴图书馆	168	嘉兴嘉善图书馆	189
9	舟山市图书馆	133	绍兴图书馆	123
10	台州仙居县图书馆	112	长兴县图书馆	108

从上表中可以看出，提交的文献传递申请数量上，市级图书馆申请量远远多于县级图书馆，这与其图书馆所在城市的人口，经济发展有很大关系。浙江图书馆作为省馆馆藏资源丰富，能满足该馆持证读者的大部分需求，杭州图书馆因与浙江图书馆在同一城市，受地域所限，其持证读者文献申请量略低。从这个表中也可以看出来自嘉兴地区的读者对原文传递的申请量普遍靠前，笔者了解到嘉兴图书馆一直积极在馆内外宣传图书馆的文献服务工作；去机关、学校、社区开展各种读者培训。由此可见，除了地域、人口、经济发展等因素，积极的宣传推广也是提高原文传递服务使用率的重要手段。

1.2 移动互联网时代文献传递申请量在下降

网络的发展使人们通过搜索引擎能更容易地从海量的信息中获取资源，各种文库、网盘通过共享、分享使得每个人都可能成为一个微型图书馆或数据库，也有像宁波这样的城市政府购买数据库向全市居民开放。受此影响文献传递申请和传递量却在降低，国内外相关研究表明，近年来全球范围内的文献传递机构其文献传递量均呈明显的下降趋势，绝大多数服务于学术研究的大型文献传递机构的文献传递量每年下降10%以上。《中国移动互联网发展报告(2014)》显示，截至2014年1月，我国移动互联网用户总数达8.38亿户，手机网民规模达5亿，占总网民数的八成多。当自己轻点鼠标，动动手指就能让想要的资料到达自己的桌面，图书馆的文献服务就不再是获取信息的必然选择。

1.3 公众对原文传递使用率不高

笔者在几次馆外图书馆工作推介中了解到，非图书馆读者几乎没有人知道图书馆有原文传递这个服务，大都知道可以借书、看报纸杂志，这些图书馆常规服务项目。在到馆的持证读者中知道有原文传递这个服务的也只是很少一部分。使用原文传递的读者很多是曾在高校毕业论文写作，或者学术研究时需要查阅各种资料用到原文传递，已经熟悉这个服务，而更多其他群体的公众却不了解不知道图书馆有免费的原文传递服务。当被问到知道图书馆有这个服务，你会去使用么？大部分人都说会去使用，由此可见，扩大公众对原文传递的了解，是促使更多的人使用原文传递服务的一个必要前提。

2 影响图书馆原文传递效率的因素

读者利用图书馆的原文传递系统时最希望的是：及时获得自己想要的资源，同时读者希望信息的提交比较方便。另一方面，图书馆原文传递人员要经过复杂的处理过程，查询国内外的资源，通过网络平台回复传递，这些处理流程都需要时间和成本。总结和分析图书馆原文传递的现状结合实际工作，笔者认为影响原文传递服务的有下面几个因素。

2.1 馆藏资源和购买数据库资源有限

在各种不同的数据库类型中，综合数据库的使用率高于专业数据库的使用率，中文数据库的使用率高于外文数据库的使用率，其中中文综合数据库的使用率最高。目前各个图书馆都建有自己的各种特色数据库，同时也会购买如万方、中国知网、维普等电子期刊、论文数据库和一些专业的数据库，但是由于资金和使用率等方面的原因，大部分购买的是常用的子库和热门学科，如此一些外文期刊、博硕论文、中外标准等文献申请的及时满足率就相对较低。

2.2 申请提供的文献信息出处不准确

读者提交的申请信息标记数据来源不准确，这也是影响文献传递服务的一种情况。读者登录网络图书馆找到所需资源，点击邮箱获取，工作人员在服务平台能够看到所需资源的信息，包括数据来源。但由于系统信息匹配错误，比如一篇显示数据来源是万方数据库，工作人员按提示到万方数据库中查找，万方中却显示没有收入，由于信息提示错误，很多时候不能顺利找到资源，只能退回任务，由其他馆的人员继续查找，这种情况必然影响读者得到回复的时间。

2.3 传递平台网络故障服务超时

良好的网络环境是原文传递服务正常运行的根本保证，所有的资源查找也都要通过畅通的网络来实现。网站无法登录、数据库故障无法访问、文献资源无法下载、服务连接超时、链接跳转错误等都是在原文传递工作中常常遇到的情况。因此馆内网络连接是否顺畅、数据库能否正常运行，这些看似无关紧要的小事却是影响原文传递效率的重要因素，图书馆应尽可能建设安全、稳定、方便、快捷的网络。

3 提高公共图书馆原文传递服务的策略

文献传递作为一种直接、有效的资源共享手段已经在图书馆得到高度重视和应用，但目前原文传递业务量的增加速度却不尽如人意。笔者认为提高原文传递服务使用率、满足率可以从以下几个方面来努力。

3.1 加强图书馆间资源的共建共享

资源是文献传递的根本，因此各级图书馆在充实本地资源的同时，更应该加大图书馆之间共享资源的建设。资源共享不但可以减少数据库的重复采购，降低资源的采购成本和维护成本，也可以缓解参考源短缺，满足所在地读者对文献资源的需求，从而提高原文传递满足率。广东省立中山图书馆研发的“广东省文献资源共建共享协作网”作为我国第一个跨系统的文献资源共享技术平台，是区域图书馆资源共建的成功范例，各地区图书馆可以借鉴其经验,建立适合本地图书馆的资源共享平台,从而更好地开展原文传递服务。

3.2 扩大对原文传递服务的宣传

图书馆提供原文传递服务已经是常态,但了解并使用这一服务的读者只是一小部分,因此图书馆可以通过各种方式宣传文献传递。比如在图书馆的主页介绍原文传递、举办讲座、发放传单、提供咨询或读者需求调查等方式让更多的读者了解原文传递服务,使之在需要的时候能顺利使用原文传递。智能手机的普及也使得微博、微信成为更快捷有效的传播工具,在图书馆的微博、微信等公众平台上可以不定期向公众推广介绍原文传递服务,以期让更多有需要的读者了解并使用这一服务。

3.3 提高原文传递工作人员的素质

在网络环境下负责原文传递的工作人员收集、处理、传递信息的能力很大程度地影响着图书馆的原文传递服务质量和效率。负责原文传递的工作人员不仅要熟悉本馆资源、外部资源、会利用网络资源,还应熟练使用数据库的各种检索工具和检索技巧,具备对参考文献出处正误的判断,也要有一定的纠错能力。要关注相关领域的发展动态,不断更新知识,开阔视野。同时经常对原文传递工作人员进行业务培训以增强文献传递人员的责任心,不断改进工作方式,以良好的工作状态服务读者。

3.4 提高传递平台的稳定性

原文传递能够及时顺达,不仅需要图书馆自身网络建设完备,数据库运行通畅,同时也需要文献申请、回复处理服务的系统平台能够运行良好。无论读者的文献传递申请还是图书馆工作人员找到资源之后的回复都是基于这个服务平台,查询、处理、统计等功能的实现需要强大的服务器支撑,数据丢失、无法统计等都会给原文传递工作带来一定的影响,因此网络系统的稳定是保证原文传递服务顺利进行的基础。

网络技术的发展使图书馆文献传递工作更加有效和快捷。作为信息资源共享的主要形式之一,原文传递服务有效地弥补了馆藏资源的不足,及时地满足了读者的多样化信息需求。图书馆应更新观念,重视原文传递服务在馆内的发展,同时加强图书馆间的合作与交流,创新服务理念,提高工作效率,利用先进技术,搭建更方便易用的文献传递服务系统,使越来越多的读者从原文传递服务中受益。

参考文献

[1] 张志武.高校图书馆原文传递服务辅助管理系统的设计与实现.图书馆学刊,2012(10)
[2] 伊雷,林海棠.BALIS 原文传递存在的主要问题及对策分析.现代情报,2012(2)
[3] 邹晓蕾.网络环境下高校图书馆文献传递服务发展对策.江西图书馆学刊,2012(2)
[4] 蓝青.广东省立中山图书馆联合参考咨询网的发展对策.科技情报开发与经济,2007(3)

国图文献提供之路的探索与探索文献提供之路

王喜民(国家图书馆)

国家图书馆文献提供中心的文献传递服务是随着当代信息技术的不断进步,从馆际互借业务发展而来的,但它又是优于馆际互借的一种服务。文献信息量的激增,文献价格的大幅度上涨,用户文献需求的不断变化和增加,是引入文献传递服务的自然起因;而图书馆馆藏的变化、服务理念的改变以及现代信息技术的提升则推动了文献传递服务的发展。实践证明:文献传递服务在馆藏资源建设、满足用户需求、提供高效和经济的信息服务方面发挥着不可替代的作用,它已经从图书馆的次要服务逐渐发展成为主流信息服务。但是,文献传递的满足率主要取决于馆藏资源的多少,由于各国的情况相同,任何一家图情机构的文献收藏量都不可能做到大而全,各国的图情机构在文献的积累中,逐渐形成了各自的馆藏特色。如国家图书馆的特色是以收藏中文文献丰富而闻名,但外文文献的馆藏与英美等国比较起来还相差甚远,鉴于国图自身外文文献馆藏的局限,国图文献提供中心在处理读者的申请时,为了尽可能满足科研读者对外文文献的需求,需要不断地与国内、国外的图书情报机构进行业务往来,其中协作较为密切的图书情报机构有:大英图书馆文献提供中心(BLDSC)、美国联机计算机图书馆中心(OCLC)、德国的文献服务系统(SUBITO)、加拿大科学技术资料中心(CISTI)、国家科技图书文献中心(NSTL)和中国高等教育文献保障体系(CALIS)等,在与上述图情机构的协作、交流中,或多或少弥补了国图外文文献馆藏的不足,促进了国图文献传递服务的发展。可以说:国图文献提供中心发展到今天,是与国内外这些图情机构的大力协作分不开的。

1 借鉴他山之石用以攻玉

文献传递服务在国外的发展始于上个世纪的中期,而在我国的正式开展则是上世纪90年代中期以后的事情。1997年,国家图书馆文献提供中心正式开始成立。成立前,我馆业务处了解到大英图书馆文献提供中心(BLDSC)的业务发展态势突出,曾专门派人到英国进行业务考察采访,详细了解对方文献提供中心的业务流程、收费标准及版权保护方面的措施。在考察中,了解到BLDSC提供的服务分为几种形式:一般的复制服务、支付版权税的复制服务、租借服务、快件服务、文献导航服务等,对于用户的文献申请,BLDSC一般采取普通服务和急件服务,普通服务一般在接到申请48小时之内会得到回复,急件服务则在收到申请的当日就会得到答复。

大英图书馆文献提供中心是以集中制为主,系统流程简单,线路清晰,便于很好地组织、控制和协调,能及时、准确、大量地获取有关文献需求的信息,建立健全的检索系统,形成快速、畅通的文献传递通道。它有比较完善的网上联合目录库和文献库,检索途径多,检索方便快捷,文献传递方式、用户付款方式多样化,并且有很好的电子商务系统支持,而且收费较为合理。一般来说,价格因服务的类型、需求的迫切性和传递的方式不同而不同,对订购多本文献的用户实行优惠或免费发送。

另外,BLDSC 历来都非常重视文献版权的保护问题,起初它们只是关注纸质文献的版权保护,随着信息技术的不断发展,电子媒介易于传播的特点日益凸显出来。为了使文献传递中的版权得到更有效的保护,BLDSC 不断寻找既能高效传递文献,又能有效保护版权的新途径。其中一款叫做 SED(Secure Electronic Delivery)的网上文献传递方式受到 BLDSC 的采用。SED 传递的文件是加密的 PDF 格式文件,发送到用户邮箱的不是文件本身,而是被传递文件的超链接,用户收到通知后,点击超链接后就能对文献进行阅读和打印。SED 传送的文件在服务器上有一定的保存周期,过期作废;同时使用 SED 方式获得的文献均需支付版权费。SED 传送方式除了处理速度快,处理能力高以外,较好地解决了电子媒介由于容易扩散而带来的版权问题。

国家图书馆的文献提供方式也是以集中式为主,这与大英图书馆的文献提供方式正相吻合,因此,大英图书馆文献提供中心在发展中积累的经验,对国图文献提供中心极具参考价值,它为国图文献提供中心的业务走向定下了最初的基调。

国家图书馆作为国家总书库,履行着对内对外的图书文献收藏和保护的职责。截止到 2012 年年底,国家图书馆馆藏实体资源总计为:31195121 册(件)。截止到今年 6 月底,国图数字资源总量达到 830TB(1TB 相当于 25 万册电子图书或 926 小时的视频节目),发布量达到 610TB,占数字资源总量的 73%。国图除了收藏大量中外文图书、期刊、报纸、缩微胶片等一般文献外,还收藏有相当数量的非常具有特色的文献资源。

依托国家总书库这个巨大而丰富的资源,国图文献提供中心经过十多年的努力,由成立之初的几名员工,单纯的馆际互借服务模式,逐渐发展成拥有 20 多名员工,集文献传递、定题服务、馆际互借、国际互借(包括文献传递)于一体的多项服务模式,提供的文献涉及中外文图书、期刊、报纸、报告、专利、硕博论文、中、外文期刊电子文献、民国期刊、海外中国学、缩微胶片(包括大量从国外机构采购来的胶片)、外国政府出版物和联合国资料等多种文献,文献提供满足率可达到 80% 以上。

2 国图文献提供中心与国家科技图书文献中心的合作

众所周知,文献传递服务是一项有偿服务,而在有偿服务中,收费的多少决定了读者对文献需求的承受力。大英图书馆文献提供中心等国外图情机构,虽然馆藏资源丰富,但它的收费之高也令国内一般读者难以接受,当很多读者了解到:国图文献提供中心向国外机构申请非返还型文献(文献复制)服务的费用,每篇文献收取人民币 150 元,返还型文献(图书借进)的服务费用一般每册 480 元(根据重量的不同,有的甚至达到每册 800 元),便都主动放弃了原来的想法,把寻求文献的目光重新转回了国内。为了尽量避免读者在获取外文文献过程中的费用超支,国图文献提供中心想读者所想,很早就积极关注国内有哪些收藏外文文献丰富的单位,并以注册用户的身份,及早同国内外文科技文献资源最为丰富的国家科技图书文献中心(NSTL)开始了业务联系。

国家科技图书文献中心(NSTL)是由科技部牵头,经国务院批复,由中国科学院图书馆、工程技术图书馆(中国科技信息研究所、机械工业信息研究所、冶金工业信息所、中国化工信息所)、中国农业科学院图书馆、中国医学科学院图书馆,共同组成的一个覆盖理、工、农、医四个领域的虚拟科技信息资源服务机构,通过网络向用户提供科技文献资源检索和全文提供服务。NSTL采取的是面向注册用户的有偿服务模式,只收取复印费和文献传递费用。

NSTL所采用的是介于典型的集中式和分布式文献传递模式之间的一种中间模式,不是完全依靠一家图书馆的文献资源提供服务,而是联合了八家单位的资源,形成了一个“虚拟的图书馆”,对外作为一个整体提供文献服务。NSTL组成了完备的科技文献信息资源体系,占中央级信息机构总量的80%,覆盖了理工农医等自然科学和工程技术各领域。NSTL的资源建设以构建数字时代的国家科技文献信息资源战略保障体系为目标,在充实完善纸本资源的基础保障的同时,特别加强了外文期刊网络版回溯数据库的建设,根据我国科技文献存在严重历史断层的情况和全国读者的需求,从2008年开始,先后引进了Springor、OUP、IOP、Turpion、Nature五个回溯数据库,使国家数字时代文献资源保障体系进一步得到完善。截止到2009年年底,NSTL外文印本文献资源订购总量超过2.5万余种,是1997年前成员单位订购文献总量不足4000种时的6.8倍,已成为面向全国的外文印本文献资源最为丰富的国家保障基地。2009年,NSTL经费支持的各种全文数据库的全文下载总量达到2702.92万篇。

NSTL采用统一的收费标准,在服务开展的初期以0.2元/页的低价吸引了大量读者,随即经过两次价格调整,目前的收费标准是0.5元/页,加急费10元,邮寄费则根据具体情况单算。

正是看中了NSTL丰富的外文文献馆藏和相对合理的收费标准,国图文献提供中心在为读者提供文献服务时,总是习惯把NSTL的文献资源作为首选目标,这大大减少了中间环节的费用成本,减轻了读者的收费压力,同时也提升了读者申请的满足率。当然,仅靠NSTL一家图情机构的馆藏是无法满足众多科研读者需求的,除了向NSTL提交文献申请以外,国图文献提供中心还通过登录CALIS(中国高等教育文献保障体系)的目录检索系统,向高校系统中的北大图书馆、清华图书馆等外文文献收藏丰富的单位提交文献申请,以求更多地满足读者的文献申请。

3 国图馆际互借与文献传递系统的开发使用

2008年2月始,国图调整了文献复制以及原文传递的费用,优化了服务模式,统一了收费标准,并增加了提供主动的文献信息推送服务。文献提供中心还借鉴大英图书馆文献提供中心的成功经验,加强了文献提供的标准化管理,制定了《文献提供服务规范》,加大了资源投入,理顺了业务流程,规范了操作程序。但国图文献提供中心一直苦于没有自己的文献传递系统,服务工作始终处于一种半手工、半自动化的状态,这种状态阻碍了国图文献提供中心的进一步发展。为了改变这种落后的工作状态,国图业务部门在对国内图情机构文献传递系统进行细致的调研后,最终选中了CALIS的馆际互借和文献传递系统。

CALIS 通过开发联机合作编目系统、联机公共检索系统、馆际互借和文献传递系统等，形成了较为完整的 CALIS 文献信息资源服务网络。在馆际互借与文献传递纵向协作网中，成员馆可通过馆际互借与文献传递应用系统进行网上联合目录查询，网上提交文献申请，并可实时查询处理情况。通过信息资源共建、共知、共享，使本系统内文献资源的获取实现了最大化，基本满足了高校系统中师生的文献需求。该系统的文献服务功能主要是文献传递和馆际互借。

2010 年，国家图书馆在参考 CALIS 文献传递系统的经验后，根据国家图书馆业务上的一些特殊性，对 CALIS 馆际互借和文献传递的系统功能进行了必要的修改，开发出了国家图书馆文献传递和馆际互借系统。只要是国图文献提供中心的长期用户，通过登录该系统，填写文献申请单，就会得到相关的目录查询、参考咨询、原文传递、馆际互借、用户管理、财务管理等一站式服务。国内普通用户的文献申请可以直接通过读者网关进行提交。国图文献传递系统依托着实力雄厚的文献加工部门，确保用户能够高质量、快速地获取申请的文献。国图文献传递和馆际互借系统的投入使用，极大地改观了以前那种半手工、半自动化的服务方式。这个综合性的文献提供系统，实现了对馆际互借和文献传递业务管理的自动化处理，能够准确、有效地控制用户资金入、出的状况，及时为管理人员和读者提供查询统计信息，并可自动生成各种报表，快速为相关管理提供决策依据。它从根本上扭转了多年以来的信息不畅、操作重复、工作效率过低、手工操作误差频出、账目及用户管理中难以规范化的弊端，为网络环境下高效迅捷的文献传递服务提供了更加广阔的发展空间。

4 对进一步开拓国图文献传递工作的思考

通过对国图文献传递中心发展历程的梳理，可以看到当代信息技术的进步对文献传递工作的发展起了至关重要的作用。为了进一步拓展国图文献传递业务，除了继续加强本系统职工的业务培训以外，笔者认为还需对以下几个方面进行改进。

4.1 制定合理的价格，摆脱创收的干扰

目前国图文献提供中心的收费依然被纳入国家图书馆的创收范围，要制定新的、非营利性的、鼓励读者使用的文献传递收费标准，必须解除创收的制约。新的收费标准应该是低于目前的收费标准，即使是在没有国家或馆方专门补贴的情况下，国图文献提供中心也是可以消化掉部分成本，达到降低收费，进出平衡的。另外，扩大与国外及港台图书馆的文献提供互惠服务，积极发掘利用网络免费资源，也会促进成本的降低。

4.2 利用各种途径扩大对国际互借的认知度

国家图书馆文献提供中心经过多年的发展，与国外许多图书馆和文献提供机构有了长期的联系，并配有专门的工作人员，其服务已得到部分读者和同行的认可。但国内的读者和图书馆界对我馆的国际互借服务还缺少认知，无法从我馆的服务中获益。针对这种状况，我馆的工作人员应在日常的工作中，主动向读者介绍文献提供中心的国际互借服务。并根据国际互借的特点，积极与高校和科研院所联络、宣传我馆的国际互借服务，还可以利用各种

会议和活动扩大宣传。

4.3 全方位建立海外文献提供网络

为了更好地高效、低价满足读者的文献需求，我们应该拓展与国外更多的文献传递组织建立互惠的服务关系。例如与世界上的国家图书馆建立正式的、畅通的文献提供关系，在这方面，可以借助我馆与这些图书馆官方交往的时机进行接洽。除此以外，还应注意发现国外一些互惠性文献提供组织，并根据情况与其建立关系，或主动建立区域性的文献提供联合体。

4.4 加强文献传递系统对文献提供工作的支持

目前，国内的文献传递系统对国外申请文献提供的支持还很有限，大多是面向国内读者完成向国外机构申请文献的提交与确认，这同国外实现了集成化和智能化的文献传递系统相比，还存在一定的差距。文献传递系统功能对于扩大国际互借服务范围、提高国际互借效率起着关键的作用。在完善文献传递系统的功能方面，应该借鉴 BLDSC 和 OCLC 所采用的功能强大的文献传递系统，促进文献传递系统实现集成化、智能化的服务，使文献传递系统不仅能够自动执行文献检索、申请提交、服务跟踪、申请回复、服务付费等一体化的工作流程，还能够进行数据分析和统计，从不同侧面揭示馆藏资源，提示管理人员及时了解业务发展的趋势，为图书馆文献资源的建设、管理者的决策提供一定的依据。

4.5 关注文献传递中的版权保护问题

国内对版权保护缺乏有效的技术手段，在开展文献传递的过程中，对文献传递的内容、形式、数量、比例和版权的收费方面的规定既不清晰，也不明确。另外对申请者在版权方面的约束力非常薄弱，少有向国外发达国家图书馆那样通过采用一些新技术手段来进行有效的约束。我们必须利用先进的信息安全、图像处理以及数据传输手段，从服务申请、文献传递方式、文献资源获取方式、文献的复制和传播等方面进行技术上的约束，有效地克服获取文献资源后可能带来的版权问题。

参考文献

[1] 张燕. BLDSC 对我国馆际互借工作的几点启示. 图书馆杂志，2002(12)
[2] 冯京桉. 刍议信息环境下国内外国际互借服务发展. 新世纪图书馆，2011(3)
[3] 李军凯. 从 CASHL 和 NSTL 看我国文献传递服务的模式和发展趋势. 大学图书馆学报，2004(6)
[4] http://www. nstl. gov. cn
[5] 李军凯. CALIS 馆际互借与文献传递网的现状与发展. 图书馆杂志，2005(10)
[6] 马文筠. 国家图书馆馆际互借与文献传递系统概述. 公共图书馆，2010(8)

新时期国家图书馆文献提供发展的几点思考

王广生　梁智年(国家图书馆)

1　新时期的文献提供

这是一个日新月异的时代,新技术和新事物不断涌现,由此带来的问题也接踵而至。正如会议主旨报告人之一的南开大学的柯平教授在题为《变化中的图书馆:新环境与新动向》的发言中所指出的那样,面对不断变化的外部世界,当今的图书情报界也深陷其中。因此,在这样形势下,及时了解国外图书馆文献提供机构的现状及动态,对于更加深刻地把握我国文献提供现状和发展,无疑具有重要意义。

1.1　总体特征

世界范围来看,随着外部环境日新月异的变化,文献提供业务也发生了一些变化,在新的时期,出现一种崭新的面貌和状态。

就其外部环境而言,随着网络与信息技术的飞速发展与普及,读者尤其是新时代的研究者对于内容丰富、开放获取的网络资源的依赖日渐养成,美国的 OCLC、加拿大的 CISTI、法国的 NSTI 及德国的 SUBITO 等基于网络和数字技术以及联盟合作的体制得到了长足的发展,汤姆森、清华同方等信息开发商也早已出现并仍在积极开拓信息产业市场;在这样大的环境下,文献提供内部机制也发生了相应的变化:从藏书建设到信息资源的建构和组织,从关注系统和流程到更多地关注知识和文献信息的发现、筛选与组织,从文献篇目的传递到学科专业馆员的参考咨询服务。从被动接受文献申请到与读者互动交流、主动地提供信息咨询和知识传播的服务。

1.2　新时期国外文献提供现状

1.2.1　大英文献提供中心

大英图书馆文献提供中心是英国文献提供业务的核心,在世界图书馆情报界具有行业标杆性的地位。但是,在 ILDS2009 年会议上,《馆际互借与文献传递期刊》(Interlending & Document Supply)的主编 Mike MoGrath 报告指出:英国文献提供中心文献提供的高峰期是在 2001 年左右,每年受理大约有 400 万件申请,目前的文献传递业务量则比 2000 年下降了 60%,已经回落到 1990 年之前的水平。

大英文献提供中心的这种变化并非个例,近年来,由于网络可免费获取的开放式资源不断增多;数字期刊的出版、回溯期刊数据库的开发、开放期刊和数据知识库的不断壮大等因素,国外文献提供业务量的下降已成为一种普遍性的现象,这也是国外文献提供发展的一个新的特点。

1.2.2　日本国立国会馆的文献提供服务

与英国集中式的文献提供模式类似，日本图书馆信息资源共享也是在政府和协会的主导下展开的，走的是一条高度组织化、制度化和有序推进的发展道路。以日本国立国会馆的馆际互借与文献传递服务为例，它在新时期，虽然也显现了信息时代的共有特征，但也还有其个性化的一面。

例如，依据日本国立国会图书馆的馆际互借规则，要求关系馆须本着"就近借取、将其视为最后申请地"的原则，开展馆际互借业务；其文献传递，则与参考咨询业务明确区分，要求读者明确所需文献信息，传递以纸本复制、邮局邮寄为主，基本不进行电子文本的网络传递服务。

这种"规范严格、方式狭窄"特点的出现，是与其国情和馆情相符合的：在日本政府和协会的主导下，创建了全国范围的跨领域联合检索平台，出版业和图书馆事业发达且发展相对均衡；此外，国立国会图书馆已经通过现代网络技术和国家馆的地位，将自身和全国各级各类馆藏资源进行了很好的整合和揭示，开发多个专题数据库，大多已经可以开放获取和免费浏览。

1.2.3　SUBITO 系统

如果说大英文献提供和日本的文献提供业务，是当今业界集中模式的代表，SUBITO 则可以说代表了另外一种类型，它主要依靠图书馆多层面的联盟与合作体系，形成一个"虚拟的图书馆"，对外则作为一个整体提供文献服务。

SUBITO 拥有专用的文献传递服务系统，它集文献检索、文献请求以及与其他图书馆的联系于一体，用户可通过全国性的期刊联合目录和参考数据库，检索其成员馆的期刊和图书，并向来自德国所有联邦州和奥地利的 4200 家图书馆提交申请，从而获得所需文献，同时，该系统也支持在线借阅图书。

近年来 SUBITO 发展迅速，逐渐由一个地区性的文献联盟发展为国际性的组织机构，这也与其具有以下的特点有关：①多层次性（地区、国家和国际三个层次完整的合作体系）；②开放性（地区性图书馆联盟不严格区分图书馆类型、规模和地域，只要愿意都可加入图书馆联盟）；③共享内容丰富、形式多样（共享内容包括馆藏书刊、编目资源、藏书目录、电子期刊和系统软硬件等，采取的共享形式有馆际互借、联合编目、公共目录、联盟采购、论文传递、网络门户和系统支持）。

另外，德国的一些协会和政府机构积极参与图书馆联盟的建立和运作，对该事业的发展起了非常大的推动作用。这一点也不可忽视。

1.3　我国文献提供发展的现状

对于我国目前文献提供的现状和特征，业内人士已多有论说：统一的资源共享有效机制的缺乏，版权意识的整体缺失，市场意识与社会性公益性的冲突、多方利益格局的博弈、缺乏统一的评估体系等，但受制于篇幅，此处不再一一赘述。本文认为以上表述的特征不在一个层面，难以一起论说，且特征内部又存在着不同的逻辑关联，从深层次来看，缺乏政府主导和统一联盟机制和用户的分层，是特征的主要表征，这也是我国文献提供呈现出其他特点的深层原因，所以，以下我们主要从这两个方面加以分析。

1.3.1　整体上缺乏政府主导和统一协调机制

由于采购经费和馆藏物理空间的限制，尤其在网络数字化时代，图书馆将相应停止扩建传统馆藏，对此，没有谁能够置身其外。所以，资源共享与多元联盟的合作，将是未来图书馆的必然趋势。

但无论与大英或日本集中式的文献提供模式相比，还是与德国的SUBITO相比，我国文献提供的现状，明显呈现出以下特点。集中表现在以下三点：①国内图书情报资源，缺乏政府的主导和参与，尚无全国性的统筹与规划；②缺乏统一的联盟与合作机制，难以实践资源共享；③尚未形成一个全国性的跨行业、跨系统的，一站式联合检索和服务平台。

这就使得我国文献提供"整体发展不平衡、资源重复建设、缺少协调和评价"的状况难以从根本上得以改变。这也造成了众所周知的弊端，其中最重要的就是文献传递中的资源浪费。如CALIS中包含广泛的人文社科文献，与CASHL有重复；NSTL与CSDL中科技文献有交叉重复。各个系统都努力丰富自身资源以拓展用户群体，但从国家范围看，资源重复建设无疑造成了文献传递发展中极大的资源浪费。

1.3.2　国内文献提供资源分配不合理

除了国家图书馆文献提供中心之外，国内最重要的资源保障体系和文献提供机构是NSTL、CALIS、CASHL，它们作为高校科研体制内的资源保障和文献提供机构，对社会公众服务尚未深入开展，主要用户限定在了高校科研体系之内，其管理的中心，无一例外地都设置在了作为经济文化中心的北京，其服务对象也集中在了北京等一线城市的用户身上，其业务的推进，也主要围绕北京等国内大都市的用户而展开。

由此，通过分析国家图书馆文献提供中心的用户统计数据以及其他几家文献提供机构的用户定位和服务现状，让我们看到了当下我国文献提供用户和服务分层的现实：以高校和科研为服务对象的保障中心和服务体系基本建成，而以广大社会大众为服务对象的保障机构和服务体系还未成型；教育系统内的图书情报资源丰富，而公共图书馆系统发展滞后。东部和北京等大都市文献提供服务发达，而中西部地区的图书馆情报资源就相对落后和贫乏。因此，不仅要求我们面对部分"研究型用户"和政府用户，为其提供深度信息服务乃至知识服务；而且还要求我们面向社会大众日益增长的文化和精神需求，为其提供"学习、修养和情报咨询"等为目的的多元文献提供服务。

这也说明我国的馆际互借与文献传递服务的辐射范围，还不够宽广，辐射层面还不够完整，辐射强度还不够均衡。今后，站在国家的立场，结合国家文化战略，如何挖掘和满足社会的需求，提升自身服务的层次，建立多元合作的资源共建体系，最终促进社会经济文化发展，成为了今后图书馆人必须面对的课题。

2　对于国家图书馆文献提供发展的几点思考

2.1　国家图书馆文献提供服务的特点

国家图书馆的定位与智能，决定了我们面向的不仅是"用户"，更是社会大众与图书情报界，我们不仅致力于满足包括党政机关在内的社会的文献、信息和知识的需求，也关注国内图书情报界的现实需要和发展问题的解决，尤其是提升和扩大对于各级公共图书馆文献服务的支持，并积极与国内高校科研的资源保障系统开拓合作与共享的机制与实践。

同时，我们还应站在国内外图书情报界信息交流、全球资源共享的立场上，积极推进外文书刊和电子资源的采购及其提供，通过开展国际互借业务、与 OCLC 的合作等途径，在促进国图书目信息海外传播，满足国外用户需求的同时，更加着力于满足国内读者对于国外文献资源的资料需求和咨询服务。

2.2 未来发展的几个方向

2.2.1 提升服务层次，融合参考咨询

新时期参考咨询与文献提供的相互融合是必然趋势。通过主动推送服务，文献提供与专业化、学科化服务及情报服务实现有机结合，改变以往单纯被动接受请求的局面，由确定文献的单方需求向融入参考咨询特质的服务转型，由实体的文献提供向信息提供与知识传播的深化服务发展，从而突出提供个性化图书馆文献信息服务。

2.2.2 服务社会大众，促进文化繁荣

十七届六中全会吹响了文化大发展的号角，作为面向社会、服务大众的文化事业重要组成部分的各级图书馆，尤其是国家图书馆应该承担起相应的历史责任，引领各级公共图书馆，提升和扩大服务的水平与范围，让全社会都可以平等享用社会经济文化发展成果。国图将继续探索建立以区域保障为基础的各级各类图书馆文献资源与服务共享机制。

2.2.3 加强全国联合编目中心的作用，实现文献信息资源的共建共享

建立全国范围内图书馆系统的文献编目合作机制，通过整合各级各类图书馆书目数据资源、人力资源和馆藏资源，以国家图书馆为中心，实现信息资源共建共享；目前我馆正在全国范围部署 ALEPH 联合编目系统，并以此为基础推动联合服务，构建图书馆的“联合舰队”。

2.2.4 建立多元分层合作体系，推进全国文献保障联盟

国家图书馆立足与现有的区域及行业文献资源共享联盟建立多元分层的合作体系，不断深化服务。并不遗余力地推动国内几大资源保障和文献提供服务机构的“资源共建，合作共享”，推进全国文献保障联盟。

3 国家图书馆文献提供发展的方向及愿景

新时期图书馆文献提供既要进行服务方式的更新拓展，更要进行服务模式的变更。服务方式的拓展体现在我们需要把文献信息及咨询服务推广到全媒体服务，尤其是要实现广电网络、电信网络以及互联网络进行综合传播，最终实现为各类用户提供电视、电脑、手机等多种终端的融合接收，实现任何人、任何时间、任何地点、以任何方式接收服务。而服务模式的变更需要改变以往单纯被动接受请求的根本局面，深入用户学习、科研过程，突出提供个性化图书馆文献信息服务。

3.1 进一步拓展文献提供服务的用户群

大力推进图书馆主动服务，着力提升文献提供在社会服务中的地位与作用，我国图书馆事业整体发展还很落后，文献提供工作开展很不均衡。以高校、研究院所为代表的为教育、

科研服务提供文献支撑的保障机制正在形成,但针对社会公众服务的各个层面对文献提供认识不够,在国家层面也缺乏统一的协调机制。图书馆需要进一步做好服务营销,推广普及文献提供服务,尤其是推动经济欠发达地区的文献传递,把科技文化下乡工作落到实处。同时,建立更加便捷的服务网络,进行主动推送,把文献提供服务向更广范围的个人和企业拓展。

3.2 建立联合服务平台

国家图书馆牵头正在实施国家数字图书馆推广工程,这一工程旨在以技术手段打破不同行业、不同地域图书馆之间的界限,使全国分散异构的数字图书馆系统能够连接为一个超大型数字图书馆,从而推动我国文献信息资源的共建共享。该工程目标建设一个覆盖全国公共图书馆的数字图书馆虚拟网,以及优秀中华文化集中展示平台、面向不同用户群体的开放式信息服务平台、公民终身学习平台和国际文化交流平台,为建设公共文化服务体系提供全面的服务支撑。

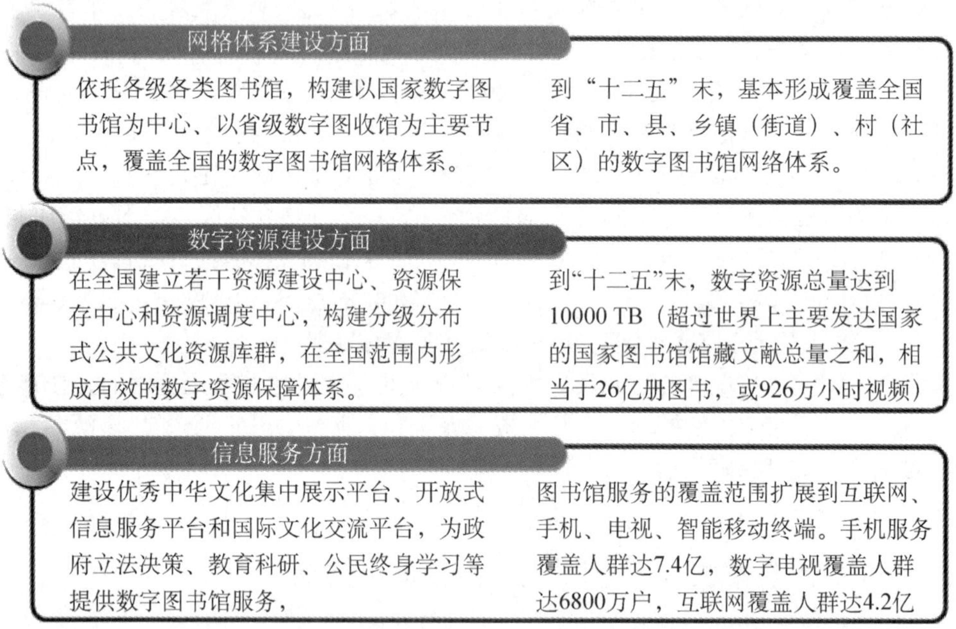

3.3 进一步规范化服务,提升质量,推进品牌化服务

文献提供不同的计量和收费方式需要进一步统一,服务规范、质量评估机制亟待建立。我们需要以用户满意作为文献提供服务的出发点和归宿,加强服务监督,强化服务流程管理,全面提高服务质量。推进从业人员的资质认证、培训机制及文献提供行业服务规范;建立联合、统一的服务绩效评估、质量控制机制。

积极推进邮递公司的统一化运营以及馆际互借邮递包装的统一与制作,以提升文献提供服务的品牌形象。2009 年 7 月至 2011 年 6 月,文献提供中心牵头完成了“国家图书馆文献传递与馆际互借绩效评估研究”科研项目,首次运用“平衡记分卡”从财务、用户、内部运营、学习与成长四个方面设计了国家图书馆文献传递与馆际互借指标体系,进行绩效测评。

2010年,我们对馆际互借和文献提供进行分工管理,进一步加强了对这两项业务工作的量化管理和质量控制。2011年至2013年4月,文献提供中心又完成了“国内外主要图书馆文献传递服务模式研究”馆级科研项目,课题在对现有的国家图书馆文献传递服务模式进行分析的基础上,借鉴国内外先进文献传递模式,提出了以国家图书馆为中心的分级分布式的全国公共图书馆文献传递服务体系。这一体系是中国高等教育文献保障体系和科学院系统文献保障体系的有力补充,可以把文献传递服务较为薄弱的省市图书馆吸纳进来,发挥它们的积极性,扩大资源共建共享的程度,提升成员馆的服务水平。

总之,对于国家图书馆的文献提供而言,其发展首先应该立足于现实,踏踏实实从每一件事情做起,致力于各个系统与各个领域的不同图书馆、情报运营商、出版发行等自身职责与定位,相互协作共同发展,在全国范围内尽早建立起统一的资源、信息和知识建设与传播平台,有效利用和分配资源,最终服务于社会的发展和人民的福祉。

参考文献

[1] 陈力. 数字时代的馆际互借与文献传递. 国家图书馆学刊,2008(3)
[2] 刘巧英. 新时期我国文献传递服务的发展现状及路向分析. 图书馆建设,2010(5)
[3] 张晓琳. 从文献传递到知识传递:面向未来的模式转变?. 图书馆杂志,2010(2)
[4] 邓玉,贾苹. 图书馆开放创新战略的研究与实践. 图书情报工作,2014(6)

BALIS 馆际互借和文献传递服务的比较

崔　贞(中国青年政治学院图书馆)

馆际互借(Interlibrary Loan)就是对于本馆没有的文献,在本馆读者需要时,根据馆际互借制度、协议、办法和收费标准,向外馆借入;反之,在外馆向本馆提出馆际互借请求时,借出本馆所拥有的文献,满足外馆的文献需求。它适用于返还式文献和复制—非返还式文献。当然对于复制—非返还式文献也可以通过文献传递方式获取。文献传递(Document Delivery)是将用户所需的文献复制品以有效的方式和合理的费用,直接或间接传递给用户的一种非返还式的文献提供服务,它具有快速、高效、简便的特点。现代意义的文献传递是在信息技术的支撑下从馆际互借发展而来,但又优于馆际互借的一种服务。通过开展文献传递服务,不仅缓解了图书馆经费、资源不足与读者日益增长的文献需求之间的矛盾,也对教学科研起到了很好的支撑作用。BALIS 馆际互借和原文文献传递是高校图书馆之间进行资源共享的主要途径,既可以克服一家高校馆藏不足的问题,又可以最大限度地满足读者需求。

1　BALIS 馆际互借和文献传递服务的相同点

1.1　BALIS 原文传递和馆际互借中心同属一个文献资源保障体系

北京地区高校图书馆文献资源保障体系(Beijing Academic Library & Information System, BALIS),BALIS 原文传递和馆际互借中心皆属于该体系下设的四个中心之一。BALIS 原文传递中心在北京地区高校图工委的统一领导下,于 2007 年 12 月正式启用,它充分利用北京高校馆藏资源和高校间便捷的网络环境,采用集中式门户平台和分布式服务结合的方式,为北京地区高校读者提供原文传递服务。BALIS 原文传递中心馆设立在中国人民大学图书馆内,并设有北京大学医学图书馆、北京交通大学图书馆、北京科技大学图书馆、北京师范大学图书馆、北京邮电大学图书馆、中国人民大学图书馆 6 个学科服务馆和 80 个成员馆。其主要职能为:协调各馆的资源及原文传递服务,提供服务支持,负责各成员馆使用经费的统计和补贴的发放和为成员馆读者提供原文传递服务。BALIS 馆际互借中心是于 2007 年 11 月正式启动,该中心建设的目的与 BALIS 原文传递中心大体相同,略有不同是为北京地区高校读者提供馆际互借服务。该中心设在北京邮电大学图书馆内,主要职能为:协调各成员馆间的馆际互借服务,提供技术服务支持,负责各成员馆馆际互借量的统计和补贴的发放并与物流公司进行费用结算。

1.2　馆际互借和文献传递的免费服务解决了成员馆经费不足的矛盾

自 2007 年开始,每年 BALIS 管理中心都为成员馆提供免费馆际互借和原文传递服务,使所有成员馆不会因为经费无保障或欠缺而带来使用中的烦恼,有利于缓解高校馆文献信息资源的供给与读者需求的矛盾,提高了北京地区高校图书馆馆藏纸本图书资源和电子文献信息资源,尤其是外文期刊文献的利用率。

1.3 馆际互借和文献传递服务服务对象基本相同

BALIS 馆际互借中心馆与文献传递中心馆的服务对象皆是成员馆,并非最终用户,而各成员馆设有本馆的馆际互借员和文献传递员,由他们直接面向读者,负责处理与读者之间的馆际互借或文献传递事务。这两种方式便于中心馆与成员馆的结算。对于成员馆来说,代价和成本最低,并且读者可以直接向出借馆提交申请单,出借馆馆际互借或文献传递员见单在短时间内(一般在 1—3 天内)处理,增强了处理读者请求的时效性。馆际互借的图书通过"物流"快递方式从出借馆送达借入馆,满足读者借阅其他图书馆纸本图书的需要;中、外文论文从出借馆直接发送至读者注册时提供的"电子邮箱",读者打开邮箱即可浏览到,若没有电子版本论文还可采用扫描、复印、邮寄和传真等方式送达读者,读者便可以及时使用,使北京高校各个图书馆之间基本实现了资源共享。

1.4 BALIS 互借和传递内容多学科性

由于北京地区高校图书馆读者群分属不同的学习、教学与研究领域,他们学习、教学与研究的多学科性必然导致馆际互借和原文传递内容的多学科性。

教学是高校的中心任务,高校培养各类人才主要靠教学。当今世界经济的飞速发展,要求培养的人才不仅能熟练地掌握本专业知识,还应掌握相近专业的知识,那种仅掌握某一种学科和专业的单一型学生已经不能满足需要,高校必须培养知识面宽、掌握相关学科知识的创新人才。在现代,专业化与多面性相结合,培养既掌握深厚的基础理论,又具有广博知识面的复合型人才是学科最重要的功能之一。

知识经济的迅速发展,促成科学技术高度结合,使得相关(相近)学科之间的联系、渗透日趋强化。高校的科研工作依靠单一学科远远不够,由单一学科人员组成的课题组难以承接综合性较强的重大科研项目。必须以学科建设为龙头,搞多学科的综合研究,以促进科研发展。当前,高校的研究主要是多学科研究、跨学科研究。

1.5 成员馆的广泛性和馆际交流的经常性

2007 年 11 月 30 日,自北京市教育委员会组织成立"北京地区高校图书馆文献资源保障体系"(BALIS)以来,BALIS 馆际互借和原文传递成员馆的数量在逐年递增。迄今为止,北京大学、清华大学、人民大学等 80 多所高校以及国家图书馆、上海图书馆两家大型公共图书馆都正式加入 BALIS 馆际互借和文献传递服务。

中心馆举办专业讲座,馆际互借员和文献传递员都能通过 QQ 群互帮互学,借鉴其他馆先进经验,有利于改进今后的工作,提高为读者服务的效率和质量。中心馆与各成员馆的馆员们即时沟通,开展信息交流与协作,解决馆际互借和文献传递中碰到的难题。

1.6 大馆接收请求多,中小馆发送请求多,馆际互借情况相似

BALIS 原文文献传递都有一个共同点,中小型图书馆如:中国人民公安大学、中国青年

政治学院、国际关系学院等发送请求量大，而清华大学、人民大学、北京大学、国家图书馆等大型图书馆接收请求量大。显而易见，主要是由于中小型图书馆资源相对大型馆经费少，文献资源匮乏，读者需求满足率很低，读者必然定会求助资源丰富的大型图书馆，满足自己对教学和科研的需求。反之，大型图书馆资源丰富，经费充足，馆藏资源完全可以满足在校读者的50%的需求，因而大型图书馆发送请求量相对接收请求量来说会相对少些。本文仅凭借 BALIS 原文传递服务（2011－11－16—2012－11－15）的统计显示：大型图书馆如清华大学接收请求量 7530 条，发送请求量 132 条；中国人民大学接收请求量 6156 条，发送请求量 1349 条；北京大学医学部接收请求量 2940 条，发送请求量 377 条；国家图书馆接收请求量 1214 条，发送请求量 0 条。中型图书馆如中国政法大学接收请求量 4 条，发送请求量 15 条；中央财经大学接收请求量 3 条，发送请求量 64 条；中央民族大学接收请求量 2 条，发送请求量 94 条。小型图书馆如中国人民公安大学接收请求量 12 条，发送请求量 15 条；国际关系学院接收请求量 2 条，发送请求量 84 条；中国青年政治学院接收请求量 2 条，发送请求量 39 条。馆际互借情况大体相似。

1.7　激励机制的运用

激励一词来源于心理学的一个名词，指的是激发人的动机的心理过程。激励机制是指在组织系统中，激励主体通过激励因素或激励手段与激励对象之间相互作用的方式。或简言之，即指在组织中用于调动其成员积极性的所有制度的总和。激励机制的实质，是激发组织成员的动机，使其有一股内在动力，朝着组织所期望的目标努力前进的心理活动过程。

荣誉激励也可以称作树立典型，对在工作中取得卓越成绩，为单位和社会做出较大贡献的人给予认定和相应的荣誉，并以制度化的形式给人命名，以表彰和嘉奖有突出贡献的人员。每年年终总结大会上，BALIS 馆际互借和原文传递中心都会根据对各成员馆工作的评估，评选出优质服务馆，颁发一、二、三等奖以及特殊贡献奖、最佳宣传奖、最佳进步奖、开户人数最多奖、发送请求最多奖、先进个人等奖项，从各个方面肯定各成员馆的工作。

年终奖励先进成员馆，并颁发奖状和奖金，一方面表彰做得好的单位和个人，另一方面“以人为镜”使其他馆从比较中找到不足，制定本馆今后应该奋斗的目标和努力的方向。

2　BALIS 馆际互借和文献传递服务的异同点

2.1　BALIS 馆际互借和文献传递服务主管院校不同

BALIS 馆际互借中心馆设在北京邮电大学图书馆，其他北京高校图书馆在该馆的领导下开展 BALIS 北京市高校间的馆际互借服务，BALIS 馆际互借管理层由北京邮电大学图书馆馆长和部分馆员组成，其他北京市高校都是在其领导下开展工作；BALIS 文献传递服务中心馆设在中国人民大学图书馆，其他北京高校馆在该馆的领导下开展 BALIS 北京市高校间的中外文期刊论文、纸质图书和电子图书的原文文献传递服务，BALIS 文献传递管理层由中国人民大学图书馆馆长和部分馆员组成，其他北京市高校都是在其领导下开展工作。

2.2　BALIS 馆际互借和文献传递提供服务的内容不同

BALIS 馆际互借主要提供北京高校图书馆、国家图书馆和上海图书馆之间的纸质图书返还式的借阅，读者只要登录系统，填写馆际互借申请单，出借馆馆际互借员就可为他查找本馆的纸本书并借助“特快专递”送达借入馆，由借入馆馆际互借员通知读者取书，读者使用完该书后，“特快专递”送回出借馆；而 BALIS 原文文献传递是非返还式的传递服务，读者只需向出借馆填写申请单，出借馆馆员就可将读者急需文献传至他的邮箱，读者查看电子邮箱即可浏览。

2.3 BALIS 馆际互借和文献传递服务对馆员的要求不同

BALIS 馆际互借和文献传递服务是为了满足读者对本馆缺藏文献资源的需求。不同知识层面的读者群对馆际互借和文献传递的需求不同，馆际互借本科生使用较多，原文文献传递尤其是外文期刊、报纸，专利文献、学位论文等文献的传递以研究生、教师和科研人员为主。由此看来，对从事馆际互借和文献传递服务馆员的要求会有所不同，因此，各高校图书馆都选派外语水平较高的馆员担任 BALIS 文献传递员。

3 BALIS 馆际互借和文献传递服务方式优、劣探析

3.1 馆际互借费用较高，文献传递费用相对便宜

馆际互借物流配送费用较高，且每年呈递增的趋势，2012 年单程报价 9 元，明显高于北京本地物流公司传递服务的价格；而原文文献传递费用加上给各个成员馆的补贴合计 0.15 元/页，相对来说很便宜。

3.2 馆际互借服务方式较单一，文献传递相对多样化

BALIS 馆际互借服务方式较单一，仅有“物流快递”一种，BALIS 原文文献传递方式多种多样，并非单一一种形式，主要有文献复印、传真、邮寄、电子邮件传递、扫描传递等传递方式。不管各馆采用馆际互借还是文献传递方式，还是馆际互借和文献传递兼用，图书馆都是为了达到满足北京地区高校读者对文献信息的需求为目的的。

3.3 馆际互借与文献传递服务范围宽窄不同

馆际互借服务范围相对狭窄，文献传递服务范围相对较宽，馆际互借仅以纸本图书借还为主，外文文献、港台图书、期刊等相关文献资料经常被拒借，大大挫伤了读者查找急需资料的积极性，更令人不解的是有些名牌大学外语类院校也不能借阅外文图书，只提供中文图书的借阅；原文文献传递服务范围相对宽些，既可提供系统内各成员馆收藏的期刊论文、学位论文、会议论文、科技报告、专利文献等文献复制传递和可利用的电子全文数据库的原文传递（非返还式）服务，又可以提供整本图书的 1/3 复印件，读者可以按自己意愿挑选 E-mail 方式、平寄、采取挂号、传真、特快专递等传递文献。

3.4 馆际互借与文献传递系统审批操作繁简不同

BALIS 馆际互借系统注册项目少，读者注册完毕，馆际互借员审批操作时修改内容少，审核本馆读者身份，稍加修改注册有误的内容，读者即可登录使用；而文献传递系统审批手

续注册项目多，读者注册完毕，文献传递员审批操作时修改内容较多，首先核实本馆读者身份，然后修改注册有误处，批准完毕后还得给读者追加使用费用，选定读者类型，并确认读者所属系（部门），勾选"集团付费"等，内容很繁琐，要求传递员必备的素质和超乎常人的耐心。

4 BALIS 馆际互借和文献传递服务应该改进的措施

4.1 改变馆际互借服务方式单一的状况，降低其服务费

馆际互借服务方式采取多元化，改变馆际互借服务方式——物流快递单一的状况，可参考 BALIS 原文文献传递多样化的服务方式，可以尝试采用借书时读者去取，还书时读者再送回，挂号、复印件平寄、传真等服务方式。不同的服务方式采用相应的价格标准，如读者自取可以不收费或少收费，传真可以收最高的费用等，这样读者可以根据自身的经济状况自由选择，不必遵守"硬性规定"。

4.2 减少外文原版、港台图书和期刊的拒借率

要减少外文原版、港台图书和期刊的拒借率，笔者认为各成员馆的领导首先必须转变观念，不要只考虑本馆一家的得失，要顾及"整体利益"，要具有无私的奉献精神，最好能保证各馆都有一定量的外文专业文献、港台书和期刊能供 BALIS 馆际互借"流通使用"，不存在令读者百思而不得其解——外语类高校图书馆只提供中文图书而不提供外文原版图书借阅的情况。

4.3 牢记"读者第一"的思想，全心全意为各馆读者服务

BALIS 馆际互借员和文献传递员必须时刻牢记"读者第一"的思想，全心全意为各馆读者服务，不管是本校还是校外读者，只要他们提出馆际互借和原文文献传递的需求，都要一视同仁，积极、热情、耐心地为他们服务。如果遇有不清楚的地方，就主动打电话和读者沟通，不要嫌麻烦、费事，轻易拒绝读者的正当要求。

4.4 加大馆际互借和文献传递服务宣传力度

尽管 BALIS 馆际互借和文献传递中心馆都组织宣传月活动，各成员馆都开展读者培训、答题竞赛、读者调查问卷和注册使用发放奖品等各种形式进行宣传，但宣传力度仍然显得不够，有些成员馆的读者根本不知有 BALIS 馆际互借和文献传递免费服务，有的读者即使知道也没得到应有的重视，就更谈不上去使用了。要改变这种状况，必须加强宣传力度，有些学校利用校园网、博客宣传效果很好，值得在成员馆中推广。

4.5 馆际互借用户服务系统首页面成员馆要显示完全

BALIS 馆际互借读者系统服务平台成员馆显示不全，读者选择勾选十家成员馆时，只有 40 家成员馆在页面上显示，其他家成员馆没法找到，这些成员馆的文献资源根本显示不出来，严重影响读者检索 BALIS 成员馆馆际互借图书的查全率。

4.6 原文传递系统注册过程需要精简,统计功能有待完善

原文传递系统注册过程复杂,读者注册需要至少填写 12 项内容才能完成注册,急需精简;BALIS 原文文献传递系统读者费用统计不能一目了然,不能随时了解本馆原文传递经费的使用情况,所花费的经费数量必须通过传递中心网上上传提供,运作起来很不方便。

4.7 健全严格的规章制度

BALIS 馆际互借服务各馆的各种规章制度不统一、不完善,需要中心制定统一的规章制度,放置系统统一说明中,让用户使用前即能查询到,而不是遇到问题再给出借馆打电话询问,再按出借馆规定处理。

BALIS 馆际互借和文献传递服务使北京地区高校文献资源得以共享,现在许多省、市已经实现了地区"资源共享",未来将实现全国乃至全世界的"资源共享",北京地区高校资源共享仅是万里长征走完的第一步,"任重而道远",作为成长中的新生事物难免有其不足,需要不断完善,才能臻于成熟。相信在不远的将来通过图书馆人的共同努力,BALIS 馆际互借和文献传递服务会越做越好,会受到越来越多的北京地区高校读者的青睐。

参考文献

[1] 王茜. BALIS 馆际互借服务研究. 高校图书馆工作,2009(5)
[2] 赵晓晔. BALIS"馆际互借"任重而道远. 图书情报工作,2009(增刊)
[3] 仝卫敏. BALIS 馆际互借服务发展策略探讨. 中小企业管理与科技(下旬刊),2010(2)
[4] 南玉霞. 以实践评析 BALIS 馆际互借服务体系——以中国传媒大学图书馆为例. 图书馆学研究,2010(6)

文献传递工作借鉴商业文献提供模式可行性研究

王　涛(国家图书馆出版社)

文献传递是图书馆一项传统的读者服务工作,历史非常悠久,直到今天仍是图书馆之间资源共享的重要途径,它在降低图书馆采购成本,提高文献资源利用率方面发挥了巨大的作用,同时文献传递也扩大了读者获取文献资源的范围,提高了图书馆的服务能力。随着数字时代的到来,人们获取和利用文献信息的手段和途径发生了巨大的变革,对于获取文献信息的要求越来越高,同时一些商业机构也开始提供文献服务,相比传统的图书馆文献提供,商业机构在文献提供途径、服务方式、服务手段、知识产权保护等方面有了创新,有很多地方值得学习和借鉴,本文希望通过对于这一问题的讨论,能够给文献提供服务的改进提供启示。

1　数字时代用户需求的变革

1.1　用户信息获取能力增强

在数字信息技术普及以前,人们获取信息还主要依靠图书馆,信息处理手段的限制,要求读者必须有一定的信息获取能力才能够利用图书馆,如懂得分类法、会使用卡片目录等,而图书馆员在信息获取方面具有普通读者无法比拟的优势,因此读者往往需要借助图书馆员的专业技能才能获取文献信息。而随着数字技术的普及,人们处理与利用信息的能力不断增强,以往只有具备专业技能的图书馆员才能完成的工作现在普通人也能够完成,全文搜索技术使得普通读者可以在海量文献资源中迅速找到所需信息。

1.2　获取信息途径发生变化

在数字网络时代,网络上存储的信息远远超过了图书馆,现在人们获取信息的首选途径已经从图书馆转向了网络,人们获取信息的入口首先是搜索引擎而非图书馆,因此图书馆在信息提供方面,所谓的“非 Google”信息,也就是通过搜索引擎无法获得的信息,越来越成为图书馆信息提供的内容。

1.3　对于文献获取效率的要求越来越高

数字技术发展迅猛,移动网络的发展使得人们获取信息更加便捷,智能移动终端的发展,使得人们可以做到随时随地获取信息,因此人们对于文献信息获取的效率要求越来越高。人们在习惯了网络数字资源“所见即所得”的获取方式后,对于信息获取的时间要求已经开始以毫秒来计算,这就对信息提供者提出了新的挑战。

2 图书馆文献提供服务面临的挑战

随着用户需求的变化,图书馆的文献服务提供工作已经产生了很大的变革以适应时代的变化,但是目前相比用户需求,其工作中还存在一些需要改进的地方,主要体现在以下几个方面:①读者对于文献传递服务缺乏了解;②文献提供的流程复杂;③数字文献传递服务的知识产权保护问题。

3 商业文献提供机构带给图书馆文献传递服务的启示

3.1 读者对于文献传递的了解

虽然馆际互借与文献传递是一项开展比较早的图书馆服务,但是对于文献传递服务读者往往并不了解,很多人甚至不知道图书馆还有这样一种服务,在一些学术交流网站上,经常会出现一些寻求文献的求助,从图书馆文献传递的角度,完全可以满足这些人的需求,但是为何这些求助者没有选择图书馆而是选择没有目标的发帖求助,最主要的原因在于这些人不了解图书馆还有文献传递这样的服务。

造成文献传递服务鲜为人知的原因比较多,首先是图书馆提供服务的种类比较多,文献传递服务相比文献提供服务更多属于"锦上添花"的补充,在图书馆服务的宣传中往往很少提及或一笔带过。其次,由于图书馆服务中,读者缺少入口来了解这项服务。其表现为,在读者查找某种文献没有结果的时候,缺少必要的提示告知读者这样的文献可以通过文献传递得到解决。第三,文献传递属于图书馆专业名词术语,作为缺乏专业知识背景的读者,文献传递的含义并不清楚,不能直接通过字面理解其全面的含义,影响了其使用。

商业文献提供机构在这些方面做得比较好。以搜索引擎为例,Google 中输入的关键词是图书的名称时,Google 会列出收藏该图书的图书馆信息,用户可以直接点击链接进入图书馆;百度在输入关键词后,会直接将购买该关键词的广告链接给出,一般是"去…… 寻找……"。这样做的好处是,在检索的入口就给了用户的反馈信息,在具体情境下,用户有需要,直接就可以点开获取相应服务,其宣传的优势要明显好于传统的图书馆读者介绍。因此,建议在图书馆的 OPAC 中增加相关的"文献传递"链接,这样当读者在图书馆查找不到某种图书时,除告知读者该书本馆未收藏外,可以直接通过"文献传递"链接进入图书馆的"文献传递"模块,使读者的文献需求获得满足。第二是在联合 OPAC 中,也增加"文献传递"的链接,同时,需要注意的是最好将"文献传递"的功能直接反映在检索结果页面的一级页面,这样会使宣传获得最大的效果。例如国家图书馆"文津搜索"结果中,必需点开"馆藏信息"才可以见到"提供文档递送服务"的信息,虽然只是多增加了一次点击,但是根据信息架构理论,页面层次越深,用户流失率也就越高,因此需要尽可能将"文献提供"放置在尽可能高的层级页面中。第三,是避免使用"文献提供"这样的专业术语,最好以读者更容易理解的词语来代替,使得用户"望文知义",例如可以通过"本馆没有××文献,如果急需,您可以通过我馆从其他馆复制该文献"之类的语言,虽然较之"文献传递"显得不简练和专业,但是对于用户而言更加容易理解。

3.2 文献传递流程的优化

目前而言,由于文献提供涉及馆与馆之间合作,加之读者需要缴纳一定的费用,使得文献提供的流程相对复杂很多。随着图书馆服务的增强,目前办理借阅等服务的手续得到了简化,通过办证机办理一个借书证只需要几分钟的时间,但是文献提供服务的流程相比较显得要复杂得多,下面一个典型的五步流程。

- 读者填写文献请求单;
- 文献传递员在2个工作日内完成检索过程,并发出文献请求;
- 文献到馆后文献传递员在2个工作日内通知读者;
- 按读者需求将文献传递给读者;
- 与读者结算。

商业信息服务商文献提供的流程相比要简单很多。以读秀为例,其流程为用户进入读秀,检索出图书,输入读秀卡号密码即可阅读,这就给读者节省了很多的时间。过程过于复杂,等待时间较长,使得利用文献传递的时间成本较高,造成了很多读者放弃了利用,因此,有必要参照信息服务商的做法,简化文献传递的流程。

首先,简化流程。对比商业信息服务商的做法,图书馆文献传递的自动化程度不高。在读秀中,是读者自己去查找文献,而图书馆文献传递流程中可以看出,图书馆还延续了以往的做法,是由读者提出需求,图书馆员再根据读者需求进行查找,找到后向收藏馆发请求,存在一些重复流程。首先,读者提出需求,实际上读者已经明确所需文献,而图书馆员所做的,只是将读者提出的文献确定收藏馆信息,随着图书馆 OPAC 系统的完善和用户检索能力的提高,确定收藏馆的信息完全可以由读者自身完成,这样既能节省时间又可以降低图书馆员的工作量。实际上国家图书馆"文津搜索"中就提供了类似的功能,但目前尚未完全实现读者的"自助化"。随着网络技术的发展,直接面向最终用户提供服务将是文献传递服务发展的方向。传统的文献传递服务的"中介"还很明显,这种"中介化"实际是在数字技术没有普及,读者没有足够信息获取能力时形成的,现在随着读者信息获取能力的提高和新技术的发展,"中介"的存在越来越没有必要。

其次,引入支付宝等网络支付手段。目前 CNKI 等数据库提供商,提供了面向个人用户的论文单篇下载功能,读者不需要购买以往的卡点,可以单独就某一文献通过支付宝购买,这就大大方便了偶尔使用该系统的用户。而图书馆支付手段单一,手续繁琐。目前支付宝已经成为网络交易最便捷的支付工具,不仅可以通过电脑,还可以通过手机支付,是网络上流行的支付方式,其安全性、便捷性都有保证,且有编辑的开发接口,引入支付宝的开发成本非常低。在支付环节引入支付宝支付,将增加用户支付方式的选择,同时可以降低流程复杂程度。

3.3 数字版权保护

随着数字技术的发展,人类处理信息的能力获得长足的发展,文献的复制费用趋近于零,这就给原本版权保护问题不太严重的文献传递服务带来了新的风险。

首先,在利用数据库等进行文献传递时,需要获得相关许可。过去的文献传递主要传递的是纸质文献，只是相邻区域的图书馆联合起来开展文献传递服务，其文献传递后再传播的几率也非常小，目前随着数字文献传递的发展，其用户获取文献后，由于缺少技术上的控制，可以轻易地传播、复制，会造成对知识产权的侵犯。而这方面商业信息服务机构做得比较好。例如CNKI的每篇文献都获取了网络传播权，其工具书库等也获得网络传播权，其博士论文库与高校签订了协议，获得了使用权。而图书馆文献传递工作中需要注意，如果没有获得网络信息传播权，就必须严格限制其使用范围，预防其可能出现的法律风险。现在随着图书馆购买数据库的增多，很多纸质内容可以直接从数据库获得，为了方便，不对纸书进行扫描而直接从数据库中将下载文献然后进行文献传递，这样做也有一定的法律风险，因为数据库中的文献一般限定了使用范围为局域网内，文献传递的范围超出了局域网的范围，实际上就侵犯了数据库商的权利。而要使用数据库中的内容进行文献传递，就必须在购买数据库时与对方签订相应条款进行约定。

其次，对于传递的数字文献要进行加密等数字版权保护。目前国内文献传递服务最主要的方式是E-mail，数字文献没有采取加密等限制传递给用户，用户就可以无限制传播，这就给图书馆的版权保护带来了隐患。而读秀在这方面做得比较好，它采用了DRM技术，对扫描文献进行了加密，只有相应的软件才能阅读，同时对时间有限制，超过了一定的时间就无法阅读。这样就保护了知识产权。图书馆应当借鉴读秀的做法，在文献传递过程中对扫描后的文献进行加密，加密后的文献只能由提出文献传递要求的用户阅读，没有得到授权的用户是不能使用的。

文献传递的根本目的是扩大图书馆的服务能力，满足读者需求，最终评价文献传递的标准是用户文献需求的满足程度，只要依据这一标准，适应不同时代读者序的变化，与时俱进，纳百家之长，文献传递工作一定会成为未来图书馆工作中的新增长点。

参考文献

[1] 蔡文彬. 国内五大文献传递中心服务状况的比较研究. 现代情报，2005(12)
[2] 许桂菊. 网络文献传递服务：面向最终用户的资源共享. 大学图书馆学报，2006(5)
[3] 钟萍，翁淳光，肖廷超. 图书馆文献传递障碍论析. 现代情报，2006(11)
[4] 范丽莉. 试论图书馆的非中介性文献传递服务. 大学图书馆学报，2004(2)
[5] 崔雁. 馆际互借与文献传递中的知识产权风险防范. 图书馆建设，2005(2)

数字化时代地市级图书馆馆际互借和文献传递研究
——以开封市图书馆为例

葛智星（河南省开封市图书馆）

1 馆际互借与文献传递的历史与发展现状

1.1 馆际互借与文献传递的历史

据史料记载，早在公元前200年就出现了馆际互借，当时古埃及的亚历山大图书馆向古希腊的别伽摩图书馆出借一批图书。在我国古代，馆际互借思想可追溯到明朝。明崇祯时期进士曹溶在其《流通古书约》中明确提出流通图书的办法，“有无相易，精工缮写”，即互通有无后找人抄写，再进行流通。因而，馆际互借具有悠久的历史。当然，早期的世界范围内的图书馆行业还很不发达，无论是规模还是服务的普及性都无法与现代图书馆行业相提并论。早期的图书馆馆际互借服务也相应地具有很大偶然性，这个时期的图书馆大多为皇室或是教会所举办，服务对象多为贵族或是教会神职人员。这个时期的图书馆当然不会把开展馆际互借和文献传递当成一项必须的服务义务来做，因而馆际互借开展得较少。尽管如此，在欧洲中世纪时期，各个教会图书馆之间也会开展图书交换活动，类似于现代意义的馆际互借。

随着图书馆行业和图书馆学的不断发展，图书馆自身对文献的开发和揭示的能力不断提升，随着交通和通讯技术的发展，文献传递的时间和费用也大大降低。图书馆逐渐具备了进行馆际互借和文献传递的两大基本要素：文献的可获知性和文献的可获得性。而且图书出版的速度越来越快，大量出版物不断涌现，单一的个体图书馆已经很难完全满足读者对文献的需求，必须要依靠图书馆之间的资源共享和相互协作来满足读者的文献需求。许多国家在认识到这些读者不断增长的文献需求之后，选择了相互合作，制定馆际互借规则，建立馆际互借中心。1917年，美国国会图书馆学会公布的《馆际互借法》，是第一个在一个国家范围内规定了馆际互借的规则。英国、法国等国家也陆续制定了本国的馆际互借规则。随着越来越多的国家制定馆际互借规则，使得图书馆的馆际互借和文献传递服务从过去的偶然进行，发展为常规的一项义务性的服务内容。通过立法，馆际互借得到了长足的发展，但是传统的馆际互借和文献传递还是不能完全满足读者日益增长的文献需求。

1.2 馆际互借与文献传递的发展现状

在我国，进入20世纪中期，互联网逐步进入，我国的图书馆行业的自动化和网络化得到了长足的发展，网络服务环境逐步形成。这就为开展馆际互借和文献传递提供了数字化的技术保障。我国的数字化全文传递服务和联机馆际互借取得了一定成效。目前国内做得较好的是CALIS(中国高等教育文献保障系统)、NSTL(国家科技图书文献中心)和“全国图书馆参考咨询联盟”。文献传递方面,很多图书馆也开始了数字化文献传递方式。

2 数字化时代地市级图书馆在馆际互借与文献传递上面临的问题

2.1 缺乏自身文献资源的建设和数字化转换

数字化时代的馆际互借和文献传递服务,毫无疑问需要图书馆对自身文献资源的不断开发和数字化转换,这也是进行这项服务的前提之一。然而,地市级图书馆受制于地方财政支持度的制约,有些地市级图书馆缺乏自身文献资源的建设和数字化转换。以河南省为例,周口市图书馆和商丘市图书馆甚至没有建立起自己的图书馆网站,自身文献资源的建设和数字化转换更无从谈起。

开封市图书馆自2011年免费开放以来,不断加强自身文献资源的建设和数字化转换工作。登录开封市图书馆网站,读者足不出户就能查阅馆藏文献的书目,还可以充分享受到开封市图书馆提供的数字资源服务,如电子图书在线浏览及下载、全国文化信息资源共享工程、开封市特色文化数据库、中小学视频教育资源、“开图讲坛”专家讲座视频等。但我们也清楚地认识到,这些工作还远远不够。我馆的许多文献资源还没有得到充分的数字化转换。例如馆藏的珍贵的古籍善本,新中国成立前的图书和报纸、地方文献等珍贵馆藏文献,都还没有完全实现数字化转换,这对于我们从事馆际互借和文献传递服务造成了不便。很多读者在得知我馆的珍贵文献想要查询时,只能亲自前来实地查阅,在时间和精力上给读者造成了不便。这个问题在地市级图书馆中也绝不是个案,许多地市级图书馆也都面临着这样的问题。

2.2 缺乏数字化服务所需的必要的硬件和软件

地市级图书馆作为市文化广电新闻出版局的下属单位,在很大程度上受制于市财政的支持度,不少地市级图书馆缺乏进行数字化馆际互借和文献传递服务的硬件设备,例如可供馆员和读者使用的计算机不足等,极大限制了地市级图书馆进行馆际互借和文献传递服务。开封市图书馆目前拥有40台计算机服务读者,我馆已经进行申请,有望在不久的将来增加服务读者的计算机数量。

软件方面,在我国的数字化全文传递服务和联机馆际服务上,目前国内做得较好的是CALIS(中国高等教育文献保障系统)、NSTL(国家科技图书文献中心)和“全国图书馆参考咨询联盟”。“全国图书馆参考咨询联盟”是在全国文化信息资源共享工程中心的指导下,由我国公共图书馆合作建立的公益性服务机构,为社会提供免费的网上参考咨询和文献传递服务,目前共有50家单位加盟成员。然而作为地市级图书馆,目前加入“全国图书馆参考咨询联盟”的单位仅有烟台市图书馆等13家。即使是在省级、副省级公共图书馆中,也只有部分加入了该联盟。究其原因,我认为主要是因为地市级图书馆缺乏符合申请条件的馆员。该联盟要求申请馆必须在具备自身网站的前提下,申请人需有馆员以上职称,任职于参考咨询员岗位,熟悉中文网络文献检索。申请外文咨询员的还需要通过外文文献检索和咨询测试。地市级图书馆受制于人才因素,往往无法派出符合条件的申请条件的馆员。因此也就丧失了加入该联盟,进而使得读者无法享受在线咨询和文献传递的服务权利。

2.3 缺乏馆际沟通和协作

地市级图书馆相比于省级、副省级公共图书馆,在馆藏资源和服务水平上存在不小差距。如果在区域内的省级、副省级图书馆能够带头开展本省或本区域内的馆际互借与文献传递合作,对于提高区域内地市级图书馆的馆际互借与文献传递能力将起到积极作用。目前,全国46家省级和副省级的公共图书馆中,仅有16家加入了"全国图书馆参考咨询联盟";仅有湖南省图书馆、福建省图书馆等6家开展区域性的馆际互借与文献传递合作。目前河南省还没有开展类似的区域性的馆际互借与文献传递合作,开封市图书馆作为地市级图书馆,也就无从加入这种形式的服务联盟。

2.4 缺乏与高校图书馆的合作

高等院校在图书馆的资源建设,尤其是数字资源建设方面投入较多,高校图书馆的数字化资源普遍要比地市级图书馆的资源丰富许多,在我国的数字化全文传递服务和联机馆际服务上,CALIS(中国高等教育文献保障系统)也是目前国内做得较好的系统之一。因此,如果地市级图书馆能够加强与所在地高校图书馆的联合和协作,依托高校图书馆丰富的数字化资源,必将有力地推动地市级图书馆馆际互借和文献传递的能力。然而由于隶属不同的系统,目前地市级公共图书馆与所在地高校图书馆的合作还远远不够。目前,在全国46家省级和副省级的公共图书馆中,仅有上海市图书馆、湖南省图书馆、武汉市图书馆三家图书馆与部分高校开展了馆际互借和文献传递服务合作,只占46家省级和副省级的公共图书馆的6.5%。

开封市图书馆在与高校图书馆开展合作方面做出了一定的尝试,目前,我馆与开封大学图书馆正在进行共建共享工作,已将两馆的馆藏书目实现了联合查阅,在任一图书馆即可查阅全部两馆的馆藏书目。下一步,我们将进一步加深合作,不断提升我馆的馆际互借和文献传递的能力。

3 数字化时代加强馆际互借与文献传递工作的建议

3.1 进一步加强自身文献资源的开发和数字化转换

只有做好了自身文献资源的开发和数字化转换,才能更好地开展馆际服务和文献传递服务工作。地市级图书馆作为所在地市的公益文化服务阵地,承担起此项文献服务义不容辞。以开封市图书馆为例,近年来对自身文献资源的开发和数字化转换高度重视,首先开通了开封市图书馆网站,同时积极把馆藏资源不断进行数字化转换,放在网站上向读者服务。目前读者能在线查阅馆藏文献的书目,还可以进行电子图书在线浏览及下载;积极加入全国文化信息资源共享工程,在网上免费向读者提供共享工程所配置的包含"中小学视频教育资源"的精彩数字资源;聘请专业团队精心打造了"开封市特色文化数据库",展示开封本地悠久灿烂的文化;将我馆的优质品牌活动如"开图讲坛"专家讲座视频等放置在网站上供读者学习。

下一步,我馆计划在以上基础上,进一步加大自身文献资源的开发和数字化转换。将全馆的古籍、新中国成立前的文献和地方文献全部实现数字化转换,当然,这需要投入相当多的人力物力和财力,我们有决心尽早完成这些工作,从而更好地为广大读者提供馆际服务和文献传递服务。

3.2 加大人才培养力度,不断提升自身软硬件服务水平

传统的馆际服务和文献传递服务,对文献的深度发掘,对馆员的学术水平要求不是很高。但在数字化时代的今天,馆际互借和文献传递服务的形式和内涵都发生了很大改变,对从事该项服务的图书馆馆员提出了很高的要求,必须具备较高的学术水平和基本的网络技能。这就要求地市级图书馆一定要高度重视从事馆际互借和文献传递服务馆员的培养,通过加大培训和外出学习,及时了解最新的学术动态,掌握新的相关技术。

软硬件的提升,对于馆际服务和文献传递服务的提高至关重要。以开封市图书馆为例,我馆通过不断努力,已经申请到资金准备更换服务器,增添新的计算机。软件方面,地市级图书馆应积极寻求加入"全国图书馆参考咨询联盟",在全国文化信息资源共享工程中心的统一指导下,为社会提供免费的网上参考咨询和文献传递服务。当然,此项工作的前提还是首先培养出合格的咨询馆员。

3.3 加强馆际沟通和协作

省级、副省级公共图书馆,在馆藏资源和服务水平上相比于地市级图书馆都要强很多。区域内的省级、副省级图书馆能够带头开展本省或本区域内的馆际互借与文献传递合作,对于提高区域内地市级图书馆的馆际互借与文献传递能力将起到积极作用。地市级图书馆应该通过自身努力和呼吁,不断强化区域内的馆际沟通和协作。

以开封市图书馆为例,我馆早在2008年就积极响应国家图书馆发出的馆际互借要求,将馆藏的珍贵古籍《集古印谱》借往国家图书馆参加全国珍贵古籍展览。通过馆际互借,帮助国家图书馆开展了全国性的古籍精品展览,同时也很好地宣传了开封市图书馆的古籍工作。近年来,开封市图书馆高度重视与河南省图书馆和其他我省地市级图书馆的沟通和协作。例如,积极把我馆的地方文献书目提供给河南省图书馆用于全省的地方文献联合目录的编制。同时,积极向省馆申报我馆已经整理出的部分珍贵古籍的数字化信息,用于编制河南省古籍善本名录和河南省古籍联合目录,这些工作目前都在有序进行当中。相信通过我馆不断强化区域内的馆际沟通和协作的努力,对于提高区域内地市级图书馆的馆际互借与文献传递能力将起到积极作用。

3.4 加强与高校图书馆的合作

高校图书馆目前在数字资源方面相比于地市级图书馆具有较大优势,我们理应加强与所在地高校的相互合作,争取将高校图书馆的优势资源为我所用,造福读者。目前,开封市图书馆与开封大学图书馆正在进行共建共享工作,已将两馆的馆藏书目实现了联合查阅。下一步,我们将进一步加深合作,不断提升我馆的馆际互借和文献传递的能力。同时,作为省重点高校的河南大学也位于我市,今后的工作中,我馆将尝试通过与河南大学的沟通和协作,与河大进行资源共建共享,让广大市民享受到河南大学优质丰富的数字化资源。

参考文献

[1] 高钟. 图书馆资源共享. 国外图书情报工作,1991(2)
[2] 包学鸣. 资源共享:美国的馆际互借. 图书情报工作,1999(3)
[3] 全国图书馆参考咨询联盟. http://www.ucdrs.net/admin/union/index.do
[4] 许异兴. 联合参考咨询网资源配置机制. 图书馆论坛, 2008(5)

从变化看发展
——谈谈文献传递服务的历史、现状和展望

季美云　袁　渊　陆　一(中国科学院上海生命科学信息中心图书馆)

1　历史

传统图书馆是一个物理概念,它是一个有固定的处所、一定的规模建筑,由馆舍、藏书、设备、人员和服务组成。传统的专业图书馆比较重视采取长久保存的方式将文献资料集中起来,建立藏书中心,在为专业技术人员积累知识财富的同时,开展力所能及的服务。在新中国成立之前,国民政府虽然颁布了《上海图书馆章程》《图书馆工作大纲》等一些条例和规定,但实际能开展馆际互借工作的图书馆极少。新中国成立之后,开始大规模的馆际协作、协调活动。1989 年,国家科学技术委员会首次在全国颁布了适用于全国图书情报系统的馆际互借条例《科技文献馆际互借办法》。1990 年,中国科学院第三次文献情报工作会议通过了《中国科学院文献情报系统馆际互借规则》。这些以法规和条例的颁布标志着改革开放以来我国馆际互借服务进入一个有章可循的新阶段,这一时期,馆际互借工作开展较好的有北京图书馆(现国家图书馆)、中国科学院文献情报中心、清华大学图书馆及甘肃省三大系统图书馆之间的区域性馆际互借。

2　现状

当今的网络环境为图书馆提供了一个全新的信息环境,这种新的信息体系就是网络环境下的图书馆体系结构,是一种新的信息服务综合体。在网络环境下,图书馆信息资源已扩展为包括传统文献资源、电子出版物和网络信息资源等多种媒体在内的、涵盖范围较广的各类信息资源。比如,传统文献是以印刷型(如图书、期刊、报纸、会议论文等)、缩微型(如缩微胶卷、缩微卡片等)、视听型(如唱片、录音录像带、胶片胶卷等)形式存在的。网络信息资源则包括联机/网络全文数据库、电子期刊、电子书、网络书目数据库、网络联合检索系统、各类型网上电子参考工具书等,克服了地域空间的阻碍和远距离传播知识信息的障碍,并能大批量复制拷贝文献,方便了专业人员获取和掌握知识信息,因而也从根本上改变了知识继承的形式。

以我单位(中科院上海生命科学信息中心)为例,我馆自从开展网上文献传递服务工作以来,加入了国家科学数字图书馆馆际互借协作网,并与北京、上海、广东等地区十几家馆藏资源各有特色的大、中型图书馆联合,形成了以生物医学学科领域为基础的文献传递服务网

络中心,目前还在不断发展,可传递文献的学科领域也在不断拓展。

在我们的文献传递服务实践工作中,深切感到,如今分布在各地的专业用户已经习惯于利用网络这个快速便捷的工具得到更高效快速的文献服务,他们不一定通过某一图书馆的服务,而是寄希望于依托一个权威的机构承揽他们所有的信息服务。因此,为了满足信息时代用户对文献信息的需求,也为了能更好地提供高质量的文献信息服务,我们开发了一个基于数字对象唯一标识符(Digital Object Unique Identifier,DOI)的专业文献信息服务平台。DOI是美国全国研究创新联合会根据美国出版协会的要求定制开发的,为数字化环境下的内容产品提供唯一的和持久的标识符,它不会随着URL地址等相关信息的改变而变化,并具有唯一性、永久性、兼容性、可动态维护等特性。在目前大规模的文献资源云应用环境下,DOI系统可以对非大量发行的学位论文、特色文献等信息资源进行标识和管理,其知识链接系统覆盖了主要学术研究信息领域。应用DOI系统进行数字内容的链接和解析成为了今后实现信息资源互链及共享的发展趋势。基于DOI系统的文献信息服务平台透明、高效、方便易用,提高服务水平,增强竞争能力,并适应了网络化、数字化服务的发展趋势。专业文献信息服务系统的建设和使用,打破了以往传统图书馆的文献服务的地域性和局限性,任何有信息需求的用户,只要有网络的地方,都可以通过登录,无论在何时何地都可以提出其文献信息需求申请,方便地获取各种文献,使用户需求得到最大化的文献满足。本系统的开发和服务,一方面提高了文献信息提供服务的效率,使图书馆的文献信息服务在内容、层次和服务程度上都大大深化,另一方面,用户在开放式、交互式的网络环境下实现了文献信息资源共享。利用平台的文献信息服务快捷、方便和时效化,使用户需求得到最大的满足,同时图书馆也在信息时代中增强生存能力和竞争能力,使之更具有时效性和社会性。

传统文献传递服务通常是用户知道文献信息的存在,但不知如何获取,通过文献传递工作人员快速查找,将找到的文献信息传递给用户,如今,如果我们的服务能够提供用户需要的,但是没有发现的同类信息,岂不是比按需传递文献信息更有价值吗?因此,除了根据用户的需求进行文献全文传递之外,我们还推出了指定信息推送服务,这是一种按照科研人员指定的时间间隔和选定的主题,定期将资源库中最新信息发送至科研人员终端的服务。这项服务的最大优点是:及时性好,科研人员会定期不断地接收到所需要的最新动态信息;主动性强,变“人找信息”为“信息找人”,充分体现了文献信息服务的主动性。

我国文献传递服务的开展目前虽然取得了很大进步,但依然存在和面临着一些问题,其中最主要的是没有开放合作的心态和意识,缺乏协同,造成重复建设和资源浪费。我国目前建立的文献传递系统有CALIS、NSTL、CASHL和CSDL等,也有一些地区性组织,如上海市文献资源共建共享协作网、陕西省图书馆文献传递协作网、福建省高校图书馆文献传递协作网等。无论是全国性的还是地区性的文献传递系统,由于没有统一的协调组织而使各个系统相对独立、分散,存在缺乏大规模的联合目录系统、缺少规范的传递服务标准、文献传递系统标准化程度低等问题,大大影响了文献传递的效果和用户满意度。从今后的发展来看,区域性图书馆联盟改变了单个图书馆面对用户时资源不足的状况,克服了信息资源共享的体制性障碍,又是全国性联盟的基础和补充。因此,在今后的发展中,如果区域性图书馆联盟能够加强横向联系,促进区域的文献传递服务发展,实现更为有效的资源共享,则区域性图书馆联盟将具有很可观的发展前景。

在全国性和区域性图书馆联盟之外,各种网站、论坛等也开始参与文献传递。网络论坛是人们通过网络进行交流的虚拟场所,具有信息分享、兴趣交流、情感沟通、合作探索、相互支持和个性发展等功能。由于数字化图书馆文献服务信息交流模式仍然存在着一些问题,比如:①读者与图书馆交流方式单一,交流内容单调;②读者与读者之间基本上不存在交流,也没有交流的渠道。因此运用网络论坛开放、自由、宽松的运行模式及交流、分享和个性化的特点,发展现代公共图书馆信息服务是具有积极意义的,主要体现在网络论坛拓展了信息服务的空间,并丰富了交流的内容和形式,实现了思想成果的共享。但部分网站和论坛的不规范操作行为对信息服务和文献传递市场产生了不小的冲击,并产生了侵犯版权等诸多问题。因此基于网络论坛的文献和信息服务,必须加强对其用户和内容的管理以及版权保护。

3 展望

图书馆作为搜集、整理存储和传播知识信息的专门机构,是知识创新体系中不可缺少的组成部分。图书馆的信息服务工作贯穿于整个知识创新的过程中,是知识创新工程不可缺少的重要基地。作为图书馆信息服务组成部分的文献传递也必须实施创新。

个性化信息服务是指图书馆在数字信息环境下,主要利用网络和信息技术,获取并分析各个用户的信息使用习惯、偏好、背景和要求,从而为用户提供充分满足其个性信息需要的一种集成信息服务。个性化信息服务的理念是“以人为本”,其核心就是变被动服务为主动服务,树立一切为用户,处处方便用户,形成以用户为中心的价值观和以用户为尊的服务观念。在当今信息环境下,个性化信息服务适用于各个类型的图书馆。具体可以运用以下方式:一是以用户个体需要为导向、以对用户个体知识结构的了解为基础;二是一种充分满足用户需要的多样性和集成性的服务。

在大数据时代,数据像企业的固定资产和人力资源一样,成为企业的生产力,这是大数据时代的独特现象。数据容易共享,对数据不同方向、深度的分析,会产生新的知识和信息,且随着使用次数的增加,数据反而会增值。进入 21 世纪以来,信息技术的大量介入使文献传递服务进入了新的发展阶段。在大数据时代的背景下,图书馆作为知识信息服务的社会中心,为读者提供潜在的知识挖掘、知识评价、数据分析等增值服务将成为新的趋势。在大数据时代,图书馆员只有掌握了读者用户的信息、借阅记录等结构化数据,以及大量的存储信息行为、搜索方式等数据,才能通过对海量的多类型数据进行分析从而得到更有价值的信息。因此,文献传递中用户行为、文献需求等的挖掘分析,对主动掌握用户需求,改善文献传递服务将极具价值。在大数据时代的背景下,用聚类分析、数据挖掘、网络分析、可视化分析、数据融合与数据集成等技术工具,尤其是聚类分析、可视化分析和数据挖掘技术,对于深层挖掘大数据的价值、主动掌握读者文献信息需求变化具有重要作用。

总之,文献传递服务作为一种高效、及时的资源共享手段,已经从图书馆的边缘性服务逐渐成为新时期图书馆的核心业务之一,其重要性已被越来越多的图书馆所认同和接受。文献传递服务在技术支持下呈现出一些新的发展特征和趋势,从而使得图书馆的该项服务面临着很大的挑战。文献传递服务工作者要用科学的思维和方法展开研究的实践探索,不断完善和发展文献传递服务。

参考文献

[1] 朱亚丽. 我国文献传递服务模式之用户体验. 科技情报开发与经济,2011(34)
[2] 牛志彬. 服务营销应用在图书馆服务中的一点思考. 太原理工大学学报(社科版),2006(增)
[3] 徐速. 区域性图书馆联盟文献传递服务分析. 情报科学,2011(5)
[4] 燕今伟. 图书馆联盟的构建模式和发展机制研究. 中国图书馆学报,2005(4)
[5] 王海艳. CALIS 文献传递系统与 NSTL 文献传递系统分析. 现代情报,2005(11)
[6] 胡新平. 文献资源云平台构建研究. 实践研究,2012(4)
[7] 贺德方等. 服务于科技信息资源共享的数字对象唯一标识应用研究. 数字图书馆,2007(8)
[8] 郭云峰. 基于网络论坛的公共图书馆信息服务模式探讨. 图书馆研究工作, 2012(2)

古籍特藏文献传递须以数字古籍为基础
——以 CALIS 吉林省中心吉林大学图书馆为例

李爱华　蔡　宏(吉林大学图书馆)

数字时代的今天,文献传递以方便、快捷的服务使人们在网上就可以获取所需的文献,现在利用文献传递的需求者越来越多。一直以来古籍特藏文献是需求者很难获得的资料,所以一些读者想利用文献传递来弥补古籍特藏文献难获得的缺憾。众所周知,古籍特藏文献是不可再生资源,因为年代久远,具有很高的保存和收藏价值。但是很多图书馆出于对古籍特藏文献的保护,对古籍特藏文献传递的范围限制的很多,所以,图书馆间可供文献传递的范围很窄。

吉林大学图书馆(以下简称"吉大馆")有幸成为 CALIS 高校成员馆中古籍特藏文献传递的试点馆(复旦大学、吉林大学、四川大学、南开大学图书馆),通过一年多的试点工作,笔者发现由于古籍特藏受可供文献传递范围的限制,文献传递的成功率很低,满足需求者的需求量相对较少。要提高古籍特藏文献的传递的成功率,古籍特藏文献也要向其他文献一样尽可能数字化,古籍特藏文献数字化了,文献传递受限制的范围就少了,满足率也会随之上升。所以,古籍特藏文献传递数字化是当务之急,古籍特藏文献传递须以数字化古籍为基础,才能使古籍特藏文献传递顺利地进行。

1　古籍特藏文献传递率低的原因

信息技术特别是网络技术的快速发展,带来整个社会信息环境的变革,不断改变着人类社会的方方面面,也深刻地影响着图书馆的发展。吉大馆于 2012 年 4 月 9 日正式开通古籍特藏文献传递业务,古籍特藏文献传递开始近一年,笔者发现古籍特藏文献传递率很低,究其原因,主要是要求文献传递的文献超出了高校图书馆间文献传递的范围。

1.1　文献请求者不了解高校图书馆古籍特藏文献传递的范围

高校间文献传递的范围:暂限普通古籍,即清嘉庆元年(1796)以后问世的线装刻本、石印本、铅印本及部分抄、稿本等(此范围内各馆已列入善本者,暂不提供)。内容每书不超过 30 个筒子叶,且不超过全书内容的三分之一,清乾隆以前出版的古籍善本,不在高校古籍特藏文献传递的范围内。再版古籍和影印古籍在古籍特藏文献传递的范围内,普通古籍中孤本、稀见本不在高校古籍特藏文献传递的范围内。高校图书馆中,私人专藏的古籍特藏文献不在古籍特藏文献传递的范围内,如吉大馆中的吕振羽、于省吾、蒋善国、关梦觉等私人专藏不在古籍特藏文献传递的范围内。

特藏文献应根据收藏馆情况确定传递范围，如吉大馆中的满铁资料、亚细亚文库的文献在整理中，故不在古籍特藏文献传递范围内。特藏文献中孤本、稀见本、三线藏书，不在古籍特藏文献传递的范围内。馆藏中有相当数量的孤本、稀见本书和解放前的报纸、期刊、杂志不在古籍特藏文献传递的范围内。

1.2　文献请求者不了解需要文献传递的古籍特藏版本

这主要是古籍特藏文献需求者，想用古籍特藏文献传递的方法解决难寻文献，不了解所要传递文献的版本情况。

（1）需要文献传递的文献是善本，故请求被拒绝

很多文献需求者，不熟悉 CALIS 古籍特藏文献传递规则，提请求超越权限，把善本古籍当做普通古籍来进行文献传递，所以请求被拒绝。如：《象山先生文集》二十八卷，外集四卷，语录四卷，（宋）陆九渊撰，明正德十六年（1521）李茂元刻本。此书为明正德十六年刻本，为善本古籍，故请求被拒。

（2）需要文献传递的文献是孤本，故请求被拒绝

吉大馆的普通本古籍中，不乏一些孤本藏书。有文献传递需求者不明情况，借 CALIS 古籍特藏文献试点来获得孤本文献，结果请求被拒绝。如：[桐城]《龙氏宗谱》四十四卷首一卷，龙亮弼等修，民国二十三年（1934）德中堂活字本。此书为存世海内孤本，故请求被拒。

（3）需要文献传递的文献是稀见本，故请求被拒绝

个别文献传递需求者不管要传递的文献是不是稀见本就提请求，结果请求被拒绝。读者想利用文献传递获得馆藏稀见清人别集。如：《蓉湖诗钞》二卷，续存一卷，补遗一卷，（清）汪瓆撰，清咸丰四年（1854）至九年（1859）刻本。此书为稀见本，国内仅几家收藏，故请求被拒。

（4）校外读者想通过文献传递获得未拍照过的文献，故请求被拒绝

一些校外读者，来吉大馆查古籍文献，要获得全部文献，按要求拍照只能是获得该文献的三分之一，另外三分之二想通过文献传递获得，结果请求被拒绝。还有读者说正在修家谱，需要整部家谱文献，想以文献传递的方式获得，结果请求被决绝。

（5）需要文献传递的文献是特藏文献，故请求被拒绝

目前，吉大馆已经把馆藏的一些特藏文献建成了目次库，有文献传递者，要传递特藏文献，结果请求被拒。如下列情况：满铁资料库的藏书、亚细亚文库的藏书、新中国成立前出版的书、报、杂志等正在整理中，暂时停止文献传递。另外，吉大馆新中国成立前书库中收藏了 1949 年 10 月以前出版的书、报、杂志，在馆藏书目中均可以查到，有些读者不知道所要求文献传递的是新中国成立前的孤本、稀见本，故请求被拒绝。

2　CALIS 高校成员馆现有的数字资源

笔者近期发现，有相当一部分需求者不了解国内高校图书馆的数字资源，有数字古籍还提纸本请求文献传递，故请求被拒。所以，古籍特藏文献传递前，需求者必须要了解国内数字全文古籍，以免请求被拒。笔者有必要向文献传递者，宣传一下 CALIS 高校成员馆中的数

字古籍资源。以下为CALIS高校成员馆中的全文数字资源。

表1 CALIS高校成员馆中的数字资源全文库

数字库名称	年代范围	收书种数	收藏册或字数
二十五史	远古至清代	25种	2602卷5000余万字
四部丛刊	以宋元明善本为底本影印	368种	3100多册
四库全书	清乾隆以前的典籍	3503种	79309卷
续修四库全书	1911年以前出版的典籍	5213种	精装1800册
中国历代石刻史料汇编	从秦砖汉瓦到清代碑文墓志	15000余篇	1150万字
中国基本古籍库	自先秦至民国	10000余种	16万余卷17亿字

综上这些全文资料,只是CALIS的成员馆中比较常用的数字资源,在CALIS成员馆主页的页面中还有一些全文库,需要我们去熟悉,只要需求者熟悉数字资源,请求的成功率会提高的。在CALIS主页上的数字资源,吉大馆和成员馆均可以为你提供文献传递服务。

在CALIS成员馆主页中还有一些书目库,也可以查到您需要的文献,只要不是特殊版本类型的文献均可以文献传递。一些常用的目次库包括:高校古文献资源库(学苑汲古),现已拥有书目记录约63万余条,为世界上最大的中文古文献资源库之一。另外,国家图书馆善本古籍特藏文献检索、日本京都大学图书馆贵重资料画像、北京图书馆古籍珍本丛刊书目库、古籍音韵书目数据库、中华再造善本书目数据库等。由于篇幅,笔者就介绍这些书目库。在书目库中有很多文献受版本的限制,在提请求前,看一下资源存藏情况和版本情况,熟悉数字资源也会提高古籍特藏文献传递的成功率,减少请求的拒绝情况的发生。

3 提高古籍特藏文献传递成功率的方式

为缓解古籍特藏文献传递中收藏与文献传递者的矛盾,古籍特藏文献数字化势在必行。在国内新出版的古籍特藏文献数字资源上力求全方位收集,争取在短时间内使馆藏古籍尽可能变成数字资源,这是近期亟待解决的问题关键。

3.1 加大古籍特藏文献数字建设的力度

应加大投入增加古籍特藏文献数据库的研发力度,在原有目次库的基础上,继续对原有数据库进行二次研发、合并,挖掘数据的深层内容,建立一些专题的全文数据库。如:《新版地方志全文库》《影印地方志全文库》《吉林大学图书馆藏古籍库》等。

3.2 加强古籍收藏单位间数字建设的联合

在原有《高校古籍文献数据库》的基础上,建立新的数据库,对新内容加以补充,对原有数据进行更新,优化格式,使资源布局趋于合理。同国内大学联合建设数字资源,特别是收藏古籍较多的单位。如:吉大馆可以同北京大学、复旦大学、南京大学等高校图书馆合作,联合开展数字资源的建设。

3.3 引进古籍数字资源

对国内外出版的古籍特藏文献的全文数字资源、数据库、电子书等，要尽可能购买，引进电子资源也是扩大古籍特藏文献传递范围最好的方式。

3.4 增加图书经费对再版古籍特藏文献的购买

图书经费对再版古籍特藏文献的购买要有所倾斜，对国内再版的古籍特藏文献要全方位的收集。再版古籍特藏文献的补充，可以扩大古籍特藏文献传递的范围，提高请求率，减少请求被拒绝的产生。

文献传递服务是数字图书馆信息服务的核心内容之一。联合国内高校收藏古籍特藏文献的图书馆，开展形式多样的数字古籍共建工作也是有利于古籍特藏文献传递的。古籍的数字化必须吸收前人古籍整理成果。文献传递可以利用现有的古籍特藏文献数字资源和未来建设的数字资源，利用 CALIS 地区中心和 CASHL 东北区域中心这两座信息平台，开展区域协作建立古籍特藏文献传递联盟，联盟中的成员馆可以共同开展文献传递服务。笔者已将古籍特藏文献传递的范围公布给世人，相信需求者会按要求提出文献传递请求，常用的古籍数据全文库和书目库也呈现在需求者面前仅供参考。只要需求者按文献传递的要求去做，随着古籍数字化的深入，古籍特藏文献传递的成功率会有很大的提升，相信古籍特藏文献传递的春天即将到来。

参考文献

[1] 张晓林. 从文献传递到知识传递面向未来的模式转变. 图书馆杂志，2010(2)
[2] 吴建中. 开放交流合作——国际图书馆发展大趋势. 中国图书馆学报，2013(2)
[3] 孙坦. 开放信息环境：学术图书馆信息资源建设的定义于再造. 中国图书馆学报，2013(3)
[4] 赵以安. 国外图书馆战略规划中的信息技术. 图书馆学研究，2012(20)
[5] 杨晓秋. 数字图书馆文献传递服务的著作权保护问题调查与分析. 图书馆学研究，2013(4)

中小型高校图书馆文献传递的利用实践

刘冬梅　宁　璐　陈　娜(北京农学院图书馆)

1　中小型高校图书馆数字资源建设现状与存在问题

1.1　中小型高校图书馆资金不足

中小型高校图书馆由于学校规模的限制,与大型高校图书馆动辄几百万甚至上千万的数字资源采购经费相比,资金明显不足。受经费的限制采购的数字资源有限,无法完全满足读者对外文全文数字资源的需求。

1.2　中小型高校图书馆数字资源搭配不合理

许多中小型高校图书馆针对学科的数字资源配置不合理,有的学科提供的数字资源充足,而有的学科又不足。数字资源配备不合理导致读者获取资源的不充分,不能满足学科教学和科研的需求。

2　如何解决中小型图书馆获取数字资源面临的问题

2.1　合理配置馆藏数字资源

由于中小型高校图书馆资金问题短期内不能得到缓解,因此应合理配置馆藏数字资源。应在充分对各院系数字资源需求调查的基础上,调整数字资源的采购,把钱花在刀刃上,尽量使数字资源的配比趋于合理。

2.2　依托数字资源共享平台,满足中小型高校图书馆读者的数字需求

利用数字资源共享平台,通过文献传递的方式使读者在校内不能满足的数字资源需求得到满足。中小型图书馆基本上都是数字资源输入馆,文献传递使大馆和中小型高校图书馆的资源得到了共享。通过文献传递这种方式,也使地区间乃至全国的数字资源得到了共享,直接快速地提高了中小型馆数字资源满足率。

3　依托文献传递共享平台获取读者所需数字资源(以北京农学院图书馆为例)

3.1　BALIS原文传递中心提供的数字资源平台

3.1.1　BALIS原文传递中心

2007年,北京地区高校图书馆文献资源保障体系(简称BALIS)下设的原文传递中心,在北京地区高校图工委的领导下,依托成熟的系统平台,充分利用北京高校丰富的馆藏数字资源和高校间便捷的网络环境,为北京地区高校读者提供原文传递服务。这为数字资源贫乏的中小型图书馆读者带来了福音。

3.1.2　BALIS/CALIS原文传递融合平台

2012年,为了为北京高校读者提供全国乃至全世界的数字资源,BALIS开通了与CALIS(中国高等教育文献保障系统)的融合系统,这又为中小型高校图书馆带来了惊喜。从2012年起,读者可以在各自的学校里足不出户轻松免费获取自己所需的数字资源,这大大拓展了读者的数字资源视野,使中小型高校读者的数字资源满足率获得了更大的提高。

3.1.3　BALIS/CASHL原文传递平台

2013年,BALIS为了提高高校人文社科类读者对数字资源的需求,选择了与CASHL(中国高校人文社会科学文献中心)合作,并于同年开展了针对CASHL的宣传推广工作,取得了很好的宣传效果。

伴随BALIS的发展,中小型图书馆文献传递工作也在其中得到了长足的发展,这使中小型高校图书馆的数字资源满足率节节攀升。

3.2　北京农学院图书馆依托BALIS原文传递中心开展的宣传培训

3.2.1　宣传月的宣传与培训

在BALIS原文传递中心的统一领导下,北京农学院图书馆每年的春季都开展北京高校成员馆的读者服务月活动。如:2011年,围绕“免费共享BALIS资源”主题的活动,利用各种方式,全方位地宣传和培训,使读者意识到原文传递服务是资源共享最有效的方式。2012年,为了充分宣传BALIS/CALIS融合系统,北京农学院图书馆举办了“免费获取海量学术文献”宣传月活动。融合系统拓展了读者获取更多外文文献的渠道。2014年,BALSI/CASHL系统开通,以“高效、快捷、免费获取外刊文献”为主题的宣传月侧重对人文社科专业的支持。

3.2.2　拓展文献传递宣传的新途径,提高数字资源的满足率

3.2.2.1　利用校内电子邮件系统

高校校内电子邮件是很重要的一个沟通渠道。按照人文社科和理工学科的分类,通过校内电子邮件系统与不同的读者就BALIS/CALIS平台和BALIS/CASHL平台进行沟通,可以发放一些原文传递宣传信息。以北京农学院图书馆2014年宣传月为例:

2014 年原文传递宣传校内邮件系统统计

单位		总邮件(总人数)	打开邮件人数
文法学院		31	28
经管学院		61	17
生物学院		41	21
植科学院		81	44
图书馆		32	21
动科学院		64	39
园林学院		64	23
食品科学		52	26
计算机学院		33	20
基础部		68	32
国际学院		14	7
网络与信息中心		11	9
城乡、继教学院		39	18
校医院		22	3
校领导		8	5
其中:	教师	621	313
	研究生	599	116

通过对往年原文传递请求量的统计,可以看出教师和研究生是原文传递的主要使用者。教师读者用户群相对较稳定,通过几年的宣传基本上已经对原文传递有了一些了解。但研究生每年都有毕业的,又有新的入校,所以研究生的宣传培训就显得尤为重要。通过之前原文传递活跃读者的统计分析可以看出,研究生读者占了61%的比重。因此,研究生的宣传与培训成为我们工作的重中之重。

上表显示,有一半的教师读者通过校内邮件系统对原文传递进行了了解。但研究生读者打开邮件的比较少,说明研究生读者需要其他的宣传途径进行更加深入的宣传。

3.2.2.2　与时俱进,利用学生社团的 QQ 群、微信朋友圈等方式进行宣传

原文传递咨询员加入高校的社团,通过 QQ 群、朋友圈等相关即时通讯方式与读者沟通,宣传原文传递服务,实时解决读者在使用中遇到的问题。这种读者喜爱的交流方式既密切了馆员与读者的关系,又能够使原文传递工作得到很好的发展。

3.2.2.3　与读者零距离接触,手把手指导读者使用原文传递

通过研究发现原文传递的目标读者通常是高校的教师和研究生。馆员可以深入教师所在的教研室和研究生宿舍楼等与读者零距离接触。笔者所在的北京农学院图书馆正在做这些有益的尝试。高校图书馆馆员放下身段,认真倾听读者对原文传递工作的意见与建议,帮助读者解决实际工作和学习中查找文献的困难,受到了读者的高度赞扬,在一定程度上提高了高校读者的数字资源满足率。

3.3 北京农学院图书馆文献传递的发展

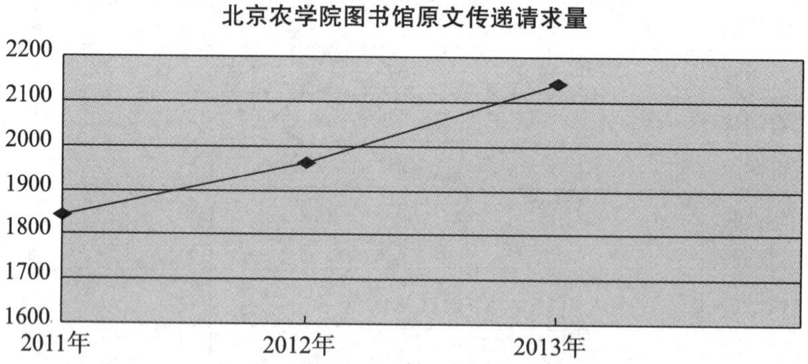

如图所示，北京农学院图书馆原文传递的请求量从 2011 年的 1845 篇到 2013 年的 2141 篇，每年都有提高。由于持续不断的探索并实践与读者的沟通，使越来越多的读者使用原文传递，获取他们在教学和科研中急需的数字资源。

4 中小型高校图书馆原文传递工作的问题

4.1 软硬件问题

原文传递工作中经常会碰到断网的问题。读者也经常向馆员反映相应的问题。BALIS 中心馆应加强与软硬件供应商的联系，尽量减少此类问题的发生。

4.2 各馆人才使用问题

人手不足是每个中小型高校图书馆面临的普遍问题。许多老馆员马上退休，而由于学校的统筹安排，新的馆员又不能及时得到补充。通常面对上万的读者，只有一个原文传递馆员，有时还兼其他工作，深入进行原文传递的宣传往往力不从心。

4.3 原文传递沟通问题

4.3.1 原文传递成员馆之间的沟通

因原文传递工作需要成员馆之间的相互配合，中小型图书馆也应该努力建设自己的特色馆藏资源，为原文传递数字资源贡献自己的力量。另外，BALIS 中心馆应多建设馆馆之间交流平台，使各成员馆之间能够顺畅沟通。

4.3.2 原文传递馆员与读者的沟通

笔者在原文传递工作中发现，有许多读者迫切需要我们的原文传递服务来解决他们在学习和工作中遇到的文献获取难题，而馆员也很想把这种快捷、高效的获取原文的方法介绍给读者。可是通常馆员和读者缺乏有效对接的途径。这就需要馆员进一步开动脑筋，拓展与读者沟通的有效渠道，更好地宣传文献传递。

虽然中小型高校图书馆文献传递工作刚刚起步，还存在着这样或那样的问题，但文献传递工作对数字资源匮乏的中小型高校图书馆尤为重要。利用好文献传递的共享平台,拓宽与原文传递读者的沟通渠道,认真做好宣传与培训工作,使更多的目标读者能了解并熟练掌握原文传递,为学校的教学和科研工作助一臂之力。

参考文献

[1] 李舒平. CASHL文献传递模式及中小学高校图书馆利用实践. 大学图书馆情报学刊,2009,8(27)

[2] 田瑞,黄智武,丁永玲等. BALIS原文传递服务使用状况调查与分析. 医学信息学杂志,2010,31(11)

[3] 孙金艳. 原文传递助力高校图书馆信息服务——以北京服装学院图书馆为例. 科技情报开发与经济,2011,21(1)

文献传递伪需求案例分析及改进措施

沈艳红　张　娣(江南大学图书馆)

文献传递服务是图书馆之间或图书馆与其他文献情报机构之间达成协议,相互利用对方的文献资源来满足读者信息需求的一种服务形式。CALIS(中国高等教育文献保障系统)三期建设项目"e读学术资源搜索引擎""外文期刊网CCC""e得(易得)文献获取"的实施,大大促进了各高校之间,高校与国家图书馆、上海图书馆、国家科技图书文献中心(NSTL)等单位的资源共知、共建、共享,为各馆更好地满足读者文献需求做出了巨大贡献。

1　文献传递伪需求统计

目前各图书馆接受的文献传递请求中,包含大量的文献传递伪需求,即无需传递即可获取全文的文献传递请求,比如本馆就有该文献的全文馆藏的(包括电子的或纸质的),或者通过OA资源即可获取全文的……华东理工大学图书馆秦霞老师曾就此进行统计,发现读者申请馆藏文献占文献总申请量的16%,读者申请文献可直接在互联网下载到全文的占文献总申请量的6.3%,两项相加为22.3%。表1则列出了江南大学图书馆2012、2013年度的文献传递情况统计。

表1　江南大学图书馆读者文献传递伪需求统计

年度	年总请求数(件)	本馆资源和OA可满足数(件)	本馆资源和OA可满足率(%)
2012	1638	434	26.5
2013	1700	609	35.8

从表1可知,江南大学读者的文献传递伪需求量也是非常高的。这些文献传递申请大大增加了图书馆文献传递服务工作人员的工作量,如果文献传递工作人员工作不够细致,直接用收费的文献传递方式满足其需求的话,还将大大浪费文献传递费用。分析文献传递伪需求的成因,考察降低文献传递伪需求的可行性方案,对于当前高校图书馆具有非常大的现实意义。

2　文献传递伪需求案例及其成因分析

2.1　文献传递伪需求案例

案例1:"Tocotrienol-rich fraction of palm oil exhibits anti-inflammatory property by suppressing the expression of inflammatory mediators in human monocytic cells"一文,读者如果通过百链

检索,检索结果中给出了“Wiley InterScience”和“邮箱接收全文”两个获取途径,读者直接点击 Wiley InterScience 即可进入到该文的全文下载页面;而读者如果通过 CCC 检索后点击检索结果中的全文库链接,即可获得“全文链接:Wiley Online Library”,点击后同样进入到该文的全文下载页面。

案例 2:“Prediction of hotel bankruptcy using support vector machine, artificial neural network, logistic regression, and multivariate discriminant analysis”一文,读者如果通过百链检索,检索结果中给出了“Taylor and Francis”和“邮箱接收全文”两个获取途径,但读者直接点击 Taylor and Francis 会发现我馆没有全文,读者点击“邮箱接收全文”即可通过百链的免费文献传递服务获取全文,而该文献在 CCC 中无法检索到。

案例 3:“Comparison Between Effects of Two Different Cationic Surfactants on Structure and Properties of HIPS/OMT Nanocomposites”一文,读者如果通过百链检索,检索结果中给出了“EBSCO(asc/bsc)”和“邮箱接收全文”两个获取途径,但读者直接点击“EBSCO(asc/bsc)”会发现我馆没有全文,读者点击“邮箱接收全文”即可通过百链的免费文献传递服务获取全文。该文在 CCC 中有文摘库链接,读者可通过文献传递获得全文。

案例 4:“Diversity of Lactic Acid Bacteria, FOODS AND FOOD”一文,读者提供了其来源:INGREDIENTS JOURNAL OF JAPAN,卷:209;期:9;页:723—729;出版年:2004。该文在百链中检索不到,可以通过 CCC 进行文献传递,但是读者也可以直接利用 google 等搜索引擎获取期刊网址,进而免费下载全文。

案例 5:“Odour measurements in textile industry”一文,读者提供了其来源:FIBRES & TEXTILES IN EASTERN EUROPE;卷:11;期:1;页:53—58;出版年:JAN-MAR 2003。该文在 CCC 中检索不到,但读者如果通过百链检索,检索结果中给出了“EBSCO-TTC”和“邮箱接收全文”两个获取途径,但读者直接点击“EBSCO-TTC”会发现我馆没有全文,读者点击“邮箱接收全文”即可通过百链的免费文献传递服务获取全文。该文读者也可以直接利用 google 等搜索引擎检索后免费下载全文。

案例 6:“Protein fructosylation: fructose and the Maillard reaction”一文,读者提供了文献作者和来源:WL Dills, Jr ;American Journal of Clinical Nutrition;0002 - 9165;1993;58 卷;5 期;779S 页。该文可在 CCC 中检索到,属于开放期刊,读者不必通过文献传递,直接可以免费下载全文。读者如果通过百链检索,检索结果中给出了“邮箱接收全文”,读者点击“邮箱接收全文”即可通过百链的免费文献传递服务获取全文。

2.2 文献传递伪需求产生的原因分析

文献传递伪需求的产生,原因不外以下几种:①读者在提出文献传递申请之前并未仔细检索本馆已有的馆藏资源或者是不懂得如何检索馆藏资源,案例 1 就属于这种情况。②读者对于文献传递服务平台了解不够。对于读者来说,百链和 CCC 均可提供文献传递服务,但百链是可以自助、免费进行文献传递,而 CCC 则需图书馆工作人员的帮助,并且需收取一定的费用,案例 2 和 3 就是属于这种情况。③读者申请传递前未对网络免费资源进行检索,如案例 4、案例 5 和案例 6,读者完全可以通过网络直接获取全文。④读者因客观原因无法利用校园网内的图书馆资源,比如出差、实习或使用校外网络等。

3 减少文献传递伪需求的四点建议

3.1 图书馆应加强馆藏资源分布的培训工作

当前图书馆在日常培训中,更加注重单个数据库的使用方法的培训,而较少进行信息资源概况的培训,导致很多读者对于本馆馆藏资源了解、掌握程度较低。图书馆应大力加强馆藏资源分布情况培训,帮助读者了解、掌握馆藏资源概况及查找方法,既可以减少文献传递伪需求,减轻文献传递工作人员的工作量,也可以提高馆藏资源的利用率。

3.2 图书馆应加强网络免费资源及其获取的培训工作

部分读者在利用图书馆检索文献时,一旦检索不到就提交文献传递申请,没有通过网络免费资源满足自己文献需求的意识。图书馆在日常培训中,不仅应注重馆藏资源的检索与利用,也应该加强网络免费资源的培训。

3.3 加大宣传力度,开展常态化的文献传递培训工作

图书馆的日常培训中,参与专门的文献传递培训的读者非常有限,文献传递知识普及困难,多数读者对文献传递服务似懂非懂,这也是大量文献传递伪需求产生的重要原因。建议图书馆将文献传递培训常态化,在每次日常培训之后,花几分钟的时间将文献获取的流程和文献传递的方法介绍给读者,普及文献传递服务知识。

3.4 将文献传递知识加入信息检索课程教学内容

目前国内高校信息检索课程开设比较普及,是大学生提高信息素养以满足自己信息需求的重要途径,信息检索课程教师应积极将文献传递相关知识融入信息检索课程的教学内容中去,提高文献传递知识的普及率。

参考文献

[1] 陈玉凤. 高校图书馆文献传递服务的实践与思考. 情报探索,2014(2)
[2] 秦霞. 文献传递业务分析与思考——以华南理工大学为例. 图书情报工作,2012(S1)

外国文献传递的发展与研究现状(2013 年度)

汤罡辉(中山大学图书馆)

1 日文资料的馆际互借/文献传递

据了解,目前,日语文字的材料在美国还存在馆际互借的困难,有篇关于北美日本研究馆藏协调委员会(The North American Coordinating Council on Japanese Library Resources, NCC)的报道指出了这个问题(Paulus,2013)。该委员会负责为研究者提供日本研究领域的文献资源与服务,也同时为对日语材料感兴趣的用户提供文献传递服务。该篇报道描述了这个委员会的管理方式、业务活动与工作流程。对于为读者索取日语材料感到困难的图书馆员可了解该篇报道。

该篇文献提到,为了支持全球日本研究的材料获取,该委员会于 2002 年建立了全球馆际合作框架(Global Interlibrary Loan Framework,GIF),参加成员包括北美及日本的学术图书馆,这些成员互相提供非返还式的期刊文章及其他类型文献的传递服务。但成员之间存在图书目录更新非使用同一个系统的问题,以及互借或文献传递的费用货币转化问题,还存在缺乏文献传递的基金资助等问题。例如,日本国内图书馆将新增加的书目记录添加到 NACSIS-CAT 系统中,而北美图书馆则将编目工作设置在 OCLC 平台上,参加 GIF 项目的成员馆馆员,要在两个系统中检索书目。另外,参加了 GIF 项目的成员馆,不一定是 OCLC 项目的成员馆,不能跨系统实施文献传递服务。

在知识产权方面也存在障碍,因为每个国家的知识产权都有别于其他国家。在北美,文献传递时,通常使用自动化扫描及传递,使用的系统如 Odyssey,形成的 PDF 格式文件可直接提供给用户。OCLC 的单篇文献传递系统(OCLC Article Exchange)又是另外一种方式,由借出馆上传 PDF 格式文件,然后提供文章链接地址给索取馆,以发送邮件的方式告知地址。然而在日本,大多数图书馆还仍然使用航空邮件将影印的复印品传递给北美的成员馆。这样的纸质邮寄速度,往往会影响到需求者对这种服务的正面评价,尤其是跟其他传递方式相比较时,会深感索取、等待的困难。

2 韩国对文献传递服务的立法建议

在目前的数字资源环境下,人们越来越习惯或依赖新的资讯交流模式。但是,有些迹象表明知识产权问题(特别是,知识产权该如何改进以规范数字化、电子化的文献传递的问题)日益凸显,有人希望可获得改观,但是,纵观全球范围内的现有版权法案,版权法对数字资源的约束还是持保留态度的，或者还没有及时更新到足以描述数字文献传递合理使用的程度。例如，在英国的 Hargreaves 报告提到，版权立法改革还在持续进展中。在韩国，有篇文章（Yoo and Kim，2013）还详细提到：目前韩国的版权法问题，以及版权法对数字化文献传递服务的影响问题，正被作为一个新的时代问题，被有关人员建议提交给韩国图书馆及信息中心，拟要求提出解决方案。经过对韩国版权法的详细分析讨论，该文章作者认为，就目前来看，数字化的文献传递服务超出了现有版权法许可范围，因此，建议学术性的信息服务中心要负责管理好版权结算服务，包括版权持有者、出版社、版权集体之间的结算。

这种版权结算方式来解决电子文献传递的版权纠纷问题，在其他发达国家已经有出现，因此，并不见得是一种创新的解决方案，仅仅是步人后尘的改进、跟进建议。

3 欧洲芬兰的馆际互借/文献传递工作方式

以往有些文章描述了国家储存图书馆（National Repository Library，NRL）的工作方式，都曾给人留下特别的印象。我们以芬兰这个国家为例进行引述（Paakkinen and Vattulainen，2011）。在芬兰的国家储存图书馆进行高效率运作的方式是：馆藏基本来自其他芬兰图书馆的捐赠，然后通过馆际互借的方式，免费提供给所有芬兰国内的图书馆。他们可以让图书馆节省空间——大概排放在一起足有 111 公里长度的"少用"资料都被运输到他们那里。在 2010 年，有 80 000 次馆际互借请求，而且所有的请求都是在 24 小时内得到处理。被借的图书都要求在发出请求后的第二天可以获取到。文章类的请求，则被扫描方式传递给需求图书馆，有时候，则直接发送给终端读者。正如有些人预估的那样，大概一半的纸质材料图书需求来自公共图书馆，大部分的文章需求来自学术型图书馆。联合在一起的芬兰馆际互借次数，在 1998 年达到了最高点，有 300 000 次馆际互借。然后在 2009 年降落到 90 000 次。芬兰国家储存图书馆后来开创了一个试点项目，用于引进 Relais software 软件，来强化国内各类图书馆与国家储存图书馆之间的馆际互借。

尽管欧洲的大英图书馆文献供应中心（The British Library Document Supply Centre，BLDSC）在过去三年馆际互借与资源共享（ILDS）研究方面的文章里都被当做是一个执行存储废弃图书、过刊的存储馆角色，但是，许多图书馆都试图像大英图书馆文献供应中心一样，可寻找潜在的、可再利用的空间，如通过与其他图书馆共享存储仓来释放空间，处理复本资料的存储，并依赖快速的文献馆际互借来满足读者的需求。而芬兰国家储存图书馆（NRL）的角色就像大英图书馆文献供应中心，节省的费用与空间对于图书馆而言，都是效果显著的。而且高效的馆际互借可以确保读者对需求资源的获取速度。从芬兰及英国的案例来看，其他国家确实是可以发展类似角色的图书馆。在美国图书馆界，有一些图书馆联盟、团体开展了类似大英图书馆文献供应中心的共享印本馆藏（Shared print collections）的计划与实施，霍华德女士（Howard）有一系列的文章进行详细的描述，可资参考。

4 文献传递的技术更新问题

有篇技术类的文章,展示了使用基于 web 的服务模式,例如,在西班牙的大学之间就使用这种模式来发出请求并获得文献。由于存在的问题就是如何使用 E-mail 来传递,因此该文章提出采用 Simple Object Access Protocol(SOAP)来解决技术难题。(Rodriguez-Gairin, 2013)。

有个文献传递机构拟打算更新服务模式,也值得关注。例如,DeepDyve 是一个新的搜索引擎,专门为知识型读者服务,例如学生、学者、工程师。DeepDyve 可以找到并打开需要支付费用的网页,帮助读者降低阅读成本。也算是一个很有意思的文献传递服务机构。他们最近声明要强化创新服务来满足研究人员的检索需求。"DeepDyve 提供在线的学术与专业研究资料的租赁服务,目前宣布会提供新的免费增值(freemium)服务模式,就是说,允许读者提前预览任何一篇文章,预览时间为 3—5 分钟每天"(Research Information, 2013)。他们这么做,是因为出于这样的判断:仅仅凭摘要内容并不足够去判断该篇文章是否有用。

5 馆际互借中教材传递问题

馆际互借的一个棘手问题就是如何获取学生的教科书(textbooks),关于这个主题,美国威奇托州立高校(Wichita State University in the US)进行了使用情况的评估。"通过回顾美国研究图书馆协会(ARL),及他们各自的馆际互借政策(网上可查看到的),可发现,大多数机构都没有通过馆际互借来订购教科书(就是说,没有参考馆际互借的流通数据来确定哪些教材适合订购),他们也不从教师使用的教材服务单(instructor utilization of course reserve)里再提供一个可替代的教科书收藏单"。在过去五年时间里,教材书的馆际互借请求数量翻了两倍,虽然这仅仅是一个小比例的请求。但这说明,采访人员所订购的教材书,还不能很好地满足读者的阅读需求。

虽然,一个数额较小的教材书订单错误(在过去五年里,有 17 000 个借阅请求,其中有 104 个是关于教材书的借阅需求,但这 104 个教材书都没被采访员订购),并不意味着有需要修改威奇托州立高校(Wichita State University)的馆藏发展政策。但是,尽管如此,对于希望了解教材书在馆际互借中是如何运作、频次如何、效果如何的图书馆员而言,这是一篇有阅读意义的文章。

6 馆际互借/文献传递的集成管理问题

扫描与传递文献对于馆际互借/文献传递馆员而言是非常熟悉的工作流程,因为出版社对电子资源的使用设置了一些障碍,恰如一个箍环,影响着图书馆员进行文献的传递,例如迫使打印,再扫描。但是,耶鲁大学于 2012 年推出了一项新的且免费的服务。这个新服务将让我们看到,扫描与传递文献这个工作流程不局限于馆际互借与文献传递馆员来操作了。该大学图书馆员介绍,“在大多数情况下,扫描与传递的工作流程,都由馆际互借所操作,或者由接入服务部门(access services units)所操作,目前,已将请求处理的环节介入到现存的各个岗位位置与工作流程里”,这样一来,开设这项服务的第一个学年里,耶鲁大学图书馆的用户提出了16781个扫描请求。这些请求中,有12242次被耶鲁大学图书馆馆群满足,大概满足率为73%。看起来,图书馆的用户获得了巨大的满足。

这所大学图书馆的创新之处是:第一,在图书馆的馆藏目录(OPAC)界面下,集成了文献扫描的请求链接。让读者查看馆藏资源的地址时,不仅仅是看到实体资源的物理地址,还看到一个新的服务链接,提示是否需要使用新的服务方式给予扫描,提示语为:“(New) Request scan of article/chapter”。第二,一般文献传递请求都是要例行统计一些关键数据,如每天的请求数量,回复的周期,请求无效的原因。但耶鲁大学的图书馆还将统计内容延伸到馆藏发展问题上。例如,让各个分馆的馆长提出还需要哪些统计数据内容。又如,将馆藏请求的内容(无论是纸质的,还是电子版的)都统计出来,提交给馆藏发展部门。第三,耶鲁大学图书馆在其中的两个分馆,如the Sterling Memorial and Bass Libraries,完成了“访问服务(access services)”工作流程的重组,这样的结果就是,将存储馆员(reserves staff)跟扫描与传递馆员(Scan and Deliver staff)整合在一起。这也是应读者的需求,以及考虑到两种岗位的工作相似度而进行组合的。例如,读者认为一些课程需求的文件,进行扫描后存储在一个系统里,并提供开放链接,会方便教职工及学生。至于哪些扫描件需要放在存储系统,可由用户决定。

7 出现评价现有文献传递服务的报告书

有篇研究报告是指向文献传递及传递服务机构的,由Outsell公司出版,值得一读。但是其售价需要895美元。不过,也可以免费去阅读,通过Reprints Desk来获取。

Reprints Desk的出版声明是“在整体满意度及任一类别上都要位居第一,追求广度与深度的服务,采用合理的价格让人更轻松获得”。也许Reprints Desk认为这篇研究报告的内容值得花大额费用来获得,并转而以免费提供方式,提供网上全文可见的服务。当然了,这样做,也许会让Outsell公司失去可观的收益。

在这篇高达895美元的研究报告里,对以下文献传递供应商进行了评述。

- British Library(大不列颠图书馆)
- Copyright Clearance/Center, Inc. (CCC)(版权许可中心(有限公司))
- Deep Dyve, Inc.
- FIZ Karlsruhe(德国专业情报中心)
- Information Express, Inc.
- Infotrieve, Inc.
- Linda Hall Library(琳达大会堂图书馆)
- OCLC Online Computer Library Center, Inc.
- ProQuest LLC

- Reprints Desk, Inc.
- Research Investment, Inc.
- Swets(商惠知)

评估这些供应商时,采用问卷反馈调查的方法。“这次问卷调查,吸引了 156 为受访者,68% 来自企业部门,14% 来自政府部门,13% 来自教育部门,还有 5% 来自卫生健康部门”。尽管这些受访者都是基本来自美国的,但也许不会对以上罗列出的 12 个文献传递服务机构产生国别偏见。

通过调研得出的评估内容是:在这些供应者里,我们都进行过前期的跟踪(仅仅是 FIZ AutoDoc,我们是从 2012 年开始跟踪的)。Reprints Desk 和 Linda Hall Library 这两个机构在 2008 年、2012 年都是在三个指标属性里分属得分最高的一类机构。Reprints Desk 在所有的属性里得分是最好的,从 2008 年起,就一直占据着“具有杰出性能表现”的位置。从文献传递覆盖的深度和广度上看,the British Library 是特别突出的,其次,FIZ AutoDoc、Infotrieve 和 Linda Hall Library 这三个得分也都比较高。对于文献传递服务中的合理定价因素,Linda Hall Library 是比较接近 Reprints Desk 的。此外,FIZ AutoDoc、Linda Hall Library、The Research Investment 这三家机构被认为具有好的经商环境,也即善于做文献传递的生意。

这份具有文献传递服务行业性质的调研报告书,充满了迷人的统计数据,也做了有指导作用的叙述,对于馆际互借/文献传递图书馆员来说,是值得做基础阅读的。

8 小结

首先,馆际互借在美国正显著性地提升发展,与此同时其他国家却看起来在下降。

综上来看,一般馆际互借/文献传递都会遇到知识产权保护的限制性问题,例如,前文提到的耶鲁大学图书馆的所有扫描与传递服务请求,并不是所有的请求都给予满足,有的超出了合理使用范围也会被拒绝。虽然有的国家的图书馆想通过修改版权法来扩大文献传递的服务范围,但这也仅仅是一种单方面的理想。实际上,在数字资源环境下,出版社更希望通过修改版权法来保证他们的利益。例如,在德国,在出版商和书商协会的不断游说下,2008 年 1 月 1 日德国新的版权法实施,一般情况下不再允许图书馆直接通过电子邮件发送文献传递,只能通过邮寄和传真方式开展文献传递服务,除非是针对个人读者对一些灰色文献和人文类出版物的传递请求。新版权法实施后,文献传递业务量急剧下降。

在澳大利亚,合理使用的界定要受澳大利亚版权的束缚,而且这部法规比起美国的版权法也有更多的限制。除了版权法外,还有一些扼制图书馆发展文献传递业务的瓶颈,被众多馆际互借/文献传递馆员所知的,就是出版社设计的用于消除“合理使用”条款的限制内容,这些限制内容都是以合同法的形式来写入到订购方案、使用许可方案里的。在一些国家,合同法胜过版权法的规则。因此,文献传递的工作开展,在有些国家并不是一帆风顺。

而略显得比较特别的是美国。美国的基于 Rapid ILL 系统的馆际互借/文献传递,在 2012 年之后,较多文章介绍过这个互借传递系统。例如,有的如此介绍,“参与的成员馆同意 24 小时,或更少的周转时间开展文章的传递服务。为了完成这个业绩指标,图书馆将给馆际互借服务的馆员提供馆藏清单,包括电子版及纸质版期刊馆藏的列表。而且这个列表,可以指示每一个请求是否在其他图书馆具有,是否被严格局限于当地使用”。Rapid ILL 系统有很高的满足率,至少 94%。最近,一个新的服务项目被推介出来用于图书章节的借出服务,目前有 23 个图书馆参与该计划。科罗拉多州州立大学是其中一个成员馆,“科罗拉多州州立大学,馆际互借服务处接到 2792 个图书章节的借出请求,有 1945 个得到满足,满足率 70%,同时,申请借入的环节,有 438 个图书章节被请求借入,有 369 个获得满足,满足率是 84%”,这个图书章节方面的高满足率,也是一项成功的服务。

其次,对于馆际互借/文献传递的研究文献中,有的是偏技术的研究。

综上来看,有的图书馆是在探讨如何改进文献传递的技术难题,如采用电子邮件系统传递。有的是探讨改变服务界面,让读者可以更好地预先浏览,判断哪些文献确实是需要的。还有的研究者,数学功底比较深厚,就开展了数学模型的研究,用于预测馆际互借的需求变化。例如,“数据集成于在查塔努加城市的田纳西大学(University of Tennessee),时间范围是从 2008 年 7 月到 2012 年 6 月,合计 48 个月。使用这些数据来建立一个以季节变化为模型的主要平均移动值,用来预测馆际互借请求。这个预测,还跟实际的数字进行比较,来确定预测的准确性”。“主要平均移动值,跟随季节变化模型,都被证明是一个很好的预测馆际互借需求的工具。实际数字看起来跟预测很接近”。为了使用这个模型,按文章的描述来看,需要使用者不惧怕一定程度的复杂数学。

第三,文献传递业务已经不局限于图书馆,且图书馆的竞争力显微弱。

馆际互借/文献传递业务是图书馆实施资源共享的必备手段之一。每个图书馆都不能满足读者的所有阅读需求,联合在一起,才有机会提高需求的满足率。但是,随着出版商、数据库商、数据库代理商对数字资源所追求的垄断式发展,让他们不断更新、补充新的服务方式来达到最大利益化。例如,美国的 Wiley 出版社提供面向图书馆的机构订购,也提供面向个体读者的单篇文献订购服务;又如前文提到的,有些是搜索服务商,也提供在线阅读、下载、传递服务。这将预示着,日渐微弱的传统文献传递业务,不仅受制于版权法,还严重受到商业机构的冲击。在前文,Outsell 公司出版的评估报告里,Reprints Desk 是一个内容服务商,在各个评估指标里,都位居前列。这就是一个明显的例证。在中国国内,也有类似的例证,例如,有人将超星公司的百链云服务系统跟国内几个重要文献系统进行比较,而得出这样的个别结论,百链云服务系统 24 小时的满足率在 90% 以上,商业信息服务机构对客户满意度更为重视,服务也更为高效。

参考文献

[1] Paulus A R. North American Coordinating Council on Japanese Library Resources. Interlending & Document Supply,2013,42(2)

[2] Yoo S, Kim H. Copyright clearing methods for electronic document delivery in Korea. Interlending & Document Supply,2013,42(2)

[3] Howard J. Short on space,libraries look to one another for solutions. The Chronicle of Higher Education, 2013-10-07

[4] Rodriguez-Gairin J M. E-book lending: the challenges facing interlibrary loan. Interlending & Document Supply,2013,42(2)

[5] Research Information. DeepDyve launches “five-minute freemium” service. [2013-06-06]. www.researchinformation.info/news/news_story.php? news_id1/41272

[6] Blackburn G, Tiemeyer R. Textbooks and interlibrary loan. Journal of Interlibrary Loan, Document Delivery & Electronic Reserve, 2013, 23(1)

[7] 陈清文,曹艳. 国外图书馆文献传递版权立法变化及对我国的启示:以德国为例. 图书馆,2011(5)

[8] Broad E M. Update from Australia: the copyright cloud hanging over our national collections. Interlending & Document Supply, 2013, 41(3)

[9] MacWaters C. Having it all: using RapidILL for book chapter interlending. Interlending & Document Supply, 2013, 41(3)

[10] Ahmadi M Dileepan P, Murgai S R. Predicting demand for inter-library loan requests. The Bottom Line, 2013, 26(3)

[11] 黄静. 变革中的文献传递服务:案例剖析与路向管窥. 图书情报工作,2013(7)

医学智能化馆际互借和文献传递梦想尝试

王　宁　张　屹　毛垣生(天津医科大学)

1　国内外“馆际互借和文献传递”现状

1.1　国际“馆际互借和文献传递”现状

欧洲图书馆信息资源共享现状:西方七个国家图书馆在巴黎组成 G7 数字图书馆联盟,以现有的数字化项目为基础,构建一个人类知识的虚拟馆藏,通过网络为公众服务。在欧洲 OPAC Network Europe 建立了由 8 个国家(丹麦、芬兰、法国、荷兰、挪威、瑞典、英国和澳大利亚)15 个成员馆组成的虚拟联合目录。欧洲近年来兴盛的基于期刊单篇论文传递的文献供应中心与 STM(科学、技术、医学)出版商在文献采集、版权方面合作。

日本图书馆信息资源共享现状:在短短十多年时间内已经建立了具有日本特色的信息资源共享体系,赶上了欧美国家的水平。目前,日本图书馆通过馆际互借、馆际文献复制、大学图书馆面向社会开放和数字图书馆服务四种主要形式开展文献信息资源共享。

美国图书馆信息资源共享现状:OhioLINK 和加州州立大学的 23 个分校的合作。加利福尼亚图书馆的口号是“从一个门进入 8000 个图书馆”。如 OCLC 从传统的文献传递服务已实现了向 Internet 的网络化过渡,其会员范围已拓展到 74 个国家和地区的 3600 多家图书馆,成为一家全球意义的图书馆共同体。可见,以美国为代表的发达国家的图书馆资源共享和文献传递网络正日新月异地迈向国际化、全球化。以国家政府为后盾的便捷的图书馆资源共享和文献传递网络体系的发展,使得文献资源整体开发、利用的深度、广度以及传播的速度发生着根本性的变化。

1.2　中国“馆际互借和文献传递”现状

香港图书馆信息资源共享现状:香港大学教育资助委员会组成了大学图书馆联合咨询委员会(JULAC),达成了多项合作协定。如互惠借证、馆际互借、珠江三角洲特藏中心、中文联机联合编目、联合采购电子数据库、联合采购电子出版物等。

通过“九五”“十五”“十一五”“十二五”四个五年计划近二十年的建设,CALIS(中国高等教育文献保障系统)、NSTL(国家科技图书文献中心)、CSDL(中国科学院文献信息中心)对于不同领域资源保障起到重要作用,信息获取发生翻天覆地的变化。馆际互借、文献传递服务系统已见成效。

以对行业内纵向联盟的研究为主要侧重点,逐步转向行业联盟发展。

2　目前“馆际互借和文献传递”存在问题

2.1　重点学科信息资源保障方面存在的问题

近十几年来国内外图书馆联盟、区域图书馆合作得到长足发展,发展中还存在一些问题。例如:在不同行业大量重复引进很多资源,重点学科贵重信息资源保障不够;另外方便读者一站式覆盖全国智能化统一检索平台还没有建成,现在的平台还满足不了读者要求,目前资源获取速度还不能实现读者“立等可取”的梦想;与国际世界图书馆建立“馆际互借和文献传递”合作还没有得到广泛应用。

“馆际互借、文献传递”不管是纸本馆藏还是电子资源,读者不能轻松一站式搜索到国内外所有图书馆馆藏和各种学术文献,资源获取与网络发展相比还不够方便,还不够人性化。行业平台之间没有很好形成信息资源一站式的统一联邦检索机制。

由于每年资源都有涨幅和批准购买资源经费相比之下相差很多,多少年来采购重点关注成包购买资源上,关注打包以外的真正学科建设需要的贵重资源不够,如何减少重复购置的资源问题考虑不足。近二十年来电子信息资源建设虽然基本满足了学校学生本科和研究生学习的需要,但是对于重点学科建设资源保障还远远不能满足;不同单位、机构采购资源出现重复引进现象;满足了数据库厂商联采要求,重复引进损害了国家的根本利益,只关注资源引进的数量,忽视引进资源质量。通过调查发现组团购买电子资源重复率高,一种资源你有、我有、他也有,造成了全国整体经费投入大但种类数量却较少,重点学科保障率也低的现状;有用的资源买不起,买得起的资源用处不大;有许多用处很大的资源,团购太贵买不起。从全局看重复引进资源造成了经费的极大浪费,重点学科资源引进难以在国家拨的经费中解决。总之关注引进资源的数量多,忽略引进资源的质量,影响重点学科资源建设。

2.2　“智能化一站式统一检索平台”问题

现在 CALIS、NSTL、CSDL 等行业、区域机构都是按照行业和地区建设的统一检索平台,目前还没有形成一个全国统一的检索平台。因此,读者在 CALIS 平台找不到,还要进入 NSTL 平台去找,在 NSTL 平台找不到的,还要到 CSDL 平台中去找。通过图书馆联盟建设查重去重的统一检索平台,最大限度满足读者一站式检索要求是广大读者的急切需求。重复引进,各自建设是以前建设中的弊病。以前协和图书馆组织的全国外文生物医学纸本期刊联合目录是很好的图书馆外文期刊共知、共建、共享的形式,图书馆联合起来,有分工、有组织有计划去重引进资源,节省资金,但是,对于卫生部所属的医院、研究所图书馆没有建立横向资源联盟。而卫生部医院图书馆的资源引进主要考虑学科建设的需要,贵重和优秀的资源医院都已经购买,卫生部医院图书馆资源信息资源形成孤岛,孤岛的信息资源正是我们纵向行业需要补充的重点学科需要的贵重资源,纵向和横向联合起来,将国家投入的有限资金最大限度地实现重点学科的资源保障中去。

2.3　卫生部所属医院研究所“贵重资源孤岛”横向联合问题

CALIS、NSTL、CSDL 纵向联合与卫生部医院研究所横向联盟建立,将学科需要的贵重资源联合进来，可以大大减少国家对贵重资源的投资。这样我国医学界医、学、研联合，将贵重资源有计划、有分工进行纵横建设，国家投入的资源建设资金目前就足可以对重点学科建设给予保障。关键是我们如何组织资金，如何实现纵横联合，减少重复引进将具有贵重资源的信息孤岛资源共享，卫生部所属医院研究所"贵重资源孤岛"没有实现横向联合是当前主要问题。

2.4 "馆际互借和文献传递"资源获取速度问题

由于纵向行业垄断影响，重点学科资源获取周期长，资源获取速度也慢。只有建设好全国跨行业、跨地区一站式智能化图书馆联盟资源建设平台才能提高资源获取速度，逐步实现读者"立等可取"的梦想。目前上海生命科学院、上海第二军医大学、二炮总医院、上海交通大学、哈尔滨医科大学、北京大学医学部等单位尝试了智能化"馆际互借和文献传递"，取得了显著成绩，实现了专家和读者"立等可取"的梦想，深得专家和读者青睐。

2.5 "馆际互借和文献传递"发展问题

云服务是图书馆联盟最佳资源共建、共知、共享方案。但是对于智能化新技术认识不足，担心云技术不够成熟及知识产权问题阻碍了云计算和智能化在图书馆联盟中的应用。国外云图书馆已经开始使用，目前已经发展到手机上可以使用移动图书馆。解决好知识产权问题，是解决"馆际互借和文献传递"中"立等可取"的关键。

3 智能化"馆际互借和文献传递"梦想尝试

3.1 如何实现智能化"馆际互借和文献传递"

首先，建设云服务智能自动化一站式统一"目次"检索平台。

其次，建立更广泛的资源保障体系联盟，使学校、研究所、专科医院图书馆，大、中、小单位资源目次都在一个平台上共知。取长补短，促进资源保障体系完善，使有限的资金用于海量无限的信息资源建设中去。在重视政府集中投资建设同时，更要重视医院系统图书馆建设，使得学校、研究所、国家机构、行业资源建设形成一个很好的补充。只要将医、学、研资源建设统一规划，在大数据时代我国现有资金足够保障重点学科建设。

如何实现智能化"馆际互借和文献传递"呢？首先要考虑按照国际知识产权法规，购买资源单位不保存文献，读者需要的文献通过"馆际互借和文献传递"直接传递给读者。国际上图书馆联盟都是这样实施的，得到资源提供商认可。

以单位内部智能化统一检索为基础，才能实现外部的智能化"馆际互借和文献传递"。

3.2 智能化"馆际互借和文献传递"设计方案

尊重知识产权，远离版权纠纷。资源馆直接为读者提供服务，直接传递给读者。没有订购资源馆不保存"馆际互借和文献传递"的文献，仅仅是文献传递信息的转送。

全文获取的方式为：读者向本馆发出索取信息→馆员向协议馆智能传送读者索取信息→资源馆检索到文献直接发送给读者。资源馆直接为读者少量文献传递服务方式完全符合国际知识产权法规。

由于 PubMed 将世界上医学资源进行整合，而且开放提供 XML 接口，因此可以进行“目次”共享。

建设智能化统一检索平台，实现智能化统一检索关键是建设好“源地址全文 URL 链接表”，将免费电子资源和有访问权的全文电子资源作为默认过滤器，读者输入检索词进行检索，检索结果直接链接到“源地址全文”，这是最佳、最快获取全文的路径。

读者采用发送手机短信技术将需求信息发送给提供资源的服务器，数据库智能接收，根据发来请求进行智能检索，检索到的结果，经管理员审核后，直接发给读者。信息发送、接收、检索、传送给读者完全实现了智能化，实现了读者 15—20 分钟“立等可取”的梦想。

云服务智能化是实现专家和读者“馆际互借和文献传递”“立等可取”文献的必由之路。

4 智能化“馆际互借和文献传递”尝试

智能化馆际互借和文献传递相继在第二军医大学（http://202.121.226.12）、解放军医学图书馆（http://211.103.242.207）、上海交通大学医学院（http://202.120.143.82）、哈尔滨医科大学（http://210.46.82.192）、北京大学医学部（http://pubmed.bjmu.edu.cn/）等单位试用，受到广大读者和专家好评。我国图书馆界信息资源目次共建、共知、共享总的目标是：遵循国际知识产权法规的基础上，建立传统文献与电子文献相结合的丰富多样的文献资源保障体系，建立完备的网络化的书目体系，建立迅速和多层次的智能自动化文献传送体系。依托“国家科技基础条件平台建设”搭建一个资源整合、制度保障、技术支撑、标准统一的综合平台，在此基础上营造一个良好的运行环境，保证我国图书馆联盟的顺利发展。加快图书馆联盟建设的步伐，规范图书馆联盟的体制，特别要加强联盟建设；建立全国图书馆联盟协作体，防止新的信息割据和孤岛现象。

参考文献

[1] 张和芬. 网络环境下的读者服务工作——从访问美国、加拿大图书馆谈起. 图书馆工作与研究，2000(6)

[2] 刘敏，邓益成. 实现信息资源共享的数字图书馆联盟案例分析：以“加拿大数字图书馆倡议——全国联盟(CIDL)”为例. 数字图书馆论坛，2008(12)

[3] 高波，孙琼. 加拿大图书馆信息资源共享模式研究. 图书馆论坛，2008，28(6)

[4] 任平. 欧洲数字信息长期保存研究及其启示. 大学图书馆学报，2005，23(4)

[5] 孙颉. 日本大学图书馆联盟的发展与建设. 图书馆学研究，2010(2)

[6] 于春丽. 图书馆馆藏发展与管理战略——香港城市大学策略研究. 图书馆学研究，2008(9)

[7] 马辉洪，麦绮雯. 国际化的区域协作关系——以“香港图书馆协会”为例. 现代情报，2013，33(3)

[8] 罗式胜. 香港地区大学图书馆的管理模式. 大学图书馆学报，2001，19(6)

[9] 康万武. 香港与内地图书馆比较研究. 图书情报工作，2002(3)

[10] 马江宝，高波. 台湾图书馆联盟信息资源共享模式研究. 图书情报工作，2009，53(5)

[11] 马江宝. 台湾图书馆联盟的信息资源共享模式及启示. 新世纪图书馆，2011(8)

[12] 朱前东，高波. 德国的图书馆信息资源共享模式. 大学图书馆学报，2008，26(5)

[13] 王媛媛,钟永恒. 德国数字资源长期保存项目研究. 情报杂志,2006, 25(12)

[14] 俞紫梅,殷菲菲. 俄罗斯高等教育"开放教育资源"建设与发展. 中国电力教育,2011(31)

[15] 夏亚云. 印度图书馆联盟的建设对我国的启示. 图书馆学研究,2010(12)

[16] 敖晓梅. 美国图书馆联盟的发展与经验研究. 新世纪图书馆,2011(5)

[17] 李书宁. 美国主要图书馆联盟启动 HathiTrust 项目共享数字机构库资源. 现代图书情报技术,2008(12)

[18] 杨新涯等. CALIS 三期共享域与图书馆系统整合的实践研究. 大学图书馆学报,2012, 30(1)

[19] 谢琴芳,白新萍. 书目资源的共建、共知和共享——CALIS 联合目录数据库建设思路. 大学图书馆学报,1999, 17(2)

[20] 李晓明. 中国高等教育文献保障体系(CALIS)的建设. 情报资料工作,1999(2)

[21] 卞丽,王玲. 我国期刊联合目录建设模式研究. 图书馆建设,2007(3)

[22] 张晓林,宛玲. CSDL 外购数字文献资源的长期保存策略. 大学图书馆学报,2004, 22(6)

[23] 张忠秋. 近十五年来国内外图书馆信息资源共享比较与对策研究述评. 图书馆学研究,2005(11)

浙江高校数字图书馆项目(ZADL)文献传递服务的实践探索

——以浙江工商大学为例

王　倩(浙江工商大学图书馆)

1　ZADL 概述

浙江省高校数字图书馆(Zhejiang Academic Digital Library)项目,简称 ZADL,是依托中国高等教育文献保障系统(CALIS)和中英文图书数字化国际合作(CADAL)的建设成果,由浙江省教育厅牵头,全浙江省高校共同参与,期望建设一个全省高校的文献信息保障服务体系,向全省高校师生提供数字资源服务。

ZADL 于 2008 年正式启动,2009 年建设,2010 年 12 月正式面向全省高校提供服务。2011 年 10 月,ZADL 文献传递开始使用基于共享域的 CALIS 馆际互借与文献传递系统,这是 ZADL 门户网站已经成熟的标志。

2011 年 11 月,浙江工商大学与浙江大学、CALIS 中心签署三方协议,开始使用新平台向本校用户提供文献传递服务。在随后的几年,通过各种宣传、培训,向本校师生推广 ZADL,取得了良好的成效。截止到 2014 年 4 月,浙江工商大学通过 ZADL 获取到的文献已超过 13 万条。

2　ZADL 的服务模式

2.1　基于浙江高校图书馆联合目录的云图书馆文献传递服务

云图书馆文献传递服务(以下简称云邮箱)是将全省高校图书馆所拥有的数字资源进行统一整合为开放的联合目录,读者在联合目录中检索到所需文献且无法直接获取到的情况下,通过云传递平台,以邮箱申请的形式在线向省内其他图书馆提出申请。而省内的成员馆在云传递后台中进行答复。读者一般在两个工作日内即可于邮箱中接收所需文献。一般来说多用于 ZADL 联合目录中已被数字化的期刊论文、学位论文和图书的部分章节等。

2.2　基于 CALIS 文献传递网络的文献传递服务

这种服务模式即是传统的 CALIS 服务模式,即以注册用户通过表单填写的方式向 ZADL 平台提交文献申请,经本馆的管理员确认审核后,查询外馆馆藏并将请求传递给文献提供馆,文献提供馆进行答复的模式。这种模式通用于联合目录的所有文献资源,并不限于数字资源,同时因用户可自行填写表单,也可应用于未被 ZADL 收录的文献,但缺点是文献答复时间因文献获取难易程度而定,相对成功率较低。

ZADL的文献传递服务相较之前的文献传递服务有很多优势:通过统一检索和联合目录,用户自行检索并选择需求的文献,系统管理后台实现了对用户信息的统一管理及文献的集中调度和费用的统一结算。

3 浙江工商大学开展ZADL服务的意义

3.1 弥补了本馆馆藏资源的不足

浙江工商大学拥有管理学、经济学、工学、文学、法学、理学、历史学、哲学、艺术学等九大学科,近百个本科及研究生专业。图书馆的经费有限,所拥有的文献资源无法完全覆盖学校的学科专业。而由于缺乏庞大的文献数据渠道支持,以往无法获取到需求文献的相关信息,造成文献传递工作开展缓慢,文献传递满足率低。

ZADL联合目录的文献数据主要来源于CALIS的联合目录数据、数据库本身的公网数据、成员馆上传的馆藏数据、网络的公开文献数据等。这些数据大部分来源清晰且已数字化,本校师生可以直接在网站上进行检索,通过ZADL能获取到图书馆未购买的文献资源。

3.2 经费得到合理利用

以往各个高校的文献资源都是自行采购,从整体上看造成了资源重复与浪费。ZADL使各馆彼此间互通有无,使馆藏资源得到最大限度的应用。而通过ZADL,一些价格高、利用率低的部分文献资源已经容易获取到,图书馆就可以减少对其的采购,将有限的经费使用到更需要的地方。

3.3 加深了同省其他高校的联系与合作

ZADL建设初期,各高校的图书馆就积极联合,分别成立了资源组、技术组和服务组,在数据的整合、平台的建设与文献传递服务的开展与培训方面都做了大量的工作。浙江工商大学图书馆的多位资深馆员从一开始就加入到对ZADL建设的工作中,提供了本馆的书目信息,并且在技术上给予了支持,在ZADL平台上线后,本校的用户可以直接从平台上获取到外馆的馆藏信息。信息咨询部的馆员负责文献传递的工作,与服务组的馆际互借员保持业务联系,通过服务组的帮助来为学校的用户提供文献传递服务,同时也借助ZADL平台向外馆提供文献,解答相应的咨询。通过ZADL,浙江工商大学的学术资源、学科服务等正逐步走向校外,知识共享、学科共享得到了初步的实现,影响力和知名度进一步提高。目前在浙江省举办的高校图书馆会议上,浙江工商大学图书馆的服务与工作已经为更多的同行所理解并认可。

3.4 提升了图书馆的服务质量与服务水平

浙江工商大学图书馆对用户文献传递的所产生费用进行全额补贴,多次在校内开展培训和讲座,着重点在易化ZADL的使用,使在校师生能够充分体会到ZADL一站式检索、跨库获取文献的便利性,特别是在移动终端上推广不受IP段限制,以ZADL邮箱传递为基础的移动图书馆客户端,受到了师生的一致好评。

4 ZADL 的缺陷与不足

4.1 联合目录无法揭示文献的来源

ZADL 目前只整合了 CALIS 联合目录的基本书目信息,包括题名、作者、出版信息等,却没有揭示该文献的来源信息。这样 ZADL 的搜索便无法做到一键完成,需要其他检索工具如谷歌、国图与上图的馆藏目录,CASHL、NSTL 等文献传递系统的辅助;而有些数据库可能只有该文摘的元数据,不提供全文的链接,如果用户使用云传递时可能出现拥有该数据库的成员馆无法提供全文的情况;而 ZADL 文献传递是在未指定固定传递馆时,申请将自动随机被某个馆所响应,而用户在提交申请时无法核实该馆是否有馆藏,也可能导致文献获取失败。

4.2 图书的文献传递受限过多

原因一方面有图书自身的版权问题,部分成员馆和数据库商出于知识产权的考虑不提供或限制了全书的文献传递;而另一方面,数据来源的复杂性使得很多图书只有标引信息而无全文,导致图书的文献传递申请失败率远远高于期刊。

4.3 读者认证过于复杂,给推广带来了一定的难度

ZADL 与其他文献传递系统相比,将账户开通和账户充值两个本应都属于账户管理功能的步骤分别独立成两个管理平台,且账户开通需要读者自行认证,补充用户信息后方能完成。读者很难接受这种繁琐的账户开通方法,不如 CASHL 将这两个步骤合二为一,交由图书馆管理员统一操作,简便快捷。

4.4 在非英文字符的外文文献的处理上还存在问题

现在 ZADL 联合目录,外文文献基本以英语为主,但如果在检索时使用包含了俄文或日文的小语种词汇作为关键词,则检索结果很可能无法正常显示。而对于题名中出现“?”“&”和“/”等字符的文献检索,也存在着漏检或无命中的情况。

4.5 文献类型过少

在 ZADL 联合目录中元数据量已经超亿条,但只集中于四种类型:图书、期刊、学位论文和会议论文。现在 ZADL 只能揭示以电子文档形式保存的部分资源,其他如多媒体视频、标准、专利、图表数据等都无法从中获取。

5 ZADL 今后工作的方向

5.1 保证上传数据的精确与完整

ZADL 的数据量极为庞大,目前已经超过 1 亿条元数据,但是由于各高校与网络资源的

标引信息不统一,出现了很多重复录入的文献信息。以外文图书 Success and Crisis in National Health System 为例,在 ZADL 的统一检索中出现了 4 条书目信息,经核对这 4 条书目信息均为同一本书,但各来源网站的元数据格式差异造成重复录入的结果。这就要求 ZADL 在上传数据前的查重去重工作要做好,规范元数据标准,保证数据的唯一性。

如果是各数据库的数据应按子库或专辑进行划分。个别数据库的数据抓取存在问题,许多数据库都按学科分类子库,但是往往数据抓取不能按学科区分,如果某一馆出于自身学科建设考虑只购买了相应子库,但本馆链接却可能出现显示全库却无法下载的情况。

ZADL 联合目录要增加其他文献类型数据的信息,包括但不限于多媒体视频、标准、专利、图表、数据。而除了数字资源外,也要注意收集一些非公开出版的报告等灰色文献和网络上的优质免费资源,如豆丁、百度文库、新浪爱问等。近年来 MOOC 的兴起,多媒体的大学网络精品课程成为高校资源共享的下一个方向,也可能会是 ZADL 的工作发展方向。

5.2 优化后台管理系统

各成员馆的管理员处理本馆的文献传递事务所使用的 ZADL 馆际互借事务管理系统是基于 CALIS 进行改进的,但仍然存在一些问题,如文献申请流程过于复杂,分布式的运行模式容易造成响应冲突等。

5.3 建立邮箱传递全文的管理机制

ZADL 云邮箱的传递目前主要是依靠各成员馆自发完成咨询工作,但随着 ZADL 的功能不断完善和资源的不断扩充,越来越多的高校用户开始使用 ZADL,这给 ZADL 的后台处理带来了很大负担,仅仅依靠学校部分馆员的努力是远远不够的。目前绝大多数成员馆都是呈现文献请求远大于文献提供的"出超"态势,文献回复的满意度下降。ZADL 需要更多的更完善的激励机制,呼吁号召广大图书馆相关人员参与处理。

参考文献

[1] 浙江省高校数字图书馆——省中心.[2014-05-13]. http://zadl.zj.edu.cn/wps/myportal

[2] 陈玉凤. 高校图书馆文献传递服务的实践与思考. 情报探索,2014(2)

[3] 胡绍军,刘翔. ZADL 协作框架下数字资源长期合作保存策略探索. 大学图书馆学报,2012(3)

[4] 彭立伟. CALIS 文献传递现状研究及建议——以天津师范大学图书馆为例. 图书馆工作与研究,2014(1)

[5] 蒋敏,袁豪杰,周燕等. 基于 ZADL 平台的定量化原文传递探索. 宁波职业技术学院学报,2011(5)

浅谈内蒙古科技大学图书馆的文献提供工作

袁红霞(内蒙古科技大学图书馆)

1 地方高校图书馆文献提供工作的内容

在数字网络时代新技术环境下,图书馆作为我国文化基础设施的作用日益彰显。而相对于滞后发展的地方公共图书馆,当前地方高校图书馆本身的建设与其文献信息资源的建设,多元化功能空间服务的提供能力和各种不同载体的文献信息资源的管理、维护和服务越来越重要。又由于历史、文化、地理等因素影响,大多地方高校图书馆正在建设复合图书馆,既在整理、完善占有最重要部分的纸质文献信息资源,又同时在积极建设多元载体的非纸质文献信息资源。对于地方高校图书馆来讲,既要满足用户及时需求,又要考虑到图书馆长远的可持续发展,文献提供的内涵在目前高校图书馆业务不断扩展的阶段,不仅应包括馆际互借和文献传递工作,也应该包括多种形态文献的获取、馆藏拥有与获取的平衡,以及馆藏信息资源的共建共享等多个方面。

改进文献提供服务不仅可以提高用户对图书馆信息资源的获取和利用水平,也是地方图书馆及时应对用户日益增长的文献需求的重要途径之一。

2 内蒙古科技大学图书馆文献提供工作的现状和不足

内蒙古科技大学地处内蒙古自治区境内最大的工业城市包头市昆都仑区,最初为包头钢铁工业学校和包头建筑工程学校,图书馆一直致力于建设独具特色的钢铁冶金、稀土、矿业为主题的馆藏资源,但由于学校规模扩大,其他理学、文学、管理、法学等各学科的发展和多科性大学建设的需要,图书馆文献资源建设亟待强化,文献提供服务亟待优化。虽然近几年依托本地数字图书馆信息建设以及 CALIS、CASHL 等文献传递平台尝试做了一些馆际互借与文献传递服务的探索实践,但总体来说,由于没有形成多层次的校内文献保障系统和一套完整合理的文献提供体系,文献提供工作进展缓慢,文献传递利用率低。如 CASHL、NSTL 和 CALIS 三大文献传递系统的利用效率低,用户提交的申请数少,新用户增加缓慢。

内蒙古科技大学图书馆三大文献传递系统利用情况统计分析

表 1　CASHL 文献传递的统计数据

年度	提交请求数	完成请求书	满足请求数	满足率
2011	401	373	28	93.02%
2012	595	582	13	97.82%
2013	597	578	19	96.82%
2014(截止到5月)	70	66	4	94.29%

注:利用 CASHL 的馆际互借事务信息管理系统里的统计分析功能模块里的工作量统计。

表 2　NSTL 文献传递的统计数据

用户(以学校为单位)	请求数
2010	16
2011	2
2012	40
2013	14
2014(截止到5月底)	7
总计	81

表 3　CALIS 馆际互借与文献传递的统计数据

用户	提交申请数	其中提交文献传递申请数	馆际互借
总计	50 *	46 *	4

* 因系统显示原因,是估值。

从表 1 可以看出,CASHL 使用频率较高,但是从整体的数字来看,文献传递效率不高,并且 95% 以上的文献传递申请是在优惠活动期间提交的。表 2 的统计数字就更加反映文献传递的效率问题,从 NSTL 开通集体账户以来总计只提交了 81 篇文献传递的申请。表 3 的数字是 2013 年到 2014 一年以来文献传递量的估值,是因为内蒙古地区高校之间尚未正式开始馆际互借与文献传递业务,我们在具体工作中通过 CALIS 馆际互借系统租用版做馆际互借与文献传递,根据过去近一年的实践和与内蒙古大学近两三年文献传递的工作合作和交流,我们馆的使用频率不高。

3　加强文献提供工作的几点建议

3.1　完善馆藏文献目录和编制联合目录

图书馆的馆藏目录应能实时反映高校图书馆馆内所藏的全部文献的目录,对各个二级学院资料室的文献目录和各类特藏目录应整合到校内的馆藏总目录,定期更新、揭示和报道,方便用户及时了解馆藏和优先利用现有馆藏资源满足文献提供申请。

通过馆际合作建立的联系，充分了解合作方的资源优势，和长期合作的馆际互借合作伙伴建立联合目录，如可以和其他高校图书馆以及市（旗）县公共图书馆和档案馆等建立联合目录，方便用户及时查找资料，协同提供文献信息服务。

3.2 创建完整的数据库系统

随着网络客户端的普及和无线网络的广泛覆盖，数字化电子资源已成为地方高校图书馆重要的馆藏，其中商业数字学术信息数据库占有图书馆购买的文献信息资源的比例越来越大，但由于缺乏系统规划设计，数据库层次不一，利用率低而用户满意度不高。在地方高校数字图书馆建设初期由于资源紧缺，学校又经费紧张，难以考虑周全，往往盲目跟风重复建设，但在购置了基本的网络数据库后，应根据具体情况和用户实际需求，逐步建立适合学校图书馆发展的完整的数据库系统。如和二级学院以及国内信誉良好的数据库商合作自建专题数据库，和校内外各级文献档案机构合作整理加工纸质地方特色文献资源、为构建数字化网络平台提供原始电子文档，为构建机构知识库等平台做准备，为校内用户使用学校的知识资源提供最大便利，节省时间成本。

3.3 优化文献提供服务方式，多渠道联系用户

3.3.1 到馆方式

图书馆可以在用户流通量较大的地方放置宣传介绍材料的同时也定期发放文献提供宣传资料包括馆际互借与文献传递相关的介绍材料和类似“文献需求申请表”的表格，供个人用户自由填写然后联系文献提供工作人员直接获取。

3.3.2 电话方式

现在大多图书馆新馆空间大大扩张，工作人员不能随时指导用户，用电话联系工作人员及时方便，每个楼层或读者自助阅览的馆舍应设置文献提供服务的工作专用电话，可以大大节省用户查找到所需馆藏文献的时间成本。

3.3.3 E-mail 方式

网络环境下电子邮件已得到广泛应用，尤其教职工上班时间工作繁忙，工作人员可每天定时处理用户利用公开的电子邮件地址发送的文献请求。个人用户也可不受时间地址限制和文献提供服务人员及时沟通。

3.3.4 实时在线方式

网上实时的虚拟参考咨询系统的即时性和交互性要比电子邮件和电话联系更直观有效，尤其对于网络数字资源使用中出现的问题，往往需要及时实时地沟通和解决。

3.3.5 留言板

留言板的设置应考虑到用户使用的方便，在用户提问和得到答复后，应及时联系到用户，或根据用户的需求保护用户的个人隐私权。

3.4 结合参考咨询工作，加强馆际互借与文献传递宣传推广工作，拓展文献提供渠道

我校馆藏外文文献资源不足，在给用户提供的参考咨询服务中，用户会因为得不到最终的解决方案——具体的文献信息而不满足。而与此同时已开通的馆际互借与文献传递平台因用户对此业务的不熟悉或经济成本的考虑而利用率低。因此，除了加大各大馆际互借与

文献传递服务平台宣传推广工作的力度和积极争取文献传递费用补贴外，也应加强与校内参考咨询工作的结合，建设适合自己学校实际需要的网上参考咨询系统和文献传递平台。如对我校外文文献资源的主要用户群体青年教师来说，他们有学科背景优势和学缘关系，应尽力及时满足他们最直接的文献需求，因为不仅可以提高图书馆的资源利用率，也可以从最新的学科建设情况来分析、优化馆藏结构。

参考文献

[1] David Spiller. Providing materials for users in hybrid libraries. 津图学刊，2003(4)

[2] 陈力. 数字时代的馆际互借与文献传递. 国家图书馆学刊，2008(3)

[3] 唐晶主编. 合作 共享 发展——图书馆文献提供服务. 北京：国家图书馆出版社，2009

[4] 范丽莉. 我国图书馆文献传递服务研究. 武汉：武汉大学，2004

新技术环境下的馆际互借与文献传递服务

全球视野下的高校馆际互借与文献传递服务启示

林毅忠(华南理工大学图书馆)

1 背景

信息时代对我国传统图书馆服务提出了严峻挑战。现代网络技术对社会发展产生了深远影响,在高校图书馆不断深化嵌入式学科信息服务的同时,发展迅猛的MOOC(Massive Online Open Course)正改变高校图书馆服务与在线教育关系,促使图书馆开发文献资源利用新模式,协助解决开放版权问题,数字时代的馆际互借与文献传递共享服务日益重要。

承担为先进科技和人文研究提供文献服务的我国高校图书馆,仍存在不同程度对文献资源共享重视不足的现象,馆际互借与文献传递服务资源比较分散、服务手段相对单一,高校师生读者对图书馆提供馆际互借与文献传递服务的普遍认识度和利用率不高,读者原文申请因多种因素失误而影响成功获取率的情况时有发生。数字时代我国馆际互借与文献传递服务面临变革的压力与发展的机遇。

2 数字时代全球馆际互借与文献传递面临压力与变革启示

2.1 物理馆藏重要性降低将改变原文共享提供方式

传统图书馆长期以纸本图书文献收藏为主,纸本馆藏规模决定着图书馆原文服务提供能力。馆际互借较少涉及版权限制,但不可避免发生沟通成本,包括时效成本、物流成本、图书损耗成本、馆馆协调成本、馆员与读者交接成本等,其物理馆藏特性也决定了馆际借书数量的限制和受用读者的有限性。

数字时代改变了图书文献资源的存在形式,电子资源因其优势明显而发展迅猛,以数字传输为主的文献资源共享传递服务越来越受到图书馆和读者的欢迎。读者对本地馆藏减少了依赖,物理馆藏日渐变得不再重要,文献提供方式已经发生变化,图书馆之间合作共享、图书馆“以读者为中心”的服务理念逐渐在国际图书馆界达成共识。

2.2 信息交流技术发展改变原文资源共享模式

数字时代的信息交流技术不断更新发展,从模拟到数字格式,从本地储存到远程获取,从本馆使用权到订阅访问原文,从个体文献选取到批量选取,从个体图书馆收藏发展到联盟的资源共享,灰色文献从艰辛查找到免费网络访问获取等。图书馆联合目录检索系统,咨询互借还系统,互联网图书馆工作场所,触摸屏阅读报纸、杂志和书籍、电子图书、作家讲稿等,现已逐渐成为国际性大城市和大学图书馆的标准配置。

数字时代改变了文献资源共享模式,图书馆正寻求创新的快速发展,为读者提供更便捷的获取信息方式。网络文献资源共享服务越来越受到读者广泛的、大量地使用,共享辐射地域彻底打破了图书馆馆藏物理空间的限制,同时越来越注重减少中介环节而加快远距离获取共享文献资源的速度,从检索到获取原文一站式的馆际互借与文献传递服务正成为发展趋势,读者因一站式文献资源共享方便、高效而乐于使用,数字时代信息交流技术推动馆际互借与文献传递业务朝网络服务或电子服务模式发展。

2.3 学术共享服务促进原文资源共享发展

传统图书馆服务无法完成数字时代的文献价值捕捉使命。数字时代图书馆面临转型压力,高校图书馆成为学校教育的组成部分,与院系结成合作伙伴关系,为学术需求提供针对性文献资源。MOOC 大规模网络课程教育新形式在全球蔓延,对图书馆文献资源共享提出新挑战。

馆际互借与文献传递服务是实现深度针对性学术研究的重要环节,可以弥补单个图书馆馆藏资源不足的局限,其中电子资源共享服务在数字时代学术共享服务中扮演的角色越发重要。学术共享服务的需求促进馆际互借与文献传递服务不断发展,共享内容也从传统的纸本文献发展到数字时代几乎所有形式的文献资源,如商业数据库、自建数据库、联盟共建数据库,联合书目信息检索系统也成为重要组成部分,其隐性的专家技能和工作经验等人力资源分享也促进着文献共享的发展。整合提供不同学科信息和原文资源检索,以及便捷的馆际互借与文献传递服务的综合信息服务体系,为数字时代的学术共享提供基于电子数据和电信交换技术的科研信息网络门户。

2.4 国际业务发展改变原文资源共享格局

数字时代的信息传播具有高度广泛性,图书馆读者不再是传统意义的本馆用户,正趋向社会化和全球化,个人或社会团体都可能成为其用户之一。数据时代便捷的交流技术发展,推动着文献资源共享格局从本土区域跨向国际性馆际互借与文献传递服务。随着越来越多的不同类型图书馆相互结盟,实现统一联合目录检索系统,馆际互借与文献传递服务系统随着数字时代技术发展而不断渗透到全球文献资源共享领域,改变着文献资源共享格局。

数字时代高等教育图书馆系统、公共图书馆系统和专业图书馆系统正不断跨越体制差异,组成文献共享联盟,联合提供馆际互借服务和文献传递服务,参与全球图书馆合作。如美国 OCLC 馆际互借系统、德国 SUBITO 文献传递系统,致力于提供馆际互借与文献传递国际业务。

2.5 国际学术交流改变图书馆员原文共享理念

国际图联每两年举办全球专业馆员参与的馆际互借与文献提供国际性会议,自 21 世纪以来讨论专题均围绕数字化时代的合作共享创新服务,如 2013 届“资源共享:全球视野与本土策略”、2011 届“数字时代的资源共享”、2009 届“馆际互借与文献提供的战略联盟和伙伴关系”等,分享来自各国图书馆先进的文献资源共享理念或创新服务,引领国际图书馆界适应现代数字时代需求而不断自我突破,实现图书馆数字时代的转型和价值体现。

国际图书馆先进工作经验、技巧和新理念多形式沟通交流，除了国际性会议分享外，还有国际交流培训、阅读书本或会议论文、聆听到访的国外业内人士演讲报告等，国际交换图书馆员实践有助于深刻理解和掌握先进经验，通过图书馆员共享实践和理念的提升，有助于应用并推动本国文献资源共享服务及国际间文献资源共享服务的发展。

3 数字时代我国高校馆际互借与文献传递服务变革重点

3.1 提供结合学科信息和原文服务的网络门户

我国高校图书馆学科服务正逐步从探索走向发展阶段，文献资源在整个学术开创过程中体现重要作用，跨学科研究正成为新趋势。单个嵌入式学科服务在数字时代将发展为建设包含教学、文献版权、多媒体的独立学科馆员中心。推广基于数字时代信息交流技术的网络门户，提供连接学科信息和原文馆际互借与文献传递服务，实现高校学科服务一站式网络检索、信息交互、文献获取。

高校馆际互借与文献传递服务应加强重点学科的原文资源整合，加强馆际互借馆员与学科馆员的沟通与合作，充分利用数字时代新信息和交流技术，配合学科服务需求提供准确便捷、全球范围的学科原文服务。

3.2 开拓基于 MOOC 需求的原文资源共享服务

数字时代催生了新型网络教学方式和教育技术，MOOC 作为一种大规模不受用户和地域限制的优质教学课程受到欢迎，带来图书馆创新发展和不同类型图书馆社会分工的重新定位。

高校图书馆参与基于 MOOC 需求的文献资源共享服务，为 MOOC 优质课程建设提供嵌入式主动服务，开发 MOOC 读者便捷利用图书馆综合资源的新模式，主动为所在高校 MOOC 课程建设提供支撑文献原文服务，加强提供包括全球范围原文资源共享等信息素养专业培训，解决 MOOC 学习材料开放版权等问题，协助读者面对海量信息和复杂网络有效开展 MOOC 课程学习并构建自己的学习网络空间。

3.3 重视解决版权限制与原文资源共享的矛盾

数字时代纸质文献信息在高校图书馆重要性不断下降，非独家版本的收藏将逐渐减少，读者越来越少使用在线目录或到馆利用本地馆藏，而更多地利用电子数据库或网络文献信息，不可避免遇到原文版权限制的困扰。

2011 年《STM 文献传递声明》对图书馆非返还型馆际互借与文献传递服务进行了限制，大幅增加文献传递提供方和接受方的成本，包括要求增加版权费收取、文献传递打印件交付读者等，迫使全球一些图书馆和集中提供馆际互借的服务机构放弃或缩减原文资源共享活动，与此同时，出版商发展单篇原文文献订购业务参与文献传递服务。

有鉴于此，我国高校图书馆需重视涉及版权的业务流程，熟悉国际环境文献版权法及其实施细则现状和发展趋势，特别是在签署有关协议时，尽可能保护传统高校图书馆馆际互借优势，并注重策略性布局国内原文文献资源的保有量，以缓和版权限制与原文资源共享的矛盾。

3.4 扩展国际性馆际互借与文献传递业务

我国高校馆际互借与文献传递业务长期集中在国内高校图书馆联盟之间的合作共享,近年来CALIS与国家图书馆、上海图书馆、国家科技图书文献中心,联合开展统一网络提供平台的馆际互借与文献传递服务,其中部分图书馆提供国际代理业务。

向国外申请馆际互借与文献传递业务因费用高昂、时效长、手续繁琐而受到局限。国内大部分图书馆不熟悉馆际互借国际业务,通常在语言沟通、时差协调、财务收付、版权保护方面遇到障碍而主动放弃开展国外图书馆通过IFLA或馆对馆申请的国际业务请求。随着国内高校教学科研国际接轨力度增强,国际化数字信息服务需求日益增长,高校图书馆有必要通过培训、经验交流等方式逐步扩展国际馆际互借与文献传递服务,发展为日常业务之一。

3.5 培训适应数字时代的馆员技能和知识

图书馆员面临迅速变化的信息环境,高校图书馆馆际互借与文献传递业务多见国际范围的外文文献需求,应持续更新知识和技能以适应数字时代对馆际互借与文献传递业务带来的新挑战。

通过阅读相关书籍或论文、继续教育、在线创新培训教育、参加会议、参观访问等形式,特别是交换到国际先进图书馆内参与较长时间的日常工作,可以获得良好的实际经验。德国SUBITO文献传递系统、美国OCLC馆际互借系统、大英图书馆是世界较大型的文献提供机构,国际交流是促进馆际互借馆员迅速提供综合素质和业务能力的有效措施。

数字时代新信息和交流技术的发展,迫使我国高校馆际互借与文献传递业务顺应变化,抓住发展机遇。开拓全球视野,提升图书馆员国际化服务能力,紧跟我国高校教学科研不断国际接轨新机遇,发展国际范围、快捷有效的馆际互借与文献传递服务势在必行。

参考文献

[1] 白冰,高波. 国外图书馆资源共享现状、特点及启示. 中国图书馆学报,2013(205)

[2] 阮炼. 美国学术图书馆的发展和未来趋势[2013-09-23]. http://libgp.jnu.edu.cn/attached/file/201309/20130924084405_991.pdf

[3] 孙维莲,曾丽军.《STM文献传递声明》及其对图书馆馆际互借服务的影响. 中国图书馆学报,2014(209)

[4] IFLA, CALIS. 资源共享:全球视野与本土策略[2013-10-16,17,18]. http://ilds2013.calis.edu.cn/

数字时代馆际互借与文献传递服务体系建设的思考

胡忠坤　朱　玲(十堰市图书馆)

数字时代的到来,给图书馆的各项工作带来新的变化,其中比较明显的体现是在资源存储和资源共享方面。在整个图书馆的日常工作中,馆际互借与文献传递服务是其中的一项重要内容,主要是图书馆之间,或者是图书馆与其他文献情报机构之间建立协作关系,通过相互利用对方的文献资源,以满足读者需求,提高服务质量。随着数字时代的到来,电子文献、网络文献呈现快速增长的趋势,越来越多的图书馆通过网络向广大读者提供信息资源服务,传统的馆际互借与文献传递服务呈现了新的变化,但同时也面临着新的挑战。在这样的背景下,如何创新馆际互借与文献传递服务体系,提高图书馆服务质量是我们面临的重要问题。

1　数字时代馆际互借与文献传递服务的变化

数字时代图书馆服务方式的变化,不仅体现在资源存储方式的变化,而且体现在馆际互借、文献传递服务等多个方面,具体有以下几点。

1.1　读者需求的变化

以前,读者对信息资源的获取主要依靠书刊或者进行复制,而数字时代,读者的需求发生了重要的变化,由于信息内容以及载体呈现出多样化的趋势,读者对信息资源的获取可以通过 google、yahoo 等检索工具,或者是知网、万方等专业的检索数据库获得,查询方式和资源获取速度更快,更方便。

1.2　技术手段的变化

数字时代的到来,不仅加快了文献传递的速度,同时由于管理软件的运用,还加快了文献处理的速度,读者通过网络能够十分快捷地提交查询,文献处理、文献传递的方式,网上银行、支付宝、手机支付等结算方式,便利了文献资源的获取。另外,随着数字时代的到来,图书馆的服务能力也得到了迅速提升,可以利用信息技术对信息进行挖掘,简化了服务流程,提高了服务质量,也更能够满足读者对信息资源的需要。

1.3　思想观念的变化

以前图书馆希望有尽可能多的读者来图书馆,从而让文献资源能够得到充分有效的运用,进一步发挥图书馆的作用。而网络时代给图书馆的服务方式和思想观念带来新的变化,就读者来说，他们希望通过互联网，能够更加方便快捷地获取所需要的文献资源；而就图书馆来说，它们会更多地考虑如何节省读者时间，提高图书馆的服务质量。见面越少，服务质量越高已经逐渐成为衡量一个图书馆服务水平的重要标志，在思想观念上出现了新的变化。

2 数字时代馆际互借与文献传递服务体系建设面临的挑战

随着数字时代的到来，原来的馆际互借与文献传递服务体系建设面临新的挑战，具体来说，这些挑战包括以下几个方面。

2.1 新技术应用问题

图书馆的自动化、网络化的整体水平不高，文献传递工作效率较低，对新技术的跟踪和应用存在不足之处。另外，在馆际互借升级改造过程中，不能忽视新技术、现代化设备、现代化管理方式的应用，以提高馆际互借的工作效率，提高图书馆信息资源的服务质量。

2.2 知识产权问题

文献传递涉及复制权、信息网络传播权等知识产权保护问题。目前在这方面缺乏完善的法律法规进行约束，由于电子文献方便传递和复制，在文献传递过程中容易出现侵权问题。为了保护著作权人的利益，采取相应的措施，完善法律法规，在实现资源共享的前提下，保护著作权人的合法权益是必须面对的现实问题。

2.3 从业人员素质问题

由于电子文献传递、服务方式、收费管理等方面出现相应的变化，为确保馆际互借和文献传递的顺利进行，从业人员必须具备专业知识技能，包括文献传递硬件软件的使用、国内外各种数据库检索技能等，同时还应该具备爱岗敬业、勤劳奉献的精神，以提高服务质量，满足读者对信息资源获取的需要。

2.4 管理制度问题

为了有效地规范和约束馆际互借和文献传递服务，必须建立完善的管理制度，对服务方式、服务流程、收费标准等各项工作进行完善的规定，建立健全的管理制度，为确保馆际互借和文献传递服务的顺利进行提供有利条件。但是，一些图书馆在这方面存在不足之处，制约了服务质量的提高，给读者信息资源的获取也带来不利影响，今后应该采取相应的完善措施。

3 数字时代馆际互借与文献传递服务体系建设的策略

为了应对上述挑战，根据读者对信息资源的需求，结合图书馆实际工作的需要，笔者认为今后可以采取以下策略，加强馆际互借与文献传递服务体系的建设工作。

3.1 实现资源建设与服务的数字化

为了应对数字时代馆际互借与文献传递服务带来的挑战，在具体工作中，加强资源与服务的数字化建设是十分必要的，要将馆藏资源数字化建设作为一项重要任务，不断完善资源建设工作，为读者获取资源提供便利。近年来，馆藏资源数字化建设取得了较快的发展，主要包括全文影像资源、全文文本资源、音频视频资源等。另外，为了方便读者对信息资源的获取，还有必要建立完善的搜索引擎，由专业人员进行组织和加工，使收录的信息更加系统和准确，导航作用更加明显，从而更好地为读者提供各项服务，满足读者对信息资源的获取。

3.2 加强知识产权保护工作

文献传递是对知识作品使用的一种方式，在数字时代，文献资源的复制变得十分方便，并且这种复制品不需要归还。对于这种复制行为的合法性问题，目前法律上还没有明确的规定。但读者在使用信息资源的时候，应该遵守相关法律的规定，避免出现侵权行为。从国外馆际互借和文献传递服务的具体情况来看，在文献传递的时候，必须重视知识产权的保护工作，采取完善的措施，加强知识产权保护力度，维护作者的合法权益。借鉴国外知识产权保护的经验，应该采取相应的措施，对网上文献资源进行适当的限制。具体可以采取以下对策：图书馆应该声明版权归作者所有；图书馆应该声明文献复制品不能用于个人学习、研究、欣赏以外的目的；图书馆应该做好系统设置工作，在进入文献传递系统的时候，增加版权警告内容，用户只有签署相应的声明之后，才能进入互借系统，享用相关的信息资源。如果用户违背相关的规定，则应该承担相关的侵权法律责任，以避免版权纠纷，维护各方的正当利益。

3.3 提高从业人员综合素质

在用户接受文献资源服务的时候，离不开从业人员各项服务工作的开展，从业人员是读者和信息资源联系的桥梁，他们的专业技术水平、服务态度等影响读者对信息资源的获取。因此，图书馆要重视工作队伍的建设工作，采取相应的措施提高从业人员的综合素质。一方面，要加强对具备专业技术知识、良好工作态度和职业道德的从业人员的引进工作，充实工作队伍，提高工作队伍的整体建设水平；另一方面，要加强对从业人员的管理和培训，提高工作人员的职业道德水平，加强计算机操作技能、网络应用能力、知识型信息服务、读者教育能力等的培养，更好地适应实际工作的要求。在日常工作中，既能够为读者提供最原始的信息服务，又能够对信息加工，为读者提供精准的二次加工信息，从而快速完成文献传递，满足读者对信息资源的需要。

3.4 重视馆际互借宣传工作

目前许多读者对馆际互借了解不多，因此，通过多种形式和途径，加强对馆际互借与文献传递服务的宣传，让更多的读者了解图书馆，从而更好地利用图书馆。宣传方式可以是多种多样，如，印发宣传资料宣传，利用图书馆网站宣传，定期举办专题讲座等途径进行宣传，使读者熟练掌握图书馆数据库的检索技巧，熟悉图书馆文献资源的检索流程，从而更好地获取所需要的信息资源。

3.5 完善相关的管理制度

为更好地规范馆际互借与文献传递服务，应建立完善的管理制度，并根据具体工作的需要，对馆际互借、文献传递服务等各项工作进行全面的规范，包括服务方式、服务准则、收费标准等。

综上所述，随着数字时代的到来，馆际互借与文献传递服务面临新的挑战，只有建立起完善的馆际互借和文献传递服务体系，才能适应数字环境下图书馆服务方式的变革，更好地发挥图书馆文献资源和数字资源的利用价值，进一步提高为读者服务的质量。

参考文献

[1] 鄂丽君，许子媛. 高校图书馆馆际互借与文献传递服务的调查与分析. 图书馆杂志，2011(11)
[2] 李金莲. 公共图书馆馆际互借与文献传递服务调查与分析. 图书馆学研究，2012(10)
[3] 陈力. 数字时代的馆际互借与文献传递. 国家图书馆学刊，2008(3)
[4] 阙义平. 网络环境下图书馆馆际互借与文献传递服务的探索与思考. 广东科技，2011(21)

新技术下的文献提供服务

梁东艳(鄂尔多斯市图书馆)

随着信息化等新技术在图书馆领域的深入,馆际间的合作、文献资源的共建共享已成为图书馆发展的趋势。文献提供服务作为一项传统与现代化并存的合作服务方式,在新技术环境下,关系着图书馆服务质量的全面提升。文献提供服务是为了满足用户的个体需求而产生的,以用户为中心,努力满足用户的需求,是图书馆文献提供服务发展的方向与目标,也是衡量一个图书馆工作的最重要的标准之一。

1 文献提供的内涵

文献提供是图书馆的传统服务,从最初的手工操作到现在的网络传递,从不同类型用户的需求出发,提供与其相适应的特色服务,使其获得积极的用户体验,从“以系统为中心”逐渐过渡到“以用户为导向”的文献提供方式,文献提供的内涵随着时代的进步逐渐丰富起来。

2 文献提供工作的意义

随着时代的进步和社会的发展,文献提供在用户和图书馆之间的作用越来越重要,网络环境下的用户需求已与传统图书馆的用户需求有很大不同。对于图书馆来说,及时了解、挖掘用户的各种需求变化,进而服务用户,通过文献提供服务工作满足用户的需求,并针对用户需求变化合理配购图书馆的文献信息资源,是衡量图书馆工作的重要标准。合理的文献提供服务,可以有效地提高用户对信息资源的获取与利用,图书馆对文献用户需求的不断变化而做出合理的文献提供已成为目前图书馆发挥图书馆职能的重要手段之一,从而在信息时代体现了文献提供的重要性和如何改进文献提供工作的迫切性。

3 图书馆文献提供工作的现状和不足

目前国内大多数图书馆的文献提供工作一直停留在传统的纸质文献借还,没有形成一套完整合理的文献提供体系。纸质文献没有一套有效的文献目录,无法满足广大用户的各种需求,而随着信息科技及网络时代的到来,电子文献信息大量进入馆藏已成为现实,由此也形成了图书馆文献信息的新构成,即纸质文献信息和电子文献信息的兼而有之。而电子文献信息的提供与利用要求我们要建立一套完整的数据库系统来实现电子文献信息的提供和馆际资源的互借与利用。

4 提高文献提供工作的几点建议

随着时代的进步和社会的发展,用户的需求已经发生了很大的改变,公共图书馆应及时了解、挖掘用户的各种需求变化,其提供合理的文献需求服务,进而服务用户,通过文献提供服务工作满足用户的需求,有效地提高用户对信息资源的获取与利用,并针对用户需求变化合理配购图书馆的文献信息资源,这是衡量图书馆工作的重要标准。

4.1 编制文献目录

用户利用文献最直接常用的方式就是通过文献目录进行文献检索。通过文献目录的检索功能、报道功能、导读功能,能够使用户更方便地检索到所需文献。由于用户利用文献的目的和需要不同,文献利用的类型、内容和形式各不相同,因此就需要根据特定的方法编制不同类型的能反映文献信息的文献目录。所以要做好文献提供工作,首先需要从多个角度编制多套收录详尽的完善的文献目录,根据新的文献信息,不断更新,不断充实,方便用户检索文献信息。

4.2 数据库系统的建立

纸质文献已不能满足当今时代的读者需求,文献信息的数字化建设已成为各图书馆亟须解决的问题。而文献信息的提供与利用要求我们要建立一套完整的数据库系统来实现电子文献信息的提供和馆际资源的互借与利用。图书馆可以根据各地的区情,各馆的馆情和用户的实际需求,通过文献目录和索引等数据库的建立,进而建立文献信息的全文数据库,最大限度地实现馆际合作和资源共享。同时为了更好地开发利用地方文献信息资源,弘扬地方文化,让更多的人了解本地区的经济发展、社会发展和文化建设等,公共图书馆应根据实际情况构建具有浓郁地方色彩的专题数据库,将有价值的地方文献全文上传,使用户能够根据自己的需求来选择文献,使本地区乃至国外的用户利用文献。将各图书馆零散的附着于各种载体的各学科文献集中起来,弥补了馆藏不足,实现了文献信息利用的最大化。

4.3 优化文献提供请求方式

随着社会的进步,科技的发展,文献提供的请求方式也应该适应时代的变化,改变原有的单一的请求方式。公共图书馆可以制作纸质的“文献提供请求表”,并将其放置在用户流通量较大的地方,由请求者自己提交所填好的“文献提供服务请求表”,文献提供工作者可以根据此表进行查询,进而更方便快捷地实现用户的要求。也可以设定文献提供服务工作专用电话,用户可以通过电话方式咨询所需文献,文献提供工作者查询确认后再通过电话向用户反映其所请求文献的具体情况。或者是在图书馆的主页上列出可供读者利用的 e-mail 地址,读者可随时向其发送咨询文献情况的问题,馆员通过查询后再通过 e-mail 方式给予解答。还可以提供实时在线方式,即在网上实时地“面对面”解答读者的提问或用留言板等方式来进行文献提供服务。不论采取何种方式,图书馆必须设有专人负责,对用户的请求做到及时处理和反馈,否则,就会降低用户与图书馆交流的积极性。

4.4 增加文献传递方式

在优化文献提供请求方式的基础上,还应增加文献传递的方式,只有将用户所需要的文献提交给用户,满足用户的需求,才是文献的提供服务工作。文献的传递方式主要可以通过以下几种方式实现:E-mail 方式 、快递邮寄、传真、自己提取或者托人提取,需要强调的是不管哪种传递方式都需要有真实有效的证件或证明以及费用等。

4.5 合理采购、加强藏书建设

图书馆的文献提供服务工作是建立在丰富的馆藏文献基础上的,而图书采购则是图书馆工作的基础,一个图书馆藏书质量的高低,关键在于图书采购。图书采购不能只追求数量而忽视其科学性、思想性、学术性和实用性。

4.5.1 制作文献信息统计表

文献提供服务请求表可以很直接地反映文献的需求状况,所以各部室每年应进行文献提供统计,制作"文献提供统计表",总结什么类型的文献需要加强采购,什么类型的图书应该合理减少采购数量,从而在下年度的采购中能够更有针对性地采购图书。

4.5.2 通过用户互动实现图书的合理采购

图书馆也可以通过下面几种方式来实现图书的合理采购:①书目调查。即图书馆将文献的出版征订信息做成文件或网页发布在图书馆主页上,让更多的读者在网上浏览、下载或打印,并选择所需要的图书推荐给采访人员。②读者推荐。图书馆开发专门的推荐模块链接在图书馆主页上,读者上网进入页面,根据提示写上自己的推荐信息,有的还可以给出推荐理由。现在已有不少高校的大学图书馆采用了这种方式,如清华大学图书馆、北方交通大学图书馆等。③利用 E-mail 将征订书目发给用户,让用户来圈选,再发回给采访人员。在处理上述的信息中,采访人员最好是能给出处理意见,通过 E-mail 反馈给读者,这样更能激发读者参与的积极性。

4.5.3 专人采购

设置专人采购,结合用户的需求,全面理解用户需要,既要看到用户的现实需要,又要分析潜在的未来需要,分析所配购的文献信息是否符合各类型用户的长远需要,着力提高读者的满意度。结合本馆藏书结构和发展方向制定出采访原则和标准,选择最有入藏价值的文献。在分析文献信息的潜在利用率时,必须分析该学科在本馆的馆藏设置和发展情况,了解可能利用该文献信息的读者群、借阅趋向等,然后决定采购数量。采访人员还要了解国内外的新书情况,丰富图书馆的外文近现代图书馆藏资源,同时及时了解国内的各个大型书展,采购高质量、高品质的图书,搞好图书馆藏书建设,提高藏书质量,更好地为用户提供文献服务。

总之,信息时代的文献提供服务,就是以用户为中心,满足各个类型用户的需求,为用户提供满意、周到的服务,在文献资源和文献的有效利用、图书馆和用户之间架起一座具有全新内涵、和谐畅通的信息桥梁。

参考文献

[1] 吴玲,梁智年等.助人 自助——基于用户的文献服务.文献信息论坛,2009(3)
[2] 彭玲玲.如何提高高校图书馆用户服务互动性.图书馆理论与实践,2005(3)
[3] 莫其强.网络环境下高校图书馆信息服务的新构想.图书馆建设,2002(3)
[4] 包红梅.转变服务理念,做好图书馆读者服务工作.内蒙古农业大学学报(社会科学版),2005(3)
[5] 陈传妹.影响图书馆读者服务工作的因素及其对策.工作研究,2004(3)
[6] 刘静霞.现代图书馆服务的发展趋向.科技情报开发与经济,2005(3)
[7] 曾荣玉,袁小平.新时期文献采访工作探索.图书馆论坛,2005(3)

新技术下的文献提供服务:个性化服务

宋　菲　宋佳音　刘　英(青岛市图书馆)

新技术已然给社会环境带来了全方位的变革,同时也对图书馆的服务提出了更新更高的要求。新技术时代的图书馆要想谋求更大的发展,就必须走出一条服务创新之路,开展个性化服务无疑是一种必然而合理的选择。

1　图书馆个性化服务概述

根据美国图书馆信息技术发展趋势协会的预测,个性化服务将成为公共图书馆未来最重要的发展趋势。那么作为一种新型的文献提供模式,图书馆的个性化服务究竟应该怎样理解呢?

1.1　图书馆个性化服务的含义

新技术对图书馆的要求不仅仅体现在设备的更新上,更体现在服务理念的创新上,要求公共图书馆必须真正站在读者的立场上,以读者为中心,想读者所想,随时解决他们的困难,增强服务的针对性和时效性,为他们提供更加便捷的文献提供服务。所谓的个性化服务就是根据读者个体所具备的不同的知识结构、信息需求和习惯做法,有针对性地为其建立个人信息系统,创造符合其需求的服务形式与环境,并通过智能推送技术,实时提供读者所需的信息。随着新技术的迅速发展,读者对信息的个性化需求越来越突出,这种量身定做的个人图书馆可以针对不同的读者提供不同的服务,从而达到提高服务质量,提高信息利用率和利用效果的目的。

1.2　图书馆个性化服务的特点

(1)服务主动性显著提升。新技术环境中的图书馆个性化服务已经从根本上改变了文献提供服务工作“我提供什么,读者就接受什么”的传统模式,转变成为“读者需要什么,我就提供什么”的新型服务模式,这就使得公共图书馆的服务主动性显著提升,图书馆和读者之间的沟通也大大加强。

(2)把读者的需求作为服务的中心。新技术环境中的图书馆个性化服务是一种新型的服务模式,是在充分了解读者的个人情况、信息需求和习惯爱好之后为其打造的专属服务,同时这种服务模式也能够主动地将预估到的读者可能需要的信息提供给读者。所以说,公共图书馆的这种个性化服务完全是以读者的个体需求为中心的。

(3)服务手段更加多样化。为实现个性化服务这一新型服务模式,图书馆引入了各种各样的新技术，例如多媒体技术和智能信息处理技术，实现了个性化定制、数据挖掘、信息过滤、智能检索、人工神经网络等多样化的文献提供服务，最大限度地保障读者各种信息需求的满足。

(4)服务系统的操作简单实用。图书馆的个性化服务系统一般是通过读者申请一个用户名并建立自己的数字图书馆来运行的，这种数字图书馆的文献著录方式一般都相对简单，只进行大致归类，不同类型、格式但主题相同的资源都编在一起，也就是说读者不需具备图书馆的专业知识，只需提出自己的文献需求方向，系统就能为其提供经过分析加工的文献信息，操作非常简单实用。

2　图书馆实现个性化服务的重要性

当今社会，图书馆的文献提供服务对于不同的个体具有不同的价值，只有个性化服务才能解决“众口难调”的问题，适应多样化需求。

2.1　个性化服务是新技术时代的必然要求

新技术的广泛应用使得人们对信息的需求量越来越大，而信息的更新速度也越来越快，各种各样的数字信息已成为公共图书馆的主要馆藏资源，图书馆从过去单一的借书还书环境进入到一个开放的新技术环境，这就要求图书馆的文献提供服务更具针对性、更便捷、更实用。因此，个性化服务是图书馆在新技术时代的必然选择。

2.2　个性化服务是满足读者需求的必然结果

图书馆读者的需求已经随着新技术的发展向着多方面综合交叉的方向发展：由以文献借阅为主转向了多种形式的信息需求并存。同时因为个体的年龄、性别、职业以及兴趣等方面的差异，读者的这些信息需求也是多样化和个性化的，研究个性化的馆藏资源提供模式、满足读者个体的深层次需求将成为引领新技术时代文献提供服务工作向纵深开展的一个重要课题。

2.3　个性化服务是图书馆服务水平提升的必然手段

从传统的手工作业到现在的数字化图书馆已是一个翻天覆地的变化，新技术的广泛应用则进一步打破了图书馆服务方式升级的限制，图书馆的文献提供服务必须随之提升，要有特色、有个性。图书馆员在牢记图书馆服务宗旨的基础上，应该将文献提供服务做得更加具有针对性，充分地提高图书馆的服务水平。

3　图书馆开展个性化服务可能存在的困难

图书馆的个性化服务是一种以读者为中心的服务模式，一定程度上推动了技术时代文献提供服务的改革与创新，但在具体实施过程中仍存在一些需要注意和解决的问题：

3.1 基础设备建设资金不足

图书馆开展个性化服务需要进行大量的前期准备工作，包括对图书馆员进行专业培训，引进相关软硬件设施，同时还需要对数据进行再加工、对网络进行开发，这些工作都需要经费的支持，但现在图书馆的经费普遍紧张，这无疑成为图书馆开展个性化服务的一个障碍。

3.2 尚未妥善解决知识产权和版权问题

图书馆开展个性化服务尚处于起步阶段，还不能够妥善地解决数字信息的知识产权和版权问题，还不可能得到每一位作者的授权，在服务涉及全文文献的传递、复制和下载时，很有可能出现非法盗取和修改他人作品、侵犯学术隐私的事情。这是关系到图书馆个性化服务健康持续发展的重要问题，必须想办法予以解决。

3.3 缺乏对读者的整体性研究和相关培训

图书馆开展个性化服务是为了让公共图书馆的数字资源能够更加方便地惠及每一位读者，因为每个人都需要用知识来武装和改变自己。但图书馆现在普遍缺乏对读者的整体性研究，所提供的服务内容比较单一，只是简单的个人信息整合和信息推送不能解决信息不对口的问题，更不能为专业性要求较强的读者提供主动的深度服务。同时，读者的个人素养也是千差万别的，有的读者甚至不会使用网络，这就需要图书馆对他们进行相关的培训，包括基本的网络知识普及、如何利用图书馆及数据库检索的培训等。

3.4 现有图书馆员的职业素养偏低

图书馆个性化服务的开展必然对从业人员的素养提出更高的要求，能够胜任这项工作的图书馆员不仅要掌握专业知识，熟悉图书馆的资源构成、编目程序、检索系统及其运用，还要不断优化自身的知识结构以便解答读者的各种疑问，同时还需要掌握一定的新技术，为读者提供查找、选择和使用资源的最优方法，现有的图书馆员往往达不到上述要求，培养与引进高层次的复合型人才也是图书馆亟待解决的一个问题。

4 中小型图书馆实现个性化服务的措施

个性化服务是新技术时代图书馆发展的必然趋势，也是体现图书馆价值和促进社会阅读的重要手段，图书馆应该尽快解决前进中存在的各种问题，努力促成这种文献提供服务模式的实现。

4.1 加大投入，加强基础资源建设

新技术时代的图书馆个性化服务无论在深度、广度和信息传递功能方面都是传统的情报工作无法相比的，必须加大经费投入，加强各种基础资源的开发和建设工作。首先，合理配置图书购置经费，适当加大数字资源的购入量，形成门类齐全、层次分明的资源布局以满

足不同读者的不同需要。其次,完善个性化服务所需的信息技术,例如数据库技术、网页生成技术、数据加密技术等,保障读者智能化搜索的便捷高效。第三,制定合理的网络资源开发制度,利用新技术开发出来的学科导航服务、图书预约服务、信息推送服务都对形成完整的图书馆个性化服务体系有着重大的意义。

4.2 加大对读者隐私和知识产权的保护

图书馆开展个性化服务必然要涉及读者隐私的问题。因此,图书馆必须建立起完善的信息安全保障机制,避免相关问题的出现。一方面,图书馆要采用各种手段和措施来避免系统中的信息受到破坏。另一方面,数字图书馆还要从制度上保障读者信息的安全,如制订严格的资料保密制度等。另外,图书馆提供个性化服务过程中的知识产权问题也是一个不容忽视的问题,图书馆应对此特别注意,尽量避免产权纠纷,对资源提供者的合法性进行严格的审查,在法律允许的范围内合理利用相关资源。

4.3 加强对读者需求的研究

个性化服务是根据读者自己的兴趣和需求来定制信息的服务方式,是完全以读者为中心的。由于读者自身条件的不同,他们所需要的文献服务和所习惯的检索方式都是千差万别的,只有加强对读者信息需求的研究,才能更好地开展工作。开展读者需求的调查方法很多,除了传统的调查问卷外,还可利用数据挖掘技术进行主动分析,另外还有 BBS 在线交流、网络博客、IM 等许多方式值得尝试。

4.4. 加强图书馆队伍建设

图书馆要做好个性化服务工作,除了加大物质投入外,还必须为个性化服务提供人才支持,这就要求图书馆对本馆的业务人员进行选拔、考核,组建起一支综合素质较强的专业服务队伍。实行学科馆员负责制是提高图书馆工作人员职业素养的一个可行性举措,将个性化文献提供服务任务落实到个人,可以最大限度地发挥学科馆员的专业素质,为不同需求的读者提供适合的情报服务;同时图书馆必须确立学科馆员在个性化服务开展中的重要地位,给予全方位的支持,调动他们工作的主动性、积极性和创造性,并提供继续教育和相关培训的机会,鼓励学科馆员不断更新知识,提高对信息资源获取和开发利用的能力。

4.5 建立个性化馆藏体系

个性化服务是图书馆拓展业务的一个新途径,相关工作都应该围绕其展开,馆藏体系的建立也是如此。首先,馆藏文献一定要有特色,以本地政治、经济为主,突出馆藏重点和优势。其次,要对现有的馆藏资源进行充分的开发利用,合理利用优秀馆员的专业优势并结合对读者需求的了解来加工整理二次文献甚至三次文献。第三,可以对某一特定专题、事件、学科进行分析研究,将有利用价值的文献处理后提供给有需要的读者。

综上所述,个性化服务是图书馆文献提供服务应对时代变革的必然选择,图书馆应该积极迎接挑战,尽快将个性化服务开展起来。

参考文献

[1] 刘晓辉. 论数字图书馆个性化信息服务的问题与对策. 现代情报,2009(29)
[2] 张倩. E 时代的私人书房——电子书房. 图书馆学研究,2010(8)
[3] 白文煜. 论数字图书馆个性化信息服务及其构建. 图书馆学刊,2005(2)

新技术条件下文献提供服务的人文关怀

孙建丽(青岛市图书馆)

1 新技术条件下,文献提供服务重技术轻人文

1.1 文献提供的含义

文献提供是指利用各种信息源,以任何形式满足用户的文献需求。“任何形式”包括文本、图片、音视频、印本或者这些形式的组合;“任何信息源”既包括图书馆,也包括情报所、商业出版者、贸易或者专业协会、政府机构、全文数据库、商业文献传递公司、信息经纪人、公司和个体研究者等。大家已经达成共识,认为“文献提供”涵盖“文献传递”和“馆际互借”。

1.2 新技术条件下文献提供服务的快速发展

如今科学技术高速发展使得计算机网络可以与电信网络和广播电视网络相融合,从而使图书馆可以只通过一套终端平台即可向用户提供多种服务,既包括原有的语音、数据和视频,又能通过整合,衍生出图文电视、视频邮件等类型。新技术的快速发展解决了图书馆发展中的很多难题,也为图书馆的用户大开方便之门,于是人们越来越热衷于图书馆新技术的开发和应用却忽略了最重要的人——读者。

1.3 新技术的高速发展对人文关怀的消解

图书馆现代化设施增加的同时人文关怀的精神却在不断消解。如青岛市图书馆书目自助查询系统、手机移动平台、微信平台、自助办证机、24 小时自助图书馆和电子读报机等现代化的设施的开通和购入,让读者体会到图书馆现代化水平日新月异的同时,却缺乏相应的检索辅导和使用指导,让一些不会使用计算机的人“望机却步”。层层递进与链接网站页面、复杂的程序、操作的麻烦,常常让读者无所适从。陈旧的机器与低速的网络,让读者只好长时间地等待,遇上电脑或网络故障,什么服务都得暂时停办。

由于信息技术的发展,数字图书馆也成为当今图书馆发展中的热门话题,但也存在对人不够重视的问题。以青岛市图书馆的数字图书馆发展为例,花费大量的资金购买了包括CNKI、万方、维普等多个国内著名的全文数据库信息检索系统供广大市民使用,但是由于图书馆的宣传力度和用户检索知识普及不够,以及缺乏实时在线参考咨询等服务,导致了数据库的利用率不高,许多读者对于如何迅速有效地进行信息检索无所适从。由此看出,在技术飞速发展的同时,图书馆也要加快其人文主义的关怀。

2 促进技术与人文的融合，实现图书馆的人文价值

2.1 文献提供服务中融入人文精神的原因

著名的“穆尔斯定律”曾指出：“对于一个情报检索系统来说，如果用户取得情报要比他不取得情报更伤脑筋和麻烦的话，这个系统就不会得到使用。”面对浩瀚如海的信息，帮助读者如何快速、准确地搜索到所需要的信息，是图书馆员的义不容辞的责任。

美国图书馆学家巴特勒的图书馆学理论包括两个特征：一是强调图书馆学作为一个学科的地位；二是强调人文因素。图书馆作为一个“专业”，和其他任何一个专业一样，有技术、科学、人文这3个层面。以往的图书馆学过分强调了技术的层面，而忽视了科学和人文学的层面。先进的技术改变了信息的加工、存储、传递的方式，最终的目的是为了使读者更加广泛、快捷、方便地获取信息，以满足其信息需求。因此，科学技术应该是为读者服务的。图书馆的工作应该以读者服务为中心，而非技术。技术只能作为图书馆发展过程中的工具和手段。图书馆员应该利用技术为读者服务而不是对技术的过度推崇。

2.2 应确立“以人为本，读者至上”的理念

读者服务是图书馆工作的核心。肖希明认为：人文精神就是在图书馆工作中体现以人为本的思想，以满足人的需求，实现人的价值，追求人的发展。图书馆在现代社会中已经不仅仅是个藏书楼，而是一个重要的信息中心。图书馆的信息传播模式应从被动传播转向主动传播，从多向传播转为定向传播，满足用户多方位、不同层次的信息需求。

图书馆应尽量减少限制性的规定，每个图书馆都存在着一些条条框框，这都或多或少地影响着文献提供工作的开展和利用，必须根据具体情况，尽可能地减少这些条条框框，采取尽可能人性化的外借措施。

2.3 充分体现人文关怀的细节把握

随着社会发展，读者对图书馆建筑环境的舒适度、美观性和实用性等的要求也越来越高：一要体现实用性，二要遵循经济性，三要彰显人文精神。馆内环境的光线、色彩、家具、装饰等设计要考虑人的使用感受和审美需求，营造出特定的文化氛围，让人们进入图书馆就感受到家庭般的温馨和愉悦。同时要营造出“人在书中，书在人旁”的格局，使读者能自如和快捷便利地检索到文献信息。

2.4 提高图书馆员的专业素养，让人本思想深入人心

新技术条件下，图书馆员不但要掌握计算机和网络知识，同时还需要有浓厚的人文关怀和对读者的热情周到服务。很多读者之所以在遇到困难时不愿向图书馆员求助，原因之一就是有些图书馆员的冷漠或是不耐烦的态度。因此必须努力提高图书馆员的专业素养，让人本思想深入每个馆员的心里，主动地帮助读者解决各种咨询问题。

2.5 设立专门的文献提供部门,指导读者利用新技术索取文献信息资源

图书馆应该设立专门的文献提供部门。对于最新引进和采用的先进技术,大部分读者都不了解,图书馆应做好这方面的宣传指导工作,比如定期举行讲座,帮助读者有效地使用新技术,以提高图书馆的利用率,图书馆员应该扮演好一个信息导航员的角色;图书馆还应加强在线帮助的功能,使读者能够及时解决遇到的困难。

谢拉在其《图书馆学引论》中也说道:"图书馆事业主要还是一个人文主义的事业。图书馆在其技术和服务方面日益向社会科学和自然科学靠得更近了,但我们要提醒自己记住,图书馆学始于人文主义。"这提醒我们在新技术大行其道的今天,图书馆更应注意人文关怀,体现以人为本的思想。只有科学与人文精神的结合,才能使图书馆沿着健康的轨道发展。离开了人文精神,并不能促进图书馆的发展,反而有悖于图书馆的真正目的。

参考文献

[1] 姜弘. 档案馆信息技术与人文精神的融合. 机电兵船档案,2007(2)
[2] 姜利华. 图书馆文献提供服务的优化策略. 图书馆学刊,2011(5)
[3] 董旭,赵星. 从三网融合谈国家图书馆文献提供服务创新. 新世纪图书馆,2012(7)
[4] 梁富成. 在新技术发展下的人文主义关怀. 医学信息,2009(11)

网络环境下图书馆馆际互借服务研究

魏福芹(首都经济贸易大学图书馆)

馆际互借是图书馆之间合作与资源共享的主要途径,它一般分为返还式与非返还式两种服务方式。所谓返还式服务即读者借到的图书、期刊原本或复印本,使用完毕后需要返还给出借馆;而非返还式则是指出借馆一般借出文献的复印本或扫描文件,所借复印件无需返还。近年来,随着计算机和现代通讯技术的飞速发展,二者相结合为人类创造了一个全新的信息环境——网络环境。在网络环境下,文献资源有电子化、数字化的发展趋势,但是仍然有很大部分的馆藏资源仍将以印刷品或者其他形式存在,由于纸质文献特有的直观性、传承性等特质,纸质文献的借阅会长期存在,相当一部分的文献资源共享还得通过馆际互借方式进行。本文主要探讨返还式馆际互借,在网络环境下它的工作流程有了很大的变革,运转效率不断提高,在图书馆资源共享中发挥着重要的作用。

1 网络环境下的馆际互借工作

1.1 现状

20世纪90年代以后,计算机技术飞速发展,并广泛应用于图书馆领域,逐步实现了通过网络开展馆际互借业务。1996年,我国相继建成中国计算机公用网、中国金桥网、中国教育与科研网和中国公众多媒体通信四大主干网,互联网的普及为网络文献传递服务创造了良好的外部环境。网络技术的迅速发展给馆际互借工作提供了巨大的技术支持,网上书目数据库和公共书目信息共享系统的创建、联机联合公共目录检索体系(OPACs)的建设,使得馆际互借突破了以往仅局限在本地区、本系统范围内邮寄形式的服务模式,实现了跨地区读者在网上即可检索、发送申请的半自助互借模式,结合现代物流运送,缩短了互借周期,大大提高了馆际互借的工作效率。

1.2 返还式馆际互借的优势

首先读者有借阅印刷品资源的需求。以国图为例,近年来无论是互借单位还是互借图书的数量都在迅猛增长,2003年至2008年五年间就新增馆际互借单位近90家,馆际互借量也从2003年的5592册攀升至2008年的14577册。“但很多情况下,网络化和数字化并不一定能够帮助他们获得需要的所有资料,传统的返还式馆际互借仍然是一种有效的文献信息提供模式。从国家图书馆的工作实践来看,返还式的馆际互借至今还是最受其他图书馆特别是高校图书馆和专业图书馆欢迎的服务形式。”读者的需求是馆际互借工作开展的动力,以北京地区高校图书馆文献资源保障体系(BALIS)为例,使用人数年年攀升,至2013年11

月底，使用者达到17545人，排名前十位的大学见表1；其次，由于涉及版权保护等原因，有些文献不能传递电子原文；某些论文或书籍只能传递电子版的部分章节；电子文献全文传递只适用于传递信息量不大的文献，因此，返还式的馆际互借方式在长时期内会与电子文献传递并存，并发挥其特有的优势。网络环境下返还式馆际互借的功能会越来越强大，能够弥补自身馆藏资源的不足，满足读者的需求，同时使图书的利用价值得到提升，图书馆的总体社会效益提高。

表1　2012年12月1日—2013年11月30日BALIS馆际互借服务排名在前十位的大学

排名	单位名称	使用人数
1	北京交通大学图书馆	4749
2	北京科技大学图书馆	1055
3	中国人民大学图书馆	890
4	北京师范大学图书馆	648
5	北京航空航天大学图书馆	572
6	华北电力大学图书馆	500
7	清华大学图书馆	449
8	北京化工大学图书馆	433
9	北京信息科技大学图书馆南校区	385
10	北京外国语大学图书馆	378

2　馆际互借工作实践中存在的主要问题

2.1　读者使用不够普遍

馆际互借在我国开展近二十年来，虽然使用人数在不断增加，但是仍有众多的读者不了解馆际互借服务的具体内容和操作流程。以首都经济贸易大学2014年4月份“BALIS馆际互借服务问卷调查”统计情况为例，共发放问卷200份，收回192份，“您以前使用过馆际互借获取过本馆外资源吗?”一题调查结果为:选择“使用过”34人，占17.71%；选择“没有”143人，占74.48%；选择“不记得”15人，占7.81%。我校开展BALIS馆际互借服务已经六年，读者的使用率虽然逐年有所提高，但仍然处于较低水平。

再从表1的数据分析来看，2012年12月1日—2013年11月30日BALIS 87家成员馆共有17545位读者使用，其中排名前十位的大学共有10059位读者使用，占总使用人数的57.33%，北京交通大学的使用人数更是占到了总人数的27.07%，其他高校图书馆的使用人数普遍不是太多，使用人数不足10人的成员馆共有24个，占总成员馆数的31.03%，可见读者的使用率不均衡，多数成员馆的读者还不习惯使用馆际互借。

2.2　管理系统不够完善

目前馆际互借的服务方式分为通用证卡方式、基于系统的管理方式，前者多以区域性联合体的形式存在,需要读者亲自到成员馆去办理借、还文献手续,占用了读者的时间,而且证卡不易管理,读者使用之后需要归还至本馆,本馆才能派发给下一位读者使用。图书馆员的工作量增加:如读者归还证卡时需到出借馆主页查询读者借阅及图书归还情况、各馆OPAC系统不尽相同增大了查询及管理的难度、需督促读者按期归还及缴纳罚款等。后者依托于馆际互借管理系统,已经逐步实现了申请单处理、借出馆签收、读者管理、事务日志、参数管理等功能,但尚不够完善,如统计功能、提醒读者功能、联合检索功能等需进一步提高和完善。

2.3 物流成本过高

虽然读者的自取、自还已经纳入馆际互借系统,考虑到区域内成员馆相距远近不同,如果读者所花费的时间成本过高会放弃自取,转而依赖物流方式;基于目前馆际互借的补贴政策读者不用付费,多数读者会选择物流方式。近几年人力成本上升等因素导致物流成本提高,随着馆际互借服务量的增加,物流费用逐年上升,导致物流费用在整体费用支出中占绝大部分。从BALIS馆际互借服务中物流支出(见表2)可以反映出物流成本上升过快,在区域性联盟中仅仅北京一个城市的物流费用尚且如此,推知在省内乃至全国性的图书馆联盟中馆际互借物流费用更不会低。当物流成本过高以至于接近甚至超过馆际互借中纸本文献的价格时,应对馆际互借的支出成本做出评估,衡量物流成本的合理性。

表2　2008年4月1日—2012年11月30日BALIS馆际互借服务物流费用支出

年度	2008	2009	2010	2011	2012
馆际互借物流费(元)	4643	26000	58300	111763	151105

备注:统计数据时段为2008.4.1—2012.11.30。

2.4 馆际互借员工作热情不高

在馆际互借业务量不断上升的形势下,人员却未能得到及时配比,除少数图书馆配置了专职的馆际互借员之外,多数馆采取由图书馆员兼任的方式。馆际互借相对普通借阅手续较为繁杂,工作量更大,尚需承担超期催还、罚款、损坏、丢失的风险,对馆际互借员缺乏奖励机制与处罚措施,馆际互借员的业务培训、参与研究、能力提升等需求也没有得到相应的重视。馆际互借员工作热情不高,将直接影响到服务质量和业务量的上升。

3 网络环境下改进馆际互借工作的措施

3.1 加强培训与宣传,提高读者使用的积极性

读者利用馆际互借的意识越强,利用的人数次数越多,馆际互借效益就越显著。努力提高读者使用的积极性,可以从以下几方面着手:

(1)利用各种媒体,全方位做好宣传工作。图书馆印制、发放宣传册、宣传页,介绍馆际互借的使用方法和业务流程;在图书馆网站上设置宣传栏、使用指南、各成员馆特色馆藏介绍、相关链接等;高校图书馆可利用校报、校电视台、图书馆的学生社团做宣传;图书馆的电

子滚动屏、微博、微信平台均可作为宣传阵地。

(2)开展“馆际互借宣传月”活动。以 BALIS 的经验为例,从 2008 年起每年的 4、5 月份开展馆际互借服务宣传月活动,通过服务介绍、咨询讲座等一系列活动,全面而系统地对各校读者进行宣传,读者使用率明显提高,取得了很好的宣传效果。各馆可依据自身情况,设置“宣传月”或“宣传周”,集中进行宣传培训,令读者印象深刻。

(3)对新生、新入职员工进行培训。利用新生入馆教育、新入职员工培训等机会,由馆际互借员参与培训,介绍馆际互借的优势、使用方法,提高“新读者”的知晓率和利用率。

(4)举办专题讲座。图书馆定期举办馆际互借专题讲座,培训和指导读者利用馆际互借获取本馆未收藏的文献;可同时进行现场注册和试用,使读者掌握馆际互借的方法,提升其使用的积极性。

3.2 建立区域性统一的管理系统平台,增强读者自助功能

应用新技术对返还式馆际互借的管理系统进行升级改造,建立地区、区域性的系统平台,实现区域内联机联合目录与流通系统的相连,能够兼容识别区域内读者的借书证号码,变“一馆”收藏为“共同”收藏,“他馆”读者为“共同”读者,从而实现以下功能:

(1)读者“全自助”借还。将通用证卡方式纳入到统一的管理系统平台中,读者到本区域图书馆联盟内任何一馆借阅时只需出示本馆证件,在馆际互借系统中选择“全自助”模式,借阅程序如同在本馆进行,自借、自还,几乎不产生任何费用。条件成熟的区域可实行通借通还。

(2)读者“半自助”借还。读者在系统内检索、申请,选择“自取”“自还”的非物流运送方式,或任选其中部分环节自助,可以降低馆际互借员的工作量,提高馆际互借工作的效率,减少物流费用。

(3)读者“保证金”制度。读者在系统内预交一定数额的保证金,当出现超期、损坏、丢失等情况需要罚款时,自动从保证金中扣除,以免除馆际互借员对此承担的风险及增强读者遵守互借规则的意识。

(4)其他功能:在系统内实现统一的统计、结算功能,通知取书、到期催还等手机短信提醒功能,与物流公司联网、实现借书流程结束后自动进入物流流程等。

3.3 降低物流成本,政府实施长期补贴

3.3.1 采取各种方式降低物流成本

各区域可根据自身地理特点选择适合的方案降低物流成本。方案一:建立专有的物流体系。按距离、按时间、按路线科学设计物流方案,设立中转站、批量发送,达到最近、最快、最节省的目标,取代目前单件发送、计费的方式,适合区域范围较大、各馆相距较远的情况。方案二:建立区域内流动车运输系统。借鉴香港的经验:香港为八所高校图书馆的馆际互借配备了专用车辆,保证 24 小时内送达,每年的借阅量可达二十多万册。适合区域范围较小、各馆分布相对密集的情况,配备专用物流车,错峰出行,既可降低物流成本,同时可减少图书的损坏、丢失现象。方案三:与地方邮政合作,签署长期合作协议,适合路程远、异地传输文献等情况。

3.3.2 采取政府长期补贴措施分担物流费用

目前政府或一些机构对于高校和科研院所之间的馆际互借是有补贴政策的,诚然,补贴

到教育、科研领域会产生直接或间接的经济效益和社会效益，从长期社会效益来看，政府的补贴降低了馆际互借承担的总费用，读者免费会带来借阅量的增加，即使不搞教学、科研，于国民养成阅读习惯、提高国民素质也是有益的；同时馆际互借量的增加对于提高图书馆馆藏的利用率、不同图书馆之间的读者公平享用图书资源均有直接的促进作用。

3.4 增强主体服务意识，调动馆际互借员的工作积极性

首先，馆际互借员要有责任心和服务意识。开展馆际互借是图书馆馆藏资源实现共享的最佳途径，馆际互借将来的发展方向不再是本馆馆藏的补充，而是本馆馆藏的一部分，它将与本馆借阅同等重要，每个图书馆都有义务和责任为其他成员馆读者做好馆际互借服务工作；其次，图书馆应当配备足够数量与质量的馆际互借员，并建立相应的奖励和惩罚机制；再次，行业内应当提供培训和研究的机会，开展网络应用、系统平台使用等各种培训，组织业内课题研究，使馆际互借员不断提高业务能力、提升自身水平、发挥潜力与智慧，在工作实践中不断创新，为读者提供高品质的服务。

馆际互借已经成为区域资源合作共享的一种发展趋势，代表了当今图书馆的发展方向。网络环境下返还式馆际互借具有其独特的优势，满足了读者需求，提高了馆藏利用率。图书馆应当顺应网络时代的要求，解决馆际互借工作中遇到的各种问题，不断创新，提供高质量的服务。

参考文献

[1] 余献平，全卫敏. 高校图书馆返还式馆际互借服务模式初探——以北京为例. 情报杂志，2009(12)
[2] 易斌，杨志文. 网络环境下高校图书馆信息服务模式的发展趋向. 现代情报，2007(9)
[3] 阙义平. 网络环境下图书馆馆际互借与文献传递服务的探索与思考. 广东科技，2011(21)
[4] 吴洋. 网络环境下馆际互借分层分级管理模式初探. 新世纪图书馆，2011(4)
[5] 陈力. 数字时代的馆际互借与文献传递. 国家图书馆学刊，2008(3)
[6] 伊雷，张博婧. BALIS 馆际互借服务存在的主要问题及对策分析. 图书馆建设，2012(12)
[7] 黄玉华. 海南高校图书馆馆际互借可持续发展探析. 大学图书馆学报，2008(2)
[8] 王茜. 基于系统的 BALIS 返还式馆际互借服务研究. 图书馆学研究，2009(6)
[9] 许桂菊. 网络环境下的馆际互借研究与展望. 图书馆，2006(2)
[10] 何玉玲. 昌北高校图书馆联盟纸质文献馆际互借服务探讨. 图书馆研究，2013(4)

网络环境下区域公共图书馆馆际互借与文献传递服务研究
——以泰达图书馆为例

张　颖(天津泰达图书馆)

馆际互借是进入20世纪后,由于信息爆炸,任何单一图书馆馆藏无法满足读者需求,必须通过资源共享、相互协作来保障资源的产物;而文献传递是在信息技术支持下由馆际互借发展而来却又优于馆际互借的资源共享方式。近年来,网络使用的普及、移动互联技术的推广等使得资源获取日益便捷,这对公共图书馆馆际互借与文献传递服务造成了不小的冲击,但也成为倒逼服务转型升级的动力。笔者将以泰达图书馆为例,从区域公共图书馆馆际互借与文献传递服务实践出发,探讨当前网路环境下服务中遇到的问题,并对未来发展做出展望,以期为区域公共图书馆馆际互借与文献传递服务良性发展提供参考。

1　泰达图书馆馆际互借与文献传递服务实践

1.1　馆际互借

泰达图书馆目前已经与国家图书馆、清华大学图书馆、首都图书馆、南开大学图书馆、天津大学图书馆、天津图书馆、首都师范大学图书馆、北京交通大学图书馆等八家图书馆达成合作共识,为用户提供馆际互借服务。

服务方式:读者向泰达图书馆提出馆际互借申请,并准确填写馆际互借申请单;馆员在收到读者检索要求后,在两个工作日内查找上述各馆馆藏情况,得到读者确认后,向合作馆提出馆际互借请求;馆员收到合作馆回复后,及时将结果通知读者,读者缴费后获取文献。

服务费用:服务产生费用按照各合作馆相关规定收取,泰达馆对馆际互借服务本身不收取任何费用。在此过程中,如产生借阅文献丢失或破损等问题,按照合作馆相关规定处理。

泰达图书馆馆际互借服务开启早期阶段,成功帮助读者完成了部分馆际互借请求,但后期受便捷性、费用、管理、宣传等多种因素影响,业务量逐年萎缩,目前,泰达馆的文献提供服务主要以文献传递形式体现。

1.2　文献传递

泰达图书馆自2003年年底开馆即启动了文献传递服务,目前使用的主要文献传递系统有联合参考咨询网、国家科技图书文献中心(NSTL)等。

1.2.1　联合参考咨询网

2006年,泰达图书馆加入联合参考咨询网服务系统,这是由广东省立中山图书馆牵头,全国40余家省市公共图书馆合作建立的公益性文献信息咨询服务平台,拥有包括电子图书

90 万种、期刊论文 1500 多万篇、博硕士论文 23 万篇、会议论文 17 万篇、外文期刊论文 500 万篇、国家标准和行业标准 7 万件、专利说明书 86 万件在内的目前我国最大规模的中文数字化资源库群,以及全国公共图书馆建立的规模庞大的地方文献数据库和特色资源库。

该服务实行资源共享和免费服务政策,读者在线注册后,即可使用。系统为读者提供了资源检索、定向或不定向提问、服务评价等功能;对于成员馆,系统提供数据统计功能,可以得到单个馆员、成员馆整体等咨询量统计数据。泰达图书馆每天安排专人提供服务,在近十年的服务中,屡次获得读者的好评,并曾取得全国排名前五的好成绩。

1.2.2 国家科技图书文献中心(NSTL)

国家科技图书文献中心(NSTL)是根据国务院领导批示于 2000 年组建的一个虚拟的科技文献信息服务机构,资源由中国科学院文献情报中心、工程技术图书馆(中国科学技术信息研究所、机械工业信息研究院、冶金工业信息标准研究院、中国化工信息中心)、中国农业科学院图书馆、中国医学科学院图书馆等 7 家成员单位,以及中国标准化研究院和中国计量科学研究院两家共建单位共同提供。中心在各地设有服务站,目前服务已经覆盖全国。

服务方式:读者经服务站页面注册后,即可自行在 NSTL 平台下检索,平台以文献传递形式,将文献发送至读者邮箱。在平台下未检到的文献,读者也可以申请代查代借,中心会在 24 小时内进行回复。

服务费用:NSTL 平台提供的服务是有偿的,但泰达馆为加大推广力度,一直对滨海新区用户施行代付费服务,并积极争取将其列入地方政府优惠服务政策中。

泰达图书馆 2008 年年底成为国家科技图书文献中心泰达服务站,转年正式开启服务。NSTL 资源弥补了泰达馆外文文献、标准、专利等方面的馆藏短板,泰达馆将其列为重点发展服务项目,组建了跨部门核心服务组,并在宣传推广方面投入了大量精力,经过几年的发展,泰达馆已经将 NSTL 服务成功融入滨海新区科技服务领域,通过 NSTL 平台发生的文献传递量逐年提升,目前已进入全国站点排名的前三甲。

2 区域公共图书馆馆际互借与文献传递服务中遇到的问题

资源共建共享有待加强

资源共建共享是馆际互借与文献传递服务开展的核心,共建共享是否到位可以直接决定服务的成败,但目前各资源提供方受保守思维方式的束缚或受版权等因素的制约,导致资源共建共享壁垒重重、难以深入。以联合参考咨询网和国家科技图书文献中心(NSTL)这两个目前颇具代表的文献提供系统为例,联合参考咨询网号称具有全国最大规模的中文数字化资源库群及庞大的地方文献资源,但网站可供读者和坐席馆员直接检索的资源有限,另有庞大的资源体系仍由各馆自行掌握。

NSTL 资源由 9 家机构提供,但各机构只将部分资源接入统一服务平台,核心资源则各自掌握,这导致了 NSTL 平台的资源体系存在不少问题,笔者从事泰达服务站工作多年,对此深有体会:首先,资源浏览方式不符合大多数读者的使用习惯,NSTL 提供中图法分类浏览和按英文字顺排序的刊名浏览,而读者更习惯的按数据库浏览则无法提供;其次,各成员馆核心资源使用渠道不畅,NSTL 宣称拥有 Elsevier、Springerlink 等知名数据库科技类全部资源,拥有 NASA 等专业报告资源，但很多资源无法从平台检索到，甚至有些资源通过代查代借方式也无法顺利获取；此外，由于 NSTL 很多文献资源是印本通过数字化处理得来，因此在时效性方面往往滞后。

(1)服务便捷性有待提高。网络技术的普及和开放获取渠道的增多，使读者从互联网获取文献资料的成功率和便捷性显著提高，而公共图书馆馆际互借与文献传递服务过程的烦琐和不可掌控，削弱了读者的服务使用欲望，尤其是返还式的馆际互借服务，相对费用较高而且涉及实物的传递，而图书馆又没有专门的物流体系，服务过程中会出现很多不可控因素，如果无法提高便捷性，久而久之，必然造成读者群的流失。

(2)服务系统开发不够完善。从笔者的服务经验看，如果服务系统的稳定性与人性化等功能不够完善，会极大影响读者与服务人员对系统的使用热情，而这恰恰是目前很多服务系统的通病。仍以前述两大服务系统为例，在稳定性方面，联合参考咨询网曾出现读者提问丢失、服务人员服务数据丢失等问题，NSTL 经常出现检索系统异常、检索结果无法加入购物车等问题；在检索功能方面，两个系统都存在着跨库检索与单库检索数据不符、高级检索功能不强等问题。

(3)服务手段落后于时代发展。信息技术的发展往往可以带来图书馆服务水平的飞跃，实际上，近年来涌现的云计算、大数据、移动互联等技术，都可以用于公共图书馆馆际互借与文献传递服务的改善，如云计算、大数据技术可以优化资源共建、提升服务系统功能，而移动互联技术可以无限拓展服务覆盖范围，但遗憾的是，目前国内尚未有成功的应用案例，而读者在其他服务领域享受到新兴技术的便捷后，已经对图书馆目前的服务手段表现出不满，图书馆服务利用新技术的转型升级已经迫在眉睫。

3 对区域公共图书馆未来服务的展望

3.1 资源构建突出特色化

未来选择互联网作为重要文献获取途径的读者比例势必越来越高，对于读者来讲直接获取总是优于间接获取，在这种情况下，笔者认为保持馆际互借与文献传递服务活力的根本在于突出资源构建的特色化。尤其对于区域公共图书馆而言，受馆藏规模和经费投入限制，大而全的发展道路必定行不通，应该针对区域需求特点，构建精而专的资源体系，通过特色吸引读者使用服务。

3.2 服务向专业化发展

近些年，图书馆为防止读者流失，想尽办法迎合读者需求，其中就包括开放馆藏资源的远程访问权限，打造无边界图书馆服务，这无形中也对馆际互借与文献传递服务造成了影响。在笔者看来，虽然当前图书馆的馆际互借与文献传递服务仍有旺盛的生命力，但今后简单的原文提供服务将日渐萎缩，图书馆应该将自己重新定位在读者问题的解决专家的位置，推动服务向高附加值的专业化服务领域延伸，才能保持馆际互借与文献传递的长久活力。

3.3 充分利用新兴信息技术

如今云计算、大数据等新兴信息技术在电子商务等领域的成熟应用,已经证明了其对海量数据有着卓越的管理和再开发功能,这为图书馆资源共建共享系统的开发及在其基础上馆际互借与文献传递系统的优化提供了更好的支持,图书馆应该充分利用这些技术,打破资源壁垒,实现资源真正意义上的共建共享,提高服务系统的稳定性与可操控性,为读者提供更优质的服务体验。

3.4 重视移动端的开发应用

移动生活模式如今已经深入人心,图书馆的馆际互借与文献传递服务应该重视移动端的开发应用。笔者设想将移动电商的服务模式引入图书馆馆际互借与文献传递服务中,通过开发 APP 程序,在读者端实现随时查阅联合馆藏、提交文献请求、实时查询文献提供进程、在线付费、提交服务评价并可与馆员互动等功能。当然独立开发 APP 对于区域公共图书馆来讲确实存在不小的困难,笔者建议图书馆可以与数据提供商寻求合作,由图书馆提供需求支持,厂商负责程序开发,共同推进移动服务模式的发展。

参考文献

[1] 洪全. 信息检索与利用. 北京:人民邮电出版社,2011

[2] 黄静. 变革中的文献传递服务:案例剖析与路向管窥. 图书情报工作,2013(7)

[3] 泰达图书馆主页. [2014-05-20]. http://www.tedala.gov.cn

网络环境下文献传递的一些问题

左华明　储冬红（长江大学图书馆）

文献传递主要通过计算机网络进行，通过网络接收、处理用户的文献传递请求，用户、馆际互借员、借出馆互相不见面，工作主要通过网络进行。网络环境下文献传递会经常遇到一些问题。

1　账号安全

文献传递三大系统：CALIS、CASHL、NSTL，其主要环节，读者注册、账号确认、文献传递请求的发送、借出馆接收、发出文献、馆际互借员传递文献给用户，基本都是通过网络进行，用户、馆际互借员、借出馆工作人员互不见面，即可完成文献传递的全过程。用户账号是馆际互借、文献传递的凭证。图书馆员通过账号确认用户身份，确保文献传递费用能及时结算。网络环境下很多因素会造成用户账号信息泄露，从而出现用户账号被冒用的情况。

目前各高校图书馆的文献传递，一般只面对本校教师、学生等用户。馆际互借员在接到用户的文献传递请求后并不需要每次都与用户联系进行确认，就会直接发出文献传递请求。如果发生用户账号被冒用的情况，在文献传递过来后，就会出现文献传递费用无法正常结算的问题。如果是纸质复印文献，则由账号冒用带来的问题更大。这不仅会造成费用方面的纠纷，也对文献传递带来不利影响。

确保用户账号安全，防止用户注册信息泄露并被他人使用，成为网络环境下文献传递不得不面对的一个问题。文献传递服务开展以来，很多用户认为文献传递的办理手续过于繁琐而不愿意使用，有些图书馆员也提出简化手续的设想。文献传递系统中心为了确保用户账号安全，费用能顺利结算，不得不设计一套办理程序。两者的矛盾，是文献传递要面对的。实现平衡，既确保用户账号安全以利于费用的顺利结算，又方便用户使用，成为一个亟待解决的课题。

2　费用补贴的使用

2.1　学生对费用比较敏感

在我国目前的国情下，学生在大学期间的费用一般由其家庭负担，大多数学生没有收入来源。因此学生用户对文献传递费用的多寡也就比较敏感。如果费用较高，他们就会比较各种文献获取方式的成本，选择其他费用比较低廉的方式来获取文献。根据对学生的调查，很多人选择一些网站,如小木虫论坛,来获取所需要的文献。

针对学生对费用比较敏感的情况,如何降低文献传递费用值得各高校重视。CALIS、CASHL系统对文献传递都有一定的补贴,这大大降低了用户获取文献的费用。除了全国性文献传递系统对用户的补贴政策,各高校也要针对读者不同的情况采取相应的差异化补贴政策。基于学生没有收入来源的问题,各高校应对学生用户采取优先给予补贴的办法,让他们以较低的费用,甚至免费获取所需文献。各高校可以形成制度性的文献传递费用补贴政策,优先补贴学生用户。

通过对学生的优先补贴政策,学校可为有科研潜力的学生提供良好的科研环境,促进学生科研能力的成长,为学校科研培养优秀的后备人才。评价一所高校,学生培养质量的高低是重要的指标,而科研能力又是学生能力培养的重要内容之一。在培养学生科研能力方面,图书馆文献资源是必不可少的,文献传递可以弥补本校资源有限的问题,最大限度满足人才培养的需要。

2.2 教师用户

教师也是高校文献传递的主要用户。据了解,现在很多教师采取从其他途径获取所需文献,有的通过其他学校的朋友、同学下载,有的在商业网站购买所需文献,购买的一篇文献需要几十甚至上百美元。

造成这种现象的原因是很多教师不了解可通过文献传递来获取文献。在向教师宣传文献传递的便捷、快速、低价后,教师大都认可文献传递。所以,对于教师应该积极加大宣传文献传递,向其说明文献传递相比其他方式的优势所在,即传递便捷、快速,费用也较商业网站便宜很多。

对教师用户,除了加大宣传力度,让教师们了解文献传递外,文献传递费用的补贴应纳入全校统筹考虑。教师是高校科研的主要承担者,学生是大学的主要服务对象,他们共同构成高校文献传递服务的主要用户。在文献传递费用补贴的使用上,实行差别化,是出于师生不同的经济状况。文献是科研的必备条件,是科研的前提。在数据库价格高涨的情况下,很多高校经费紧张,不可能购买所有的数据库资源。文献传递的开展可以弥补本校文献资源有限的问题,为高校科研提供帮助。

有些高校的文献传递补贴政策还没有制定,导致师生使用文献传递的热情不高,工作不能顺利展开。这些学校和图书馆领导应重视文献传递,尽快制定文献传递补贴政策,并在图书馆网站公布,促进教师和学生使用文献传递的积极性。

3 高校间的统筹协调

对于文献传递,有两种错误的认识。一是对文献传递的重要性认识不足,不重视文献传递,囿于传统的自给自足思想,完全依靠自身购买的数据库,对于师生在本校无法获得的文献由用户自己想办法。二是过度依赖文献传递,夸大文献传递的作用,只考虑节约本校经费,不重视本校数据库的建设。

大多高校已经逐渐认识到文献传递的好处,特别是可以节省本就紧张的经费。若不能正确认识文献传递与本校资源之间的关系，就容易形成上述两种错误。正确认识本校资源与文献传递的关系，立足本校资源建设，以文献传递作为补充，不可过度依赖文献传递。

教育部牵头，建立了全国性的文献传递系统 CALIS、CASHL，在全国已有统一文献传递平台，外文数据库价格飞涨的情况下，全国各高校在资源建设中应统筹协调，避免不必要的重复建设，节约经费。首先，教育部作为全国教育的主管部门，居中协调统筹，可在全国高校文献资源建设中发挥作用。其次，构建区域中心，协调区域内资源建设，同时与其他区域中心在教育部领导下，协调全国文献资源建设。再次，各高校在加强自身文献建设方面，通过区域中心互通讯息，既注重自身资源建设，又通过协调避免浪费，还可通过文献传递获得本校没有的文献资源。

4　高校文献传递系统可借鉴商业网站

随着我国经济文化的发展，对文献传递的需求增加。不仅高校用户有文献传递的需求，文献传递需求扩大到科研机构、企业。文献传递需求的扩大，与文献传递系统覆盖面的有限，形成了一对矛盾。目前的文献传递系统，主要是教育部组织各高校图书馆进行的，服务对象主要是各高校的教师、学生、科研人员。面对企业、群众的文献传递服务比较少。对这一问题可以采取分类的方法，即高校、科研系统采用三大文献传递系统，企业、群众使用商业网站来获取文献。公共系统、商业系统服务不同人群，满足人们文献传递的需求。

高校文献传递系统、商业网站在满足不同人群文献需求上既有分工，也存在一定的竞争。高校师生既可以通过高校文献传递系统来获取文献，也可以通过商业网站获取文献。高校文献传递系统既要借鉴国外高校的文献传递经验，也要借鉴商业网站的成功经验。高校系统、商业网站各有其优点。高校的系统覆盖面较广，CALIS 系统目前已经覆盖 500 多家成员馆。商业网站也有其优势，他们通过市场调研，能及时、准确把握市场，对用户的需求能更好地把握和了解，界面更加优化，服务更加及时。高校文献传递系统既要发挥自身文献多、覆盖面广的优点，又要学习商业网站对市场把握准确的优点，避免公共系统反应迟缓、服务主动性缺失的缺点，扬长避短，不断完善高校文献系统的建设，才能赢得更多的用户，获得更大的发展。

5　文献传递发展目标

目前，高校系统的文献传递服务还是采取收费的方式，虽然有一定的补贴方案，不过传递费用还是比较低廉。商业化文献获取网站的收费则比较高。未来高校系统文献传递的发展目标，应该是向免费、开放方向发展。CALIS、CASHL 等高校文献传递系统在未来一定时期内，可以逐步降低收费标准，逐步完成高校系统文献传递的免费服务。文献传递应向公益方向发展，为促进我国科技发展服务。

文献传递的覆盖面还要进一步扩大。目前，高校文献传递服务在东部、中部地区发展较好，在一些中西部省份开展还不充分。未来高校文献传系统要争取覆盖全国所有高校图书馆、公共图书馆，让全国的教师、学生都可以享受优质的文献传递服务。现在经济实力较强的重点大学文献传递开展较好，而一些实力较弱的中西部高职高专文献传递还没展开。未来应重点扶持实力较弱的中西部高职高专院校，促进教育公平。

总之，通过资源共建共享，促进文献传递，为我国科研发展和人才培养服务。

参考文献

[1] 小木虫论坛. http://emuch.net/bbs/
[2] 胡俊荣. 电子文献传递产生动因探析. 情报杂志，2002(12)
[3] CALIS 网站. http://ccc.calis.edu.cn/index.php?
[4] 鄂丽军，许子媛. 区域性馆际互借与文献传递调查与分析. 情报资料工作，2011(5)

馆际互借与文献传递服务的版权问题

研究所图书馆文献传递中著作权保护问题的调查与对策

龚纪文(中国科学院广州地球化学研究所图书馆)

广义的文献传递是指以任何形式、从任何信息源中为用户提供信息副本的活动。由于我国文献传递服务模式呈现复杂的网状结构,且各成员馆的文献传递服务人员的著作权保护意识参差不齐,服务中普遍缺乏必要的服务规范,使得我国逐渐发展壮大的文献传递服务存在越来越多的著作权侵权问题。本文对CSDL文献传递系统成员馆网站文献传递著作权说明进行了初步的调查,探讨了我国文献传递服务过程中存在的4个容易出现著作权侵权的问题,提出了规避文献传递服务过程中的著作权侵权问题的一些办法。

1 CSDL文献传递系统中的关于文献传递的著作权说明

国内最大的文献传递服务网络有4个,分别是:中国高等教育文献保障系统CALIS(China Academic Library & Information System)、国家科技图书文献中心NSTL(National Science and Technology Library)文献传递服务系统、中国科学院国家科学数字图书馆CSDL(Chinese National Science Digital Library)文献传递服务系统、中国高校人文社科文献中心CASHL(China Academic Social Sciences and Humanities Library)文献传递系统。

笔者所在的研究所是中国科学院的研究所,因此本次调查主要分为两大部分,CSDL系统和部分研究所图书馆关于文献传递著作权的说明情况。

1.1 CSDL文献传递网的关于文献传递著作权的说明

CSDL在文献传递著作权方面的工作是做得不错的,主要体现在以下6个方面:

(1)在文献传递的读者系统和管理系统的主页下方,均有"版权说明"和"隐私保护条款",点开后内容如下图1和图2:

版权说明

关于文献传递请求的声明

CSDL为用户提供文献传递服务。据《中华人民共和国著作权法》,CSDL提供的少量文献复制件仅用于个人学习或者研究的目的,不能用于任何商业目的。如果用户为超出"合理使用"的意图对影印或者复制品发出请求或后来使用,该用户要为版权侵权负责。如果依照判断,对一请求的满足将涉及版权侵权,CSDL保留拒绝接受该请求的权利。

关于馆际互借请求的版权声明

据《中华人民共和国著作权法》,版权法对版权材料的复制进行管制。在法律规定的特定条件下,图书馆对已经出版的图书、期刊上的文章或其他资料可以做少量复制。复制品只能用于个人学习、研究的目的。如果在此范围之外提出互借请求 ,或者后来使用该复制品用于商业目的,则属于侵权行为。

图1 CSDL文献传递系统版权说明

隐私保护条款

尊重成员馆和读者隐私是CSDL馆际互借系统的一项基本政策。所以,CSDL不会在未经合法授权时公开或透露读者注册资料及系统保存的馆际互借请求以及处理情况等非公开内容。

用户注册成为本系统的合法用户,将收到管理员分配的用户名以及相应的密码。该密码和用户名应妥善保存。用户不得与第三者共享密码,应确保用户名和密码的保密性。每个用户都要对以其用户名进行的所有活动和事件负全责。您可随时根据指示改变您的密码。若发现任何非法使用帐号或存在安全漏洞的情况,请立即通告您的管理员或者CSDL馆际互借服务中心。

图2 CSDL文献传递系统隐私保护条款

(2)在文献传递读者系统(http://dds.las.ac.cn)的首页,就是“文献传递服务合理使用声明”,如图3所示。

文献传递服务合理使用声明

根据《中华人民共和国著作权法》的规定,图书馆可以提供少量已出版的图书、期刊等文献的复制,供教学或者科研人员个人研究和学习使用。

“中国科学院文献传递与馆际互借系统”仅对院内科研用户提供少量文献的文献传递服务。用户通过本系统申请文献,只能用于个人学习和科学研究,不得用于其他商业目的。

用户使用本系统服务需承诺遵守著作权保护的相关法律规定,遵守图书馆关于文献传递的用途、数量等的规定。如果超出此范围提出文献传递请求,用户可能被判定侵犯了著作权人权益,需要承担相应的法律责任。

如果中国科学院文献传递与馆际互借系统成员馆在服务中依照判定,认为用户的请求超出了著作权法允许的合理使用范围,成员馆和系统管理者有权拒绝接收该请求或者不予受理。

[接受] [不接受]

图3　CDSL文献传递服务合理使用声明

(3)在读者首次登录CSDL读者系统时,会有中国科学院馆际互借系统版权声明界面,如图4所示。

中国科学院馆际互借系统版权声明

您若同意以下条款,请单击“我同意”继续,否则单击“不同意”返回

一、关于文献传递请求的声明

CSDL为用户提供文献传递服务。据"中华人民共和国著作版权法"(1990年9月7日全国人民代表大会常务委员会第十五次会议通过,1990年9月7日中华人民共和国第三十一号令公布,1991年6月1日起实施),CSDL提供的少量文献复制件仅用于个人学习或者研究的目的,不能用于任何商业目的。如果用户为超出"合理使用"的意图对影印或者复制品发出请求或后来使用,该用户要为版权侵权负责。如果依照判断,对一请求的满足将涉及版权侵权,CSDL保留拒绝接受该请求的权利。

二、关于馆际互借请求的版权声明

据"中华人民共和国著作版权法"(1990年9月7日全国人民代表大会常务委员会第十五次会议通过,1990年9月7日中华人民共和国第三十一号令公布,1991年6月1日起实施),版权法对版权材料的复制进行管制。在法律规定的特定条件下,图书馆对已经出版的图书、期刊上的文章或其他资料可以做少量复制。复制品只能用于个人学习、研究的目的。如果在此范围之外提出互借请求 ,或者后来使用该复制品用于商业目的,则属于侵权行为。

您只有接受以上所有条款,才能继续其它操作

[我同意] [不同意]

图4　中国科学院馆际互借系统版权声明

(4)读者在填写文献传递单之前,还会弹出一个“文献传递服务合理使用声明”窗口,如图5所示。

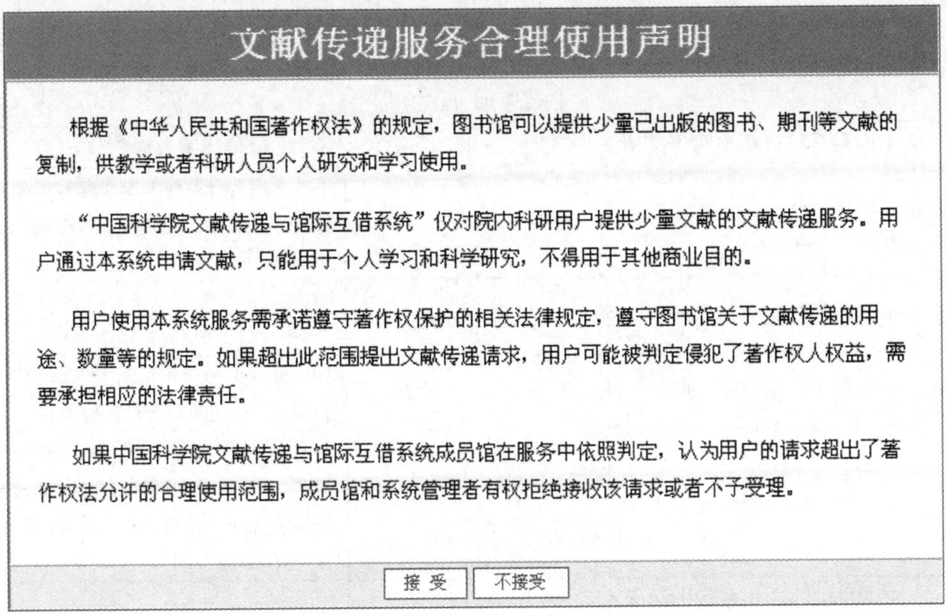
文献传递服务合理使用声明

根据《中华人民共和国著作权法》的规定，图书馆可以提供少量已出版的图书、期刊等文献的复制，供教学或者科研人员个人研究和学习使用。

“中国科学院文献传递与馆际互借系统”仅对院内科研用户提供少量文献的文献传递服务。用户通过本系统申请文献，只能用于个人学习和科学研究，不得用于其他商业目的。

用户使用本系统服务需承诺遵守著作权保护的相关法律规定，遵守图书馆关于文献传递的用途、数量等的规定。如果超出此范围提出文献传递请求，用户可能被判定侵犯了著作权人权益，需要承担相应的法律责任。

如果中国科学院文献传递与馆际互借系统成员馆在服务中依照判定，认为用户的请求超出了著作权法允许的合理使用范围，成员馆和系统管理者有权拒绝接收该请求或者不予受理。

接 受　不接受

图 5　文献传递服务合理使用声明

(5)在文献传递管理系统中,在知识共享中有“中国科学院文献传递与馆际互借服务工作手册”(2012 年 3 月制订),这个手册中包含有 13 个管理文件和 13 个业务文件。

在这个工作手册中,第 6 页就是“中国科学院文献传递服务规范”(2012 年 3 月第 3 次修订),在“知识产权保护与隐私保护”中提到:“文献传递服务中严格遵守《中国科学院文献传递与馆际互借服务合理使用声明》与《中国科学院文献传递与馆际互借服务隐私保护条款》。”

其中第 36 页就是“中国科学院文献传递与馆际互借系统成员馆履行著作权保护义务的管理条例”(2011 年 9 月制订),这里面包含有 8 条规定,其中第 3 条规定“不提供期刊整刊及图书整本的复制”,第 8 条规定中有“文献传递服务合理使用声明”的具体内容。

(6)国科图总馆在利用电子邮件发送文献时,在邮件的最后会有关于文献传递的著作权的说明:“中国科学院国家科学图书馆提供的少量原文复制件,仅限用于个人学习、研究的目的,不能用于任何营利目的。如超出上述‘合理使用’范围,用户要为发生的著作权侵权行为,承担一切法律责任。”

1.2　CSDL 研究所图书馆网站中关于文献传递著作权的说明

调查对象选择的是中国科学院 2009—2012 年这 4 年中每年发送文献传递篇数或接受文献传递篇数占全院前 10 名的研究所,去掉重复出现的,共计有 24 家研究所。

在这 24 家研究所的图书馆网页中,主要调查网页中有没有文献传递著作权说明,通过调查,笔者将它们归纳为三大类,第一类是有相关著作权说明,第二类是本地没有文献传递页,只有超链接,没有著作权说明,第三类是本地有文献传递页,没有著作权说明。具体情况如下表 1 所示:

表 1　CSDL 研究所图书馆网站文献传递著作权说明调查情况

分类	单位名称	是否有本地文献传递页	是否有著作权说明	具体内容
1	中国科学院成都生物研究所	有	有	有“文献传递服务规范”
	中国科学院大连化学物理研究所	有	有	在“文献提供”页下有“暂不提供整本图书、会议录、期刊全文的传递”，还有著作权声明
	中国科学院化学研究所	有	有	有“馆际互借”栏，有“服务体系管理条例”和“文献传递服务准则”
	中国科学院物理研究所	有	有	“申请原文传递馆际互借”页中有“履行著作权保护义务的管理条例”
	中国科学院心理研究所	有	有	文献传递申请单下载，在读者须知的第十一条就是中国科学院文献传递与馆际互借系统成员馆履行著作权保护义务的管理条例
2	中国科学院广州地球化学研究所	无	无	本地没有文献传递页，只有文献传递超链接，没有著作权说明
	中国科学院过程工程研究所	无	无	
	中国科学院合肥物质研究院	无	无	
	中国科学院昆明植物研究所	无	无	
	中国科学院生态环境研究中心	无	无	
	中国科学院水生生物研究所	无	无	
	中国科学院微生物研究所	无	无	
3	中国科学院半导体研究所	有	无	本地有文献传递页，没有著作权说明
	中国科学院长春应用化学研究所	有	无	
	中国科学院成都山地灾害与环境研究所	有	无	
	中国科学院高能物理研究所	有	无	
	中国科学院华南植物园	有	无	
	中国科学院金属研究所	有	无	
	中国科学院力学研究所	有	无	
	中国科学院上海药物研究所	有	无	
	中国科学院上海有机化学研究所	有	无	
	中国科学院生物物理研究所	有	无	
	中国科学院数学与系统科学研究院	有	无	
	中国科学院植物研究所	有	无	

备注：每个分类中，研究所先后排列按拼音字母顺序排列。

从上述调查结果可以看出,在24家中只有5家有著作权说明,仅占调查总数的21%,说明方式、说明内容和链接地址均不同,达不到提醒的目的。传递文献的邮件中绝大多数都是没有著作权说明的。这说明研究所的图书馆在文献传递的著作权方面工作基本上是不到位的,需要加大此方面的工作力度。

2 文献传递服务工作中可能会涉及的著作权问题

文献传递面临的主要挑战可以归根于学术交流环境,特别是出版环境的变化,以及由此而来的法律环境的变化。具体而言,主要有如下几大原因:①电子期刊的集团采购;②开放存取;③机构库;④著作权问题。本文主要讨论文献传递服务工作中可能会涉及的著作权问题。

2.1 自建文献传递原文库的侵权问题分析

依据我国著作权法第32条规定,数据库开发时"除著作权人声明不得转载、摘编外,其他报刊可以转载或者作为文摘、资料刊登,但应按照规定向著作权人支付报酬",而全文数据库的开发则更是必须征得著作权人的许可。虽然各研究所图书馆自建文献传递数据库的主要目的是为了节约费用,为本所的教学科研提供服务,不做商业用途,并且仅在本所IP范围内使用,但在未征得著作权人的许可情况下,利用文献传递方式所获得的信息资源,私自建立并使用文献传递原文数据库,也存在着严重的侵权问题。

2.2 图书和学位论文在文献传递中的侵权问题分析

由于大多数学位论文,都是作者的原创作品,并未发表。因此,通过网络文献传递的方式传播学位论文,很难避免其学位论文不在网络上大范围传播,这种传播应视为发表,从而侵犯学位论文的复制权和发表权。

在图书的文献传递中主要是整本图书的传递会涉及著作权问题,包括一个文献传递单申请一本图书和分多次申请同一本书的内容。

2.3 提供本所资源范围之外的文献的侵权问题分析

有时文献传递管理员会接到超出本所资源范围的文献传递请求,他就会想方设法去弄到这篇文献的全文,再提供给读者,例如通过网上论坛和网上虚拟参考咨询得到的文献,就有可能会侵权。

2.4 图书资料数字化的侵权问题分析

有时文献传递系统管理员为了节省工作时间,或者是为了保护独本,将图书进行扫描处理成PDF文档,方便以后使用。这里也有侵权的问题。图书馆对图书的数字化必须要得到著作者的授权才能进行,并且要支付相应的版税。这一点大多数图书馆都是做不到的。

3 如何正确处理文献传递中涉及的著作权问题

3.1 如何规避自建文献传递原文库的侵权问题

现在一般研究所对于侵权问题的解决方法主要是以下几种:①通过所内 IP 地址控制来限制使用;②以网上公告的方式强调不以营利为目的,如果著作权人对某一数据提出异议,必须立即删除;③通过加密和数字签名技术、数字水印技术、认证技术来保护文献资源的著作权。

这种规避措施并未有效解决著作权问题,最根本的解决办法是不建文献传递原文库。如果已建了,也建议不放到内部网络中使用,而仅限文献传递管理员使用,目的只是用来减少工作量。

3.2 如何规避图书和学位论文在文献传递中的侵权问题

对于学位论文的文献传递,由于没有相关的法律条款的支持,各研究所是各行其是,有的是完全不提供,有的是只提供部分章节,有的是全文可以提供。虽然每位研究生毕业时都签了"学位论文使用授权声明",但是在文献传递时,难免会发生超范围的侵权行为,也不能完全保护著作者的合法权益。

一般的情况下,我们采取的是先申请图书或学位论文的目录,再根据需要申请具体的章节。一般文献传递申请的最大量不能超过整本图书或学位论文的三分之一。

为规避学位论文在文献传递中的侵权问题,研究所可以采取不向外提供的方式,但是需求者可以向国科图总馆申请文献传递。确实需要整本图书,我们还可以考虑通过馆际互借来达到目的。

3.3 如何规避提供超出本所资源范围的文献的侵权问题

对于超出本所资源范围的文献传递请求,可以有两种处理办法:一是处理成"不满足",原因是"未入藏",但是这会影响文献传递的满足率;二是找到该文献的收藏馆,向他们提交文献传递申请,将传递得到的文献再发送给读者,但是这有时会影响文献传递的及时率。

3.4 如何规避图书资料数字化的侵权问题

图书馆对图书的数字化必须要得到著作者的授权才能进行,并且要支付相应的版税,但是这一点大多数图书馆都是做不到的,因此不建议图书馆自行对馆藏图书进行数字化处理。少量的孤本可以扫描以防万一。如果确实需要对大量图书进行数字化处理,可以以项目形式进行,在项目中将取得著作者的授权以及支付相应的版税作为其中的一项具体内容来实施,这样才能做到不侵权。

参考文献

[1] 卢国强,刘芳,孙常丽. 关于我国文献传递中版权规范的思考. 图书馆建设,2012(9)
[2] 杨晓秋. 数字图书馆文献传递服务的著作权保护问题调查与分析. 图书馆学研究,2013(4)
[3] 彭伟. 整合资源 融合服务——国际图联第 11 届馆际互借与文献传递大会综述. 图书馆杂志,2010(5)

国外电子书版权问题及馆际互借的实现方式

马　昱(上海财经大学图书馆)

随着信息时代的到来,电子书正逐渐动摇着传统纸本图书的地位,成为新时代人们阅读的首选。在过去的几年中,电子书以惊人的速度席卷各大图书馆。在国外,大多数基础课程的参考书都采用了电子书的形式。传统的纸本图书馆际互借将无法满足读者的需求。因此,如何通过电子书馆际互借的方式让读者共享有限的图书资源,是图书馆、书商以及出版社不容忽视的问题。区别于电子期刊与论文的文献传递,本文中的电子书馆际互借指的是电子书的全文数字化传递。

1　国外电子书馆际互借的权利问题

1.1　国外电子书馆际互借的版权政策

迄今,各国法律在电子书版权问题上均不明朗。但国际法律文书中却有几处值得关注的地方。2011年,国际图联(IFLA)出台的《图书馆和档案馆例外和免责条款国际条约》(TLIB)在第六条款中对馆际互借做出了描述:允许图书馆向读者或另一个图书馆出借纳入有形媒介的版权作品或受相关版权保护的材料。

如今,图书馆正运用高科技方式购买电子书访问权限,供读者在一定时间内访问。这便是电子图书借阅。“借阅”一词在版权法中只适用于有形的物品,其意为图书馆向读者派发一个有形的物品,并且读者将在一定时期内归还。而在国际图联看来,电子书的访问权应当被纳入TLIB条约。图书馆为类似于电子期刊和数据库等数字化信息提供访问权限。2012年,国际图联扩充了TLIB条约第六条款的适用范围,将电子书囊括其中:允许图书馆向付费读者或另一个图书馆提供有形或电子媒介版权作品的合法短期访问权限。

此外,2013年8月国际图联颁布了IFLA Principles for Library eLending,该原则规定:允许图书馆复制电子书的部分内容,且允许图书馆以副本形式提供短期电子书馆际互借。

由此可见,TLIB条款为保证图书馆和档案馆能在数字环境下发挥作用,而制定了一个框架和基准。同时,考虑到各个国家的经济发展水平和文化背景差异,在具体实施上有很大的灵活性,给国家提供了政策空间。

1.2　国外图书馆电子书流通与馆际互借的许可限制

很多图书馆接受了数字出版商(如数字期刊商)的强加性许可,该许可一定程度上移除了图书馆本可享有的免责条款。相对于个人用户,国外图书馆在电子书使用方面有更多的限制,其主要表现在用户数量及类型、流通次数和馆际互借三个方面。

许多电子书许可条款不允许除在校学生和教职工以外的用户使用电子书。用户数量方面,通常限制一本电子书的用户使用数量。最早由 NetLibrary 建立的"一个用户"政策,现已被广泛采纳。当电子书的流通次数或访问量达到最大限额时,供应商收取额外费用甚至完全限制访问。HarperCollins 公司对电子书"26 次流通量"的限制条款导致约 200 家图书馆及图书馆联盟停止购买 HarperCollins 公司的电子书。相反,兰登书屋虽不限制电子书的流通量,但却用提价的方式限制流通。此外,许多条款限制电子书在馆际互借中使用。电子书供应商大多通过规定繁琐的电子书馆际互借程序来限制文本的使用量或传输方式。比如,部分供应商允许通过打印后扫描并传真或邮件方式传递某一章节的电子书。

2 国外电子书馆际互借服务模式

"短期购买"又称为"短期租赁",是目前图书馆在处理电子书馆际互借时的常用模式。这种馆际互借方式常在当需要的图书除电子版本外,不再有可供流通的纸本资源时采用。这种方法是当读者对该图书有迫切需求而该书又不在图书馆纸本采购书目时的权宜之计。相比传统的馆际互借方式,图书馆员给读者提供一个付费的短期电子图书访问权便可以快速地满足读者的需求。

2003 年,EBL 公司率先为图书馆推出了短期购买模式。通常短期购买的费用依据流通的时间长短来收取:1 天为电子书 5%—15% 的价格;1 周为 10%—20%;2 周为 15%—25%;4 周为 20%—30%。同时,EBL 公司与 OCLC 合作,让电子书的检索与短期购买如同传统图书借阅一样方便快捷。EBL 的服务为浏览后借阅,为用户提供 10 分钟浏览图书权利,但在浏览期间,图书不提供打印、复制功能。

2007 年,MyiLibrary 和加拿大科学技术情报研究所(CISTI)合作搭建电子书馆际互借平台(eBook Loans)。但是,这项收取 CISTI 用户 25 美元费用的服务,因为资金问题在运行一年后终止。近年来,MyiLibrary 重启短期购买服务,通过 OCLC 提供以书价 15% 的费用购买 9 天权限。Ebrary 为约 125000 册电子书提供短期购买服务。当图书馆采用读者驱动采购模式时,Ebrary 提供以 10% 的书价购买 24 小时的访问权限和 15% 的书价购买 7 天的访问权限。同时,Ebrary 也在与 OCLC 合作,成为资源共享服务系统(WorldCat Resource Sharing system)的资源供应方。

2012 年年初,EBSCO(原先的 NetLibrary 被 EBSCO 收购)开启短期购买服务。该公司为读者提供 1 天、1 周、2 周和 3 周的短期购买权限,并且与多家出版社协商争取获得更多的电子书的短期购买合法权利。

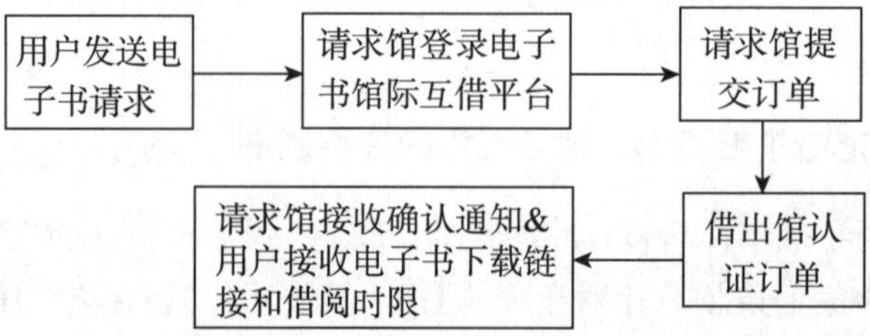

图 1　基于图书馆的电子书馆际互借模式

目前,实现电子书馆际互借的模式主要有两种:基于图书馆的电子书馆际互借模式和基于在线电子书平台的馆际互借模式。

随着网络技术的不断发展,电子书阅读量与日俱增。与此同时,电子书馆际互借模式也随着技术的革新而产生了新的尝试,如图2:

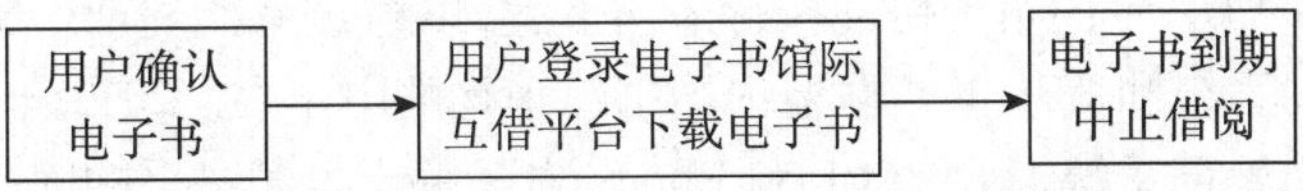

图2　基于在线电子书平台的无馆员化馆际互借模式

由请求馆认证后的合法用户,可在由出版社、销售商或图书馆自建的在线电子书平台检索电子书,并发出馆际互借请求。借出馆按照馆际互借协议和与电子书平台的协议要求处理申请,经过许可后,请求馆用户即可获得电子书。这种模式避免了电子书在请求馆和借出馆之间实体传递,从而使电子书馆际互借的实现更加快捷,流程更易控制,版权得到保护。

3　实现电子书馆际互借的具体途径

3.1　按需采购

按需采购又称为"需求驱动式采访"或"读者驱动式采购"。图书馆根据当时或特定时间内读者的需求来采访图书。区别于传统的"备用采访",这种定制化的方式被称为"及时采访"。许多图书馆通过将未购买的纸本或电子书籍信息添加到 OPAC 上,从而根据读者的检索量来决定该书是否需要采购。在所需图书无可购买的纸本资源,且读者乐于接受的情况下,图书馆采购电子图书来满足馆际互借的需求可缩短图书周转时间。当传统的馆际互借不能满足(无法获取可借阅的纸本图书)或是被请求书籍为最近出版物时,采访会转向电子图书。

3.2　按需转化

图书馆对于已过版权保护期限的纸本图书可以通过数字化复制的方式并利用 DRM 等技术进行保护,将原有的纸本资源转化为电子图书,从而进行馆际互借。对于图书馆收藏的目前仍在版权保护期内的纸本图书,可以考虑在获得权利人许可授权后,合法地通过"短期租赁"的付费方式进行馆际互借。

除此之外,国内外也有电子书转化为纸本图书的例子。因供应商在电子书馆际互借方面的限制,许多图书馆会购买如同 Espresso Book Machine(EBM)这样的图书打印机来打印需要的电子书。EBM 可以在几分钟之内打印且包装一本软装书。和按需采购一样,按需打印同样可以满足图书馆馆际互借的及时性需求。但是,需要注意的是,按需打印不仅需要有电子图书可供打印,且图书馆还得要有这样做的权利。就目前形势看,除非有大批量的相关电子书可供打印,否则按需打印不太可能成为今后电子图书馆际互借的趋势。

3.3　联合采购

电子书联合采购是扩充电子书馆藏量的主要途径。建立电子书采购联盟可以让成员馆获得价格上的优势。只要购买的电子图书与读者需求相关,就可能满足一定比例的潜在馆际互借读者的需求。随着联合采购力量的壮大,联盟馆间馆际互借权利互通以及电子书资源共享将成为一种新趋势。在电子书采购过程中,建立大规模的电子书采购联盟会拉长运作周期。因此,国外一些电子书采购联盟,如科罗拉多图书馆联盟和 Orbis Cascade 联盟都有各自的电子书采购团队,专门负责协商执行采购事宜,以缩短采购周期。Orbis Cascade 联盟通过 YBP 采访辅助系统和 EBL 共享联盟内图书馆采购的电子书。2012 年,科罗拉多图书馆联盟通过 YBP 采访辅助系统,利用 EBL 和 Ebrary 做了关于电子书采购联盟内成员馆间电子书“短期流通”的试点研究。

电子书时代的到来,缩短了图书流通的周期,为读者提供了方便快捷的阅读体验。国内图书馆已越来越重视电子资源馆藏,陆续实现将电子图书整合到图书馆的目录平台。但目前国内电子书馆际互借发展并不成熟,还受到电子书是否统一规范、电子书内容、馆际互借平台整合等因素影响。国外的电子书采购、借阅经验为我国电子图书馆际互借的发展提供了参考。国内电子书馆际互借也可以参照国外电子书馆际互借发展的经验,建立图书馆电子书采购联盟,有规划地实施按需采购、按需转化,并依托在线电子书馆际互借平台,在解决版权问题和数字版权管理的前提下,开展电子书馆际互借,为读者提供更加优质的服务。

参考文献

[1] IFLA. Treaty proposal on copyright limitations and exceptions for libraries and archives. [2014 - 05 - 20]. http://www. ifla. org/en/node/5856

[2] IFLA. Treaty Proposal on Copyright Limitations and Exceptions for Libraries and Archives: Version 4. 2. [2014 - 05 - 20]. http://www. ifla. org/files/hq/topics/exceptions-limitations/documents/TLIB_v4. 2_260312. pdf.

[3] IFLA. Principles for Library eLending. [2014 - 05 - 20]. http://www. ifla. org/node/7418

[4] Ball D. Signing away our freedom: The implications of electronic resource licenses. Acquisitions Librarian, 2005, 18 (35/36)

[5] Sharp S, Thompson S. “Just in case” vs. “just in time”: E-book purchasing models. Serials, 2010, 23(3)

[6] Eberhart G M, Harris C. Détente in New York on ebooks. American Libraries, 2012, 43(3/4)

[7] 李京. 国外高校图书馆电子书利用权益相关问题探究. 图书情报工作, 2013(13)

[8] Wicht H. The evolution of E - books and Interlibrary Loan in academic libraries. Collaborative Librarianship, 2011, 3(4)

[9] 安艳杰. 电子书馆际互借——EBL 发展的启示及思考. 图书馆建设, 2006(1)

[10] 蹇瑞卿, 胡海燕. 电子书馆际互借及其实现. 图书馆工作情报, 2012: 56(1)

[11] Hodges D, Preston C, Hamilton M J. Patron-Initiated Collection Development: Progress of a Paradigm Shift. Collection Management, 2010, 35(3/4)

[12] 陈传夫, 吴钢, 刘杰等. 国际上文献传递版权实践及其启示. 数字图书馆论坛, 2008 (1)

[13] Jackson M E. Research collections and digital information: Will there be a role for Interlibrary Loan and document delivery services?. Journal of Library Administration, 2000, 31(2)

[14] Orbis Cascade Alliance, YBP Library Services Teams with Orbis Cascade Alliance and EBL——Trio Will Provide an Integrated e-book Evaluation and Purchasing Model. [2014 - 05 - 20]. http://oldsite. orbiscascade. org/

数字时代图书馆文献提供服务的著作权问题

赵　星(国家图书馆)

图书馆从诞生之日起,就肩负着知识传播的重要使命。文献提供作为信息资源共享的基本形式,是图书馆传播知识的有效途径。随着人们信息需求的不断增长,近年来图书馆文献提供服务蓬勃发展。从国家图书馆近九年文献提供中心的数据可以看出,文献提供业务的用户请求数量逐年攀升,如图 1 所示,特别是 2009 年"国家图书馆馆际互借和文献传递系统"启用,文献提供服务的工作效率大幅提升,中心的用户申请量创历史新高。文献提供服务与文献的复制、传递息息相关,随着服务范围的扩大和服务量的增长,文献提供服务过程中的著作权问题日显突出。

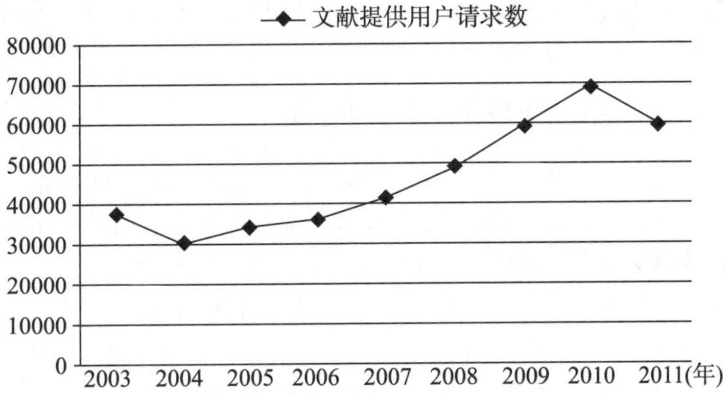

图 1　2003—2011 年国家图书馆文献提供用户请求数

注:2011 年 5 月国家图书馆一期开始闭馆维修,部分文献获取受限,对文献提供业务量产生了一定影响。

1　图书馆文献提供服务的著作权问题及相关法律规定

1.1　纸本文献复制的著作权问题

原文传递和馆际互借是文献提供服务的基础业务,图书馆馆际互借服务一般是馆与馆之间的图书借还,属于返还型的文献提供服务,不存在对图书的复制操作。馆际互借服务与图书馆面对普通读者的借阅服务原则基本一致,在服务中基本没有著作权问题。而检索、复制读者需要的文献,再通过邮寄或者 E-mail 等形式传递给读者的原文传递服务,却面临着诸多著作权问题。

首先,复制权是权利人的一项基本的著作权,图书馆复制文献的行为是否符合著作权法律的规定？其次，如果按照法律规定可以进行复制，复制文献的内容限量多少？复制文献的1/10、1/3甚或全部是否违法？再次，复制文献的份数是否有限制？是只能复制一份还是多份？对期刊和图书的复制量是否有不同的限制？

对于上述问题，世界各国的著作权法规定不尽相同。美国版权法第108条(d)款、(e)款规定，图书馆应用户的要求复制文献不应超过受著作权保护的集合作品或期刊的一篇文章，或对任何受保护作品的复制只涉及一小部分。可见，无论是为了馆藏复制，还是为了个人使用，一次只能复制一份，同一篇文章或作品的再次复制，必须是单独的和不相关的，"不论是一份的复制还是多份的复制，图书馆不得从事有系统的复制与提供"。

英国《著作权、外观设计和专利法》(简称CDPA)第38条、第39条、第43条分别规定，出于研究与个人学习之目的，图书馆可以为读者复制期刊论文、已公开发表著作的局部以及未公开发表的著作。但同时规定了必要的限制，对于期刊论文，同一篇论文每人只能取得一份复制件，同一份期刊内只能复制一篇文章。对于已公开发表的著作(除了期刊论文)，只能复制局部，该局部不能超过著作整体的合理比例，而且该局部复制以每人得到一份复制件为限。出于以上目的的复制，取得复制件的读者都应支付不低于复制所需的费用，并且不得侵害该著作、补充著作的任何说明的著作权。

我国《著作权法》和《信息网络传播权保护条例》(以下简称《条例》)等著作权相关法律法规，都没有对复制的数量和分数做出明确的规定。

1.2 未公开发表的作品文献传递的著作权问题

目前我国著作权法对于复制权等相关权利的规定，基本上涉及的都是已经公开发表的作品，但还有一些未公开发表的文献，如学位论文，在国家图书馆和一些高校图书馆都有收藏，部分图书馆提供到馆读者的阅览和复制服务。

首先，这种行为是否侵犯了作品的发表权？发表权是作者决定作品是否公之于众的权利，学位论文作者为获得学位进行答辩，不属于法律意义上的发表行为(即公开行为)，而学位论文在阅览室的公开展示是否属于发表？法律没有明确规定。

其次，学位论文是否可以进行文献传递？如果学位论文不提供文献传递，那对到馆阅览文献的读者是否也不应该提供复制服务？我国《著作权法》第2条规定："中国公民、法人或者非法人单位的作品，不论是否发表，依照本法享有著作权。"可见，著作权是依据作品而产生的，未发表的作品也有著作权。

英国《著作权、外观设计和专利法》规定，对于未公开发表的著作，图书馆可以复制其整体或者局部，限度为每位读者就同一著作取得一份复制件。但是，如果该著作在被收藏于图书馆之前已经公开，或者著作权人有禁止复制的声明，图书馆则不得复制。我国著作权法对于未公开发表作品的复制没有明确的规定。

1.3 文献电子传递的著作权问题

随着文献提供服务的发展，特别是扫描、拍照等数字技术和E-mail等网络传播技术的普遍应用，文献的电子传递越来越普遍，而文献电子传递的著作权问题较之纸本传递，问题更加突出。与传统的纸本文献的"点对点"复制传递不同，"点对面"的网络传播方式一旦应用不当，将对作品的潜在市场产生影响，从而损害著作权人的合法权益。调整和解决网络条件下传统著作权人与使用者的利益冲突,做好文献提供服务中作品的著作权保护显得尤为重要。

在美国的版权法中,允许非营利性图书馆与档案机构复制三份数字形式的复制品,该数字化复制品只限于在馆内对公众提供,不得借出或通过网络对外使用;非数字化作品数字化后,可以传输给其他藏有此作品的图书馆加以保存。

澳大利亚1999年《著作权法修正案》规定,图书馆在网络环境下可以使用新的传播技术,就像使用现有技术那样为公众提供作品。

我国《条例》第7条规定"图书馆、档案馆、纪念馆、博物馆、美术馆等可以不经著作权人许可,通过信息网络向本馆馆舍内服务对象提供本馆收藏的合法出版的数字作品和依法为陈列或者保存版本的需要以数字化形式复制的作品,不向其支付报酬,但不得直接或者间接获得经济利益",并将陈列或者保存版本需要以数字化形式复制的作品定义为"已经损毁或者濒临损毁、丢失或者失窃,或者其存储格式已经过时,并且在市场上无法购买或者只能以明显高于标定的价格购买的作品"。

美国和我国的著作权法对于文献的电子传递,都规定了仅限于向馆内的公众提供,而到馆的读者一般可以自行获取文献,很少需要文献传递服务,恰恰是无法到馆的远程读者,更加需要文献传递服务,可是对于文献的馆外电子传递著作权法却没有做出明确规定。

2 著作权合理使用与图书馆文献提供服务

对于作品的著作权保护是为了鼓励更多优秀作品的产生,而过度的著作权保护会使知识的传播由于高成本而受到限制。著作权的合理使用正是允许公众在合理的范围内使用权利人作品,而无需支付报酬的方式。我国《著作权法》第22条第8款对图书馆合理使用做出了明确规定,即图书馆为陈列或保存版本的需要,可以复制本馆收藏的作品。笔者上文提到的《条例》第7条也规定了图书馆在信息网络传播方面的合理使用。

从狭义上说,我国《著作权法》规定的以图书馆作为主体的合理使用文献的权利,仅限于"为陈列或保存版本的需要"或者"通过信息网络向本馆馆舍内服务对象提供本馆收藏的合法出版的数字作品"。而《著作权法》第22条第1款和第6款分别规定"为个人学习、研究或者欣赏,使用他人已经发表的作品""为学校课堂教学或者科学研究,翻译或者少量复制已经发表的作品,供教学或者科研人员使用,但不得出版发行"。还有《条例》第6条第3款规定"为学校课堂教学或者科学研究,向少数教学、科研人员提供少量已经发表的作品"。这些有关合理使用的规定,是基于对公众利益的考虑,并没有说明适用于图书馆,但笔者认为,从图书馆的职责和公益性质来看,多数情况下,图书馆的复制行为可以参照这些规定。

3 图书馆文献提供服务的著作权保护措施

3.1 图书馆应该履行必要的提醒和注意义务

在为用户服务时告知其应遵守相关法律规定,不得进行侵犯作品著作权的行为,是目前图书馆在文献提供服务过程中普遍使用的著作权保护措施,以求尽到必要的提醒和注意义务。一般如果用户可以通过图书馆的网站主页提交文献申请的,图书馆会在醒目位置公告文献提供服务的“版权声明”,用户必须阅读和同意“版权声明”,才能获得相应的服务。国内大多数图书馆都采取此种方式,如国家图书馆在其主页的“馆际互借与文献传递系统”中,公示有“版权声明”,用户同意后方可提交申请。

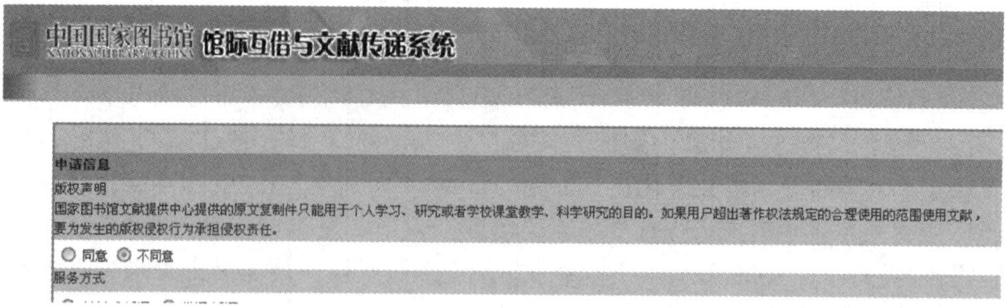

中国高校人文社会科学文献中心(CASHL)的主页,“开世览文”的用户注册界面也有“用户版权限制”的内容,声明“提供的文献复本和电子版文献链接只用于注册用户的个人学习和研究,如果用户将其用于商业用途或非法目的,一切法律责任由用户本人承担”。

3.2 采用多种技术手段保护文献提供服务中的作品著作权

在文献提供服务过程中,特别是对于电子文献的传递,大多数图书馆和文献保障机构会采取一些技术手段,以达到保护作品著作权的目的。国内多家图书馆和文献保障机构,如国家图书馆、中国高等教育文献保障系统(CALIS)等,陆续研发了“馆际互借与文献传递系统”,实现了文献提供服务从用户注册到业务完成全流程的电子化管理,系统对用户信息的审核和费用结算都有翔实的记录,为实现著作权保护提供了有力保障。

各种著作权保护的技术手段也已普遍应用于文献提供服务。与国内相比,国外的这种应用更广泛。如美国明尼苏达大学图书馆的电子文献传递,就是将文献传递到一个由密码控制的页面供用户检索下载,同时提交一封邮件,通知用户索取的资料已经可以下载。文献可以被查阅5次或者在E-mail通知发出后保留7天,然后将从服务器上撤下。大英图书馆采取了类似的方式,通过E-mail向用户发出包含文献链接的通知,用户可以在大英图书馆的安全服务器上查看所需文献。服务器上的文档只能获取一次,保存14天后将被移除。目前,国内的CALIS采取的也是这种技术手段。

3.3 探索与著作权集体管理组织合作解决著作权问题

图书馆或文献保障机构与著作权集体管理组织合作,解决文献提供过程中的作品著作权问题,是国外通用的一种方式。著作权人通过签订合同授予集体管理组织相应的权利,并获得相应报酬,这种集中许可和清算的方式既确保了版权授权的合法性,也提高了版权授权和管理的效率。

国外比较著名的著作权集体管理组织有美国的版权清算中心(CCC)、英国的版权许可代办处(CLA)、德国的VG WORT等。英国图书馆文献提供中心就是采取与CLA合作的方式,在文献提供服务中收取的版权费用都交至CLA,由其分发至世界范围的出版者和其他权利人。德国的SUBITO也采用收取版权费用的方式,通过集体管理组织转与权利人。

我国的著作权集体管理组织主要有：中国音乐著作权协会、中国音像著作权集体管理协会、中国文字著作权协会、中国摄影著作权协会、中国电影著作权协会等。但与国外相比，我国的集体管理组织在版权保护方面发挥的作用还有待加强，国家也在积极推动著作权集体管理组织发挥更大的作用。在2012年4月公布的著作权法修改草案中，提出了“延伸集体管理”的概念，即对于一家已取得权利人授权，并能在全国范围内代表著作权人利益的集体管理组织，可以同时代表没有加入它的会员来行使权利。对使用者而言，他们只要到集体管理组织去获得许可，就可以使用相关的所有作品。如果此项修改通过，那么图书馆与集体管理组织合作以解决著作权问题的方式将有望早日实现。

3.4 呼吁公共图书馆立法，使图书馆服务有法可依

世界上已有80多个国家出台了200多部图书馆法律法规，我国《图书馆法》立法进程从2001年启动，到2008年11月决定正式启动《公共图书馆法》立法工作，十年来我国图书馆立法工作几经曲折。

上文笔者提到了图书馆文献提供服务中的许多著作权问题，大都面临“无法可依”的尴尬或者没有明确图书馆这一特殊主体等问题，图书馆作为公益性机构，在文献资源的传播和利用等方面应与普通的使用主体区别对待。如果通过立法赋予图书馆合理使用的保护条款，将从根本上解决图书馆“无法可依”的尴尬，从而打破图书馆在开发和利用馆藏资源时如履薄冰的困境。

3.5 文献提供服务向个性化深层次方向发展

从图书馆文献提供业务自身发展来看，原文传递只是文献提供服务的一部分，在信息量激增的今天，用户对资源的需求已经远远超出文献原文的范围，如何利用有限的时间，快速、高效地从海量信息中获取有价值的信息为己所用已经成为困扰人们的一道难题。文献提供服务只能向个性化深层次的参考咨询方向发展才能满足用户的需求变化。目前图书馆文献情报工作人员，正在传统的代查代检服务基础上，将馆藏文献信息资源按用户需求进行加工整理和分析，进行二次文献开发，将大量分散的文献原文内容提炼，去粗取精，编辑成专题资料，如主题索引、专题文摘等，以满足用户的深层次文献需求。这种包含图书馆员智力成果的文献服务，将有助于减少产生著作权侵权的风险。

参考文献

[1] 中华人民共和国著作权法（2001 修正）. http://www. sipo. gov. cn/zcfg/flfg/bq/fljxzfg/200804/t20080403_369368. html

[2] 信息网络传播权保护条例. http://www. sipo. gov. cn/zcfg/flfg/bq/fljxzfg/200804/t20080403_369366. html

[3] 姜利华. 图书馆文献提供服务的优化策略. 图书馆学刊，2011(5)

[4] 甘露，肖珑，关志英. 面向国内文献提供服务的知识产权解决方案及其实践. 大学图书馆学报，2011(1)

[5] 秦珂. 图书馆著作权保护工作的思考——基于《关于加强图书馆著作权保护工作的通知》精神，2010(7)

[6] 黄国彬. 适用于图书馆的著作权例外的世界立法现状及特点剖析. 中国图书馆学报,2010(9)

[7] 夏雁. 我国图书馆合理复制文献的著作权规则. 图书馆学研究,2009(10)

[8] 詹福瑞,陈传夫,肖燕. 关于《信息网络传播权保护条例(草案)》的修改建议. 中国图书馆学报,2006(2)

[9] http://ip.people.com.cn/GB/11167912.html

[10] http://uas.cashl.edu.cn/amconsole/jsp/CashlUserReg.jsp

电子文献传递服务中的版权结算方法研究

江　亮(天津外国语大学图书馆)

1　研究背景

文献传递是为了满足用户多元化和专业化信息需求,通过图书馆之间相互合作方式获取所需文献的服务形式。文献传递包括国内图书馆之间,以及国际图书馆之间简单快捷的共享信息资源。相对于馆际互借服务,文献传递特别是电子文献传递(EDD)对于科学技术领域的研究者而言是最有用的获得文献的方式,因为他们通常需要以最快的方式获得最新的科技信息或者数据。然而电子文献传递涉及版权法对文献再复制和再传播的限制问题,独立作者、数据库商、出版商以及学协会,他们认为电子文献传递服务将会逐渐扩大对他们利益的伤害程度。

国际上任何一个国家的版权法都是既要保护作者的著作权和相关权利,也要促进文献的合理使用,从而促进本国文化和相关产业的发展。版权法规定基于个人或团体学习、研究的非商业性的使用他人著作权作品的合法行为,可以不征得著作权人的同意,也不必向著作权人支付报酬,在"著作权法"领域被称之为"合理使用"。因此"合理使用"成为了图书馆文献传递服务非常有利的法律依据。

2　存在的问题

从 SCI、SSCI 中呈现的许多文章来看,大部分文章来自于母语为英语的国家,例如英国和美国。对于中国研究者而言,通过电子文献传递的方式共享这些国家信息资源无疑是文献获取的最佳手段。根据文献传递满意度调查,2012 年度国家科技信息研究院数据表明,94.2% 的受访者表示应该扩大电子文献传递的覆盖面。我国电子文献传递服务进入快速发展的阶段,目前国内知名的文献传递机构包括:中国国家图书馆、CALIS 中心、CASHL 中心、NSTL 中心等。

图书馆界近些年面临着"图书馆是否有权利复制其馆藏并进行传播","以何种方式进行复制,印本还是电子方式""如何控制和防止文献终端用户对请求文献进行二次复制与传播"等一系列问题。文献传递服务中涉及的版权费用结算方面仍处于空白阶段,有学者对我国 46 家公共图书馆的馆际互借与文献传递服务进行了调查,结果显示文献传递服务费用一般包括委托费、复制费、文献保护费、邮递费等,复制特殊文献需要收取文献保护费,这些费用只涉及文献传递过程中产生的成本费用,并未涉及版权处理的相关费用。

3 电子文献传递中的版权限制

3.1 著作权法与“合理使用”

在我国，著作权法律法规中明确规定的关于图书馆的只有著作权法第二十二条第(八)款和《信息网络传播权保护条例》第七条。著作权法第二十二条第(八)款规定，“图书馆、档案馆、纪念馆、博物馆、美术馆等为陈列或者保存版本的需要，复制本馆收藏的作品”属于合理使用。《信息网络传播权保护条例》第七条规定，“图书馆、档案馆、纪念馆、博物馆、美术馆等可以不经著作权人许可，通过信息网络向本馆馆舍内服务对象提供本馆收藏的合法出版的数字作品和依法为陈列或者保存版本的需要以数字化形式复制的作品，不向其支付报酬，但不得直接或者间接获得经济利益。当事人另有约定的除外”。发达国家版权法专门设置了图书馆条款，而我们却没有。因此在版权法中，我们应该确立图书馆的法律地位，才能推动图书馆事业的发展。

在我国，符合以下4个因素可以被认定为“合理使用”，这些因素类似于美国法律：①使用的目的和性质，包括是否使用的是商业性质的或是非营利的目的；②该版权作品的性质；③该使用部分的数量和内容与版权作品在整体上的比较；④该使用对该版权作品现有和潜在的市场或价值的影响。合理使用的原则可以应用在任何情况下，甚至版权行为没有被指定。

我们可以考虑这种“合理使用”可以广泛应用于数字环境中，从而规避法律与技术的发展不同步的风险。我们还要考虑到在合理使用法律条款下图书馆电子文献传递的可能性，但最重要的因素之一是文献市场价值的影响。因为电子文献易复制性和易传播性，再加上网络的扩散性，图书馆在这样的环境下通过网络提供电子文献全文传递服务，更大的可能是其直接取代买方市场，合理使用范围内给现有的出版市场带来更大压力。因此，版权法已经开始涉及图书馆对版权文献的特殊用法。将来图书馆将很难从版权法中再扩大“合理使用”的范围，其中对电子文献传递服务约束力度将会扩大。

3.2 版权对我国电子文献传递服务的限制

限制1：在我国，图书馆等可以通过信息网络向本馆馆舍内服务对象提供本馆收藏的合法出版的数字作品和依法为陈列或者保存版本的需要以数字化形式复制的作品。关于图书馆是否能够制作复制件以提供给本馆用户、是否能够为其他图书馆制作并传播复制件等问题都没有具体规定，这不利于数字环境下图书馆传播职能的发挥，也不利于图书馆之间电子文献传递工作的开展。

限制2：《信息网络传播权保护条例》第七条可知，图书馆能够依法为陈列或者保存版本的需要以数字化形式复制作品。这些规定过于简略，而且将合理使用范围内图书馆为陈列或者保存版本的需要可以复制的作品限制在“本馆收藏的作品”过于狭窄，限制了数字环境下图书馆保存职能的发挥，不利于图书馆获得文献信息资源。

限制3：我国《信息网络传播权保护条例》中对在网络环境中，为了个人的学习、研究或欣赏的目的的合理使用不予规定，确实欠妥。“个人使用他人已发表的版权作品一直是版权法重点调整的对象”,实践中每个人都可能会接受他人传播的信息,使用他人的作品。而要求每个人在每次使用他人作品时都要获得版权人的许可并支付报酬,实践操作中是不可能的,过高的使用成本会令使用者望而却步,从而导致作品传播的艰涩,作品使用的荒寂,作者版权的落空,最终在公众利益受损的同时,版权人的利益也失去了实现的基础。

4 我国电子文献传递服务中的版权结算方法

本人认为非商业用途的电子文献传递可以在版权法规定的范围之内,无须经过作者的授权得以实现。面对出于商业目的,超出“合理使用”范围的文献请求必须首先征得版权人的同意并支付相应的版权费用。另外我国电子资源建设进程的不断加快引起了国外出版商,特别是数据库商对我国文献传递服务的注意,他们对服务流程中所涉及的诸多版权问题特别是对商业性质的文献请求多次提出了质疑。这也迫使我国加快文献传递服务的规范化进程,完善各项版权措施。因此我国文献传递机构亟待与版权人沟通、协商以完成相应作品的版权结算,保证文献传递服务的顺利开展。

(1)第一种版权结算的方法是图书馆直接与出版商谈判,明确协议条款内容。很多大学图书馆、信息机构都采用了此方法,因为图书馆可以与出版商通过自由谈判来降低版权费。此外,它可能为文献传递按次付费之类的新服务建立一个协议,唯一需要确认的是检查作者是否将知识产权转让给了出版商。但是单一图书馆直接与海外出版商结清版权,会有显著的成本交易发生。可以通过中国国家图书馆、中国科技文献信息中心以及CALIS、CASHL文献保障中心牵头,尝试与主要出版商协商,因为他们拥有国内最大的用户文献需求量。大多数图书馆和信息中心通过基于版权法或者通过谈判达成的许可协议条款的版权所有人来复制和传递电子版的受版权保护的文献。另外,图书馆和信息中心试图发展其他信息服务来扩大对全文的获取,例如按次计费和按需复印。不过通过出版商协议、主动的信息服务以及基于版权法提供文献传递都是必要的。

(2)第二种版权结算的方法是图书馆直接通过复制权和传播权机构进行版权结算。例如我国的文字著作协会(简称文协会)成立于2008年,是我国唯一的文字作品著作权集体管理组织,负责全国报刊转载和教材“法定许可”稿酬收转,同时对会员的复制权、信息网络传播权、广播权等作者难以管理和控制的权利进行集体管理。然而,文字著作协会并没有涉及国内版权结算问题,另外我国图书馆面对国际版权结算需要通过如美国的版权结算中心(Copyright Clearance Center,CCC)、英国的版权许可机构(the United Kingdom's Copyright Licensing Agency,CLA)等机构。事实上,文协会与国际上复制权组织合作有限,而且也没有图书馆通过文协会来完成文献传递版权结算的案例。

从国外的文献传递服务实际工作看,复制权和传播权组织在图书馆的文献传递版权结算中发挥着重要的作用。特别是图书馆在与国际图书馆之间的电子文献传递过程中,我国图书馆需要这样的中介组织协同版权结算。我认为,一个具有国家性质的复制权组织与国际复制权组织进行版权结算远远要比单个图书馆与国际复制权组织的版权结算支出费用要低很多。

(3)第三种版权结算的方法是与国际版权所有者的代理人组织建立一个框架协议。中国图书馆可以与其他一些国家的图书馆签订协议，建立一个联合协议框架。例如：SUBITO就是德国、澳大利亚、瑞士研究型图书馆文献传递服务的品牌名称。它可以简单快捷地提供给读者期刊和书的复印本。建立这种国际联盟性的文献传递框架协议，可以使学生读者、公共非营利性图书馆和学术机构一样根据框架协议折扣享受版权结算的优惠。

（4）第四种版权结算的方法是考虑将延伸性集体许可管理制度纳入到著作权法中。"著作权延伸性集体管理制度将集体管理组织与作品使用者达成的一揽子作品使用协议依法延伸适用于非会员著作权人，降低了著作权交易的成本，便利了作品的利用。"简单地说就是版权者赋予不同出版商各自特有的版权，各方出版商经过自由协商后签订共同拥有版权的协议，由延伸性集体许可集中管理这个协议。即使版权者没有签协议，只要把版权赋予一个出版商，也可以遵照这种延伸性集体许可协议。延伸性集体许可是为了保证大规模的版权使用人的利用。

一旦延伸性集体许可管理制度纳入到著作权法，图书馆将被允许使用版权集体管理组织里面的所有版权作品和对国际上版权著作的使用，以便提供电子文献传递服务。也就是说电子文献传递服务中涉及的版权问题，可以通过延伸性集体许可的方式解决。因为国际上版权者其实很少关注到自己的著作利用是否得到他们的许可，而延伸性集体许可是对他们版权的一种额外保护。延伸性集体许可管理制度将使国际版权著作（包括垄断型版权著作）得到便捷、合理的利用。

文献传递服务协议是建立在"图书馆例外"以及"合理使用"基础上，我国版权法诠释了版权的"合理使用"，图书馆可以在"合理使用"的范围内复制和传播电子文献。但是对于具有国际版权的文献以电子文件的方式复制和传递，仍然有很多的限制。因此面对诸多限制，我国文献传递机构亟待与版权人沟通、协商以完成相应作品的版权结算，保证文献传递服务的顺利开展。第一，图书馆直接与出版商谈判降低版权费。第二，图书馆直接与复制权和传播权机构进行版权结算。第三，与国际间版权所有者的代理人组织建立一个框架协议，联合降低版权费用。第四，将延伸性集体许可管理制度纳入到著作权法中，这样图书馆将被允许使用版权集体管理组织里面的所有版权作品和对国际上版权著作的使用，以便提供电子文献传递服务。

参考文献

[1] 丁遒劲，周杰. 图书馆文献传递服务中的版权结算问题研究. 情报杂志，2013(2)

[2] 李金莲. 公共图书馆馆际互借与文献传递服务调查与分析. 图书馆学研究，2012(10)

[3] 法律出版社法规中心. 中华人民共和国著作权法（注释本）. 北京：法律出版社，2007

[4] 张建华. 信息网络传播权保护条例释义. 北京：中国法制出版社，2006

[5] 陈传夫，符玉霜. 国际图书馆版权政策及我国新一轮版权法修改建议. 图书与情报，2009(5)

[6] 李祖明著. 互联网上的版权保护与限制. 北京：经济日报出版社，2003

[7] International Association of Scientific, Technical & Medical Publishers (STM) (2008), "SUBITO settlement agreement signed", available at: www.stmassoc.org/2008_10_01_Subito_Settlement_Press_Release.pdf

[8] 胡开忠. 构建我国著作权延伸性集体管理制度的思考. 法商研究，2013(6)

畅游知识海洋　携手设计未来

——浅析基于网络背景下的馆际互借与知识产权问题

姜　璐(山东省图书馆)

馆际互借可以很好地实现信息共享,而且作为共享资源的有效途径,它打破了地域及时间的限制,能够满足不同范围内的资源共享,使信息的获取变得更加便捷,但是,馆际互借过程中也存在一些问题,像知识产权问题,已经受到国际的广泛关注。基于此,本文重点探讨馆际互借中的知识产权问题,并积极寻找解决这些问题的方法,以促进数字图书馆的顺利发展。

1　馆际互借与知识产权

1.1　概念

知识产权,简言之,就是通过智力劳动而产生的成果所有权,它是依照各国法律赋予符合条件的发明者、著作者的权利,但是这个权力具有一定的期限性。例如:文学、发明、商业中的名称及图像等,都可以被认为是某人或某个组织拥有的知识产权。

馆际互借就是一种共享方式,即图书馆之间互相提供有效的信息资源,这种方式有利于实现信息资源的共享,为人们的生活提供便捷的服务。

1.2　知识产权的特征

在网络迅猛发展的背景下,很多国家都开始关注和研究知识产权的保护,知识产权是一种私权,代表的是个体的利益。随着信息化的不断推进,知识产权的特征也在发生着转变。首先,知识产权具有专有性,除了权利人可以享有该项权利外,其他任何人都不能享有这项权利,这也体现了专有权利是受到法律严格保护的,不受任何人的侵犯。伴随着信息网络技术的发展,世界各地的人们都可以利用互联网去获取信息资源,这也使得专有权受到馆际互借的影响,在一定程度上削弱了知识产权的专有性;知识产权只在保护的地域内有效,即经一国法律保护的权利只在该国范围内有效。互联网是国际性的,互联网的共享为信息资源的传播提供了极大的便利,但也使得知识产权的地域性淡化,容易产生纠纷,因此,在网络背景下,知识产权保护需要一个统一的法律标准。

2　网络背景下的馆际互借存在的问题

信息的共享离不开网络手段,通过网络技术进行网上浏览,一方面可能造成暂时性复制侵权的可能,另一方面可能造成下载拷贝等复制行为的侵权现象;网络几乎没有国界而言,随着信息技术的发展,虽然各国间通过网络实现信息共享,方便了人们的生活,但是却不利于知识产权的界定。

3 馆际互借中产生的知识产权

3.1 版权风险分析

3.1.1 出借原件

在我国的图书馆的馆际互借中,出借原件就是需要返还的资料,主要包括一些图书、论文、期刊论文及部分学位论文等,因为出借的是原件,所以不会产生版权问题。但是对于学位论文而言,由于它是未发表的论文,版权依然归作者所有,如果在馆际互借过程中,将学位论文进行出借,就要负有提醒的义务,告知使用者在未经作者允许的前提下,不得引用、摘抄作者的论文内容,更不允许发表。

3.1.2 出借相关的复印件

出借复印件问题不仅涉及学位论文问题,还涉及复制权的问题。复制权受到版权法的保护,《伯尔尼公约》规定:对于享有公约保护的文学作品的作者,具有复制此作品的专有权利,同时,我国的著作权法也规定了著作权人的复制权受到保护。

对于馆际互借中的复制行为而言,要积极寻求对复制权的例外。根据《伯尔尼公约》的相关规定可以看出,在某种特殊条件下允许复制作品,但是复制的前提是:不影响作品的正常使用,不对著作人的合法权益造成侵害。针对公约的规定,很多国家也给复制权规定了一些例外,给馆际互借留下了一定的空间;现阶段,馆际互借的版权问题还未引起我国的高度重视,导致我国大多图书馆开展的馆际互借存在很大的版权风险问题,需要及时寻找解决方法,立足我国立法的实际,借鉴国外的立法模式,有利于规避版权风险。

3.2 信息服务过程中的知识产权风险

3.2.1 个性化信息服务

智能手段在个性化信息服务中具有相当重要的作用,利用智能手段可以挖掘大量隐性知识,当然,这个过程会涉及知识产权风险。伴随着数字图书馆的发展,建立知识库和知识元数据库也是必然的趋势,可以为馆际互借提供富有特色的信息,对于知识仓库而言,可能存在潜在的侵权风险,基于此,在馆际互借过程中,要防止被滥用的侵权风险。数字化图书馆必须采取系统安全管理、资源授权管理、隐私保护管理等技术措施进行保护。

3.2.2 情报分析服务

情报分析、决策知识服务主要提供协同化、知识化的情报分析支持平台,并与各成员馆之间的分析研究业务进行有效结合。要充分发挥数据仓库的优势,它支持管理决策过程中稳定的数据集合,建立数据仓库时,可能会使用有版权作品及无版权作品相关的数据、资料等,也存在一定的知识产权风险。

对于知识管理服务而言,它可以将收集到的各种信息进行有效的转化,形成有价值的知识。智力资本逐渐受到人们的关注和重视,发挥着越来越重要的作用,其重要性甚至超过物质资本。当然,利用智力资本就有可能牵涉到版权问题,所以,数字图书馆在建设时要统筹全局,避免侵权现象的发生,保证传递信息的合法性。

3.3　资源数字化中的知识产权风险

在馆际互借过程中,离不开网络的传输,所以,在此过程中会出现很多问题。众所周知,信息资源数字化是著作权中的复制行为,它将原来的作品进行相应的数字化转换,转换的过程依靠机器完成,所以本身并不具备著作权意义上的独创性;信息资源数字化的过程需要人的智力参与,但并未改变原作品的内容,也未进行相应的创新,目的在于保证数字化制品的真实性,为数字化制品的质量提供重要的保障。所以,信息资源的数字化属于著作权复制行为,但区别于传统的复制行为。数字化时代,在保护权利人的同时,也要尽量维护社会大众使用相关作品的权益,把暂时性复制归在复制权之外,只有这样做,才能促进网络数字信息的传递、共享,如果每浏览一项内容都要经过权利人的许可,那么,网络技术将无法得到发展,极大地损害网络本身的公益性效果。

在网络背景下,逐渐加大了对著作人权利的保护力度,部分国家也制定了一些限制性措施,世界知识产权组织对于原先允许合理使用的也进行了相应的限制,尤其是对于图书馆、档案馆等的复制活动不再视为合理,所以,图书馆网络空间受到了一定的挤压;在馆际互借过程中,要以法律为依据,制定相应的行为准则,在馆际互借中引入法定许可,是促进图书馆发展的有效措施。

4　馆际互借的知识产权保护对策

4.1　营造良好的法制环境是根本

现阶段,我国图书馆界在著作权上还未达成共识,还没有承担起相应的社会责任,这也体现了数字化图书馆的管理缺失。我国对于馆际互借过程中的知识产权问题还不够重视,没有为营造良好的法制环境而付出更多的努力,没有建立一个公共机构,去平衡图书馆的各个方面,同时法律也未塑造出图书馆是实现法律平衡中介机构的形象,这些问题也是我国法律缺失的体现。基于此,图书馆界应积极抓住新著作权法发展的契机,为我国著作法的建立和完善贡献自己的力量,促进新著作权法为馆际互借提供服务。

著作权法具有重要的作用,既可以平衡社会关系,又能为馆际互借提供必要的服务。伴随着数字时代的发展,知识、信息的传播方式也逐渐多样化,打破了原先的平衡状态。在馆际互借中,由于现行著作权法的相对滞后性,造成了法律实践过程中的困惑,现行著作权法存在一定的问题,对于图书馆公益性的定位、海量许可的掌控性、数据库的建设及网络传播等方面存在一定的不确定性,给馆际互借带来了一些难题。著作权法作为调整著作权人与社会利益的制度,具有维护两者动态平衡的作用,因此,完善新著作权法势在必行。我国应该适度保护著作权,将图书馆合理适用范围适量放宽,及时调整现行的著作权法,以促进知识、信息的传播和文化的交流。

对于我国著作权的保护一般应考虑以下几个方面:要借鉴国外的经验,系统研究国外图书馆对于著作权保护的观点和主张;要立足我国的实际,积极研究我国著作权保护的现状及著作权在我国图书馆受到限制的因素;起草我国著作权在图书馆合理使用的原则立场性文件,并制定相应的程序,审议通过后,向社会公布,最后递交给相关的部门,要以立场性文件为导向,参与立法。

4.2 发挥知识产权法的作用

在数字时代,馆际互借系统具有联络事务通畅、传输信息准确等优势,目前已被广泛应用。

完善我国馆际互借工作就要做到以下两点:一是建设联合目录。避免信息机构的重复建设,完整整合现有的联合目录,建立一个完整的、系统的、规范的联合目录,能够清晰、准确、及时地反映我国图书馆馆藏的基本情况。二是保证联合目录的质量。建立有效的数据库,要将各成员馆的馆藏的变化及时反映出来,对数据库提出了较高的要求:要准确齐全、更新快、方式多样、检索系统要非常完善等。并统筹三级文献保障体系,促进各成员馆之间的信息互访。

随着网络技术的发展,在馆际互借中逐渐暴露了一些安全问题,例如:共享的信息资源并未实现高度集中,国家机密、系统网络等都存在安全隐患,加上网络信息传递中的复制行为等,面对这些有关知识产权、安全问题,国家应发挥其优势,制定相关的法规、条例加以规范,并不断完善知识产权法,使其成为馆际互借过程中资源共享的重要保障。

4.3 建立信息许可指南库

从图书馆的实际情况出发,建立一个信息许可指南库,并安装信息许可跟踪数据库,获取数据库产品的许可情况,例如:当图书馆管理员接到文献传递的相关请求时,为了有效避免馆际互借中产生的侵权问题,可以先查询文献的许可情况。另外,指南库要保证实时更新,以确保获取最新的数据。同时要借助电子资源管理软件去管理数字图书馆的许可信息。

4.4 数字图书馆联盟

构建一个信息存储量大、涉及范围广的数字资源联盟,有利于促进数字资源共享。这样做可以使各成员馆之间优势互补,成员馆之间利用网络平台达成有效的融合,有利于提高联盟的先进水平,发挥数字资源的最大优势,形成强大的核心竞争力;数字图书馆的联盟实际上就是技术的联盟,通过联盟技术资源突破单个图书馆的技术局限性,形成一个联盟的技术平台,促进馆际互借的发展;图书馆联盟之间要建立标准规范体系,并加以实施,如版权保护和权利标准规范、应用服务标准规范等,保证资源的共享;数字图书馆的联盟使得数字化服务更加便捷、直观和个性,具有更大的优势;数字图书馆的联盟有利于促进版权的保护,各成员馆之间走集体版权管理的道路,并不断完善版权集体管理机制,有利于版权保护。

4.5 不断加强网络信息传播权的保护

经济全球化的发展给馆际互借中的著作权带来了一定的问题,为了有效规避这些风险,各个国家也制定了知识产权战略,不断推行知识产权保护。在我国的对外贸易中,很多纠纷都多多少少涉及知识产权问题,近年来,我国政府也越来越重视知识产权的保护,不仅加入了世界相关条约的论证,还制定了《信息网络传播权保护条例》,这是保护馆际互借过程中的知识产权的重要组成部分,也是我国版权立法与寻求与国际接轨的重要举措。

参考文献

[1] 刘晓芳. 浅谈高校图书馆管理与知识产权问题. 黑龙江科技信息,2011(30)
[2] 李红妮,樊蓓蓓. 数字图书馆与知识产权问题. 中国科教创新导刊,2011(19)
[3] 李文娟. 数字图书馆信息服务与知识产权问题研究. 科技情报开发与经济,2011(14)
[4] 杨柳,何海波. 区域图书馆联盟馆际互借中知识产权风险规避. 长春师范学院学报,2011(12)
[5] 郭瑞香. 浅谈网络环境下信息资源共享与知识产权问题. 计算机与现代化,2009(9)

馆际互借和文献传递服务中的版权责任

孙怀亮(南阳市科技图书馆)

伴随着图书馆文献信息资源的社会需求的迅猛发展,当单个图书馆的馆藏供给已难以满足用户的需求时,寻求资源共建共享被确立适用于图书馆界满足用户需求所采取的基本策略,而馆际互借与文献传递则是促进图书馆实现这种策略提升服务社会能力、实现自身社会价值的最直接、最便利的途径。

所谓馆际互借(Interlibrary Loan,ILL)指为满足本馆读者向其他图书馆申请借阅本馆没有收藏的文献,同时应其他图书馆的请求向馆外读者提供本馆收藏的文献,由图书馆将使用者所特定的、已确知的出版或未出版的文献或其代用品在适当的时间内,以有效的方式与合理的费用直接或间接地传递给使用者的一种服务。馆际互借主要提供印刷型的返还式原始文献和非返还式复制品文献,文献传递提供的文献可以是返还式和非返还式的,多以印刷型的复制品非返还式文献资源为主。文献传递手段采取传统的普通函件、平信挂号、特快专递等邮寄形式,它具有组织性强、安全、保险的特点。而文献传递(Document Delivery Service,DDS)则是图书馆根据馆内外读者的需求,依托国内图书馆资源共享和馆际协作网将用户所需的文献资料以有效的传递方式和合理的费用直接或间接地传递给使用者的一种服务。随着现代科技的发展特别是数字技术广泛应用,其传递手段除了传统的普通函件、平信挂号、特快专递等外,还可以是传真、E-mail、百链云在线服务等形式,它具有快速、高效、简便的特点。通过开展馆际互借和文献传递服务,不仅缓解了图书馆经费紧张、资源不足与读者日益增长的文献需求之间的矛盾,也对图书馆事业的可持续发展起到了很好的支撑作用。它扩大了读者获取文献信息资源的范围,解决了用户利用非本馆文献资源的问题,提高了图书馆的文献保障能力,是文献信息资源得以充分利用和资源共建共享得以实现的一种很好的方式,有利于优化馆藏文献资源配置,节约购书经费,使图书馆经费得以合理使用。

图书馆通过资源共享与馆际协作可以无限扩大馆藏资源和流通范围,有效地解决有限的文献资源与无限的读者信息需求之间的矛盾。图书馆信息、知识的价值得到了社会认可的同时,公民的法律意识不断增强,知识产权的保护也日益受到重视,诉讼数量直线上升。据统计,全国地方各级人民法院知识产权一审民事案件的数量从 2001 年的 5265 件持续上升到 2013 年的 8.8583 万件,案件数量翻了 17 番,年均增长超过 26%,其中,2008 年新收知识产权民事一审案件 24406 件,而著作权案件 14951 件,占知识产权案件的 44.8%,比 2007 年增长 50.78%。2009 年,全国地方法院共新收知识产权民事一审案件 30626 件,其中著作权案件为 15302 件,占 49.9%;2010 年新收知识产权民事一审案件 42931 件,其中著作权案为 24719 件,占 57.6%,与 2009 年相比增长 61.5%。2011 年新收知识产权民事一审案件 59612 件,其中新收著作权案件 35185 件,又比 2010 年增长 42.34%。2012 年,地方各级人民法院共新收知识产权民事一审案件 87419 件,其中,新收著作权案件 53848 件,比 2011 年增长53.04%。2013年,地方各级人民法院共新收知识产权民事一审案件8.8583万件,其中,新收著作权案件51351件,同比下降4.64%。从2001年到2013年每年都有以图书馆为被告涉及著作权民事案件,其中2004年至2010年均在5件以上。其实,从文献采集、收藏、加工整理、文献流通到提供服务,图书馆的诸多业务行为正是著作权法意义上使用作品的行为,在馆际互借与文献传递服务中的诸多环节大多处于作者著作权项下都会涉及著作权问题。

1 图书馆搜寻、访求和征集环节的著作权问题

图书馆搜寻、访求和征集到的作品不论是已发表的或是未发表的,诸如手稿、书画、书信、录音、日记、照片等,它们都受著作权保护。我国实行著作权自动保护制度,作品著作权自作品创作完成之日起产生。作品一旦被图书馆收集后,其实体所有权已归属图书馆所有,由图书馆负责保管使用,而作者本人只享有作品的著作权。但是,对于未发表的作品所有权和著作权仍属于作者本人,作者可以在法律许可范围内任意处置和变更这两种权利,图书馆不得干涉。若作品内容涉及个人隐私、名誉以及第三者的权益,图书馆进行复制活动时,事先一定要征得作者的同意,并按照著作权法有关著作财产权的相应条款给予作品的著作权人相应的报酬,否则,就是侵犯了著作权人的著作权。出版权则是著作权的重要内容之一,只能由作者享有,如果图书馆擅自出版他们的作品,即使不是以营利为目的,也构成了侵犯作品著作权。因此,在图书馆文献收集环节有关收藏的协议书或著作权转让合同中应明确这一点,从而保护著作权人的权益和积极性。根据著作权法的有关规定,只有为个人学习、研究和欣赏,使用他人已经发表的作品为合理使用,否则就有可能有侵权之嫌。图书馆在未经授权许可的情况下,擅自出借这类未发表的作品,就有可能构成侵权,应予避免。图书馆作为馆际互借与文献传递的承担人有义务注意提供传递的文献的合法性。

2 图书馆加工整理环节的著作权问题

图书馆对集藏的作品通常会进行加工整理使之有序化,方便传递给读者使用。图书馆编制的书目、文摘等二次文献,符合"为介绍、评论某一作品或者说明某一问题,在作品中适当引用他人已经发表的作品"的著作权合理使用规定,一般不会产生著作权问题。但从文献所有者的权益保护方面来看,著作人的署名权无可回避。首先,作者姓名、作品名称要注意指明。其次,图书馆编制文摘索引,内容详略伸缩性大,如果过于详细,网上读者可能不再会去阅读正文乃至原文,那么就会牵涉著作权人的保护作品完整权、改编权以及影响作品发行实现其经济财产权等权益往往少有涉及或被人为忽略了。其他又如图书馆在对采集到的传统作品进行数字化处理时,又将与著作权人的复制权、信息网络传播权以及经济财产权等权益相关联。即便是图书馆自己编制的专题书目、文摘索引、二次文献、三次文献以及自行或委托他人开发设计的一些计算机软件、元数据库和对象数据库等,也会涉及上述所言的著作权管理与保护的问题。我国著作权法规定"改编、翻译、注释、整理已有作品而产生的作品,

其著作权由改编、翻译、注释、整理人享有,但行使著作权时不得侵犯原有作品的著作权”“汇编若干作品、作品的片断或者不构成作品的数据或者其他材料,对其内容的选择或者编排体现独创性的作品,为汇编作品,其著作权由汇编人享有,但行使著作权时不得侵犯原有作品的著作权”。因此,图书馆在改编、翻译、注释、整理、汇编作品时,应该不得侵犯原有作品的著作权。

3 图书馆馆藏文献流通环节的著作权问题

从流通的环节看,图书馆通过购置文献成为出版文献的消费者;从物的所有权看,图书馆是收藏文献的所有权人,具有占有、使用、收益和处分等权利,这是权利的一面。从另一方面说,文献的著作权与专有出版权仍不能为图书馆所有,仍然属于原创作者和由作者与有关单位签订的专有出版合同所指向的出版社。所以说,图书馆只实际控制文献的有形物购置部分,并不实际控制无形的部分即版权(或著作权)。尊重作者的著作权和出版社的专有出版权,这是图书馆义务的一面。传统印刷型文献在正常借阅中几乎不会发生著作权冲突,印刷型文献的载体是纸张,可复制性不强,主要方式是读者的自行摘抄或少量复印。然而,电子型文献依靠的是现代数字技术,它可以方便、快捷、大量复制。我国著作权法所规定的免责条款,“为个人学习、研究或者欣赏,使用他人已经发表的作品;为介绍、评论某一作品或者说明某一问题,在作品中适当引用他人已经发表的作品;为学校课堂教学或者科学研究,翻译或者少量复制已经发表的作品,供教学和科研人员使用,不得出版发行”。它主要强调了个人使用,适当引用或教学科研使用,反对具有商业目的的使用。但是,图书馆还不是可适用法定许可的对象,而《信息网络传播权保护条例》第九条中法定许可的前提是不得直接或间接获取经济利益,由于这些条款中对“基本文化需求”也没有明确解释,图书馆可充分利用这一规定暂时沿用“不经作者许可而向读者出借图书的惯例”,采取公益性形式传递文献,解决作品许可问题,作品使用费的支付留待以后落实。

我国市场经济三十多年的磨砺表明,资源耗费型和技术依赖型都不是中国的选择,只能走自主创新、加强知识产权保护的中国道路。大量事例表明,没有先进的知识产权制度,创新型国家的目标将难以实现。因而,图书馆在传播信息、知识的同时,也要树立法律意识,保护知识产权,保护作者著作权,维护并净化著作权保护环境,既能保证其业务活动不侵犯版权法,又能实现信息资源共享的目的,满足社会公众多样化的信息需求,最终有利于我国文献信息资源的再创作和知识繁荣。

参考文献

[1] 文献传递与馆际互借:大学课件. http://www.docin.com/p-404345366.html

[2] 中国法院知识产权司法保护状况(白皮书),2007,2008,2009,2010,2011,2012,2013.

[3] 方向红,季维俭. 试论图书馆工作中的知识产权保护. 图书馆研究与工作,2005(3)

[4]《中华人民共和国著作权法》第22条

[5] 李国新. 图书馆在著作权问题上的理念、权利与行动. 大学图书馆学报,2005(2)

馆际互借与文献传递服务的其他问题

基于信息觅食理论的文献传递用户信息行为及影响因素研究

薛　调(天津理工大学图书馆)

1999 年 1 月,124 家图书情报单位在"全国文献信息资源共建共享协作会议"上签订了《全国图书馆馆际互借公约》,这标志着我国文献传递服务的开始,至今已有 15 年了。目前,文献传递服务已经成为国内高校图书馆的常规性服务之一。随着新技术的出现和网络环境的变化,用户的信息行为也随之变化,数字图书馆环境下的文献传递服务面临巨大的挑战,文献传递数量有下降趋势。本文以信息觅食理论为研究视角,以天津理工大学图书馆例,对文献传递用户的信息行为进行分析,对其影响因素进行研究以提升文献传递服务的服务水平。

1　信息觅食理论内涵及相关理论模型

信息觅食理论衍生于生态学和人类学的分析自适应觅食策略价值的最优觅食理论。通过建立模型,解释和模拟用户在网络环境中的信息搜寻过程和查寻行为,计算获取信息的效率,并与用户的期望进行比较,当信息预期价值和预期成本即信息收益率达到最优时,提取相关信息。1994 年,印第安纳大学伯明顿分校图书情报学院的博士生 Pamela Effrein Sandstrom 在《信息查找与利用的最优觅食方法》一文中探索了用最优觅食理论阐明实施学术交流研究的可能性。1995 年,美国帕洛阿尔托研究中心智能系统实验室的 Peter Pirolli 提出了信息觅食理论。其研究目的在于用户如何构建最优化的信息觅食环境、如何根据自己所处的信息环境调整信息的寻找、收集和消费的理论策略,改变用户的觅食行为以达到最大的信息收益。

信息觅食理论主要有斑块模型(Patch Models)和菜单模型(Diet Models)两个模型。网络信息是呈斑块状分布的,斑块体现为一定的层级结构,小的网页构成了斑块的较低级别的结构,而大的门户网站则构成了较高级别的结构。用户在不同级别的信息斑块内部、信息斑块之间转移。菜单模型用来解释不同的信息环境中用户应该如何选择合适的检索词、构建检索式、觅食合适范围内的资源问题。一个信息觅食者的菜单可以表示为他所选择的信息类型的集合,当遇到集合中的信息时,该用户就会觅食。信息觅食理论的一个重要概念是信息线索(Information Scent)。信息线索是指引用户查询信息的线索,由于搜索引擎的出现,人们开始通过关键词的匹配来描述和检索信息。可以把信息线索看做是简单描述查找内容的一些暗示性的词语,包括这些词语的同义词、近义词、上位词、下位词和同位词等。最常见的信息线索有搜索引擎中的链接、链接中的描述性文字和图片等。

2 用户信息行为分析

用户信息行为是指用户为满足自身的信息需求，在思想动机的支配下，有意识地进行信息查询、选择、搜集、利用、交流和发布的活动。天津理工大学图书馆2004年7月开展文献传递服务，至今已十年。纵观这十年，文献传递服务从蹒跚学步到独立行走再到逐步成熟，发生了很大的变革，经历了由手工传递向手工与自动化传递并存、自动化传递的模式转变，基本形成管理完善、规章制度合理、不定期读者培训、多方式宣传、用户群更迭、文献传递量逐年上升、传递理性、读者认可的全免费的工作模式。随着数字图书馆时代的到来，特别是新技术和网络环境的冲击，文献传递用户的信息行为发生了变化，文献传递数量面临减少的趋势，文献传递服务将进入新的瓶颈区。为此，我馆去年对文献传递用户进行了一次深入调研，下面从信息觅食理论视角对用户的信息行为予以分析。

2.1 用户文献信息需求分析

用户的文献信息需求有短暂需求和长期需求之分。短暂需求满足科研用户的临时课题需求，跟踪学科领域的前沿文献，在课题申报初期需求旺盛，课题结束则需求结束；长期需求满足教师教学改革产生的需求。调研显示：地方高校图书馆的馆藏文献或购买的数据库有限，文献保障力稍差。能（含基本能）满足用户需求的一半多一些。研究生对文献的需求超过教师，对数据库中的文献需求高于对纸本文献的需求。文献传递服务可以满足用户的本馆不能满足的文献需求。但是，文献传递服务在用户中的认知度不强、需求度不高，一方是馆员费尽心思多方途径宣传推广，另一方是用户不温不火地被动迎合。随着我校博士学位授予单位的获批，我校用户对文献信息的需求直线上升，这说明学校整体信息环境的改变会促生新的用户及老用户的新的信息需求。

2.2 用户信息获取能力分析

信息获取能力是信息捕捉、信息搜集、信息检索、信息整合、信息甄别多种能力的综合，用户的信息获取能力的强弱直接影响文献传递的数量和质量。调研显示：信息环境本身的复杂性要求用户采用合适的信息觅食策略来获取信息。但用户的信息获取能力的确不足。特别是一些研究生用户，他们不知道有哪些信息源和检索工具，不会利用图书馆的数据库，不会选择合适的检索词，不知如何扩展关键词，也不会构建合适的检索式，不会利用检索方法，不知如何调整检索策略，觅食菜单简单，对信息的甄别和筛选能力稍差。

2.3 用户信息获取路径分析

新技术的发展为用户了解文献传递服务提供了多种信息获取路径。调研显示：用户获取文献传递服务信息的路径首选学校主页、图书馆网站、信息通告栏等；其次为电子邮件、同事、同学之间的非正式交流等；再者是用户培训、嵌入课程的信息素养教育教学。随着信息环境的改变，用户获取信息的路径发生了变革，移动图书馆、电子屏幕、QQ群、微信、微博等日益成为用户获取信息的新渠道。

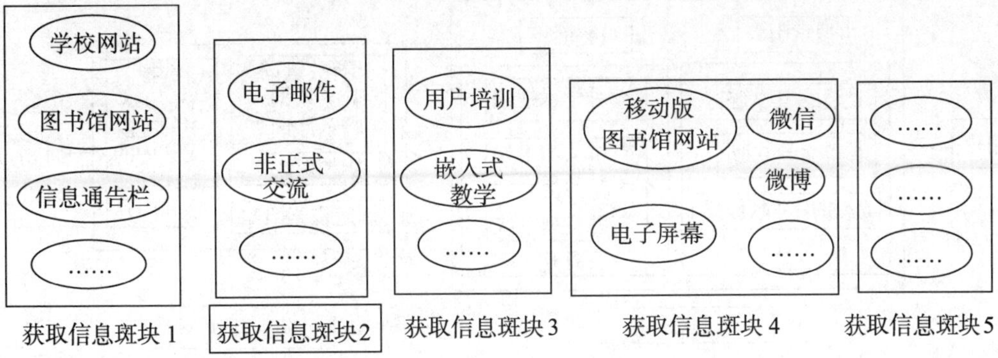

图1　文献传递服务用户信息获取路径斑块

2.4　用户信息查询行为分析

用户传递文献之前，有很多信息线索可供查询。有搜索引擎、OA资源、期刊、论坛的免费资源，有百链、读秀、EDS资源发现系统、图书馆购买的数据库、各大文献情报机构的资源检索主页，有整合了全国高校图书馆的图书、外文期刊论文、中外文学位论文以及古籍、拓片等特色资源的“E读学术搜索”、有集成CALIS联合目录、外文期刊、学位论文、全文资源，中国国家图书馆、国家科技图书文献中心、上海图书馆的资源，为读者提供“一个账号、全国获取”“可查可得、一查即得”一站式服务的“E得”原文文献获取门户，还有CASHL高校人文社会科学文献收藏和服务提供中心等。调研显示：用户的信息行为符合信息觅食理论的斑块模型，用户获取文献信息首选“搜索引擎”斑块。在搜索引擎斑块中找不到文献原文时，部分用户会放弃查找，寻找其他信息线索，觅食斑块发生转移，会采用“自己购买”的方式，购买一些与自己专业密切相关的文献。会通过QQ群、微信群向211或985甚至国外高校的同学、同行或圈内好友求助，会利用在资源较丰富的高校攻读高一级学位的机会直接下载文献原文，满足其随意查找、不确定的文献需求。用户信息查询行为分析还显示：“求助图书馆”觅食斑块的选择率不高，“文献传递”是其最后的觅食斑块。

3　文献传递用户信息觅食模型构建

基于以上的分析，笔者提出了一个基于信息觅食理论的文献传递用户信息觅食模型，如图2所示。该模型主要分为信息斑块和菜单斑块两个部分，用户利用信息斑块，选择合适的菜单斑块，当信息预期价值和预期成本即信息收益率达到最优时，选择文献传递服务。信息斑块之间的转移在搜索引擎、OA资源、公益文献传递平台、商业文献传递平台等之间进行。用户选择合适的菜单，提高觅食效率。信息选择的范围过窄或过宽，得到的结果就比较片面或过多，造成时间的浪费。

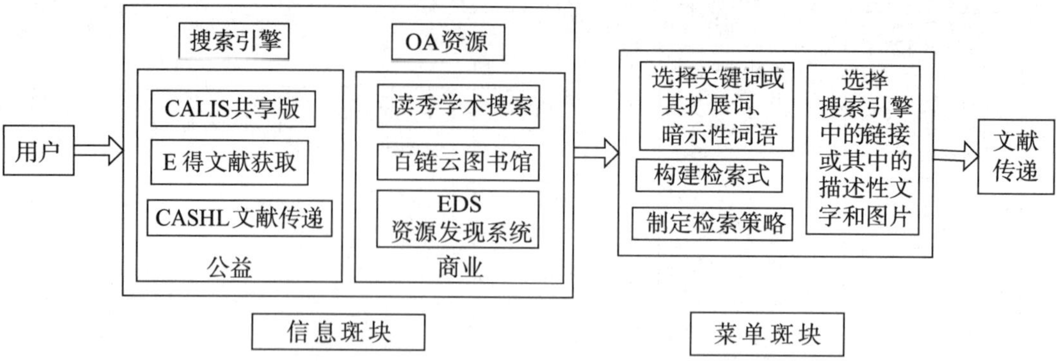

图2　文献传递用户信息觅食模型

4　文献传递服务影响因素及策略

通过对用户信息行为的分析，可以看出，影响文献传递服务的影响因素主要有以下四点。

4.1　信息环境

信息环境是影响用户信息行为的一个重要因素。信息环境包括用户组织环境、信息服务环境。用户组织环境表现在用户单位的科研氛围、为用户购置的资源规模、成员的资源使用习惯等；信息服务环境主要指为用户提供全文的文献传递系统和图书馆提供的服务环境。不同的文献传递系统的优劣不同。CALIS 共享版文献传递系统与百链云图书馆在资源配置、服务模式、数据检索、收费及费用结算等方面各有所长。从读者角度看，百链云在服务模式、一站式元数据检索、收费情况、方便快捷程度优于 CALIS。从图书馆角度看，CALIS 在资源配置、经费保障方面优于百链云。

通讯技术的发展，手机、iPAD 等终端移动设备的使用对文献传递服务提出了新的挑战，国内多数高校图书馆开始提供移动服务，改善了用户的信息服务环境。2014 年 1 月，天津理工大学图书馆网站移动版上线。读者可以通过移动版访问图书馆网站，浏览图书馆的新闻，检索图书馆的纸本馆藏和电子资源，使用包括文献传递服务在内的各种服务。读者可以通过手机、iPAD 提交文献请求，馆员也可以随时随地、第一时间处理事务。图书馆应该为用户构建更良好的信息服务环境，提高信息环境的易获取性、高效性。

4.2　互动交流

了解用户的信息需求的主要来源是馆员与用户的交流。构建交流互动平台，既要与系统的提供者又要与用户沟通，及时了解系统的升级、功能变更等系统的使用问题，将这些问题及时告之用户，并变更专题服务栏目内容。在传统交流渠道的基础上，增加、拓展网络交流渠道，如建立实时在线咨询、CVRS 网上参考咨询、BBS 或博客等。增加与读者互动交流的途径，如建立文献传递交流微信圈、微博，及时解答读者提出的各种问题，指导用户注册、及时进行用户确认，了解用户使用文献传递过程中遇到的问题和使用心得。

4.3 宣传培训

通过宣传,提高用户对文献传递服务的认知。一是拓宽宣传宽度,增加覆盖面。以研究生和新教师入学为契机,对新研究生和新教师进行入馆教育,从源头普及推广。二是加强宣传深度,拓宽联系渠道。与研究生部、各学院研究生秘书、研究生学生会主席和各学院主管教学副院长联系,组织培训,宣传推广。三是增加宣传方式,通过电子屏幕滚动介绍,发放纸质小册子加大宣传力度。通过网上课件或专题栏目等指导读者使用,通过在线培训、走进学院、嵌入式教学等多种培训形式提高用户发现、感知、使用有价值信息的能力,挖掘用户的潜在需求,提高用户的信息素养能力。

4.4 主动服务

读者需求的多样化与获取信息渠道的多元化使文献传递用户的行为显现为一定的盲目性,所以馆员提供主动服务帮助读者解决这一困惑。主动服务以满足读者信息需求为前提,根据读者的学科方向,针对用户的个性需求提供融合参考咨询服务、学科服务、定题服务等多种服务模式的个性化知识服务。主动为用户培训、主动为用户注册、主动为用户确认、主动为用户推送最新学科前沿信息,使文献传递嵌入到用户获取文献信息的每个环节,减少用户觅食信息的时间,提高服务效率。

参考文献

[1] 杨阳,张新民. 信息觅食理论的研究进展. 现代图书情报技术,2009(1)

[2] Sandstrom P E. An Optimal Foraging Approach to Information Seeking and Use. The Library Quarterly, 1994,64(4)

[3] Pirolli P, Card S. Information Foraging in Information Access Environment. In: Proceedings of the CHI' 95, ACM Conference on Human Factors in Software, New York: ACM, 1995

[4] 杨阳,张新民. 基于信息线索的认知分析模型. 情报理论与实践,2009,32(5)

[5] 胡昌平. 现代信息管理机制研究. 武汉:武汉大学出版社,2004:124-132.

[6] 薛调. 地方高校图书馆文献传递实践研究——以天津理工大学图书馆为例. 图书馆学研究,2011(8)

[7] 祁卓麟,李其圣. 百链云图书馆与高校文献传递服务对比分析. 图书馆论坛,2013,33(1)

思维导图在馆际互借和文献传递服务中的应用

杨雪萍　牛爱菊(北京师范大学图书馆)

目前,国内高校的馆际互借和文献传递业务一般涉及多套系统(如CALIS、CASHL、BALIS、NSTL等),运用多个平台,是一项千头万绪、繁杂的工作,不仅馆际互借员面临着多个系统的应用和服务。同时,最终用户也很难在多个馆际互借和文献传递系统中快速锁定某一系统,获取所需文献。思维导图是表达发射性思维的有效的图形思维工具。研究表明,思维导图更多地应用于提高学习者的认知能力、学习者对教学内容的理解力和学习效率。思维导图的教育应用有助于增强记忆力、集中注意力、梳理想法、提高学习效率和创造性地解决学习过程中的问题等。因此,有必要将思维导图应用到馆际互借和文献传递服务实践中,充分调动左右脑,使思维可视化,使馆际互借员从全局视角梳理问题和想法、提高工作效率,帮助最终用户厘清各系统的资源与服务,调动最终用户使用馆际互借和文献传递的主动性和积极性,激发馆际互借员的工作兴趣和最终用户的学习兴趣。

1　馆际互借和文献传递服务现状

20世纪90年代以后,中国图书馆界进入了一个快速发展的新时期,文献传递服务的格局和运作方式发生了巨大的变化。由于传递手段与途径的多样化,越来越多的读者突破所在地图书馆的限制,直接向文献的原始提供机构寻求服务。工作人员需要帮助读者获得读者自己较难获得的文献。目前,国内形成了各种馆际互借和文献传递系统,包含国家层面的中国高等教育文献保障系统(CALIS)、中国高校人文社会科学文献中心(CASHL)、国家科技图书文献中心(NSTL),区域性的文献传递系统(BALIS)、ZADL等,相同专业院校图书馆间的馆际互借和文献传递。各高校图书馆不是仅仅参与其中一个馆际互借和文献传递系统,而是参与多个系统。工作人员往往需要处理多个系统,而各个系统涉及的资源和使用方式均有所不同,这就使得工作人员容易陷入混乱状态。例如,图书馆提供的馆际互借服务包括:读者持馆际互借证到协议馆自行查阅、借阅图书;读者网上提交申请,由物流公司派送到指定馆,再由图书馆员通知申请借书的读者到指定馆借书。读者可通过多个馆际互借系统提交图书请求,当图书到馆后,工作人员需要从多个系统中锁定某一系统,找到读者联系方式,通知读者取书。一本图书从借出馆到读者手中,需要经过多个环节,每个环节都需要在相应系统中做登记操作。

馆际互借和文献传递系统的多样性、服务方式的多样化,使馆际互借员在处理各项事务中容易迷茫。面对繁琐的工作任务时,思维导图工具可以帮助馆际互借员梳理各项系统、全局把握各事务处理状态。

2 思维导图简介

2.1 思维导图的特征

按照认知心理学的观点,人的短时记忆容量非常有限,仅为7+-2个组块。因此,人的信息加工受到了很大的限制。思维导图将概念分层,从而加大了知识的组块,在容量有限的情况下增加了可供加工的信息。思维导图是英国"记忆之父"托尼·巴赞(Tony Buzan)于20世纪70年代提出的,是一种帮助人们思维和记忆的有效方法。所有的思维导图都有一些共同之处:它们都使用颜色,都有从中心发散出来的自然结构,都使用线条、符号、词汇和图像,都遵循一套简单、基本、自然、易被大脑接受的规则。使用思维导图,可以把一长串枯燥的信息变成彩色的、容易记忆的、有高度组织性的图,它与我们大脑处理事物的自然方式相吻合。

托尼·巴赞(Tony Buzan)认为思维导图有4个基本的特征:①注意的焦点清晰地集中在中央图形上。②主题的主干作为分支从中央向四周放射。③分支由一个关键的图形或者写在产生联想的线条上面的关键词构成。比较不重要的话题也以分支形式表现出来,附在较高层次的分支上。④各分支形成一个连接的节点结构。因此思维导图在表现形式上是树状结构的。

2.2 思维导图的应用

思维导图可适用于任何需要动脑的时刻。对于学习者,思维导图有助于记忆、做笔记、做报告、写论文、做演示、准备考试、思考等;对于个人,思维导图有助于制订计划、列清单、做项目、交流、组织、解决问题等;对于工作人员,思维导图有助于计划、交流、项目、组织、回顾、会议、培训、协商、会谈、评估、头脑风暴等。

思维导图的绘制方法与步骤:

(1)从一张白纸的中心开始绘制,周围留出空白;(2)用一幅图像或图画表达你的中心思想;(3)在绘制过程中使用彩色;(4)将中心图像和主要分支连接起来,然后把主要分支和二级分支连接起来,再把三级分支和二级分支连接起来,以此类推;(5)让思维导图的分支自然弯曲而不是像一条直线;(6)在每条线上使用一个关键词;(7)自始至终使用图形。

3 思维导图在馆际互借和文献传递服务中的应用

思维导图适用于任何需要动脑的时刻!思维导图工具主要有MindManager、Mindmap等。本文以Mindjet MindManager思维导图工具在馆际互借和文献传递服务中的应用为例。

3.1 作为厘清馆际互借和文献传递服务系统的组织工具

北京师范大学图书馆的馆际互借和文献传递服务涉及BALIS馆际互借系统、BALIS原文传递系统、CALIS文献传递系统、CASHL文献传递系统。每个系统的资源与服务各有一定的特色,若利用文本线性的服务介绍方式,各系统的特色往往淹没在多个系统中,利用思维导图可以将服务设计得清晰明了,关注整体、统揽全局,又能清晰地获取各系统的服务特色。

方法如下:通过分析确定中心主题为“馆际互借和文献传递服务”,围绕此中心主题又分为馆际互借和文献传递两大块,在各个分支主题上添加子主题。北京师范大学图书馆的馆际互借和文献传递服务的思维导图如图 1 所示。

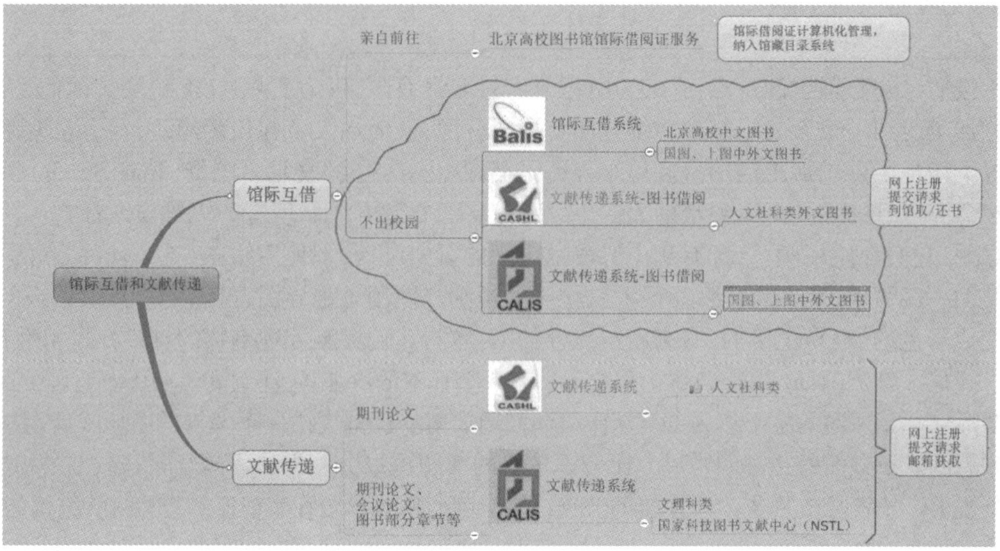

图 1　北京师范大学图书馆馆际互借和文献传递服务概览

3.2　作为馆际互借和文献传递服务的工作管理工具

在实际工作过程中,馆际互借员需要处理各项业务,并回答读者的各类咨询。一方面,馆际互借员需要在各个系统间切换,另一方面,同一个系统在不同的时间段又有不同的优惠政策。系统的繁杂和工作环节的流程化给图书馆员工作带来巨大压力,稍有疏忽就会造成错误,且会给下个环节带来不便。利用思维导图可梳理和优化工作流程,帮助馆际互借员快速掌握工作方法,顺利完成各个工作环节的顺畅衔接,促进工作的有序开展。例如,北京师范大学图书馆馆际互借的图书寄送涉及不同的快递单子、快递包装袋、发快递联系人,仅仅凭记忆,恐怕难以记住。利用思维导图工具制作的图书快递相关问题,可以有效帮助工作人员弄清楚图书与快递的问题,如图 2、图 3 所示。工作人员理解这张图后,就可以对于收到的图书、需要寄送的图书有一个全局的概览。

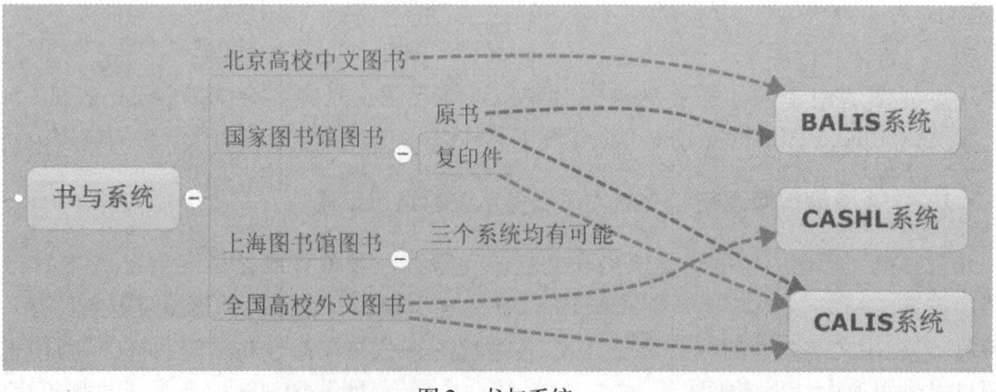

图 2　书与系统

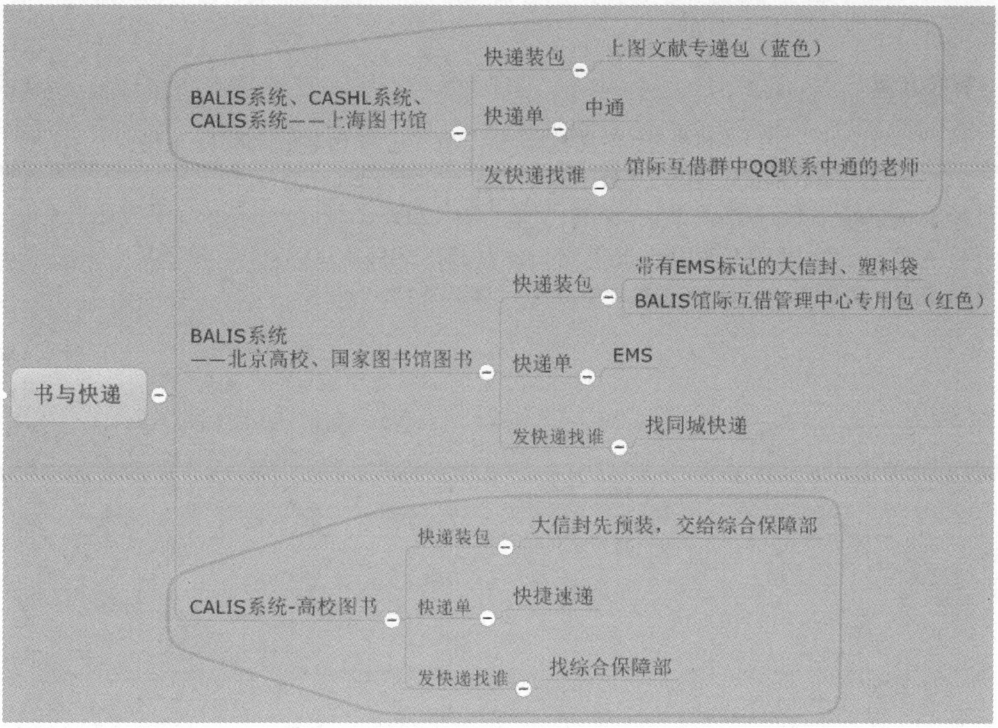

图3　书与快递

3.3　作为馆际互借和文献传递用户培训工具

在推广馆际互借和文献传递服务过程中，馆际互借员可利用思维导图辅助制作培训课件，向用户介绍各系统的特点、使用流程等，并给学生提供增值服务，介绍思维导图在学习或科研中的使用，使得读者在使用馆际互借和文献传递服务的同时，学会另一信息技术技能，利用思维导图做好读书笔记、项目汇报、复习备考等。信息技术环境下的用户培训，教师往往都利用 PowerPoint，这种教学方式往往有大量的知识点和信息，让读者在短时间内把馆际互借和文献传递所有的资源和服务都记下来是不切实际的。北京师范大学图书馆将思维导图应用到馆际互借和文献传递的用户培训中。馆际互借员在呈现课件时，交叉使用 MindManager 和 PowerPoint。在培训刚开始时，馆际互借员一开始就用 MindManager 的“预演”功能，思维导图丰富的颜色、图片、关联引起了学生的兴趣，受到学生的高度关注。

4　应用效果

思维导图在北京师范大学图书馆的馆际互借和文献传递服务中得到具体应用，并取得了较为有效的成果。①有助于专职馆际互借员全局把握各个系统的资源与特色，兼职馆际互借员快速掌握各系统的工作处理过程，从而提高工作效率和质量；②有助于读者构建对馆际互借和文献传递服务的全面认知，从而快速锁定某一具体系统，获取所需文献；③有助于读者在获取馆际互借和文献传递服务的同时，认识、了解思维导图工具，读者将思维导图工具应用到自身的其他学习之中。

参考文献

[1] 张海森. 2001—2010 年中外思维导图教育应用研究综述. 中国电化教育,2011(8)
[2] 陈力. 数字时代的馆际互借与文献传递. 国家图书馆学刊,2008(3)
[3] John B Best. 认知心理学. 北京:中国轻工业出版社,2000
[4] 托尼・巴赞. 大脑使用说明书. 北京:外语教学与研究出版社,2004
[5] 托尼・巴赞(Tony Buzan). 思维导图. 北京:作家出版社,1999

低碳经济背景下的馆际互借与文献传递新生机

卜欣欣　苏　东(南开大学图书馆)

1　何谓低碳经济?

1.1　低碳经济的概念

所谓"低碳",乃是国际社会应对气候变化,减排温室气体(以二氧化碳为主,故得名)的产物。近年来,全球气候变暖已对人类造成了巨大的影响,甚至危及人类社会的生存和发展。研究证明,导致全球气候变化的最主要的原因就是碳的大量排放,而缓解全球气候变暖的主要途径即减少温室气体的排放量,其重中之重就是减少因化石能源燃烧所造成的碳排放。由此,世界各国纷纷高度关注低碳经济这一崭新的发展模式。

低碳经济(low carbon economy),是指在可持续发展理念的指导下,通过技术创新、制度创新、产业转型、新能源开发等多种手段,尽可能地减少煤炭石油等高碳能源消耗,减少温室气体的排放,从而达到经济社会发展与生态环境保护双赢的一种经济发展模式。它以低能耗、低排放和低污染为基本经济特征,本质上是可持续发展经济。

1.2　低碳经济的提出和发展

2003 年 2 月 24 日,英国政府发布了《我们能源的未来:创建一个低碳经济体》白皮书,首次提出了"低碳经济"这一理念,并迅速得到国际社会的响应。作为世界上第二大能源生产和消费国,我国经济和能源结构呈明显的"高碳"特征。在世界低碳经济热潮下,我国政府采取了一系列措施发展低碳经济。2007 年 6 月中国正式发布了《中国应对气候变化国家方案》,倡议全社会行动起来,发展低碳经济、低碳消费,建设低碳社会,推动中国经济发展由高碳向低碳与无碳能源经济转变。2007 年 8 月,国家发展与改革委员会通过了《可再生能源中长期发展规划》,提到要充分利用技术成熟、经济性好的可再生能源,实现 2020 年减少二氧化硫年排放量约 800 万吨。2008 年 6 月 5 日,联合国环境规划署确定当年世界环境日主题为"转变传统观念,推行低碳经济","低碳经济"再次引起了全球的关注。2009 年 8 月 12 日,温家宝主持国务院常务会议时强调要培育以低碳排放为特征的新的经济增长点,加快以低碳排放为特征的工业,发展低碳经济。2009 年 9 月 22 日胡锦涛主席在联合国气候变化峰会开幕式上,发表了题为《携手应对气候变化挑战》的重要讲话,明确表示中国"将继续坚定不移为应对气候变化做出切实努力",同时强调中国将进一步采取四项强有力的措施应对气候变化,其中之一就是"积极发展低碳经济"。2009 年 12 月,中国在哥本哈根联合国气候大会上郑重承诺:到 2020 年中国单位 GDP 二氧化碳排放量比 2005 年下降 40%—45%。此后,在"十二五"规划和党的十八大报告中,更是强调了发展低碳经济的目标和节能减排的战略措施。低碳发展理念深入人心,渗透到社会生产生活的方方面面,已然成为现代社会谋求经济社会环境协调持续发展的风头时尚。

2 低碳经济对现代信息服务的挑战

从低碳经济的概念和本质来看,它强调对资源的高效利用和循环利用。我国政府积极发展低碳经济,最终目标是要实现资源节约和环境友好的两型社会,迈向生态文明。发展低碳经济不仅仅是应对全球气候变暖的良策,更是一场新的社会革命,它要求社会每一分子都参与到低碳经济的活动中来,倡导节约能源资源的生产方式和消费方式,降低能耗,高效利用资源,从而实现人类社会的永续持续发展。

图书馆历来就是社会信息传播的中心,在传播和促进人类文明中担当着重要角色,更应该紧跟时代的步伐,担当落实低碳经济理念的历史重任。众所周知,图书馆是一个不断生长着的有机体,其工作内容和社会职能具有明显的动态变化特征,只有保持和社会环境协调与平衡,图书馆自身才能不断地健康发展。因此,图书馆在向公众传播低碳经济价值观的同时,也应身体力行,本着低碳经济理念践行低碳图书馆,推行契合低碳思想的现代信息服务。

首先,作为人口密集的大型公共场所,图书馆大量消耗水、电等自然资源,其能耗是普通住宅的5—15倍。同时,由于重复采购、盲目采购导致文献资源利用率不高,这些都导致了信息服务的低效。特别是在当今的信息网络社会中,信息量呈指数型激增,任何一个图书馆都不可能完整收集所有种类的文献资源,纸版文献固然囿于馆舍空间和采购经费所限只能择优录藏,而层出不穷的电子资源及昂贵的数据库价格也非图书馆可以无限承受的。一方面,读者的阅读方式悄然从纸质方式向电子方式转变,对可检索和共享的各种信息源的需求越来越高;另一方面,大多数图书馆对于电子资源的购买和应用甚为有限,不敷所需。在这种情况下,利用各种技术、方法和途径开展文献资源共建共享一直就是图书馆界的共识,其中,馆际互借与文献传递即是主要途径。特别是基于现代数字化技术的文献传递服务作为馆际互借服务的延伸,基于网络实现文献信息传输共享。通常,实现这一流程需要读者先通过网络快速查询馆藏信息并提交文献传递请求,图书馆处理请求并传递文献。通过开展馆际互借与文献传递服务,一方面能够尽可能地满足读者的个性化需求,及时有效地将稀缺资源送到读者手上,实现"书尽其用",另一方面也为图书馆节省了不必要的开支,处处彰显低碳本性。

当此低碳经济潮流之下,如何挖掘图书馆资源的高效循环利用,开展实践意义上的低碳绿色信息服务?笔者认为,除了一般思路中的图书馆建筑设施低碳化,日常管理行为中的低碳化,努力开拓馆际互借和文献传递服务恰恰是图书馆迎接低碳经济挑战,践行低碳理念的最真实有效的途径。

3 契合低碳经济思想的馆际互借与文献传递

20世纪90年代,随着网络技术、远程通信技术和数据库技术的不断发展,电子出版物、数字图书馆和网络数据库成为文献资源的重要载体,电子文献传递服务也随之进入繁荣的发展时期。在我国,自1997年国家图书馆成立文献提供中心以来,五大主流文献传递系统中国国家图书馆、CASHL、CALIS、NSTL、LCAS基本满足了国内各高校图书馆、上海图书馆、国家图书馆及中科院系统的资源共享需求。

如表1所示,根据南开大学图书馆文献传递与馆际互借统计分析,2009—2011年间南开大学读者通过CALIS系统、CASHL系统共提交文献申请7866件,涉及的文献类型有期刊、图书、学位论文、会议论文、专利、标准等,文献载体有电子文献、纸质文献、缩微胶片等。其中,期刊、会议论文、专利、标准基本都是电子版,图书章节一般也扫描成电子版,而纸版文献仅占总量的10%左右。此外,统计还显示我校文献请求呈逐年下降趋势,调查表明这是由于南开图书馆在不断充实电子馆藏的基础上,通过信息检索教育和开发电子期刊导航系统,引导读者充分利用本馆资源,从而导致盲目的文献请求减少。

表1　2009—2011年南开大学馆际互借与文献传递申请之文献类型统计

文献类型	期刊	图书	学位论文	其他	总计
数量(篇/册)	5924	1836	68	38	7866
百分比	75.3%	23.3%	0.9%	0.5%	100%

注:"其他"类型文献指专利、会议论文、缩微胶片等。

电子文献占绝对优势,突出显示了馆际互借和文献传递服务的低碳特征:资源循环利用,无纸化(据研究一本纸版图书终其生命周期将平均排放8—10公斤左右的二氧化碳),高效利用。显而易见,馆际互借和文献传递服务在图书馆实践低碳发展中具有天然的使命和优势。首先,究其自身性质,馆际互借与文献传递服务作为一种重要的文献信息保障机制和手段,强调信息与知识的资源共享和循环利用。这种服务不仅节省了图书馆系统的物理存储空间,还分担了人力和资源成本,有利于经费的集中。同时避免了资源的重复建设,提高了文献利用率,更能满足广大读者的个性化需求,这与低碳思想不谋而合。

得益于充足的经费支持、坚实的资源基础、计算机网络与通信等数字技术的飞跃进步、传递成本费用的降低和图书馆界的宣传推广,促成了文献传递服务在2005—2010年间的普及和飞速发展。然而自2010年以来,文献传递量进入缓增长期,甚至出现衰退的迹象。究其根源,主要在于3个方面:文献复制和传递的版权问题;数字资源增加带来的文献资源稀缺度下降和自给率增加客观上减少了文献传递需求;包括网络搜索引擎、论坛、博客等在内的潜在的文献获取途径对图书馆这一传统信息提供中心带来了挑战。

4　低碳理念下的馆际互借与文献传递新途径

4.1　进一步加强服务宣传

充分利用图书馆网站主页、大屏幕、馆刊、宣传册以及上门培训等方式,开展分层分级的宣传推广,辅以补贴必将大幅度引起读者对文献传递服务的关注度和兴趣,促进资源共享。

4.2　推广信息检索培训和课程

上述南开图书馆统计分析表明,系统的信息检索课程能够帮助读者了解本单位和联盟馆馆藏资源并有效提高自主获取文献信息的效率，避免盲目请求。同时，将文献传递内容嵌入信息检索课程，也能帮助读者了解并正确使用馆际互借和文献传递服务，从而提升服务质量。

4.3 应用文件处理技术、现代通信技术等限制所传递文献的复制传播，实现版权保护

版权问题是文献传递服务绕不开的坎，必须开发相关处理技术使得文献传递“名正言顺”才能“众望所归”。

4.4 发展面向最终用户的无中介文献传递服务

国外文献传递系统均是直接面向最终用户提供文献传递服务的，而当前国内文献传递服务多依托中介，图书馆员在其中扮演了机械单一的角色，效率较低，且束缚了服务和馆员的施展空间。如果能够改善文献传递的软硬件技术实现无中介文献传递，将进一步提升文献传递的服务效率和质量。

4.5 开展形式多样的互动活动

联合媒体和民间社团组织，开展与文献传递相关的征文、网上讨论组、竞赛等活动，吸引和培养用户群。

总之，低碳经济为馆际互借和文献传递注入了新鲜动力，图书馆界当紧跟低碳潮流，充分发掘自身潜力，发动外界力量，拓展并提升文献传递服务，实现低碳绿色持续发展。

参考文献

[1] Gobinda Chowdhury. How digital information services can reduce greenhouse gas emissions. Online Information Review,2012,36(4)

[2] 余来文，谭铁. 我国低碳经济发展之路. 中国石化,2009(12)

[3] 刘思华. 发展低碳经济与创新低碳经济. 当代经济研究,2010(11)

[4] 王庆浩. 步入衰退还是重拾增长——我国文献传递服务当前面临的挑战与对策. 上海高校图书情报工作研究,2014(1)

[5] 李后卿，罗倩倩. 低碳经济发展模式下的图书馆管理. 高校图书馆工作,2011(2)

[6] 刘冬梅. 中小型高校图书馆文献传递使用分析. 图书情报工作,2013(增刊)

基于中国知网的“馆际互借”文献分析

艾　华　赵功群(淮海工学院图书馆)

1　“馆际互借”文献统计

1.1　发文统计

以中国知网为检索数据库,检索时间为2014年3月20日,以关键词“馆际互借”进行精确检索,得到的检索结果为3236篇文献。文献时间从1956年至2014年,最早的记录为1956年发表在《科学通报》第10期上由张景泉撰写的题名为“建议成立管理科学图书期刊馆际互借的专门机构”的论文。有关馆际互借的文献发文量见图1。

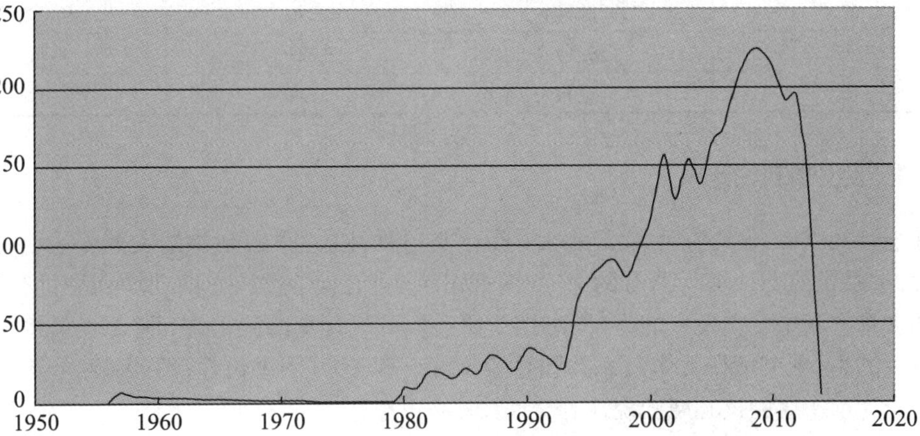

图1　“馆际互借”相关文献发文统计

1.2　关键词统计

对上述检索结果中的文献进行统计,发现在这些文献中较多出现的关键词主要包括以下9个方面的内容:

(1)馆际互借;

(2)文献传递(包括“文献传递”和“文献提供”);

(3)共享(包括资源共享、信息资源共享、文献资源共享、共建共享、信息资源共建共享及共享模式等);

(4)图书馆(包括“图书馆”“高校图书馆”“大学图书馆”和“数字图书馆”等);

(5)网络(包括“网络”“网络化”“网络环境”和“Internet”等);

(6)其他相关业务(“通用借书证”“借书证”“通借通还”“读者决策采购”和“联合编目”等);

(7)资源(包括“信息资源”“文献资源”和“文献信息资源”等);

(8)资源建设(包括“信息资源建设”“文献资源建设”和“藏书建设”等);

(9)联盟(包括“图书馆联盟”“CALIS”“CASHL”“OCLC”“区域性图书馆联盟”及“图书馆合作”等);

(10)版权(包括“版权”“知识产权”“著作权”“知识产权保护”“合理使用”等)。

在已检索出的馆际互借文章中,分别按以上类别中所列关键词在中国知网中检索,得到的相关文献统计见表1。

表1 关键词所涉文献统计

序号	关键词分类	文献量(篇)	所占比例
1	馆际互借	3236	100%
2	文献传递	3236	100%
3	图书馆	1881	58. 1%
4	共享	1418	43. 8%
5	资源	725	22. 4%
6	联盟	406	12. 5%
7	网络	299	9. 2%
8	资源建设	290	9. 0%
9	相关业务	121	3. 7%
10	版权	84	2. 6%

1.3 发文期刊统计

在统计文献中,发表在收录于北大《核心期刊要目总览》的刊物的文献量合计为1018篇,占总文献量的31. 5%。所有的19种图书馆事业、信息学类核心期刊均刊登过有关馆际互借的文章。其中发文最多的为《图书馆学研究》,到统计日期截止共刊登134篇相关文献;排名第二的为《图书情报工作》,总共刊登了82篇;第三为《图书馆建设》,总共为79篇,表2为刊文量为前十名的核心期刊统计。

表2 核心期刊刊文统计(前十名)

序号	刊名	文献量(篇)
1	图书馆学研究	134
2	图书情报工作	82
3	图书馆建设	79
4	大学图书馆学报	78
5	图书馆杂志	77
6	图书馆论坛	63
7	图书馆	61
8	图书馆工作与研究	58
9	图书馆理论与实践	52
10	情报杂志	50

1.4　发文机构统计

“馆际互借”的相关文献涉及的发文机构众多，但武汉大学、北京大学、中国科学院、中国国家图书馆、浙江大学及上海图书馆等单位发文量较多，其中武汉大学发文 58 篇，中国科学院发文 48 篇，北京大学发文 47 篇，中国国家图书馆发文 29 篇，浙江大学发文 25 篇，上海图书馆发文 22 篇。

1.5　发文基金统计

“馆际互借”文献涉及的基金有 17 个，资助文献量最多的基金是国家社会科学基金，总共有 35 篇“馆际互借”的文献为该基金资助；其次由国家自然科学基金资助的文献有 7 篇；其他的基金则多为各省的社会科学或自然科学以及教育厅（教委）科研基金（如湖南省社会科学基金、江西省自然科学基金、福建省（浙江省、湖南省）教委科研基金）等。

国家社会科学基金资助的 35 篇文献主要发表在《图书情报工作》《中国图书馆学报》《大学图书馆学报》及其他相关期刊上（见图 2），国家社会科学基金资助的文献发表的时间见图 3。

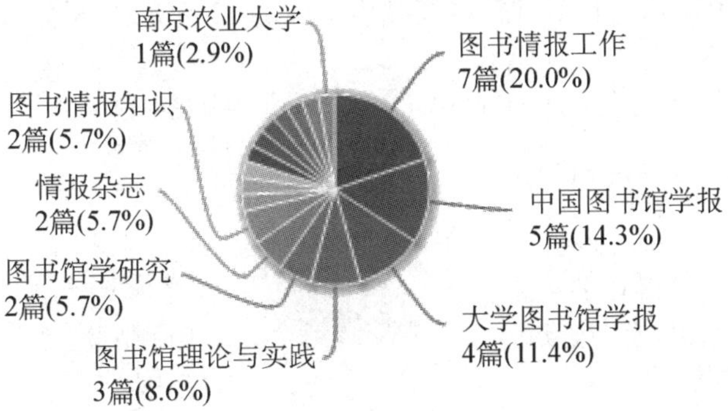

图 2　国家社会科学基金文献来源分布

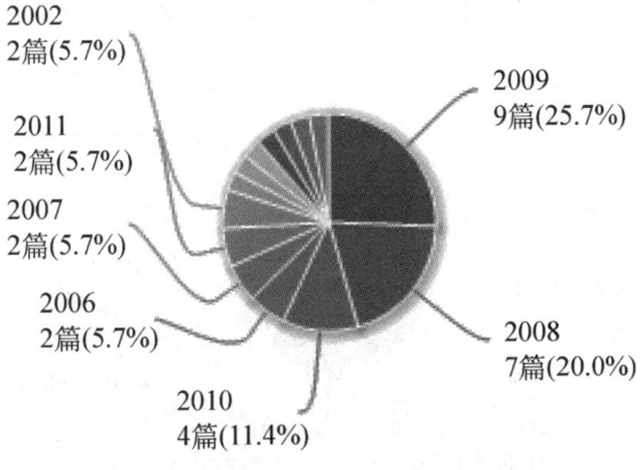

图 3　国家社会科学基金文献时间分布

国家社会科学基金资助的论文涉及的机构包括华南师范大学、武汉大学、南京农业大学及湘潭大学等单位（见图 4）。

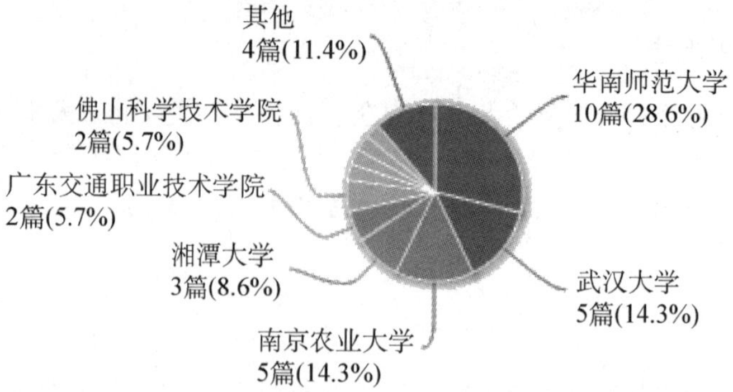

图4　国家社会科学基金文献机构分布

1.6　高被引文献

检索出的文献中，被引超过20次以上的高被引文献（本文中简称“高被引文献”）为135篇。在这135篇文献中，其中来源为《中国图书馆学报》的是24篇，来源为《大学图书馆学报》的是18篇，来源为《图书情报工作》的是12篇（见图5）。高被引文献发表时间为1999—2009年，其中2000年发表的有17篇，占高被引文献的12.6%，时间分布见图6。

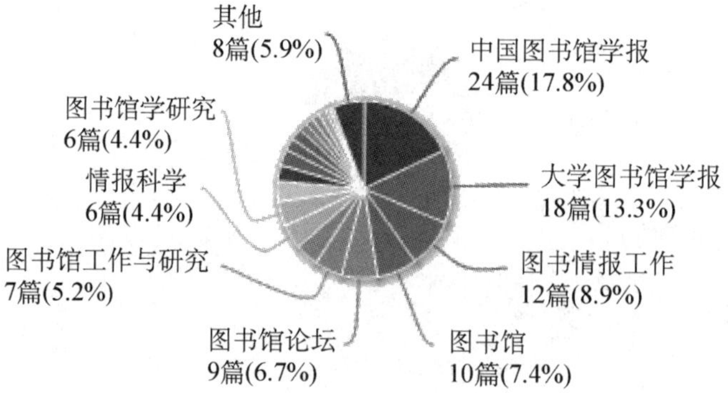

图5　高被引文献来源统计

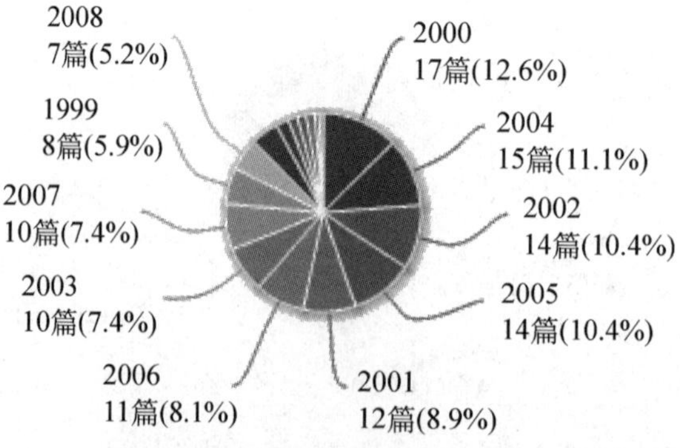

图6　高被引文献时间分布

高被引文献涉及的机构包括武汉大学、北京大学、浙江大学、湘潭大学及中科院文献情报中心等。其中武汉大学的文献为12篇，北京大学的文献为8篇（见图7）。高被引文献涉及的基金,主要为国家社会科学基金、国家自然科学基金等,而非基金文献有123篇之多,占所有高被引文献的91.1%(见图8)。

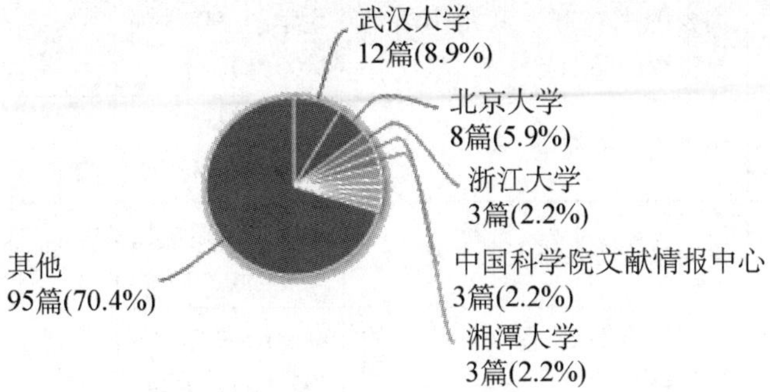

图7　高被引文献的机构分布

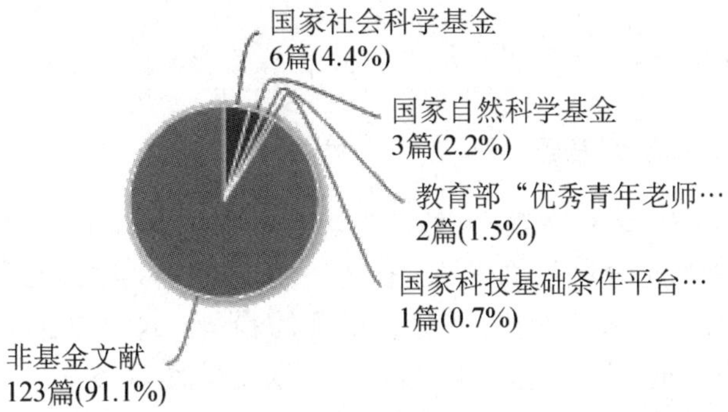

图8　高被引文献涉及的基金

高被引文献中被引用次数居于前十名的文献均为期刊论文,其中8篇文献来自《中国图书馆学报》,1篇来自《大学图书馆学报》,1篇来自《图书馆》(见表3)。

表3　被引前十名的文献

排	作者	文献名	来源	被引次数	基金
1	李家清	我国文献资源共享中存在的问题及对策研究	中国图书馆学报 2002(1):35－39	174	无
2	燕今伟	图书馆联盟的构建模式和发展机制研究	中国图书馆学报 2005(4):24－29	161	无
3	吕俊生	网络环境下图书馆文献资源建设与文献保障体系	中国图书馆学报 2000(2):42－45	151	无
4	高波,刘兹恒,于丽凤	网络环境下我国图书馆信息资源共建共享现状调查报告	中国图书馆学报 2000(2):42－45	141	无
5	袁培国,马金川	论馆藏建设中的几个关系	中国图书馆学报 1998(6):23－28	95	无
6	肖希明	网络环境下的馆藏评价标准	中国图书馆学报 2002(5):20－23	92	国家社会科学基金

续表

排	作者	文献名	来源	被引次数	基金
7	黄连庆	高校图书馆开发利用网络信息资源的问题与对策	大学图书馆学报 2000(1):43-45	88	无
8	胡立耘	图书馆联盟简论	图书馆 2003(5):5-7,22	85	无
9	李纲,李新生,陈颖	论信息资源共享及其效率	中国图书馆学报 2001(3):40-42	82	无
10	沈迪飞	论当前我国图书馆自动化的发展路向	中国图书馆学报 2001(3):40-42	73	无

2 “馆际互借”文献分析

2.1 馆际互借文献研究趋势

从1994年(该年度发文为64篇)开始,“馆际互借”相关文献的发文量开始增加,虽然每年的文献数量有所波动,但文献量总体是增长的态势,2009年相关文献的发文量达到目前的最高值223篇,其后发文量开始减少,并呈现下降的趋势。统计结果显示发文量高峰期为2000—2013年,这个时间段发文量为2411篇,占总发文量的74.6%。

根据对《外文期刊网》的数据统计(检索时间为2014年3月20日,在篇名中查找包含“Interlibrary Loan”的文献),国外关于“馆际互借”的文献量为35411篇。文献随时间的分布图见图9。

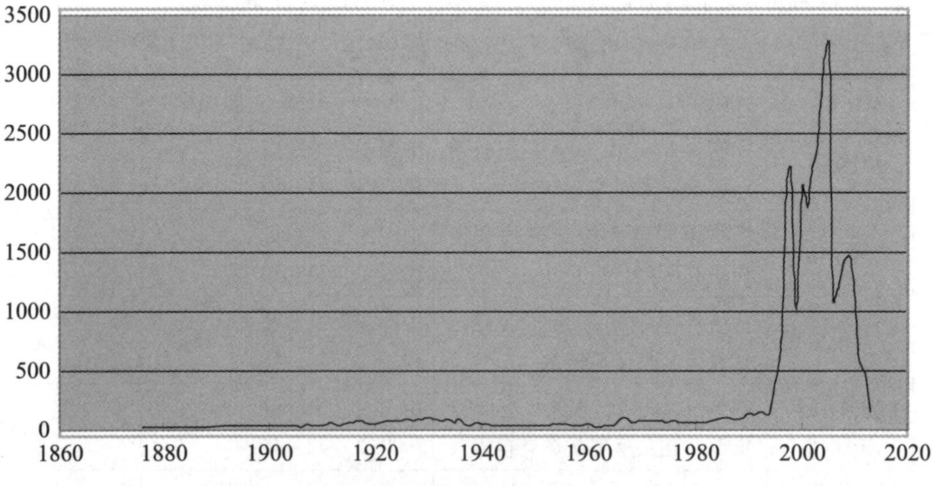

图9 外文期刊网收录的“馆际互借”文献统计

可以看出,从1995年开始,国外关于“馆际互借”的发文量逐步增加,在2005年达到高峰值(3272篇),之后发文量逐渐回落。1997—2010年为“馆际互借”发文量较高的时间段,总文献量为26700篇,占全部文献的75.4%。

通过国内与国外“馆际互借”发文的统计，说明国内有关“馆际互借”的研究落后于国际4年左右，“馆际互借”文献研究的热度国内外也相仿。同时曲线图也似乎表明有关“馆际互借”的研究目前已开始降温。

2.2 关键词

首先，在上述统计文献中，“馆际互借”与“文献传递”出现在每篇文献中，有学者认为“馆际互借”和“文献传递”作为图书馆对外提供文献的不同方式，两者可以优势互补，但不能相互取代。在实践工作中，“馆际互借”传递的是文献，虽然“文献传递”的方式多种多样，但二者实现的都是资源的共享，因此在实际工作及研究中“馆际互借”与“文献传递”二者是并列开展的。

其次，“图书馆”这个关键词也出现在一半多的文献中，这是因为“馆际互借”工作都是依托图书馆实现的。

第三，另外一个出现较多的关键词是“资源共享”，这也说明“资源共享”与“馆际互借”紧密相连，而“馆际互借”正是实现资源共享的一个有效的手段。如维基百科在叙述“馆际互借”时用“或(or)”及“和(and)”来并列表述“馆际互借”和“资源共享”。又如澳大利亚的馆际资源共享目录(Interlibrary Resource Sharing Directory, ILRS)，该目录是澳大利亚馆际互借及文献传递服务和国家联合目录的联合目录。

第四，在“馆际互借”研究文献中关于“资源”及“资源建设”的研究也有多篇论文涉及，首先没有资源也无从谈起馆际互借，其次馆际互借是大学图书馆文献资源建设的重要组成部分，其发挥着积极的作用。

第五，在有关“馆际互借”的文献中也经常出现“图书馆联盟”及CALIS、CASHL、OCLC及图书馆合作等关键词，而这正是因为各种图书馆联盟的存在才促使馆际互借得以发展壮大。

第六，在“馆际互借”研究文献中，网络、通借通还等业务及版权问题也在部分文献中被论及，但数量有限，这些问题在馆际互借工作中占据一定的地位，特别是版权问题在当代社会是一个更需重视的问题。

最后，关于“馆际互借”的个性化服务、物流及其管理及宣传等方面的研究涉足较少。

2.3 发文期刊

统计的文献中，68.5%的文献发表在一般刊物上，而31.5%的文献发表在图书馆事业、信息事业核心期刊上。发文较多的核心刊物包括《图书馆学研究》《图书情报工作》《图书馆建设》《大学图书馆学报》等刊物，发表“馆际互借”的一般刊物则包括《现代情报》《图书馆学刊》《高校图书馆工作》《新世纪图书馆》等图书馆类的期刊和其他综合类的期刊，说明图书馆类的期刊对“馆际互借”这个主题都很关注。

2.4 发文机构

统计发现武汉大学、北京大学、中国科学院、中国国家图书馆、浙江大学及上海图书馆等机构发文量较多，也说明这些机构对“馆际互借”的研究更为关注。

根据《CALIS三期馆际互借与文献传递服务示范馆获奖名单》，温州医科大学、绍兴文理学院、天津大学(一等奖),复旦大学、浙江理工大学、南宁职业技术学院、华南理工大学、华东师范大学、东北师范大学(二等奖),华南农业大学、湖南大学、华中科技大学、北京师范大学、福州大学、江南大学、东南大学、福建师范大学、青岛大学(三等奖),这些学校的馆际互借及文献传递工作做得很好,通过中国知网对这些学校开展"馆际互借"研究进行的调查则表明各学校的研究体现出参差不齐的研究现状(见表3)。如华东师范大学、福建师范大学、复旦大学及华中科技大学颇有研究,而有些学校却鲜有研究。馆际互借的业务工作促使相关研究的开展,而研究可以更好地推动馆际互借工作的开展,这种具体实践与研究之间相互影响、相互促进、相辅相成的关系将推动馆际互借工作的快速发展。

表3　馆际互借与文献传递服务示范馆获奖馆发文统计

单位名称	温州医科大学	绍兴文理学院	天津大学	复旦大学	浙江理工大学	南宁职业技术学院	华南理工大学	华东师范大学	东北师范大学	华南农业大学	湖南大学	华中科技大学	北京师范大学	福州大学	江南大学	东南大学	福建师范大学	青岛大学	合计(篇)
文献量(篇)	0	1	4	10	1	0	8	15	6	4	16	10	8	7	2	6	18	5	121

2.5　发文基金

从发文基金上看,首先有关"馆际互借"的研究获得政府及学术界多层次的关注,特别是得到国家社会科学基金的重视,说明我国国内的"馆际互借"研究得到了大力的支持,从而使得研究有了良性发展的土壤;其次获得基金资助的单位层次不同(既有985的高校也有职业技术院校),也说明"馆际互借"研究的人群广泛,有良好的研究与实践的基础。好的研究基础加上良性发展的土壤,将会让我国国内的"馆际互借"的研究得到快速发展。

2.6　高被引文献

首先,从"馆际互借"高被引文献中可以看出,国内图书馆事业、信息事业的核心刊物《中国图书馆学报》《大学图书馆学报》《图书情报工作》等是被频繁引用的刊物,也说明这些刊物刊登了国内较高水平的"馆际互借"研究论文。

其次,高被引的文献来自武汉大学、北京大学、浙江大学、湘潭大学及中科院文献情报中心等单位居多,也说明在这些大学及科研院所对"馆际互借"的研究比较深入。

再次,高被引的文献绝大多数为非基金文献,占所有高被引文献的91.1%(见图8),说明大部分有关"馆际互借"的研究是研究人员自行开展的,并取得了较好的研究成果。

3　结论

在Cherié L. Weible和Karen L. Janke所著的《Interlibrary Loan Practices Handbook》中,作者通过馆际互借的发展及演变、"借入"与"借出"工作流程、版权与馆际互借、馆际互借管理及技术等方面对馆际互借进行了探讨,并对馆际互借的未来提出了设想。我国国内的“馆际互借”研究也着眼于这几个方面,但由于国内的软硬件环境的现状,国内的“馆际互借”工作仍然与国外有一定的差距,很多研究主要集中在馆际互借的具体工作、共享理论研究、资源及其建设,联盟与馆际互借等方面,在知识产权、个性化研究、物流及其管理及宣传等方面涉及不多。如何将馆际互借理论与实践相结合,在维护知识产权的基础上从实践中挖掘适应中国文献资源环境的馆际互借,是我们需要深入探讨的问题。

在“馆际互借”的研究中虽然有各种政府基金的资助,但就目前为止支持的力度是有限的,更多的研究是研究人员自发开展的,同时馆际互借中涉及资源的采购、具体工作中产生的服务及成本等支出问题,这些都需要政府对文献资源共享加以重视。吸引政府资金的投入,为“服务馆”开展馆际互借服务提供专项资金辅助,根据馆际互借服务贡献值建立合理有效的利益分配制度,做到既能弥补资源共享不平衡性,又能调动各个成员馆的积极性。

虽然随着时间的流逝,每种学科的发展与研究总会有高潮或低潮,但随着计算机及网络技术的发展,馆际互借必将有一个更为广阔的前景。不管怎样,我们馆际互借人将竭尽全力为用户提供他们所需要的各种信息。

参考文献

[1] 冯京桉. 刍议信息环境下国内外国际互借服务发展. 新世纪图书馆,2011(3)

[2] 馆际互借事务信息管理系统成员馆统计

[3] 陈力. 论数字图书馆的多元化资源建设. 中国图书馆学报,2004(5)

[4] http://en. wikipedia. org/wiki/Interlibrary_loan

[5] http://www. nla. gov. au/ilrs/

[6] 赵凡,宗萍. 美国大学图书馆信息服务的进展及启示. 图书馆建设,2013(1)

[7] CALIS 三期评优汇编手册. http://162. 105. 139. 36:8104/newspublisher/ckeditor/uploader/upload/fileupload/CALIS 三期评优汇编手册 1388470987837. pdf

[8] Cherié L Weible, Karen L Janke. Interlibrary Loan Practices Handbook. American Library Association, 2011(131)

[9] 鲁玥,梁智年. 关于馆际互借服务可持续发展的分析与建议. 图书馆工作与研究,2013(1)

公共图书馆馆际互借服务的思考

何寿峰　彭春恒(河北省图书馆)

馆际互借和文献传递服务是图书馆之间信息资源共享的主要方式。馆际互借指图书馆之间的图书等纸质出版物的返还式借阅，馆际互借事务由借出馆和借入馆共同完成；文献传递服务是馆际互借服务的延伸，通过计算机和网络等现代化技术设备向其他图书馆或个人提供非返还式的文献资源。文献主要包括期刊论文、会议论文、学位论文、标准、专利和科技报告等。结合公共图书馆特点，本文主要讨论省域范围内省、市、县公共图书馆之间馆际互借服务。

1　研究和开展现状

1.1　交流学习

由国际图联主办的第11届馆际互借与文献传递会议于2009年10月20日至23日在德国汉诺威举行。除参展商以外，绝大部分与会人员来自高校图书馆、各国的科技情报研究所、各国的国家图书馆、各种专门图书馆（如国际原子能机构图书馆、美国能源部图书馆）等。除了上海图书馆，没有一家公共图书馆参会。参会机构的构成反映公共图书馆并非馆际互借和文献传递的主角。

1.2　业务研究

从中国学术期刊网（CNKI）检索有关馆际互借和文献传递研究文献，时间跨度2001－01－01至2014－04－31，用题名含“高校图书馆”和关键词“馆际互借”和“文献传递”检出文献104篇；而用题名含“公共图书馆”和关键词“馆际互借”和“文献传递”检出文献3篇，结果如下：

题名	作者	来源	发表日期
中小型公共图书馆如何为产业集群的生产与发展服务	郭桂英 白烨芳	科技情报开发与经济	2013－12－25
我国公共图书馆信息资源共享问题研究	任续池	科技情报开发与经济	2011－06－25
公共图书馆馆际互借与文献传递服务调查与分析	李金莲	图书馆学研究	2012－05－25

结果中，以“馆际互借”和“文献传递”为主题的研究文献仅一篇。检索可能不准确，但可以反映高校图书馆和公共图书馆相关业务研究的差距，检索结果也反映馆际互借和文献

传递在公共图书馆领域边缘化的现实。

1.3 开展现状

为了解公共图书馆馆际互借和文献传递业务开展情况，对内地31个省级公共图书馆主页调研，调研该馆馆际互借和文献传递服务在主页显示情况，统计开展数量指主页上有该项服务，实际开展数量指该服务非有名无实，文献远程传递指利用全国图书馆参考咨询联盟开展的文献传递服务。调查时间为2014年3月。

服务名称	统计开展数量	实际开展数量
馆际互借和文献传递	2	2
馆际互借	1	0
文献传递	4	3
文献远程传递	11	11

调研结果显示，两家公共图书馆开展馆际互借和文献传递服务，14家公共图书馆通过全国图书馆参考咨询联盟开展文献传递服务，15家没开展或流于形式。馆际互借仅有两家开展。省图书馆是市、县级图书馆开展馆际互借和文献传递主要合作馆，省图书馆应在馆际互借中起中心馆和引领作用。因此由省级图书馆的基本情况，可以反映市、县级图书馆的开展情况。

2 原因

2.1 认识不足

省、市图书馆馆藏文献资源丰富，认为可以满足读者需求，没必要开展馆际互借服务，或者流于形式，只考虑到馆读者的需求，忽视了服务应覆盖所属行政区的所有公众；市、县图书馆中馆藏资源贫乏的馆一直以来社会认可度低，工作态度消极，缺乏业务研究，对馆际互借服务形式缺乏认识；经济发达地区，建设区域性公共图书馆一体化服务体系，通过“一卡通”图书通借通还实现全覆盖服务，确实提高了满足率，但并没有满足所有读者的所有需求。

2.2 研究不够

由于对本馆馆藏文献资源、读者需求研究不足，对馆际互借服务理念理解不深，导致馆际互借服务在公共图书馆领域缺乏研究。缺乏与高校、科研院所和专业图书馆的交流沟通，在需要时总是简单照搬，没有结合公共图书馆的实际情况，缺乏实用性，导致馆际互借服务无法深入开展，流于形式。

2.3 费用问题

馆际互借服务是一项收费服务，过高费用一直是馆际互借服务发展的瓶颈。在公共图书馆开展馆际互借服务，如果读者需要文献是为了满足普通学习需求，图书馆应满足而由于种种原因没能满足，通过馆际互借获得要读者承担过高费用，这与《公共图书馆服务规范》总则中公共图书馆应体现公益性、基本性、均等性和便利性原则相违背，从而导致馆际互借服务无法实际开展。

3 公共图书馆服务特点

只有弄清公共图书馆服务范围、服务对象，明确服务目的，才能做好馆际互借服务，才能使服务更有针对性，在此基础上的服务平台、服务规则、服务流程才更具可操作性，馆际互借服务工作才能向前推进。下面通过和高校图书馆的对比，分析公共图书馆服务范围、服务对象和服务目的的特点。下表是公共图书馆与高校图书馆的服务比较。

馆际互借	高校图书馆	公共图书馆
服务范围	本校区	本行政区
服务对象	本校师生	本行政区的常住人口
服务目的	教学科研	满足本行政区常住人口的文化需求

可见，高校图书馆服务仅限于本校的师生，服务范围小，服务人群明确；各级公共图书馆服务包括所在行政区的所有常住人口，服务范围大、人员情况复杂。理论上，某一省、自治区、直辖市范围的任何公民都可以同时享有所在县、市、省所有公共图书馆服务，但由于具体居住地的差异，实际享有的服务差异巨大。一个居住在省会城市的居民，能够方便利用省、市、区图书馆的所有文献资源和服务场所；而一个生活在偏远落后县的居民，实际只能享有县馆的服务，又由于经济落后，许多县馆有名无实。

满足读者需要，做好读者服务工作，必须掌握读者阅读目的和规律。根据读者阅读目的，一般把读者划分为研究型、应用型、学习型和欣赏型四种类型。研究型阅读目的是为了探索未知，求知创新；应用型是有针对性解决工作、生活中遇到的具体困惑、疑难；学习型是为获取系统性知识；欣赏型阅读仅仅是为了开阔视野，丰富自己的业余生活，满足个人精神上的需求和享受。为了掌握读者阅读规律，某机构在某一图书馆调查了520名读者，调查结果如下：

职业	人数	按阅读目的划分			
		研究型	应用型	学习型	欣赏型
工人	386	1	59	104	222
干部	73	0	11	29	33
技术人员	46	5	14	24	3
教员	15	1	0	9	5
总计	520	7	84	166	263

高校图书馆主要任务满足学校师生教学研究工作，馆际互借服务主要通过非返还式文献传递方式获得所需文献，文献主要是期刊论文、会议论文、学位论文、标准、专利和科技报告等；公共图书馆主要满足应用型、学习型和兴趣型读者需要，应用型、学习型、欣赏型文献多以纸质图书形式存在，研究阅读占少数，在落后地区，研究型阅读占比更低。

4 思考

4.1 区域性公共图书馆服务体系的启示

公共图书馆不能满足读者需要,除了馆藏文献不足外,服务区域不能有效覆盖,读者服务因为空间限制产生巨大差异也致使公共图书馆服务无法有效开展。为此,有些经济发达地区在政府主导下,建立区域性公共图书馆服务体系,利用馆藏丰富图书馆的文献资源和馆藏匮乏图书馆的馆舍,通过文献在服务体系内合理流动,实现服务区域全覆盖。服务体系由政府主导,文献在体系内按需流转,体系运转经费由政府负担,使得服务体系得以深入开展。在国内已有一些成功的典范,如深圳、厦门、东莞等地区。

4.2 公共图书馆读者免费馆际互借服务

省域范围的公共图书馆一体化服务正在研究和探索阶段,尚没有成功案例,相对于小范围的服务体系,思路基本相同,但由于范围太大,情况复杂,实施难度非常大。通过对公共图书馆馆际互借服务存在问题的分析,借助区域性公共图书馆服务体系的启示,结合公共图书馆服务特点,公共图书馆应开展读者免费馆际互借服务。

读者免费馆际互借服务对读者免费,《公共图书馆服务规范》总则中指出公共图书馆服务规划应体现出公益性、基本性、均等性和便利性。读者免费不等于没有费用,图书馆之间文献流动费用是由谁负担的问题。近几年,随着国家对公共文化的重视,财政每年为省、市、县各级公共图书馆拨付免费服务专项经费,省、市、县免费服务专项经费可以共同负担馆际互借文献流动费用。试想一个缺少文献图书馆,专项经费也没有用武之地,倒不如拿出一部分经费借来所需文献。省、市图书馆有让偏远地区公众享有读书学习权利的责任和义务,《公共图书馆服务规范》总则指出公共图书馆服务对象包括所有公众,应当注重培养少年儿童的阅读习惯,并努力满足残疾人、老年人、进城务工者、农村和偏远地区公众等的特殊需求。

读者免费馆际互借服务应首先在服务区域重叠的省、市、县图书馆之间开展。①他们有共同的责任和义务,便于工作的开展;②馆藏文献有一定的互补性,特别是地方特色文献的收藏,例如一些非正式出版的地方文献,县图书馆收集本县地方文献更有优势,根据实际需要或地缘关系开展馆际互借。

4.3 注意问题

提高免费服务专项经费在馆际互借服务中利用效率,避免浪费。和信誉好的物流公司签订长期合作协议,即要保证物流安全,又要获得实惠的价格,做好馆际互借服务准备工作,在实际操作中摸索经验,降低文献传递的平均费用。

保证馆际互借文献的针对性,提高文献使用率。

做好文献馆际互借前的读者需求调研,并有针对性地选择与需求相吻合的文献,既能发挥文献价值,同时提高经费的使用效益。

传统馆际互借服务在公共图书馆开展步履维艰,其运行方式必须结合公共图书馆的客观实际才有生命力。公共图书馆读者免费馆际互借服务理念仅是我们的浅显认识和探索,希望我们的研究起到抛砖引玉的作用,引起大家的关注,研究出切实可用的服务模式,促进所有公众享有公共图书馆公益性、基本性、均等性和便利性服务的早日实现。

参考文献

[1] 任续池. 我国公共图书馆信息资源共享问题研究. 科技情报开发与经济,2011(18)

[2] 彭伟. 整合资源融合服务——国际图联第 11 届馆际互借与文献传递大会综述. 图书馆杂志,2010(5)

[3] 公共图书馆服务规范

[4] 孙昌伟. 研究读者阅读目的提高服务质量. 黑河学刊,2006(4)

试论文献传递馆员的角色定位与发展策略

胡利勇(广东省委党校图书馆)

文献传递是图书馆文献服务的重要内容之一,是利用非本地电子或传统文献资源为用户提供服务,从而弥补图书馆自身经费和资源不足的有效途径。文献传递馆员是文献传递服务的提供者,他们在文献传递的各个环节要充当各种各样角色,承担不一样的岗位职责,这些是影响文献传递服务质量的关键因素。明确文献传递馆员的角色定位,是制定文献传递馆员职业规划和发展策略的前提条件。

1 文献传递的服务过程

1.1 文献传递的概念

文献传递是“将用户所需的文献复制品以有效的方式和合理的费用,直接或间接传递给用户的一种非返还式的文献提供服务”。文献传递是弥补自身馆藏不足、拓展文献资源、利用馆外资源为本馆用户服务的有效方法,同时也是提高本馆馆藏资源利用率的重要途径。

1.2 文献传递的过程

文献传递的过程是用户与文献传递员互动的一个过程。①用户通过电话、E-mail、QQ或者文献传递平台等提交文献传递请求。②专业人员按照用户的文献需求,检索并下载或复制文献。③文献传递员通过 E-mail、QQ 或者文献传递平台等方式把文献的电子版传递给用户。④用户对传递结果进行评价,使用文献传递平台的文献传递员需要进行账户管理或者资金结算。

按需检索获取原文是文献传递工作的核心环节,互联网发展了近二十年,用户都具有了较强的信息检索能力,馆内资源的代查代检工作已经非常罕见了,用户的文献请求往往是馆内检索不到或者由于没有购买版权而无法下载,或者是有纸本没有电子版等,需要检索人员利用其他图书馆的资源或者通过其他图书馆员获取文献。

1.3 文献传递馆员

提供文献传递服务的一般是图书馆、情报所、出版社、数据库商等文献信息服务机构。顾名思义,文献传递馆员是图书馆从事文献传递工作的馆员,这也是目前从事文献传递工作最大的一个群体,所有图书馆,不论是大型公共馆、高校馆、科研馆,还是一般小型机构馆,几乎都有专职或兼职的文献传递馆员。

2 文献传递馆员的角色分析

从文献传递的服务过程我们不难看出，在文献传递过程中，馆员与用户、其他馆员或者图书馆，以及文献传递平台，都要发生联系，在文献传递的各个环节中充当了不同的角色。

2.1 用户视角

需求接收识别者。与专题检索用户需求不同，文献传递用户的需求一般是已知的、特定的文献，大多数用户提交的需求是具体的、确定的某篇文献（包括题名、作者、出处、期数等）或者是某本书（包括书名、作者、出版社、版本、页码等），但是也有些用户提出的需求并不一定完全准确，而且这种情况在实际文献传递过程中是经常可以遇到的，这就需要文献传递馆员在检索时，能够识别用户需求中的错误信息。譬如，广州图书馆为"海上丝绸之路"申遗准备材料，在凤凰网上看到一篇文章《海上丝路申遗困难在哪？多国合作、海陆联动难》，来源于《中国社会科学报》，作者是张杰，日期为"2014 年 4 月 28 日"，需要这篇文章刊发报纸的版面信息。我馆接到该文献传递请求，立即到现刊报纸阅览室，查阅 4 月 28 日《中国社会科学报》，可是并没有找到该文章，文献传递馆员不得不质疑文献需求的准确性，通过该文献文中的一些语句，在网上搜索，才发现凤凰网在转载该文献时更改了标题，该文献在报纸刊发时题名为《文化线路遗产研究转向"海陆联动"》，发表日期是"2014 年 4 月 18 日"。最终，文献传递馆员找到了这篇文章的报纸版面，扫描后，传递给广州图书馆，顺利地完成了文献传递任务。在这个意义上说，文献传递馆员不仅仅是简单的需求接收者，同时也是需求准确性的识别者和鉴定者。

文献复制者。文献传递馆员检索到用户所需的文献，如果是该文献的电子版，则馆员可以直接把文献通过 E－mail 等方式，把文献传递给用户。可是，如果馆藏资源只有该文献的纸质版本，而且多方检索也没有找到该文献的电子版本，则需要文献传递馆员按照用户的需求，将文献扫描成电子版再传递给用户。从这个角度来说，文献复制的过程，也是文献电子版的制作过程。

代查代检员。用户提供的文献需求信息有时候并不完善，也许只是提供文章题目或者是书名，这就要求文献传递馆员根据用户提供的有限信息，检索到完整的文献相关信息，并为用户找到相应的文献传递给用户。

知识顾问。知识咨询是近来文献传递的一种新服务，这对文献传递馆员来说，是一项新的挑战，要求文献传递馆员能够根据读者提出的知识需求问题，融合自己的专业知识、经验和技能，准确地为读者检索出、筛选出、整理出权威可靠的相关知识的答案。

2.2 馆员视角

友好合作伙伴。文献传递的最大特点就是要利用他馆馆藏资源为本馆用户提供文献信息服务，这实际上很大程度上是馆员与馆员之间的合作。这种合作，不仅仅体现在资源共享上，而且还要求文献传递馆员之间建立起良好的合作关系，甚至是深厚的友谊。文献传递馆员间的精诚合作是文献传递系统得以维系的纽带和桥梁。

信息专家。文献传递馆员都是专业信息服务人员，在信息检索、信息加工、信息分析、信息组织等方面，都具有较为丰富的理论知识和实践经验。“他山之石，可以攻玉”，馆员间不仅仅需要交流文献，馆员间的知识、技能、经验的分享与交流在文献传递服务中同样必不可少。

2.3 图书馆视角

高级图书馆员。文献传递工作对馆员素质要求较高，通常要求馆员具备较高的专题检索技能、原始文献检索和加工技能、信息分析和组织技能、相关专业背景知识以及较高的外语水平等，有些图书馆还要求文献传递馆员具有硕士研究生以上学历，而且馆员往往要通过严格的专业培训才能胜文献传递的工作。由广东省立中山图书馆发起的“全国图书馆参考咨询联盟”是公共图书馆文献传递的一个重要平台，全国有一百多家公共图书馆是其成员，该平台加盟协议第二条明确要求“申请人有馆员以上职称，任职于参考咨询员岗位，熟悉中文网络文献检索。申请外文咨询员的还需要通过外文文献检索和咨询测试”“通过审核的申请人，首次将被接受为‘实习咨询员’。通过经过网上培训和考核合格后，将转为正式咨询员”。可见，文献传递馆员在图书馆中是文献服务能力较高的高级图书馆员。

馆际互助联络员。馆员通过文献传递工作和其他图书馆或信息机构发生联系，充当馆际资源互助联络员的角色。文献传递馆员日常除了完成文献传递工作，还要不断地发现扩展馆际间文献资源交流合作，不断地联络、参加培训、加盟不同的文献传递服务平台，并且负责与平台有关的各项联络工作。

文献服务形象代言人。文献传递馆员传递的文献质量代表了图书馆文献服务水平，馆员的服务态度代表了图书馆人员对用户负责任的程度。

资源开拓者。文献传递馆员要不断地寻找新的资源搜集获取渠道，尽可能地开拓更多的用户有需求本馆却无力购买的文献资源，并不断地寻求与拥有该资源机构或平台建立文献互助关系。

资源采购建议者。通过长期与用户互动，文献传递馆员对用户的文献需求非常了解，对本馆资源的利用情况和资源短板也有了比较清楚的认识，因此，文献传递馆员从用户需求角度提出的资源配置和采购建议对图书馆资源采购有着非常重要的参考价值。

2.4 文献传递平台视角

平台使用者和管理者。图书馆提供文献传递服务，一般都会建立一定的文献传递系统，或是加入已有较成熟馆际互借与文献传递服务平台，全国性的如公共图书馆系统的“全国图书馆参考咨询联盟”，教育部高校系统的 CASHL、CALIS，中科院系统的 NSTL 等，加盟这些平台后，文献传递馆员不仅要使用这些平台进行文献传递服务工作，还要参与本馆用户平台的账户审核、资金分配、费用结算等工作。

用户培训师。许多文献传递平台，用户注册、文献检索、请求传递等，都有一定的规则约束和使用技巧，为了让图书馆用户能更好地使用平台获取文献，往往需要定期地对用户进行培训，而对平台使用最多、最为熟悉的文献传递馆员，无疑是用户培训的最好老师。

资源建设者。文献传递平台往往是多个图书馆共同参与建设的，尤其是全国性的联盟平台，如 CASHL、CALIS，其平台资源都是以若干高校为中心、经过若干年艰辛努力齐心协力建设而成的,平台的建设者们不仅仅有图书馆的编目人员、技术人员,还有无数奋斗在文献传递第一线的文献传递馆员,是他们在使用平台的过程中,不断发现问题,提出建议,这些平台才能够日益完善。

宣传推广员。文献传递平台的建立,是为了能够为更多的用户提供文献服务,让更多的用户通过平台非常容易地获得所需要的文献,然而,由于各种平台起初都是由一批资源丰富的大馆参与建设,而且往往服务也局限于某个系统。随着平台服务能力的不断完善,这些平台完全有能力允许更多的图书馆加入其中,获得更大范围的用户群体。这就需要文献传递馆员在完成文献传递工作的同时,要不遗余力地积极向用户推广宣传这些平台,争取让更多的用户认识到平台的便利和优势,既可以让平台拥有更多用户,另外,更重要的是可以提高平台的使用效率,让平台发挥更大的作用。

3 文献传递馆员的发展策略

基于以上对文献传递馆员角色的分析,为了让文献传递馆员的职业生涯能够得到更好的发展,更好地为用户提供文献服务,提出以下建议,仅供参考。

3.1 热爱文献传递工作

文献传递馆员首先要打心眼里热爱文献传递工作,充分认识到文献传递工作的重要意义。文献传递工作有时虽然是枯燥的重复性的文献检索和信息发送,但是文献传递馆员不能仅仅把文献传递工作当成一份职业,要从提供文献服务满足用户文献需求的过程中体会到工作本身的乐趣,从与用户互动过程中体会“你找不到、我帮你找、找到给你”的那种从容与自豪,从与同行互助交流中体会“给人帮助、无私分享、不求回报”的那种淡定与快乐,从各种平台工具使用中体会馆员们“无需相识、有求必应、甘心奉献”的那种豁达与自信。

3.2 多方位拓展文献获取渠道

文献传递馆员需要多方位扩展文献资源获取渠道。首先,要在有条件的情况下不断地加盟图书情报机构建立的文献传递平台,以获得更多专业的文献服务工具。其次,还要重视公开的互动型文献共享平台的利用,如百度文库、新浪爱问、道客巴巴,这些平台有着数量庞大的文献分享者和使用者,是专业文献服务平台的强有力的补充。另外,要不断地积累隐性信息资源搜集的方法,特别要关注与图书馆同源的如档案馆、博物馆等网站或数据库,这些机构拥有大量珍贵的历史文献资源。

3.3 重视利用非正式渠道的文献合作交流

文献传递馆员要重视利用非正式平台与同行交流合作,建立与全国各地馆员的文献互助。文献传递工作是个群体性工作,文献传递馆员是个大联盟。除了利用正式的文献传递平台,QQ 群、微信群、微博公共账号等也都是文献传递馆员交流的重要渠道。我为人人、人人为我;不用怀疑,图书馆员天然具有无私奉献的精神。几个全国性的文献传递平台,都建立了若干个全国性或者区域性的 QQ 群,群里成员除了聊工作、聊生活,更多地是发送文献需求,群员把自己找不到的文献信息发到群里,众人拾柴火焰高,加之群里卧虎藏龙,很多文献请求都能得到及时响应。

3.4 教育培训用户“授人以渔”

文献传递馆员除了传递文献以外,还要把“教育用户、培训用户、教会用户使用文献传递这种方法获取文献”作为自己的天职。“授人以鱼,不如授人以渔”,馆员在完成文献传递时,对于能够直接交流的用户,应该尽可能地告知他所需要的文献是如何获得的,特别是一些可以通过公开的途径、简单的方法就可以轻易获得的文献资源,这些资源用户如果知道了查找方法,完全没有必要提交文献请求。文献传递馆员要在不断地为用户查找文献中,不失时机地教育用户,逐渐把用户培养成信息检索高手,这样,文献传递工作才能上升到更高的层次,真正把文献传递变为“帮助用户获取他们无法获取的文献”。

参考文献

[1] 百度百科. [2014-05-15]. http://baike.baidu.com/view/2533672.htm? fr=aladdin

[2] 凤凰网:海上丝路申遗困难在哪?多国合作、海陆联动难. [2014-05-23]. http://fashion.ifeng.com/travel/china/detail_2014_04/28/36058185_0.shtml

[3] 中国社会科学网:文化线路遗产研究转向“海陆联动”. [2014-05-25]. http://www.cssn.cn/wx/wx_hdht/201404/t20140418_1071428.shtml

[4] 全国图书馆参考咨询联盟. [2014-05-28]. http://www.ucdrs.net/admin/union/join.jsp

基层公共图书馆开展文献传递的几点思考

刘煦赞(福建省图书馆)

1 基层公共图书馆现状

1.1 基层与基层公共图书馆含义

根据2005年7月6日人事部副部长尹蔚民在央视《焦点访谈》节目中对《关于引导和鼓励高校毕业生面向基层就业的意见》讲解时对基层的含义所做出的阐述:基层的概念一般是指县以下的机关事业单位,包括农村和城市的社区。农村社区主要指乡、镇、村等层面的社区组织系统;城市社区主要指区、街、居委会、社区服务中心等层面的社区组织系统。基于此,笔者认为基层公共图书馆是指政府举办的县以及农村、城市各层面社区的公共图书馆(室)。

1.2 基层公共图书馆数量庞大

据《中国图书馆年鉴2013》的数据,至2012年,我国公共图书馆有3076个,其中省级图书馆38个,地市级图书馆354个,而县级的基层公共图书馆(以下简称基层馆)则有2683个(其中县图书馆1628个、县级市和区图书馆1055个),县级图书馆占全国图书馆总数的87%。我国是一个农业大国,农村人口占了3/4,2013年全国还有8249万贫困人口,如果基层馆充分利用各自的特色文献资源、充分发挥在基层更接“地气”的优势、功能,帮助农村发展经济、帮助农民脱贫致富,它们将发挥出改变中国农村面貌的巨大潜能。

2 基层公共图书馆开展文献传递服务存在的问题

满足用户对文献的需求是图书馆的一项职责,图书馆为了突破有限的馆藏文献满足用户不断增长的文献需求,与同行合作开展提供馆际互借(Interlibrary Loan,ILL)业务。随着网络、数字化技术的发展,图书馆在馆际互借的基础上发展文献传递(Document Delivery)业务。馆际互借是同一系统或者不同系统的图书馆之间根据互签的协议,互相出借馆藏文献,是一种返还式的文献提供服务;而文献传递是将用户所需的文献的替代品以快速的方式与合理的价格,直接或者间接地传递给用户的一种非返还式文献提供服务。文献传递是馆际互借的发展和深化,是馆际互借的高级形式,它可以认为是一种广义上的馆际互借,且并不局限在图书馆之间。

文献传递作为参考咨询工作的一个组成部分,其发展与参考咨询工作一样主要受三个因素的制约:参考源、需求、参考馆员。所以笔者也主要从这些方面来分析基层馆开展文献传递服务存在的问题。

由于受经费制约,基层馆馆藏有限,参考源缺乏。财政雄厚的发达地区基层馆,经费、馆藏比较丰富,如福建省晋江市图书馆2013年馆藏已近120万册(含电子图书),但大部分地区特别是贫困地区的基层馆馆藏只有几万甚至几千册,有些基层馆经费只够支付馆员工资,没有多少余钱购买新书,甚至出现几年未进新书的情况。

在参考馆员方面,一方面由于馆员人数也有限,因为一般一个基层馆10人左右,基本上只能维持日常采编、流通工作,有时还可能被其他机构借调;另一方面由于馆员信息素养整体偏低,难以适应参考咨询业务要求。

而在需求方面,虽然基层馆的研究型用户较少,但基层党政机关缺乏信息资源,对信息的需求反而更多;同时农村、城市社区的居民同样具有巨大的信息需求,如为科技兴农提供农业技术、致富信息服务。

3 基层公共图书馆开展文献传递的对策思考

面对参考源、参考馆员信息素养方面存在的问题,笔者认为,基层馆可以加强以下几方面工作。

3.1 加强地方特色资源建设

地方特色文献资源是指以某一地方的信息需求为导向而搜集、采购的具有地域特色的文献信息。如前所述,因经费、人员等因素的制约,各地基层馆的地方特色文献资源建设薄弱、发展不平衡,各自为政,没有形成统一的整体规划。所以,需要制定长远规划,针对本地需求特点,同时要健全相关文献资源建设规范,与兄弟馆实现共建共享,最大化地满足本地的文献信息需求。

3.2 加强与“大馆”在资源使用上的合作

对文献传递来说,书刊报数据库因具有内容丰富、检索便捷等特点,是开展工作最有效的工具,能普遍、快捷地满足用户对原文的需求,但购买数据库的费用昂贵。对此,笔者认为,可以与资源丰富、经费充足的“大馆”联合采购,让有限的经费获取更多的数据库使用权;或者与“大馆”签订协议获得远程访问数据库的权限;或利用文化共享工程的资源,满足用户对原文的需求。

3.3 搜集整理网上免费资源并纳入馆藏

随着网络的发展,网络信息以几何级数增长,中国工程院院士邬贺铨认为现在互联网上一天产生的信息量有800EB(1EB等于10的18次方字节),所以可以用海量来形容现在的网络信息。其中有很多是免费资源,基层馆可以组织人力搜集、整理这些免费资源并纳入本馆馆藏。网上免费资源主要可从以下几方面入手:

3.3.1 搜集可免费使用的OA(Open Access,开放获取)、IR(Institutional Repository,机

构知识库)资源。

开放获取理念的传播并得到越来越多的研究学者支持,网络上的 OA、IR 等免费资源也越来越多,它们是基层馆可资利用的丰富资源,而且这些文献的学术价值不会因为免费使用而比其他学术期刊的文章低。

自从 BioMed Central 在 1999 年开 OA 先河以来,经过十多年的发展,已有涌现上万种 OA 期刊。仅据瑞典隆德大学的 DOAJ 检索显示,目前全球 122 个国家总共拥有 9917 个开放获取期刊,而且该数据库对非英语国家 OA 期刊的统计还不完全。国内目前仍在运行的 OA 有中国科技论文在线和中国预印本服务系统。

同时,IR(机构知识库)也在不断增加。近年我国多家大学、科研机构开通运行 IR。据 CALIS 机构知识库(CHAIR)的数据显示,目前已经登记的机构有北京大学、清华大学等 31 家;中国科学院文献情报中心机构知识库(NSL OpenIR)近年也已开通运行。它们包含了本机构科研人员的期刊和会议论文、报告、课件、演示文稿、实验报告、图片、科学数据、科研项目成果和资料等。而国外 IR 更多。据报道,2013 年美国要求凡年度研发支出超过 1 亿美元的所有联邦政府机构都要将联邦政府资助的研发项目所产生的科学论文和科学数据在发表后一年内通过机构知识库向公众免费开放。

现在有些数据库商已经把这些免费资源纳入到自己的数据库里。目前也有多家图书馆整理了国内外的 OA、IR 资源列表,比如北京航空航天大学图书馆、学讯网整理了 DOAJ、blackwell 电子期刊等免费资源。基层馆可以根据本地文献需求有针对性地搜集这些文献资源,纳入馆藏为己所用。同时还要定期更新维护,因为网络资源会经常变动:更改网址,删除信息,甚至关闭网站,等等。

3.3.2　搜集一些网站上免费的全文数据库资源

基层馆除了上述 OA、IR 这些可免费使用的文献资源,还可以搜集分享网站、权威机构建设的可免费使用的图书、期刊、会议论文、报纸、专利、标准全文数据库资源。笔者在此介绍几家此类网站。

国家哲学社会科学学术期刊库是中国社会科学院调查与数据信息中心承建的一个国家级、公益性、开放型数据库,目前拥有 457 种期刊,虽然在数量上与同方、万方、维普等中文学术期刊库无法相比,但这些期刊学术价值比较高,核心期刊达 325 种,占该库收录期刊数的 71%。

中国学术会议在线,由教育部科技发展中心主办,于 2005 年 1 月上线运行,可提供会议论文全文下载。

如需查找国内专利,可以访问国家知识产权局的专利检索系统,它收录了 1985 年 9 月 10 日以来公布的全部中国专利信息,包括发明、实用新型和外观设计三种专利的著录项目及摘要,并可浏览到各种说明书全文及外观设计图形。而欧洲专利局则是世界上实力最强、最现代化的专利局之一,拥有世界上最完整的专利文献资源,可检索全球大部分国家的专利。还可以利用谷歌专利搜索引擎(http://www.google.com/patents/)检索美国专利。

另外还可以向一些国家级图书馆免费申请开通某些经授权可免费使用的数据库,如国家图书馆的剑桥期刊回溯库、Emerald 回溯数据库、SAGE 回溯期刊数据库,国家科技图书文献中心(NSTL)开通的一些现刊数据库。

另外目前国内具有 CN 刊号的正规出版的报纸大部分都有网络版,其中大部分可免费阅读、下载,基层馆也可以组织人员对其搜集、整理,丰富馆藏。

3.3.3　利用搜索引擎搜索全文

比如谷歌的学术搜索(http://scholar.google.com/)可以搜索到一些可免费下载、阅读的图书、期刊等。

3.4　加强馆员业务素质培训

笔者认为,作为一名基层馆的文献传递员,需要具备多方面的业务素质,首先要了解各种文献资源分布情况、数据库收录范围以及各种检索工具的使用,知道从哪可以获取全文。基层馆馆藏有限,经常需要向馆外寻求帮助,所以需先了解哪些外馆会收藏什么文献,要了解各数据库收录范围,如20世纪80年代以前的中文学术期刊论文,维普、万方库不收录,而同方、《全国报刊索引》才有可能收录。

其次是检索能力。在熟知文献资源情况下先要确定利用何种检索工具来获取全文,是搜索外馆的OPAC系统还是检索数据库又或者利用搜索引擎?然后要灵活运用各种检索途径组合来搜索文献。有些数据库因为技术原因,可能用标题检索无结果,但用作者途径有检索结果。有时用户所提供的文献信息来源有误,需要馆员凭经验来判断纠错或者利用搜索引擎等方式获取更准确的文献信息。

其三是如何获取原文,是从数据库直接下载?还是通过馆际互借方式?又或者是利用搜索引擎的快照复制出原文?有些期刊会被多个数据库同时收录,当发现文献在某数据库无法下载或未收录时,可以考虑在其他数据库搜索试试;有些文献特别是报纸刊登的文章会被多个网站转载,如果原出处查无文献时,也可以利用搜索引擎检索被转载的出处从而获取原文。

其四是与用户沟通的能力。有时用户对需求表达不规范、不清楚,有可能误导馆员以致检索无结果,而通过有效沟通,可以了解用户的真正需求、意图,从而有的放矢地提供资料、解决问题。

其五是发现新资源的能力。由于基层馆资源有限,需要不断发现、挖掘新资源以纳入馆藏,满足用户不断增加的需求。可以从业界权威机构、研究学者、同行的学术期刊、论文、博客、微博、微信、同行QQ群获取信息。

其六是了解基本的计算机知识,掌握一门外语的阅读能力,以及掌握一定的知识产权保护知识。掌握一定的计算机知识,可以帮助馆员提高业务素质、帮助用户解决在索取文献、浏览原文时遇到的相关问题。掌握外语阅读能力,可以帮助馆员准确、快捷检索外文文献。而知识产权知识可以避免馆员、用户在使用文献时的侵权行为,保护著者的利益。

针对上述能力,基层馆在人才培养上一方面可以参加相关培训班,另一方面还可以与"大馆"合作,派馆员到"大馆"跟班,但更为重要的是自身要通过实践不断积累经验。

3.5　多途径提供文献传递服务

在服务手段上,除了传统的提供复制件或用馆际互借方式提供纸质全文以外,还可以充分利用电子邮件、社交软件(如QQ、微信、微博)、移动数字图书馆客户端等途径传递电子文献全文,特别是随着智能手机在农村的逐步普及,充分利用移动通信让边远的用户可以快捷获取文献。据《第33次中国互联网络发展状况统计报告》显示,截至2013年12月,我国网民中农村人口占比28.6%,规模达1.77亿,相比2012年增长2101万人;2013年,农村网民规模的增长速度为13.5%。可见,农村的网络普及率越来越高,利用网络传递文献潜力巨大。

3.6 建立管理机制

为了提高基层馆的文献传递业务水平,笔者认为应该建立相应的管理机制。

一是建立文献传递工作规范、质量评估标准,从体制、环境、管理诸方面来规范业务的发展、完善馆员的成长。如在提供文献时要注意权威性,当无法提供原出处的复制件时,在其他出处获取的复制件应尽量选取权威转载的出处,如人大复印报刊资料、权威的网站;又如确定文献传递的业务范围,划出不适合传递的情况;制定免费、收费的范围与幅度等。

二是要注意馆内业务部门与参考馆员的沟通、协调和协作,保障馆员的工作效率和服务质量。

三是参加同行的网上互动平台(如QQ群),通过在线互动来交流心得、探讨问题、共商对策,互相学习,分享经验,共同提高。

综上所述,文献传递是一项看似简单的工作,但要做好,是需要丰富的经验和优秀的综合信息素质,需要馆员不断提升自己的业务素质,从而提高本馆的文献保障能力,满足本地用户的文献需求,为本地发展贡献一份力。

参考文献

[1] 朱丹. 基层图书馆服务资源整合机制与模式研究. 图书馆理论与实践,2010(10)

[2] 中国图书馆学会,国家图书馆. 中国图书馆年鉴2013. 北京:国家图书馆出版社,2013

[3] 高敬,刘铮. 2013年中国居民人均可支配收入实际增长8.1%. [2014-02-24]. http://news.xinhuanet.com/fortune/2014-02/24/c_119470877.htm

[4] 李爱明,明均仁. 信息检索教程. 武汉:华中科技大学出版社,2012

[5] 李东林,严真,秦珂. 数字图书馆服务与相关法律问题. 沈阳:沈阳出版社,2007

[6] 互联网一天信息量等于1.68亿张DVD. [2012-11-11]. http://www.cnbeta.com/articles/213473.htm

[7] 杨雪. "开放获取"的前世今生. 科技日报,2014-02-23(2)

[8] 中国科技论文在线. [2014-05-03]. http://www.paper.edu.cn/

[9] 中国预印本服务系统. [2014-05-03]. http://prep.istic.ac.cn/

[10] CALIS机构知识库. [2014-05-03]. http://ir.calis.edu.cn/

[11] 中国科学院文献情报中心机构知识库. [2014-05-03]. http://ir.las.ac.cn/

[12] 北京航空航天大学图书馆. [2014-05-03]. http://buaalib.com/wxzy/kfzy/default.aspx

[13] 学讯网. 国外免费学术资源(开放存取资源)大全. [2014-05-03]. http://www.xuexun.com/A_1773751.shtml

[14] 国家哲学社会科学学术期刊库. [2014-05-03]. http://www.nssd.org/

[15] 中国学术会议在线. [2014-05-03]. http://www.meeting.edu.cn/meeting/

[16] 国家知识产权局. [2014-05-03]. http://www.sipo.gov.cn/zljs/

[17] 欧洲专利局. [2014-05-03]. http://www.epo.org/

[18] 国家图书馆. 全国授权数据库资源列表. [2014-05-03]. http://dportal.nlc.gov.cn:8332/zylb/zylb_qgshq.htm

[19] 国家科技图书文献中心. 全国开通现刊数据库.[2014－05－03]. http://www.nstl.gov.cn/NSTL/nstl/facade/exweb/electroicResource.jsp? i＝1

[20] 中国互联网信息中心. 第33次中国互联网络发展状况统计报告.[2014－03－05]. http://www.cnnic.net.cn/hlwfzyj/hlwxzbg/hlwtjbg/201403/P020140305346585959798.pdf

[21] 刘煦赞. 网上参考咨询的实践与思考. 图书馆学研究,2007(2)

基于知识服务的图书馆用户服务工作实践

——以中央社会主义学院图书馆为例

马　利(中央社会主义学院图书馆)

1　读者需求的变化

在信息社会中,随着现代化网络技术的发展,信息量爆炸式增长,快节奏的生活和海量的信息选择,人们的阅读习惯明显变化,尤其是微博、微信盛行后,人们更习惯于短文字阅读,看报纸对大部分内容也是浏览标题。同样,这种变化也渗入教学和科研工作中。教学科研人员在工作中越来越倾向于获取短小的精炼的知识要点,在短时间内快速地了解和领悟一些新内容。由于文献来源越来越广泛,文献检索方式越来越便捷,文献检索成为教学科研人员的基本工作技能之一,特别是近年来教学科研人员网络技能迅速提高,基本的文献检索都可以自己在公共网和学术网数据库中完成,这使得图书馆在日常咨询服务中,大面积地毯式的文献检索工作明显减少,但另一方面参考咨询服务的难度却越来越高了。现在读者对文献的需求,不再是大量、简单的文献堆积式的服务方式,而是向着碎片化、聚合化、可用性变化。

举例说明:用户要求检索中国古代官员为官的理念,并以“当官不为民做主,不如回家卖红薯”的理念为中心,找出更多的类似表述。从这样的案例中可以看出,用户对图书馆的要求,不再是提供可能似是而非的一堆信息资料,然后自己从中再去判断、查找,他们需要的也不仅是1本书、1个文档,而是要求从若干个文档中提取出自己所需要的那一小部分,然后加以合并。他们需要图书馆进行资讯组合,直接提供更为精准的局部文献。用户需求的是文献中的特定知识点,要求更精确的、点对点的服务。用户利用图书馆方式的变化,对图书馆的服务提出了更高要求,这就是读者服务知识化。

2　知识服务的概念和特点

2.1　知识服务的概念

知识服务是以尽可能为用户提供其所需要的知识终端为目标的一种信息服务,这一过程包含知识的汇集、筛选、分析、整合和创新,其服务方式是线性服务,服务工作融入为用户解决问题的全过程,并最终向用户提供可以有效应用的知识聚合。

2.2　知识服务的特点

知识服务是提供有效知识的服务。要做大量的分析工作,根据用户对知识诉求和既定知识环境确定用户的需要,将现有的知识储备与用户的需求匹配,形成恰当的重组,然后提供给用户。在知识服务中,用户期望的不是大量的文献,而是文献中的知识点,以及最后经过整合形成的知识集束。也就是说服务者要从以往的只关注检索系统和提供现成的检索数据,转变为关注用户的最终知识需求,从而应对用户对知识信息精准化、整合化、适用化的服务需求。

“知识服务是面向增值服务的服务。它关注和强调利用自己独特的知识和能力,对现成文献进行加工,形成新的具有独特价值的信息产品,为用户解决他的知识和能力所不能解决的问题,它希望使自己的产品或服务成为用户任务的核心部分之一,通过知识和专业能力为用户创造价值,通过显著提高用户知识效率来实现价值,通过直接介入用户过程的最困难部分和关键部分来提高价值,而不仅仅是基于资源占有、规模生产、‘劳务’服务等来体现价值。”

其实,知识服务在我们身边就广泛存在,日常生活中很多人都接受过知识服务。比如我们经常会收到的各类商家的推销短信和电话,这大多是商家按消费者参数类型偏好,向消费者投放的相对精准的广告,这是企业经过知识管理后提供的知识服务。我们在拨打客服电话、技术咨询电话时,往往也是在接受知识服务。

3 知识服务的实践

中央社会主义学院(以下简称中央社院)是统一战线性质的政治学院,是民主党派和无党派人士的联合党校,是统一战线人才培养基地、理论研究基地和方针政策宣传基地。中央社院图书馆的建设目标是建成全国统一战线文献信息中心,其用户服务需求层次高、专业性强,因而个性化服务凸显。

中央社院图书馆所提供的知识服务主要包括以下几类。

3.1 构建全国社会主义学院图书馆联盟

全国社会主义学院图书馆联盟是由中央社院牵头,联合各地方社院建设的全国社会主义学院系统的图书馆信息服务平台。这一平台实现共建单位系统内的图书馆联网,联盟内用户可共享馆际网上检索、阅读、互借和参考咨询等服务。这一平台借助网络技术手段,实现了全国社院系统内图书馆的资源和服务共享,极大提高了用户对图书馆的利用。

3.2 搭建个人数字图书馆

中央社院图书馆利用 CNKI 服务平台,还为全院所有教学科研人员搭建了个人数字图书馆。个人数字图书馆由文献资源服务、科研情报服务、学术圈动态推送,以及其他读者服务等几大版块组成,根据每个用户的学术方向、研究重点和学科变动情况,即时、准确、全方位地推送最新最全面的个性文献服务,帮助读者了解学科现状、发展趋势、相关学者和研究机构的学术动态等。个性文献服务是实现个性化常态服务最显著的标志之一,其中包括个性化网站、个性化推荐和个性检索的实现。

3.3 学员服务系统

中央社院图书馆在知识服务中，搭建了学员服务系统，这一系统由学员信息管理、远程教学和远程访问系统组成。

学员信息管理系统包括班组住处管理、学员信息管理、查询统计、系统管理、数据管理、个人管理6个模块，把学员信息、培训情况和考核结果计入数据库，作为为学员提供个性化信息服务的重要依据之一。

远程教学系统是采集每次课堂教学实况，录制成数字资源，形成数字资源教学库，中央社院的学员，可以凭学员注册号和密码点播以往课程，获取更丰富的教学内容。

远程访问系统是图书馆面向中央社院教职员工和学员推出的远程登录系统，用户根据读者借书证条码号和密码，可在图书馆 IP 范围以外的地址登录图书馆，利用图书馆的全部数字资源。

3.4 馆际互借

中央社院图书馆长期与 BALIS 合作，随着 2013 年 BALIS 与 CALIS 的融合扩大了与高校图书馆的合作，尤其是中央社院图书馆自 2011 年开始成为国家图书馆分馆后，更是拓展了馆际合作的范围。馆际合作更好地推进了知识服务，为读者提供丰富的文献支持。为了让读者安心便捷地使用馆际互借文献，图书馆会有定期提醒服务，提醒读者在图书借阅期限前归还或续借。

3.5 参考咨询服务

中央社院图书馆服务的用户，无论本院教师、领导，还是各界党派学员，都肩负着教学、科研、建言献策、为高层服务的任务，因而常有些工作突然接手，而对必须交付的文档则要求时间快、信息准确，这就增大了信息服务难度。对此，参考咨询馆员都会调动全部知识储备，充分利用国图分馆和 BALIS 成员的资源优势，保质保量地完成服务工作。对于重大科研课题，图书馆更是实行跟踪服务。在课题服务中，经常会遇到某个概念的溯源，以及某课题从萌起到现状的学术发展过程等类似的知识需求，而这些，都需要以知识服务的原则和方法去完成。

3.6 设立内部交流平台

中央社院图书馆为本院教师设立了“在线论坛”和“博客”，以帮助青年教师们展示学术成果，交流教学、科研经验。

3.7 设立参考咨询服务档案库

中央社院图书馆将每次的咨询问题、解答过程、咨询结果、用户评价等都记录留档，汇总为咨询档案。对于一些常见问题，还要形成专题文档，随时提供给用户，从而保证同类问题答复的便捷和一致性。如在每年申报学术成果时，教师们会要求检索他们的学术成果是否被 SSCI 收录，我们会为用户提供《SSCI 收录中国期刊目录》，请用户自己先对照筛选，然后由咨询馆员再做详细检索。

这种对知识服务过程和经验的记录,也成为中央社院图书馆知识服务的一个重要的知识源。

4 知识服务的方法

在中央社院图书馆实际工作中,常用的知识服务方法如下:

4.1 知识重组

每个定题服务都是一次知识重组的过程,图书馆提供给读者的检索报告就是知识重组的结果。这是从用户需求中提取基本知识单元进行组织形成的新的二次文献。知识重组是最基础的知识服务,在每次定题服务中,通过分析每个知识单元之间的关联关系,恰当地进行知识组配,从而形成满意的检索结果。

4.2 知识聚类

知识聚类的基本原理就是"物以类聚",聚类的标准可以按人、按机构、按主题等。在教师申报学术成果、进行学术成果评价时,会要求图书馆出具某个人的学术成果被收录和引用报告证明,这是按人进行的知识聚类;图书馆每月一期的《中央社会主义学院新闻报道汇编》,汇集平面媒体上对中央社院的新闻报道,帮助本院教职工了解外界媒体有关本院的新闻报道,这是按机构聚类的知识服务;图书馆每季度出版的《统战文献汇编》,则是按主题摘选的近期热门的、有影响的高水平统战专题文章。

4.3 知识编辑

知识编辑是指对知识进行搜集、整理、加工等整合活动。如中央社院图书馆曾做过的"马克思、恩格斯、列宁、斯大林、毛泽东论阶级阶层"的课题,方式是从原著中摘录相关观点,梳理汇辑成册,供教师和科研人员使用。

4.4 知识导航

知识导航即是指引用户到特定的网络地址获取所需要的知识信息。这种导航会出现在图书馆主页、个人数字图书馆、定题服务检索报告、《中央社会主义学院新闻报道汇编》等诸多知识源上面。

知识服务的过程是知识组织、知识开发、知识集成和知识导航的过程,每项知识服务都是这些方法综合应用的呈现。

现在有些学者将知识服务按服务方式进行分类,分为:文献传递服务(馆际互借)、文献组织服务、知识重组服务、参考咨询服务、定题服务、数字化参考咨询服务(网上咨询,QQ,微博,微信)等。其核心依然是围绕着知识的组织、开发、集成和导航而进行的。

5 知识服务中应注意的几个问题

5.1 面向知识服务的文献资源建设

图书馆传统的采—编—典—流—藏的工作流程，应该纳入知识服务的理念。文献采购是对信息和知识的选择，图书、期刊的分类编目是对信息和知识的标引，图书、期刊的流通是对信息和知识的使用，图书、期刊的阅览是对信息和知识的传播，图书、期刊的收藏是对信息和知识的管理。

中央社院图书馆在图书采购中，以教学科研为服务对象，保证重点学科用书。对于做课题的教师允许他们自己采购专业用书，使用之后交图书馆入藏。期刊采购中，尽可能收全与统战专题有关的期刊。现已收藏的统战类期刊约300种，内容包括全国各地统战系统刊物、各地政协系统刊物、全国各地各民主党派机关刊物、政治学刊物和全国社会主义学院学报等。中央社院为鼓励教师向高水平专业期刊投稿，列出一些重点报刊，在这些报刊中发表的论文将给予奖励，报刊采购时则重点保证这些报刊的采购和收藏。

对文献的标引，特别是对新兴的多媒体课件的标引，则抓住课件的主要话题和特色观点予以标引，尽可能多地挖掘出课件的知识点，以帮助读者进行知识检索。

在知识服务中，中央社院图书馆提供给读者的书刊，不再是简单的一本原文文献，所有交到读者手中的书刊都夹有纸条，标示出知识服务所指向的知识点。

5.2 加强知识服务质量控制和评价，建立用户反馈机制

知识服务是图书馆员通过对专业知识的综合分析，以馆内外咨询资源和技术平台为支撑所提供的个性化服务。知识服务实际上是一种团队服务。对知识服务的质量评价源自于读者对服务过程和结果的感受。服务质量的高低，贯穿于全部服务过程中，它包含的要素包括图书馆业务技能、人员素质、服务技巧，以及服务的完备性、及时性、满意率等。在实际工作中，对知识服务的评价包括主观评价，即用户直接对服务给予的评价，也包括客观评价，即用户的最终成果中是否引用了本次服务的内容，以此作为图书馆员工作业绩的具体成果。

中央社院图书馆在实际工作中，对知识的服务的评价，目前仅限于主观评价部分，也就是用户对每次服务的评价，大致为满意、比较满意和不满意。而客观评价部分，现在基本没有统计，原因是很难获取用户的最终研究成果。

5.3 知识服务人才素养的提高

知识服务也是更为精准的以知识提供为目标的片对片、点对点和人对人的服务。提供知识服务离不开信息的综合分析和研究工作，这是开展高层次的参考咨询服务的先决条件。这对图书馆知识服务人员素质提出了更高的要求，也就是说服务人员的因素是知识服务中极为重要的一环，要求图书馆员具备以下素质：

图书馆员应该成为集图书情报知识、学科专业知识、计算机技术和网络通信技术于一身的复合型人才。

图书馆员应有良好的沟通能力和判断分析能力，能够充分理解用户对需求的描述，分析

出用户需求的实质内容，准确进行判断、检索和知识整合，最后给予用户满意的答复。

鼓励图书馆员参与课题研究，以切身感受科研工作对知识服务的需求以及知识运用的过程和结果。

5.4 设立参考咨询服务档案库

设立参考咨询服务档案库对知识服务工作会有极大帮助。中央社院图书馆参考咨询服务档案库的工作主要包括：

记录每次的咨询问题、解答过程、咨询结果、用户评价等。

对于一些常见问题，形成文档，随时提供给用户，从而保证同类问题答复的便捷性和一致性。

将有关文档上载到图书馆主页。

设立各种自建库的文档，包括《专题文献汇编》《新闻媒体报道汇编》等。

管理日常工作文档。

建立参考咨询服务档案库是图书馆员记录和积累知识、传递服务经验的过程。知识服务的知识源不仅仅来自于知识库提供的知识信息，还来自馆员头脑中长期工作所形成的经验，即所谓隐性知识，让这种隐性知识更多地累积、传递是知识服务中一个重要的环节。

面对日新月异的知识信息环境和复合性不断强化的用户需求，图书馆的服务内容与服务手段需要不断创新。在新的信息服务环境下，小型社科类专业图书馆如何与时俱进，更好地履行图书馆的服务功能是值得关注的现实课题。这类图书馆的知识服务工作水平的提高，将对全国图书馆系统知识服务整体水平的提高起到重要的支持作用。

参考文献

[1] 袁懿，吴新年等编著. 图书馆知识整合与知识服务研究——以西部社会科学图书馆为例. 北京：社会科学文献出版社，2012

[2] 盛剑锋. 图书馆知识管理与服务研究. 北京：科学出版社，2012

[3] 初景利，邵正荣主编. 图书馆知识服务战略研究. 北京：北京图书馆出版社（今国家图书馆出版社），2004

图书馆搜集与利用地方文献的相关研究

宋玉军(宁夏图书馆)

地方文献是一个地区的自然、社会、历史、现实等诸多方面的真实记载。它对于今人和后人了解与研究本地区历史、现状,开发本地区资源,继承和发扬中华优秀的文化遗产,促进物质文明和精神文明建设起到了不可替代的作用。作为不同区域的图书馆,全面搜集、系统整理、妥善保存、充分利用地方文献,是其重要任务之一,也是体现其藏书建设的一大特色,本文就这些问题略陈管见。

1 图书馆地方文献的收藏范围及怎样形成自己的馆藏特色

只有明确界定地方文献的范围,才能有的放矢地进行收藏,才能逐步形成区域图书馆的特色。最早对地方文献重视并研究的是我国图书馆界的先驱杜定友先生,他曾明确指出"地方文献是指有关本地方的一切资料,表现为各种记载形式的,如:图书、杂志、报纸、图片、照片、影片、画片、唱片、拓本、表格、传单、票据、文告、手稿、印模、簿籍等等。凡有历史价值的,即'断简另篇','片纸只字',也在收集之列",这一"广义"的地方文献概念,被后来的图书馆界广泛引用和运用。当然具体还应包括:史料、人物、出版三个组成部分。再从"狭义"的角度来理解,就是以出版物的内容是否具有地方特点为划分地方文献的唯一标准。由此,图书馆地方文献的搜集应从广义和狭义两个方面来认识和应用。

本着上述原则,地方图书馆要义不容辞地承担和完成所在地区具有资料与研究价值的文献搜集,进一步上升到理论研究、应用研究,以及为地方各级政府决策提供文献情报服务等任务。因此,搜集地方文献应以包括与该地区历史文化、经济社会发展有关联的一切文献资料,如地方志、地方史、谱牒、论著、地方档案、地方报刊、地方丛书、地方年鉴、地方百科全书、地方人与事碑志、地方图录、地方音像资料、地方文献书目等,皆应力图蕲尽。有了这些丰富的文献资料,才能让地方图书馆为广大民众、科研院所、高等院校提供文献信息服务,同时图书馆本身的地方特色也得到了体现,使地方图书馆在信息技术爆发时代具有生命力和活力。因此,绝不能把地方图书馆办成以普及文化为主要任务的一般性公共图书馆,也不能办成只面向师生查阅资料的高等院校图书馆或党校图书馆,而应独具特色。基于这一点,全国不同地区的图书馆为了有效管理,陆续设置地方文献信息部,开始重视地方文献的收藏,并对各地的政治、经济的发展研究提供了极有价值的参考信息。如上海社科院图书馆收藏上海史文献就较为突出,已收藏有关文献24288种,其中图书22941种,期刊1347种;黑龙江省图书馆除收藏有中文地方文献15000册,还有部分外文及报刊地方文献;浙江省图书馆约收藏40000万种;辽宁省图书馆收藏有图书17000余种、期刊近700种;大连市图书馆约

60000万种；湖南省图书馆约130000万册；重庆市图书馆34000册；广西图书馆收藏的新中国成立前地方文献10000册；吉林省社科院图书馆收藏滿洲铁路史日文资料21000种；宁夏图书馆收藏地方文献9093种(26984册)，仅回族伊斯兰教文献就有1250种(3553册)。据本人调查了解，湖南省社科院图书馆早在20世纪50年代就特别注重地方文献的搜集整理工作，曾派大量的工作人员到民间私人手中广泛征集收购具有湖南地方特色的古籍、民国史料书刊。其中有许多湖南方志、湘谱牒、湘人别集、湘人年谱传记、古字画、名人信札、稿抄本等，内容涉及历代官宦从政方略、文化教育、国计民生及民国时期湖南省各地的政治、工农业、民国名人等史料。近年来，该馆还建立了《湘籍和在湘工作的专家学者文库》，建库后，与数百位海内外湘籍专家学者取得了联系，得到了他们及其家属的热情支持。这一做法，值得各省公共图书馆借鉴。以上事例充分说明地方文献已成为各个地区图书馆馆藏特色的重中之重。

2 图书馆在搜集地方文献时应注意的问题

(1)应尽可能全面搜集。即对本地区各个时代的政治、经济、历史、文化、地理环境等各学科领域的所有知识记录，不管其出版、著作形式，内容水平如何，应尽可能收集齐全。但应注意不能把本地区各出版社出版的所有图书都视为地方文献，有些书只反映了本地区的出版、印刷情况，在一定程度上只能昭示本地区文化科学发展的水平。还有地方报刊不能以刊名前冠有“某某省”二字就可作为地方文献，应看是否主要报导和反映本省的省情及历史、现状。

(2)搜集地方文献要注意不能局限于某种形式的文献资料。正式的出版物理应全部收齐，但非正式出版的只要是反映本地区的文献，包括灰色文献在内的文献也应当全面地、广泛地收齐。如:地方党、政、军、群众团体的文件、会议录、公报、领导人的讲话、报告稿；考察和研究本地区的调查报告、游记及专门论述和反映本地区真实情况的有关统计数据、时事信息及有关参考方案；还有本地区、各类学会组织的各种学术研讨会的论文等。近几年来许多农村盛行重修族谱、家谱，还有一些乡规民约等，如有可能也应收集。

(3)还应注意搜集本省籍的各代著名人物(包括长期在本省工作、生活过的有影响的非本省籍人物)的照片、手稿、日记、信函和传记、回忆录、著作研究材料及其主要代表作。

(4)区域图书馆要突出地方文献的特色无可厚非，以本地区的信息需求为导向，以地方文献资料的搜集、整理、贮藏为重点固然重要，但也应适当兼顾其他学科文献信息资料的收藏，加强地方文献资源建设的总体规划。这是文献资源体系建设形成和保持地方特色的最有效途径。

(5)随着计算机技术的迅猛发展，特别是网络技术、数码存储与传输技术等的全面普及，使得人们对文献信息的加工、存储、查询、利用等方面有了新的要求。几乎图书馆的所有载体的信息均能以数字化的形式获得，包括所有联机采购、编目、公共查询。地方文献搜集渠道的改变，让传统的搜集方式面临着新的挑战，文献版权、文献使用的合法性越显突出，应该引起我们的关注。

3 加强对地方文献的管理与利用

地方图书馆研究人员在选择研究项目过程中,更多的是根据本地区经济发展现状和文化历史背景来选择最具地方特色的科研项目,因此对地方文献信息有着普遍而强烈的需求。作为地方图书馆应本着为科研服务的思想,为不同层次、不同类型的科研人员提供有效的文献资源,具体应从以下几个方面来做:

(1)提高科学管理水平,全面揭示馆藏内容。首先,编制一个较为完整的“地方文献目录”,充分揭示本馆的地方文献资源;其次,建立地方文献专藏库(或专藏柜),宁夏图书馆于2012年在馆内挂牌成立“宁夏版本图书馆”,开辟专藏库,直接向读者展示最具地方特色的图书,让到馆读者能方便、及时地检索到所需要的文献资料;再次,专藏库的设立应注意它的系统性、完整性、地方独有性,可按史志、名人传记、名人著述、民俗风情等分类排架。

(2)深入研究特藏内容,吸纳外来先进理念。首先,对新收藏的地方文献信息进行深加工研究,经筛选后形成一批内容新颖丰富、水平较高的二、三次文献,其形式为最新的地方文献专题索引、书目、题录、汇编等,如宁夏图书馆编辑出版的《宁夏地方文献暨回族伊斯兰教文献导藏书目》,收录了2008年年底前出版的回族伊斯兰教图书书目;其次,还可就某些领域课题的研究、发展情况,撰写资料综述、进展报告等;再次,进一步了解和把握决策机关和其他有关部门对地方文献信息需求的种类、特点,根据不同层次、具体的决策领域、决策目标、决策项目来进行信息调查研究和资料筛选,做到有的放矢,特别是在广泛搜集有关信息的基础上,为决策机关提供既有分析又有比较、定性和定量研究相结合的高浓缩信息,其形式可以是专题报告,预测、论点汇编等,如宁夏图书馆参考咨询部不定期编辑出版的《时政资讯》;第四,虽然各地在社会经济发展过程中普遍存在大量有着显著个性的理论和实际问题,反映在地方文献信息的需求上也带有明显的地域特征,即便如此也不能做井底之蛙,有时需要外部相关学术领域的新观点、新动向、新思潮的填补,同时应对国外图书馆界的新观点、新动向、新思潮进行跟踪、翻译、评述,这些也应该是图书馆地方文献信息研究领域的一项内容,不能因突出了地方特色资源建设而忽视了此项工作。

(3)建立全国不同地区图书馆信息联合体,即现今倡导建设的“区域文献资源保障体系”。文献信息工作对地方文献研究具有基础性作用,对地方社会经济的发展也有着不可或缺的作用。区域文献资源保障体系的形成不仅可以实现文献信息资源共享,有利于全国图书馆界网络信息化的建设,满足区域文献需求,成为支持区域科技、教育、经济发展的重要方式,而且也能发挥图书馆文献信息机构的整体效能,缩小地区之间的差距,增强竞争力的有效途径,让地方图书馆更好地为广大民众服务。然而,网络信息化建设会踏上一条相当困难和曲折的道路,但这又是一条非走不可、迟走不如早走的新道路,因此,需要全国图书馆界的共同努力和合作,促其早日实现。其实,在科学技术飞速发展的今天,实现资源共享也非难事,各种载体和储存技术的出现使资源共享简便易行。但让我们无法根除的,是除技术设备之外的某些陈旧理念的阻滞,诸如各自为政、条块分割、文献私有、相互封锁,甚至有的地方把文献资料作为创收的资本,等等。当然,我们坚信这些观念以及由此产生的种种做法,迟早会被人们的认识和实践以及现代技术所冲破。除此,目前热议的图书馆联盟,也不失为一种很好的合作典范。图书馆联盟是图书馆之间的一种联合方式，它是由于图书馆文献资源建设投资紧缺而产生的一种共享需求。图书馆联盟的发展以共享理念为出发点，以信息资源建设为基础，以信息技术的发展为支撑，以组织管理制度为保证，以提供共享服务为目的。因此，建立全国地方图书馆文献信息资源保障体系和图书馆联盟是全方位利用地方文献势在必行的强有力措施。

(4)要将文献工作标准化与制度化应用于地方文献资源建设中，研究制定适合本地区收藏管理的法律性条款，便于图书馆今后的文献信息管理工作。宁夏图书馆1991年颁布了《宁夏地区研究文献专藏管理条例》，对地方文献的收藏、加工与管理做了详细的规定："本类文献总体上包括狭义的宁夏地方、宁版书刊、回族伊斯兰教文献、宁夏地方人士中的重要人物之重要著述。凡属此范畴的文献，不论其文献的载体形态、出版形式、文种如何，一律贯彻'宜广不宜窄'的原则全面收藏。"另外，我国出版物呈缴本制度也为地方文献的收藏管理助了一臂之力。现行的呈缴本制度规定中国国家图书馆和县级以上的公共图书馆是接受呈缴本的法定单位，但美中不足的是，对于违反规定不按期缴送者，图书馆似乎有点无能为力，法律法规并没有赋予其相应的权利，在这个层面期待着进一步修订完善，使图书馆在收藏地方文献的过程中变被动为主动。凡此种种，可以形成一个有序的文献集合体，达到快速存取、方便用户，实现全国图书馆界的文献信息资源共享。

(5)组建跨国信息中心，拓展国际化合作领域。美国学者贝克(Baker S. K)和杰克逊(Jackson M. S)在The future of Resource Sharing(《资源共享的未来》)一书中阐述："今天的图书馆都必须视自己为世界图书馆系统中的一部分，必须摆脱自给自足的状态，必须能够找到快速地从世界图书馆系统中获取资料并送到用户手中的方式，必须随时准备将自己图书馆所藏提供给世界其他的图书馆。"正如他们所言，随着国际以相互借鉴为内容的文化交流活动的频繁发生，民族文化之间的融合趋势愈加深入，各区域图书馆充分利用馆藏地方文献的优势，扩大国际间文化领域的交流与合作成为可能，在信息社会的今天，图书馆界由此迎来了前所未有的发展机遇，可以想见，一座座"无墙的图书馆"将在中国乃至世界拔地而起。可以力推的合作模式当属2010年开始的，在宁夏银川市举办的"中国—阿拉伯国家经贸论坛"，通过三年来的成功举办，各方都积累了丰富的经验，宁夏图书馆利用馆藏地方文献资源，配合论坛活动开展形式多样的信息资源服务。由此，宁夏籍学者王岗先生大胆设想，创建"中阿博览会信息中心"相关机制，主要内容包括：①与图书馆相关团体的合作；②与外国图书馆的交流；③馆藏资料及书目数据的利用；④出版物的交换；⑤项目合作，如联合目录资料库项目、中阿古籍书目数据库项目；⑥人员交流、合作培养、互派馆员等。通过广泛的国际化合作，建立一个综合性的、开放性的、无缝连接的、在互联网上可以随意获取的全球分布式的数字图书馆，遵循平等互惠、优势互补、风险共担、资源共享原则，搭建起获取世界信息的平台，一如亚历山大图书馆，成为世界穆斯林文化交流的中心。

参考文献

[1] 杜定友. 科技图书分类问题. 浙江省立图书馆通讯，1952(5)

[2] 贺葵. 数字图书馆概念. [2014-05-04]. http://www.scjks.net/Article/Class11/Class32/Class42/200511/509.html

[3] 张勤. 中美图书馆联盟比较研究. 图书馆理论与实践，2005(2)

[4] 张欣毅. 宁夏图书馆志. 北京:国家图书馆出版社,2009

[5] 谭英. 我国出版物呈缴本制度的回顾与展望. 图书馆理论与实践,2006(3)

[6] Shirley K Baker, Mary E Jackson. The Future of Resource Sharing. New York: Haworth Press, 1995

[7] 王岗. 开放、交流与合作,构建中阿博览会信息中心. 图书馆理论与实践,2014(1)

知识生态视野中的文献传递服务

王　伟(中国科学院水利部成都山地灾害与环境研究所)

中国科学院第六次文献情报工作会议明确提出:将知识服务作为文献情报系统当前和未来发展的方向和重点。文献情报工作是科技创新非常重要的基础性工作,要推动服务转型,实现全院文献情报工作跨越发展;认清发展挑战,增强创新文献情报服务的使命感和责任感;发展知识服务,建设支撑"创新2020"的新型文献情报服务体系,将被动的文献服务模式发展为主动的知识服务模式,构建适应21世纪科研需要的新型文献情报服务模式。

文献传递服务是图书馆之间或图书馆与其他文献情报机构之间达成协议,相互利用对方的文献资源来满足读者信息需求的一种服务形式。随着图书馆馆际合作的深入发展,文献传递已成为图书馆界实现资源共享的一个有效举措。

随着知识经济时代的深入,知识服务已悄然融入各项工作之中,作为图书馆基础性工作的文献传递服务也不例外。本文试就知识生态与文献传递的关系,做粗浅的讨论。

1　文献传递服务的理念

文献传递服务是馆际互借服务的延伸物,是指供应者以计算机、网络等技术,运用现代化的设备,将已确知的出版或未出版文献传递给使用者的一种服务,文献传递通常是非返还式的,传递内容包括期刊论文、会议论文、学位论文、报纸、标准、专利和报告等。

在大数据时代的背景下,呈数量级增长的数据给信息技术带来新的挑战和机遇。图书馆作为知识信息服务的社会中心,为读者提供潜在的知识挖掘、知识评价、数据分析等增值服务成为新的趋势。

笔者认为,文献传递服务是图书馆知识服务的重要组成部分,应充分融入知识服务之中,图书馆员更应注重知识应用能力的提升,更好、更快捷地为读者服务。提高文献传递信息分析处理能力,将文献传递转为知识传递已成为图书馆员的内在责任。

2　知识生态系统为文献服务模式的创新提供了平台

知识生态的概念最初来源于对生态学理论的理解。这主要用于解释生物族群彼此之间的互动关系及外在环境的变化如何影响生态系统,1991年,乔治·拍尔(George Por)基于对自然生态系统的理解,用自然生态系统的概念初创了知识生态学这个术语,并引入了知识生态系统的概念和模型。将知识融入知识环境之中,形成"知识生态系统"。该生态系统以知识为主体，由知识和知识载体组成的一个整体（如图所示）。

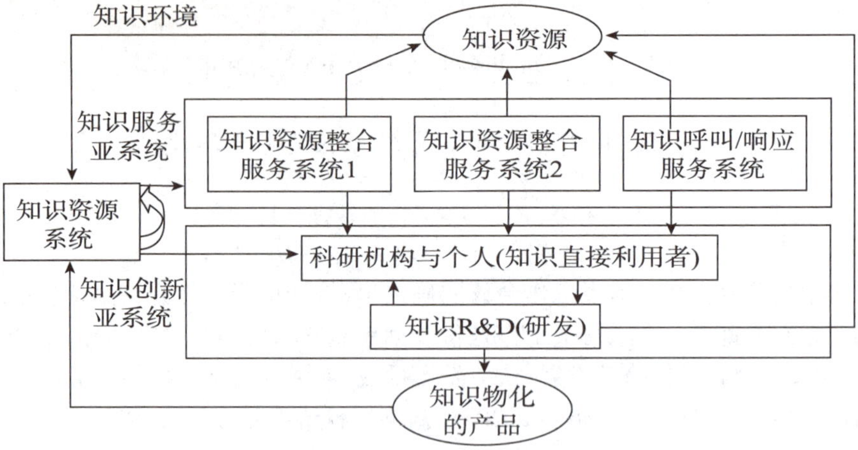

知识生态系统模型

知识生态系统是一个典型的开放自适应系统，不断地与外界进行着物质、信息和能量的交换。在这个过程中，信息和能量不断被耗散，同时又不断补充进新的信息和能量，以维持整个知识生态系统的平衡状态。这种系统自身的调节能力，使得系统按照一定的方向生长进化。机构知识库也是一个开放有序的自适应系统，不同的知识主体、知识主体与知识、知识与知识环境、知识主体与知识环境等都存在知识的流动和交换，各要素间实质上是依靠知识来维系最本质的运转。而在外界环境不断变化的情况下，知识的构架又会通过反馈调节使知识组织重新获得稳定，所以数字图书馆知识生态的自适应机制，实际上是一个新知识代替老化知识，各要素间为避免知识生态失衡重新调整演化的自我恢复功能。

笔者认为，知识生态系统是一个复杂的系统，包含了人、知识、组织、技术、知识流程等要素，各要素之间相互联系、相互影响。适应性、系统性、开放性和动态性构成了知识生态系统的特征。其核心是发现和利用知识，并为文献传递服务能力的持续提升提供了平台。

3 文献传递服务的本质是知识的发现与积累

笔者通过几年的工作经验积累，认为文献传递服务工作是图书馆的基础性工作，是一门实践性很强的科学。

在文献传递服务过程，笔者发现有相当一部分需求，是源于读者在阅读文献的参考文献时，由于被引文献的谬误，而可能无法搜索到。

案例一：

甲读者提供的需求线索如下：

Tang S. L. :Data distribution inspection and the application in the agrology V. Normalization of partial samples and its computer programs, Soil :16, 233 – 236, 1984

笔者根据经验立即判定，这个引文的来源应该是中文刊《土壤》，便立即检索 CNIK 的数字平台详细目录，年、卷、页码正确，再打开原文，果然是所需求的文献。

□ 11	数据分布类型检验及其在土壤学中的应用V.偏态样本的正态化及其计算机程序	唐诵六	233-236	

启示:随着科技论文的国际化交流的不断延伸,许多国内出版的杂志也要求作者提供中英文的参考文献,而年代较久远的中文论文就根本没有英文标题。在作者著录参考文献时,就有可能对标题、来源的翻译有谬误。在文献传递时,就应当注意参考文献的标注是否原文是中文。

案例二:

乙读者查:郑乐平．土壤气体采样装置的研制[J]．地质地球化学,1999(1):113－144.

其诉求:这篇文献在 CNKI 只看到 1 页,不知道还有没有弥补渠道。于是,我就建议他通过文献传递的渠道,获取纸质本的扫描件。在维普里查到的也只有两页。而从中国知网·数字出版超市的“杂志频道”查到,该期总页数也仅 124 页(含封面、封底)。笔者只能感叹,这是一个 CNKI 的历史错误了。由于该作者单位为中科院某所,于是笔者想到了从 IR(机构知识库)里试图寻找到原文,但该所 IR 里也没有收藏。最后,从纸质馆藏单位求借到该篇文献,核实了文献的信息。

从 CNKI 期刊详细目录里查到的信息

土壤气体采样装置的研制

……………………………………………………郑乐平　113-144

从中国知网·数字出版超市的“杂志频道”查到的信息(http://mall.cnki.net/onlineview/MagaView.aspx? fn=dzdq199901*1*)

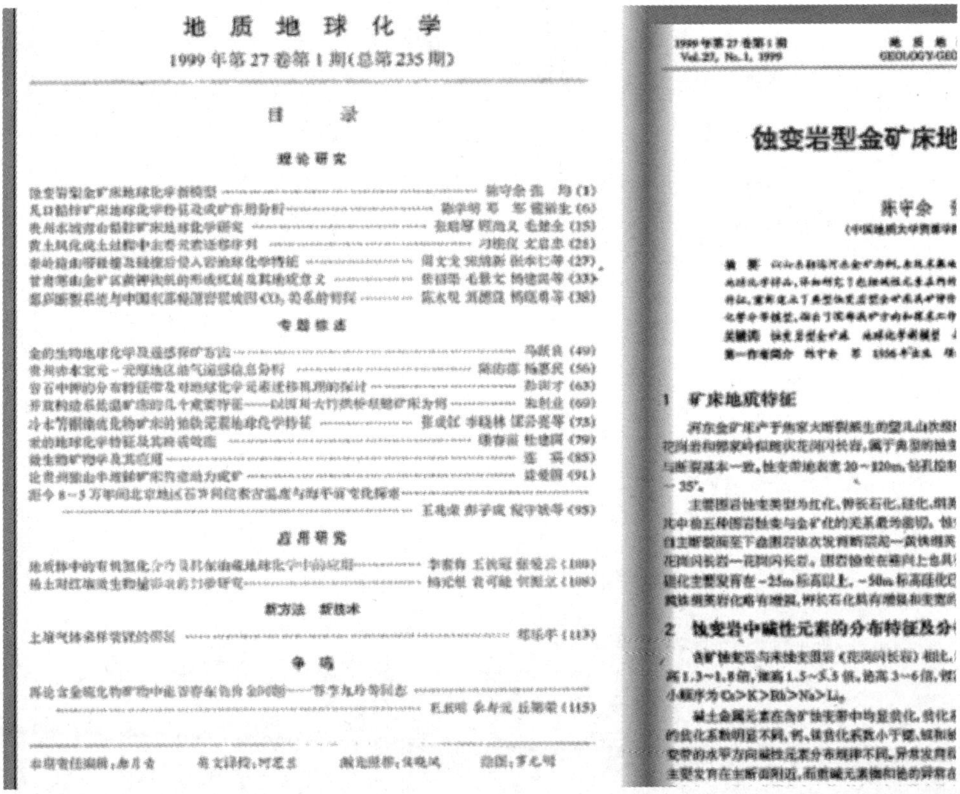
地 质 地 球 化 学
1999 年第 27 卷第 1 期(总第 235 期)
目　录
1999 年第 27 卷第 1 期
Vol.27, No.1, 1999
蚀变岩型金矿床地

启示:调研文献是科研人员的基本功,引用参考文献一定要对作者尊重,对自己要负责,切忌未看到被引的文献就胡乱标注。数据库里的标注也会出错。这就需要我们文献传递工作中,在服务中要耐心细致,帮助读者快捷地获取原文。

在知识生态的视野下,文献传递服务是一个持续的,以动态有序的知识体系为核心,包容、和谐的知识环境为发展契机,构建起人、知识、知识环境三位一体的动态性知识管理体系,实现知识共存共享。

参考文献

[1]《图书情报工作》评论员. 以知识服务推动图书情报工作的创新发展——《图书情报工作》2012 年发文评述. 图书情报工作,2013,57(1)

[2] 刘锁荣. 基于知识链接的文献服务策略. 现代情报,2014,34(2)

[3] 孙振领,李后卿. 关于知识生态系统的理论研究. 图书与情报,2008(5)

数字资源服务在科技查新中的应用与探索

王兴华(广西桂林图书馆)

科技查新(简称“查新”)是文献检索和情报调研相结合的情报研究工作,它以文献为基础,以文献检索和情报调研为手段,以检出结果为依据,通过综合分析,对查新项目的新颖性进行情报学审查,写出有依据、有分析、有对比、有结论的查新报告。

科技查新的首要步骤是选择检索文献信息源和获取原始文献,一个全面、丰富的检索资源是开展科技查新工作的物质基础,是查全和查准的基本保证,检索资源的优劣会直接影响查新报告质量。

目前,大部分查新机构都拥有国内外主要的大型网络数据库资源,包括中国期刊全文数据库、外文科技期刊数据库、中国科技经济新闻数据库、中文科技期刊数据库、万方数据资源系统、中国标准全文数据库、中外专利数据库以及国外STN、Dialog数据。如何利用这些数字资源,提高其使用效率,是查新人员必须学习和提高的课程。

1 常见的数字资源服务(网络数据库)在科技查新中的应用

1.1 中国知网(CNKI,清华同方数据库)

通过统一导航、统一元数据、统一检索为基础的资源信息平台,利用“主题”“关键词”“全文”“期刊名”等进行分类检索、“与”“或”筛分检索,能准确快速地检出与科技查新工作相关的文献资料,它涵盖的学科内容广泛、全面,为广西桂林图书馆各种各样科研课题的科技查新检索提供了相关数据和评价依据,是科技查新最主要的检索工具。

1.2 万方数据资源系统

2012年,万方数据推出了新的科技查新服务模块:即提供的查新格式导出功能,使得在同一数据库内检索结果的格式获得了统一。科技查新员只需将检索词、主题等相关字段输入,点击报告生成按钮,查新报告即可自动生成,使查新人员简化了平常撰写科技查新检索报告所需的冗繁步骤,能够在较短的时间内完成项查新报告。

2013年,万方数据库又推出了由各种科技查新中检索词所检出的论文的研究趋势,列出相应的数据、图表以及与其相关的各种信息,如科技查新质量、信息服务、文献策略以及科技创新等。

1.3 维普资讯数据库

维普资讯数据库的使用功能与CNKI、万方资源数据库的类似,通过检索能够得到与科技查新相关的各种信息,为科技查新报告的撰写提供科学依据与数据。同时,维普资源库中还提供了相关的外文数据、论文整合系统,为科技查新提供更进一步的外文资料,是查新人员进行检索的重要工具之一。

1.4 Dialog、STN 联机系统

利用 Dialoglink 通讯软件或 TELNET 软件,通过 Internet 远程登录到 DIALOG 联机系统,以文本的界面方式检索 DIALOG,也可使用 Netscape 或 IE 浏览器以 Web 方式检索 DIALOG。Dialoglink 通讯软件在大部分时候收费较为严格,但它是科技查新较为重要的检索工具之一。

与 DIALOG 系统相同,STN 也向用户提供了基于文本界面和基于 Web 界面的检索方式。另外 STN 系统提供的 STNExpress 检索软件,可以使查新人员很容易地用各种学科的结构图形来表达自己的检索要求,并能方便地检索各种有关科技查新的信息。

目前,大部分查新机构都同时购买了 DIALOG 联机系统以及 STN 系统,能够为查新人员提供更为广泛的科技查新信息,为科技查新工作奠定了坚实的基础。

1.5 中外专利检索系统

平台提供全部中国专利信息数据库,还包含“六国(美、日、英、法、德、瑞士)两组织(世界知识产权组织、欧洲专利局)”在内的海量专利数据库,以及经过深度加工标引的中国中药专利数据库和中国专利说明书全文全代码数据库,总量达到千万件以上。平台具有表格检索、逻辑检索、智能模糊检索、IPC 分类检索和同义词查询等多种检索途径,可以实现屏幕取词、模糊检索、二次检索、过滤检索等功能,使操作轻松而且容易,极大地方便查新人员的检索。

2 免费数字资源在科技查新中应用

随着网络的迅猛发展,数字网络已成为世界上最大的信息载体,其信息的时效性、内容的广泛性、访问的便捷性、资源的更替性为查新人员“广、快、准、全”地获得信息提供了技术保障和资源保障。因此,数字网络信息资源的价值越来越不容忽视。

2.1 Google 学术搜索

在所有学术论文检索的方法中,Google 学术搜索作为一支新生的力量,如雨后春笋般萌发起来。它最大的优点就是克服了所有数据库检索中最麻烦的步骤,无需输入用户名与密码即可进入到数据库中进行各种文章和相关信息的检索,提高了检索速度和论文检索的效率,为科技查新提供了更直接、便捷的数据和信息。

经 Google 学术论文引文的搜索所检索的文章结果涵盖了四部分:第一部分为国外数据库(如 Elsevier 和 Springer)文章的信息字段,第二部分为 SCI(Web of Science)信息字段,第三部分为中国知网数据库英文论文及其摘要的信息字段,第四部分为中国维普数据库英文论文的信息字段。检索所得的文章少则几篇,多则上百篇,涵盖的信息范围广,数量多而全面。

除了能够为科技查新提供一定的学术论文之外，广西桂林图书馆查新人员还可利用Google学术搜索进行科学引文索引的检索，为引用文献检索报告提供事实的数据和检索依据。

2.2 中国科技论文在线搜索

中国科技论文在线（www. paper. edu. cn）免去了传统的评审、修改、编辑、印刷等程序，给科研人员提供了一个方便、快捷的交流平台，科技论文可以实时在线发表，率先在国内发表，与同行交流讨论，使新观点和新成果能够得到及时发表和推广。这是一般纸质刊物和一般电子刊物所做不到的，符合当今社会快速发展潮流的需要。该平台具有论文快搜、高级检索、检索帮助等检索方式，方便查新人员快速准确检索。2007年教育部科技发展中心特别发文，要求把"中国科技论文在线"作为查新的必查数据库之一。

2.3 首席医学网搜索

首席医学网（www. shouxi. net）和全国上千家医学期刊社合作，提供医学期刊的全文展示平台和共享网络空间。各医学期刊社根据自身情况提供过刊、现刊内容，通过使用首席医学期刊频道，上传共享到网络上，实现和广大医学专业人士的互动交流，拥有大量、完全免费的医学期刊全文。平台设有在线投稿、医学会议、专业资料等方面栏目，使查新人员、医务人员能看到最新资料；同时，栏目上设有中英文医学专业名词等，可供查新人员参考。

2.4 超星数字图书馆

为目前世界最大的中文在线数字图书馆，提供大量的电子图书资源阅读，其中包括文学、经济、计算机等五十余大类，数十万册电子图书，300万篇论文，全文总量4亿余页，数据总量30000GB，大量免费电子图书，并且每天仍在不断增加与更新，是查新人员进行科技查新的补充数字资源之一。

查新过程中，我们遇到不少课题，在知网、维普、万方三大数据库检索结果为零的情况下，在以上所述的数据库中，检索到有这方面的研究报道。若不检索这些数据库，将会影响查新结果的分析比较评判，导致查新结论偏向，影响上级科研部门的相关决策。

综上所述，在原有的数据库下，扩大检索中国科技论文在线、首席医学网、超星数字图书馆、Google搜索等范围，以弥补相互之间的不足。由此可见，非收费的数字资源在科技查新中起着举足轻重的作用。

3 拓展科技查新所需的数字资源服务

当今的数字资源非常丰富，查新人员不能只盯着几个著名的数据库，还应根据查新项目的实际要求不断拓展和开发更多免费的数字资源，以适应日新月异的科技查新检索的需求。以下是笔者在科技查新实践中探索出的一些数字网络资源，供大家分享使用：

（1）生物医学数据库（ht tp://www. ncbi. nlm. nib. gov/Pub Med/）；

（2）中国农业科技信息网（http://www. caas. net. cn）；

(3)中国药网(http://www.chinapharm.com.cn/database.jsp? tab=zgxy);

(4)南宸 FTR 全文检索系统(http://www.llrx.com/)。

4 免费数字资源服务的特点

4.1 以网络为传播媒体

在网络时代,数字信息的存在需要借助一种不同于以往载体的信息载体——网络,为查新人员提供的信息是来自 Internet 的各种网络服务器上的虚拟信息,而不是实实在在的实体形式的信息。信息的存储和查询更加方便,而且存储信息密度高、容量大、可以无损耗地被重复利用。

4.2 数据结构具通用性、开放性和标准化

数据结构的通用性、开放性和标准化使得信息资源易于扩充,各个系统之间易实现互连和互操作。查询人员只需点击链接即可很方便地查询到各种数字资源和信息,快捷清晰。

4.3 具高度的整合性,便于多种媒体一体化

易于实现各种数字网络资源的相互转化和二次开发,在新的平台上形成新的综合性信息产品,便于查新人员进行检索,增加了信息资源的利用价值。

5 免费的数字资源服务在科技查新中的使用方法

数字资源使用的方法同样至关重要,以下是笔者八年科技查新的工作经验总结出的数字资源在科技查新中的使用方法,希望能为广大科技查新工作者提供一定的帮助。

5.1 目录型资源的搜索

进行科技查新,可分类目录型搜索,它是基于人工建立的搜索索引。专业数据库内容的来源都是由专人按学科收集专门的资源,范围检索和查询的等级式主题目录。而目录型搜索是利用大量人力浏览网络页面,以超文本链围较小,但可靠性强,连接将不同学科、专业、行业和领域的信息按照分类或主题的方式组织,网页能够很快地显示出各种科技查新搜索内容的目录结果。

5.2 关键词、主题词、或自然语言搜索

它提供对关键词、主题词、或自然语言的查询。网络资源并不能代替传统的专业数据库,但是用户在搜索框中输入检索词或检索表达式,搜索引擎会自动排查相关词,可以作为查新过程中文献资源的重要补充及对文献载体信息滞后性进行互拼,按相关词的相关程度的高低排序加以链接。检索结果出来之后,查新人员可通过点击链接的方式进行网页浏览,筛分出适合查新主题的各种信息,去粗取精,去伪存真。

5.3 高级多元方式的搜索

高级网页搜索方式,多检索口、检索词的搜索,它是利用其他原始引擎的搜索或索引接口来完成网页搜索任务。这种引擎的关键是如何在众多原始引擎提供的信息中,以友好的人机界面,精心挑选出查新人员所需的信息。因为每一种搜索引擎都有其专用的方法,所以查新人员在使用时,一定要先了解它们的规则,以便快捷、准确地使用。

6 科技查新中数字资源的信息筛选、组织和管理

对数字资源进行管理开发的目的,归根到底就是为了方便人们对网上丰富的网络信息资源进行获取和利用。但由于网络信息资源的无序性和繁杂性,使得网上信息的可靠性和质量都远远不如联机数据库网络资源和光盘数据库资源。正是因为纷繁复杂的网络资源中存在着大量的伪数据和数据,因此,如何对大量的网络资源信息进行筛选,筛分出科技查新所需要的信息和数据,是查新人员必须学习的课程。笔者总结在科技查新过程中对信息筛分的方法如下:

(1)数字资源的采集。查新人员可以在庞大的数字资源信息群中根据科技查新的要求和内容,收集相关信息,然后将这些信息加以组织,通过人工筛选和网络自动筛选。前者通过浏览互联网,查阅书目、报刊或与他人交流获得,后者使用搜索引擎和软件。

(2)数字资源的整合。查新人员可以通过分类法、专题法、软件法来整合科技查新过程中所获得的相关免费数字资源,然后进行人工筛选,筛分出适合科技查新内容的网络信息资源。

(3)数字资源的系统管理。查新人员可采用系统资源共享的管理方法,此方法可充分发挥查新机构的现有人才和软硬件作用。这种管理方法可分为:一是以中心信息机构为主,其他的信息机构为辅的集中管理模式,二是松散性合作模式。系统软件管理中应该自动进行数字信息筛分:有用的数字信息,无用的数字信息。

7 数字资源的应用对查新人员的要求

7.1 充分发掘互联网资源

除了以上所提及的数字资源外,查新人员还应不断挖掘各种免费数据网络资源,一些官方推出的免费数据库站点具有更新快、检索方便、内容丰富、节省费用等优点,可作为科技查新过程中文献资源不足的补充,这是我们重点挖掘的对象。

7.2 评估和完善互联网中的参考资源

互联网数字参考资源的征集相当复杂,并不是所有的资源都具有价值,因此,查新人员对数字网络资源的评估是不可或缺的。查新人员除了为申报科技查新的用户提供资源外,对其品质更应负起评估与控制的责任。对于科技查新中所使用到的数字资源,查新人员对

评估与描述每一项资源的品质和内容,都需要认真对比并找出其相关性,通过过滤、筛选、推测和综合整理等过程,留下最适合科技查新项目内容的资源。

7.3 查新人员学历和综合素质要求

查新工作人员必须具备大学本科以上学历,以保证基本业务素质,如外语、计算机、综合分析等能力。由此,大部分查新机构中心应配备不同专业学科的人员,覆盖图书情报、生物、化学、电子、外文、资源环境、地矿、计算机、机械、中医药等各类专业;本科、硕士、研究生应占70%以上;中、高级职称应占90%以上;每个查新人员必须到国家级的查新机构培训中心进行学习,不断提升专业知识水平和综合素质。

7.4 查新人员的自我提高

目前,数字资源的应用已成为参考服务的新方式。查新人员除了继续担负读者与信息之间的桥梁,还必须扮演教育者和信息领航者等角色,因此,必须加强利用电子媒体来提供参考服务的知识与能力,提高数字网络资源的检索能力与速度。

充分利用数字资源特别是免费的数字资源已成为了大家的共识:数字资源特别是 Internet 丰富的信息资源与良好的通信能力,扩大了科技查新的检索范围,为科技查新提供一个相对完善的文献资源的保障平台,提高了科技查新原始数据库文献的保障率。因此,查新人员应不断地探索、充分利用数字资源,如此科技查新工作必将呈现一片新的局面,同时查新报告的质量亦将不断得到提高。

自开展查新工作以来,广西桂林图书馆已通过各种科学性、可靠性的数字资源,先后圆满完成科研院所、高新企业、高校、政府机关、企事业单位等数百家单位提交的科研课题立项、成果鉴定、高新产品认证、科学进步奖的查新、查新咨询等项目近 5000 项。在今后的学习工作之中,查新人员将再接再厉,更好地利用数字资源为申报查新人员提供质量较高的查新报告。

参考文献

[1] 肖红. 科技查新服务的实践与探索. 贵州大学学报(社会科学版),2001(5)
[2] Garfied E. Cilation Index for Science. Science,1955(122)
[3] Garfied E. Citation analysis as a tool in journal evaluation. Science,1972(178)
[4] 陈守鹏. 科技查新的文献资源保障途径. 情报探索,2009(10)
[5] 邢文,李莎,杨德祥. 网络资源对科技查新的影响及其应用. 科技信息,2010(23)
[6] google scholar. http://baike. baidu. com/view/3334454. htm.
[7] 王颖,赵丽然. 图书馆参考咨询及数字参考咨询. 群文天地,2013(1)

文献传递过程中隐性知识转移与共享研究

张　娣(江南大学图书馆)

图书馆的文献传递服务是一种提供文献复制件的非返还式的服务,起因于出版物价格持续走高,图书馆经费同比增长不够,图书馆为了弥补馆藏不足,借助外馆文献来满足本馆用户信息需求的一项文献服务。由于其快捷、高效、个性化、已被学者认为"是所有图书馆馆藏发展的内在成分,并不是一项辅助性选择",是馆藏资源发展的最后一道防线。文献传递作为一项服务并没有特别高深之处,目前对文献传递的研究都局限于宏观论述,局限于讨论文献传递机构、服务手段、管理系统、基础数据库、存在的问题和障碍、优化的工作实践和经验、传递过程中版权问题等,缺乏微观的思考和探讨。本文拟就文献传递过程中隐性知识的转移与共享作进一步探讨。

知识转移是把知识从知识源转移到组织、其他人或部门的过程。文献传递知识转移的本质是知识的流动,并且连带物质载体一起流动。隐性知识是迈克尔?波兰尼(Michael Polanyi)在1958年从哲学领域提出的概念,是指那种我们知道但难以通过语言、文字、图表或符号明确表述的知识。主要来源于经验和技能的,学习的唯一方法是领悟和练习。日本管理学教授野中郁次郎(Ikujiro Nonaka)认为:隐性知识是高度个人化的知识,很难规范化也不易传递给他人,主要隐含在个人经验中,同时也涉及个人信念、世界观、价值体系等因素。隐性知识是主观的经验或体会,不容易运用结构性概念加以描述或表现的知识。知识共享是建立在知识主体(知识的权利人、所有者、代理者和组织管理者等)意愿基础上的知识扩散、吸收、内化和利用的过程。文献传递服务本身就是基于知识共享的服务、推进文献传递请求用户知识创新、发现文献的效用、实现文献价值的过程。文献传递服务过程中的知识转移是以知识共享为目的,知识共享是基于知识转移的。

1　文献传递服务过程中的隐性知识

文献传递服务过程中的隐性知识主要是指馆员文献检索和获取等长期累积起来的难以描述、难以规范化的经验型知识、诀窍和技能。在文献传递知识共享体系中,馆员和用户是必不可少的两个要素,用户是知识共享的主要目标对象,馆员也会通过馆员之间的密切交流,特别是CALIS馆际互借群,近1400人的交流和分享,几乎包括了国内所有做文献传递的馆员,馆员每天进行广泛而经常的网络接触,这些馆员没有内部潜在的竞争性,没有业务和知识之间的距离,隐性知识会在馆员之间流动和传播,馆员会把自己无法定位馆藏的疑难文献拿出来,众多馆员"共同会诊",如何补全文献线索,如何获得准确的文献信息和精确定位馆藏,包括最终获得的文献处理,如图片缩小转化为PDF格式、一般难以正常打开的特殊文献的阅读方式等,馆员因此也得到了学习和提高。但用户还是知识共享的末端。一般情况下,馆员不主动,或用户需求不足,会使得馆员的隐性知识用不上或者处于不流动,此外用户接受隐性知识受制于自身的自愿自觉以及吸收利用知识的能力和素质。隐性知识转移的示意图如下:

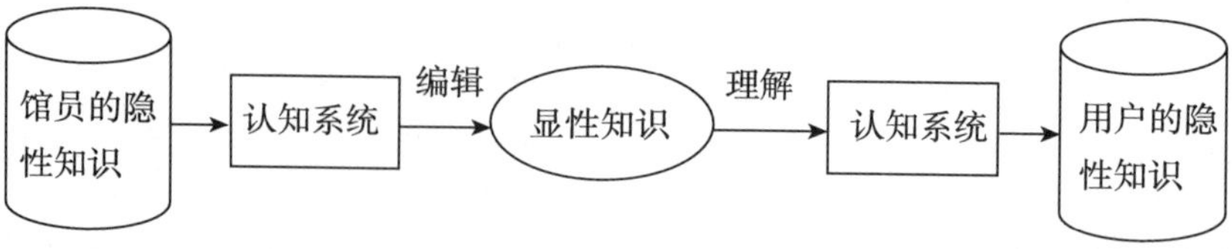

文献传递服务过程中的隐性知识转移的必要性

江南大学图书馆2012年共接受本校用户请求件数1638件,其中本馆有电子或纸质馆藏,或者属于OA出版的共计434件,占总申请量的26.5%;2013共接受本校用户请求件数1700件,其中本馆有电子或纸质馆藏,或者属于OA出版的共计609件,占总申请量的35.8%。由此可以看出用户缺乏文献检索和获取本馆拥有文献的技能。本馆有电子或纸质馆藏,或者属于OA出版的,都是用户不能根据出版社准确定位数据库,或者不能熟练使用本馆的一站式检索系统,或者不能熟练使用google等搜索引擎,甚至用户看到了英文题名没有辨别出是中文文献。2012年服务不能提供的有146件,2013年服务不能提供的有117件,这一方面可能是用户提供的文献线索不准确、不详细或错误,另一方面也有可能是馆员的知识面尤其是自身的隐性知识不够,未能准确定位馆藏。对于本馆有电子或纸质馆藏或者属于OA出版的文献,如果馆员不进行二次查找和控制或者不与用户进行沟通,文献传递就是馆藏复制性文献传递,不仅没有弥补馆藏,还造成图书馆人力和财政的持续浪费。对于服务不能提供的文献,馆员如果不增强自己的隐性知识,提高自己的文献传递技能,会造成用户对文献传递服务的失望和不信赖,降低图书馆在用户心目中的影响力。

2 文献传递隐性知识转移与共享的保障

首先是制度安排,每个图书馆都建立了自己完整的一套文献传递制度,如江南大学图书馆文献传递费用补贴制度、定期文献传递讲座制度、定期修改和发放文献传递宣传手册制度、定期查看和修改文献传递网页制度、每天更新和上传CALIS外文期刊网本馆数据制度等以及参加CALIS文献传递用户馆和服务馆所规定的专职人数、配备设备等。从制度上保证了我们文献传递知识共享的不断发展,文献传递一步步做大做强,从2002年开始设置文献传递岗位每年只有10多件文献传递业务到现在每年2000件左右的文献传递业务。从用户提交到提取文献需要一个礼拜甚至更长时间到今天的几小时甚至实时应答,文献传递发展到今天,能够提供给用户如此高效便捷的服务,推进知识共享,是与过程中所出现的一系列重要的制度安排密不可分的。

信息技术是文献传递不断发展的强大动力。在文献传递发展的过程中,提高文献传递的效率,改善文献传递的效果,扩大文献传递的范围,则很大程度上要靠信息技术的应用。

首先是载体技术，是文献传递的支撑性技术，由物质载体转化为电子载体。通信技术和信息传播技术是文献传递服务的延展性技术，特别是互联网技术是文献传递的核心技术或本体技术，其他有印刷技术、信息处理技术、信息检索技术、信息数字化技术、数据库技术、数字图书馆技术以及云计算与云技术在文献传递系统和基础数据库上的应用为文献传递服务快马加鞭。

图书馆的文献传递制度以及上述信息技术相互配合、密切协同，共同推进了文献传递的发展。在文献传递业务日新月异发展的同时，也加速了隐性知识在文献传递过程中的流动和转化。

3　文献传递服务过程中隐性知识转移和共享的途径

文献传递服务过程中隐性知识的共享就是通过众多途径将馆员的隐性知识转化为用户的隐性知识，其吸收及转化模型如下：

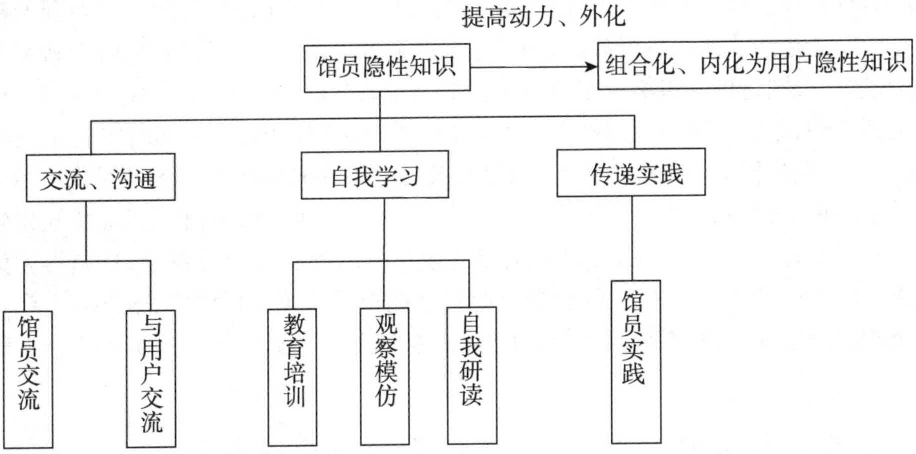

3.1　交流和沟通

良好的沟通能力使双方的互动变得经常化，而一些研究也表明，在频繁、深入的互动中更容易实现隐性知识转移。文献传递服务一般情况下有比较清晰的文献线索，馆员和用户没有更多的交流，馆员和馆藏馆馆员也缺乏沟通。但在文献传递过程中馆员应时刻主动敞开和共享自己的隐性知识。

用户注册时，由于目前 CALIS 文献传递和馆际互借系统的不完善，注册成功后系统向用户自动发送邮件是失败的，馆员在确认账户信息时就要整理和表述自己掌握的隐性知识，及时向用户发送注册账户成功信的同时，述及文献传递和馆际互借的基础检索数据库等基础知识及本馆文献传递政策等并显性化发给用户，实现馆员的隐性知识显性化转化给用户。

用户申请后，馆员要善于把自己的一些经验知识转移给用户，如用户发出一些比较难查找的特种文献的申请，馆员可以主动跟用户联系告知文献查找的途径和方法。此外在发出本馆拥有的馆藏文献时会告知用户怎么检全本馆馆藏文献以及如何使用本馆购买的自助文献传递系统。每年度追踪用户的申请,发现其中的规律,如用户需求量大的数据库,馆员把个人发现的隐性知识整理并表达,并向组织隐性知识转化。

3.2 馆员自我学习

图书馆从制度上安排和促使馆员参加各种形式的学习活动,馆员的隐性知识是文献传递过程中隐性知识的源泉,也是开展文献传递活动的原动力,保障了文献传递质量和效率,同时也发掘了馆员的潜在能力和体现了文献传递馆员的个体价值,推动着文献传递服务由文献服务转化为知识服务。知识本来就是在不断地被宿主学习、拥有、选择性遗忘,要减少馆员的知识遗忘率,可以建立储备隐性知识的专门数据库或案例库。参考馆员通过手工记录、及时整理,把无序的、散乱的,经验、技巧、技能等进行综合和保存,既利于隐性知识的共享,增加隐性知识的利用率,又免于遗忘。

3.3 提高馆员动力

隐性知识是属于个人的知识,传播受其本身的文化、价值判断影响。没有馆员的内在动力,但靠馆员的一腔热情,要让馆员无偿地转移自己的隐性知识,尤其是自己独到的甚至是超出自身的服务范围的知识是很难的,图书馆如果从制度上给予馆员物质奖励,按照知识贡献力来考核馆员,同时也应该给予相应的精神鼓励,如评选优秀馆员。不要因为馆员的一些不当的垄断心理、竞争心理、自我封闭心理等终止了隐性知识的传播,同时也让馆员有高度的责任感,在实践过程中及时把个人想法、经验技巧等整理成有序的知识可视化展示。总之要让馆员主动创造新知识,主动传递新知识。但是岗位流动是图书馆内部隐性知识转移的一条有效途径笔者却不认同。隐性知识是馆员通过自己的实践长期摸索、总结得来的附着在个人身上的难以描述的一种知识,因此文献传递的馆员应该相对固定,这样才能形成馆员自己高级阶段的隐性知识,不会因工作岗位的变动而流失,不影响知识资源的共享和利用。

4 拓宽文献传递服务内容,实现图书馆增值服务

文献传递是用户以客观文献线索为基础而向图书馆申请的一项服务,馆员可以化被动为主动,分析和挖掘用户提出的文献的关联性,确定用户需要的关键词,主动为资深用户提供代查、代借、定题检索及发送学科发展趋势。鉴于目前资深教授的文献需求都是由其研究生、博士生完成的,图书馆可以借助他们作为学科服务的纽带和桥梁为其学术团队提供其他学科化服务,赋予文献传递服务新的活力,真正体现以最终用户为服务对象、以用户的文献需求为最终服务目标的个性化服务。在此服务过程中更多更广的隐性知识动态、连续、递进转移,是图书馆服务创新的源泉,可以提高图书馆工作质量、服务水平。

5 文献传递服务中隐性知识转移案例研究

隐性知识转移可以促进知识创新,促进总知识存量的提高,增强个人或组织的竞争力。

以江南大学留学生 Mehdi Nikoo 为例,该同学为 2010 年入学的伊朗籍博士留学生,我馆为留学生开设全英文文献检索课程,但课程较短,此外由于语言障碍,也几乎没有留学生参加图书馆组织的各种培训讲座,我馆也没有提供任何英文的宣传资料,这都造成图书馆留学生信息服务的不足。借助于留学生文献传递服务,馆员和留学生之间保持密切接触和良好沟通,馆员主动宣传图书馆的资源和服务,根据他们申请的文献,手把手指导他们如何检索和获取文献,他们通过面对面的交流和实践模仿馆员的隐性知识,逐步拥有自己解决问题的能力。Mehdi Nikoo 同学自 2011 年 6 月 5 日开始申请文献,至 2014 年 4 月 30 日共申请文献 75 条,他的知识创造力和他所在的学科团队竞争力也因为吸收了图书馆的显性知识和附着的隐性知识而明显优于他人,2012 年发表 1 篇 SCI 论文,2013 年厚积薄发发表 3 篇 SCI 论文,知识转移绩效显著。

文献传递服务是图书馆开展的一项个性化的以满足个人需求为目标的服务,是一个显性知识传递同时溢出隐性知识的动态过程,因此馆员的隐性知识更容易得到用户肯定和信赖,同时文献传递服务也已经逐渐从边缘服务发展成图书馆资源共享的主流服务。在整个服务过程中,要创造一个泛在的知识环境,给用户提供泛在的隐性知识服务。

参考文献

[1] Y S Fong. The Value of Interlibrary Loan Satisfaction Survey Comments. Journal of Library Administration,1997(1-2)

[2] 维基百科,自由的百科全书. 隐性知识. http://zh.wikipedia.org/wiki/%E9%9A%90%E6%80%A7%E7%9F%A5%E8%AF%86

[3] 王俭敏,余鹏. 参考咨询服务隐性知识传播管理与共享机制. 情报科学,2008,26(1)

[4] 何晓红. 高校图书馆隐性知识转移的有效途径——岗位流动. 图书馆论坛,2009(3)

[5] 张莞,朱红涛. 单一型图书馆隐性知识转移动力及其利用研究. 情报杂志,2009(2)

Google Scholar 对高校图书馆文献传递工作的挑战与思考

张黎俐　吴诺曼(四川大学图书馆)

文献传递是将用户所需的文献复制品以有效的方式和合理的费用,直接或间接传递给用户的一种非返还式的文献提供服务,它具有快速、高效、简便的特点。现代意义的文献传递是在信息技术的支撑下从馆际互借发展而来,但又优于馆际互借的一种服务。通过开展文献传递服务,不仅可以缓解图书馆经费、资源不足与读者日益增长的文献需求之间的矛盾,也对教学科研起到了很好的支撑作用。而文献传递服务工作,不仅要利用本馆的馆藏资源,还要利用其他图书馆或文献提供机构的文献。在工作中既要准确定位文献信息的馆藏地,又要尽可能增加获取文献的途径,以满足读者日益增长的文献需求,不断提高我们的服务质量、工作效率和用户满意度。

1　传统的文献传递工作

一般来说,文献传递员在收到读者提交的文献请求信息后,本着就近、节约和高效的原则会通过以下的程序和途径进行文献查找:

1.1　审核、查找原文信息

文献传递员在系统里收到用户申请后,首先需要利用专业检索工具,即各类二次文献数据库进行信息核准,同时进行文献提供源定位,区分本馆资源和外馆资源。用户提交的信息往往存在信息不全、不准等各类问题,作为文献传递员首先必须还原这些信息的真实面目,将准确的文献信息,如篇名、作者、出处、起始页码核对准确,这是文献传递的首要工作。只有依托准确、完整的信息,才能继续下一步文献查找工作。在实际工作中,用户提交的申请出现缩写错误以及相关页码、年卷期范围不全、不准或是漏填题名、作者等现象屡屡皆是。对于此类申请,文献传递员需要花费大量的时间和精力去进行信息校对和信息补全。补全信息主要来自以下几种途径:

(1)网络资源。在实际的文献传递工作中,传统的方法是首先通过馆藏目录超找纸本文献信息源,在确认了馆藏资源里没有用户所申请的文献后,方可进行文献传递。文献传递员将会利用电子资源导航系统:数据库导航、全文期刊导航、学术信息资源门户、电子资源/数据库等查找全文资源。各类高校图书馆都有自己的电子期刊导航,可是在实际的工作中(以四川大学图书馆为例)发现,本馆的导航难以做到全面、准确,很多时候需要配合辅助其他导航系统进行资源检索。因此,这种重复劳动也给工作效率造成一定的影响。

(2)联机公共目录系统。很多联机公共目录系统均支持原文检索,如 NSTL(科技方面)、CALIS,CSCD、CASHL(人文方面)等,这是文献传递员利用公共目录免费提供的文摘来验证、查全文献信息的又一途径。

(3)专业数据库。各图书馆都在加快电子资源和数据库建设,这为补充文献信息提供了方便。EI、SCI、EBSCO 等数据库都是补充文献信息的好帮手,为文献传递员查找文章出处,补全信息提供了便捷。

(4)网络资源。随着互联网的发展,网络技术日新月异,目前综合利用网络搜索引擎和丰富的网络资源来验证文献信息越来越普及。特别是 Google Scholar,自 2004 年推出以来,通过传统学术资源出版商、专业性团体、预印文库、大学和网络出版商获取了大量的有价值的学术资源,它已经成为学者们搜索、获取学术资源的首选。用户不仅可以在其中直接检索到文章信息,有时甚至能下载到免费的全文。文献传递服务是实现图书馆文献资源的共建共享,满足科研人员及学者的文献信息需求,履行图书馆传递功能的重要方式。

1.2 原文获取

文献传递员通过读者提交的文献信息请求,在查到了准确,详细和全面的文献信息后,可以通过以下途径可以获取原文:

(1)高校系统馆藏资源。①中国高等教育文献保障系统(China Academic Library & Information System,CALIS),它是在教育部的领导下,建设以中国高等教育数字图书馆为核心的教育文献联合保障体系。它的联合目录公共检索系统整合了全国众多高校的资源信息,可按照中、西、日、俄文 4 个数据库进行检索,提供的检索字段有题名(刊名和书名)、责任者、主题等。②中国高校人文社会科学文献中心(China Academic Social Sciences and Humanities Library,CASHL)。是全国性的唯一的人文社会科学文献收藏和服务中心,目前已收藏有 11796 多种国外人文社会科学领域的核心期刊和重要期刊,1799 种电子期刊以及 34 万种电子图书,91 万种外文图书以及"高校人文社科外文期刊目次库"和"高校人文社科外文图书联合目录"等数据库,提供数据库检索和浏览、书刊馆际互借与原文传递、相关咨询服务等。

(2)公共资源。①国家图书馆。截至 2007 国家图书馆馆藏中文图书中西文图书 970 余万册,中西文期刊 1251 余万册,中西文报纸 9000 多种 19 余万合订册。国家图书馆是国家规定的博士论文缴送本接收馆,是国内博士论文最大藏家。20 多年来,国家图书馆收藏博士论文近 12 万种,此外,还收藏部分院校的硕士学位论文、台湾博士学位论文和部分海外华人华侨学位论文。②国家科技图书文献中心(National Science and Technology Library,NSTL)。一个虚拟的科技文献信息服务机构。系统提供了标题、作者、关键词、分类号、ISSN 号、刊名、年卷期等十种文献检索途径,向用户有偿提供期刊、学位论文、会议论文、科技报告、标准等多种文献。用户可以通过在线系统直接向文献馆藏单位发出申请。该检索系统数据更新及时、用户界面友好,服务快捷优惠,并且免费提供检出文献文摘和馆藏信息。③中国科学院国家科学数字图书馆(Chinese National Science Digital Library,CSDL)。包括全国中西日俄文期刊联合目录数据库和中国科学院中西文图书联合目录数据库。数据库共收录了 400 余家图书馆、情报所等文献机构的馆藏信息。可通过刊名、刊名关键词、首字母缩写、缩略识别刊名、ISSN 号等途径检索。在检索连续出版物时,会给出收藏单位收藏年卷期的详细列表。该目录是确定国内期刊馆藏地的首选。

(3)网络免费资源。网络免费资源是一笔很大的财富,对文献传递工作有很大的帮助,尤其是对于科技报告、专利说明书和学位论文的获取。比如专利说明书一般可通过各国专利局或国际性专利组织网站免费下载。另外,很多大学和研究机构推出了学位论文数据库,支持在线免费获取论文全文。虽然利用这种方法获取文献成功率较低,但免费获取文献压缩了工作周期,降低了申请费用,成为文献传递员的首选检索途径。

2 Google Scholar(GS)对文献传递工作的挑战

笔者在实际的文献传递工作中发现,信息补全和信息检索是文献传递工作的核心。统一、全面、精确的检索工具是提高文献传递服务质量和效率的关键。书目数据库建设标准化、规范化是实现联合采编、联机书目检索、馆际互借与文献传递的必要条件。只有通过完善规模化的联合目录,读者才能查到需要的文献资料及其馆藏地。

GS 不仅用户界面友好、简便,还拥有先进的搜索技术、强大的搜索功能和提供全文的能力,因此文献传递工作也不可避免地受到挑战。

GS 有图书馆链接,可以进行纸本馆藏的定位。目前全球已有 100 多家图书馆加入到 Google Scholar 的图书馆链接中。国内一些图书馆如国家图书馆、清华大学图书馆、国家科学数字图书馆等也相继与 Google 公司合作。

在文献传递中有,很多用户往往没有对图书馆购买的数据库进行仔细检索,就直接提交了文献传递请求,文献传递人员在获取了篇名等详细信息后,可以直接将篇名输入 GS 检索框中,可定位到一些已购买的数据库,原因是一些电子资源提供商与 Google 合作,将扩大数据库搜索和影响的渠道,如 Springer、Elsevier、ACS 等国外出版商,万方和维普等国内出版商。

我们从国内用户的角度来分析,当用户用 GS 英文版搜索外文文献时,如果网络上有该文献的全文用户便可以免费获取;如果没有,它则会有一个 find in China Cat 的链接,直接定位到购买的数据库,从而通过文献传递获取到原文。

GS 的学术资源覆盖的范围广,是国内的几大文献提供中心无法媲美的。虽然它本身并不能完全提供文献的内容,但是它却能对各类学术文献资源的相关信息进行索引,根据用户的需求提供文献的线索,用超文本链接的方式提供获取途径。但是 GS 的中文文献的覆盖范围则很有限,目前只局限于维普、万方两个数据库提供商和中国科学院国家科学图书馆,还有加入 GS 的高校图书馆。

3 面对 Google Scholar 对文献传递工作的思考

3.1 建立联合目录和统一的检索系统

GS 的联合目录的功能十分强大。我国的五大文献传递中心都虽有各自的联合目录,但并不全面,且重复度高。中科院文献情报中心的联合目录包括公共馆、情报所、中国科学院、社科院、各部委、省市自治区所属的、国防所属的、公司所属的文献机构的目录。国家科技文献中心的联合目录是由国家科技图书文献中心、国家图书馆、中国高等教育文献保障系统和上海图书馆联合建立的外文期刊联合目录。CALIS 主要是全国的各高校图书馆的联合目录,CASHL 是高校图书馆和其他人文社会科学研究机构的联合目录。国家图书馆为自己的馆藏目录。因此各个联合目录应该在保持自己特色的基础上,协调统一地进行联合目录的建设,以准确全面地揭示资源。在建立联合目录的同时,需要建立统一的检索系统和设计标准,形成统一的检索平台、用户通过一次性的认证可以实现不同系统之间的无缝链接和完整的服务体系。这样更有利于通过 GS 定位到所需资源,从而方便用户获取文献。

3.2 加入 GS 的图书馆链接计划

各文献传递机构加入 GS 的图书馆链接计划不仅可以推广图书馆的信息内容,对提升图书馆资源和服务的可见度也是很有好处的。因此各文献传递机构应该积极加入 GS 的图书馆计划,尤其要在 GS 的检索结果中形成文献传递服务的链接,促进文献传递服务。

3.3 改进文献传递系统,适当降低文献传递成本

目前我国的各文献传递机构所收取的费用均高于数据库商提供文献所收取的费用。这种局面会导致读者直接利用数据库商的服务而不利用图书馆的文献传递服务。因此,各个文献传递机构更加迫切需要建立起整合性的文献传递系统,让多种传递途径和方式在一个系统里完成,提高系统效率、减少中间环节,加强员工培训等措施,减少文献传递的成本,这样才能吸引用户利用图书馆的资源。

自 GS 问世以来,图书馆对于 GS 服务的反映就分为两个阵营。一方认为应该把 GS 作为合作伙伴,利用它检索的优势把它整合进图书馆需要的服务中。另一方则不支持 GS,他们认为要提供迅速的内部的服务。在文献传递领域,也同样存在相同的分歧,但是两种观点都有一个前提就是图书馆在学术资源发现和传递中还将继续发挥重要的作用。从本文的分析,笔者认为 GS 的发展不能取代图书馆的文献传递服务,同时图书馆也应该逐步提升服务水平,引进新技术并且与 GS 建立合作关系,以取得未来更广阔的发展空间。

参考文献

[1] 马文筠,王磊,曹树华. 从 Google Scholar 搜索引擎探讨当今图书馆文献传递业务工作. 高校图书馆论坛,2011,10(3)

[2] 张羽. Google Scholar 对图书馆文献传递工作的辅助作用. 情报探索,2010(1)

[3] 吴淑娟. Google Scholar 与图书馆的文献传递服务. 情报资料工作,2007(6)

[4] 徐涤秋. 从 Google Scholar 探索文献传递整体革新. 高校图书情报论坛,2009,8(4)

[5] 徐涤秋. 从 Google Scholar 探析网络时代图书馆文献传递新对策. 财经政法资讯,2008(6)

[6] 刘蓉. 对高校图书馆馆际互借和文献传递服务的思考——以四川大学图书馆为例. 江西图书馆学刊,2009,38(2)

[7] 田丽娜. 高校图书馆文献传递服务工作的分析及探讨. 内蒙古科技与经济,2012(15)